법철학강의

제2판 머리말

필자의 '법철학강의'는 4년 전에 법철학을 어떻게 하면 학생들이 더 친숙하게 느낄 수 있을까 하는 고민에서 만들어졌다. 필자가 선택한 방법은 우리나라 헌법재판을 통해 법철학의 내용을 강의하는 것이었다.

책표지에 쓰인 'Hic Rhodos, hic saltus!(여기가 로도스다. 여기서 뛰어라!)'는 이솝 우화에 나오는 이야기지만 헤겔이 그의 '법철학' '서문'에 쓰면서 유명해진 말이다. 헤겔은 '지금 여기'에서 (법)사상을 펼쳐야 한다는 의미로 이 말을 사용했다. "철학도 마찬가지여서, 자신의 시대를 사상으로 포착한 것이 철학이다. 어떤 철학이 그가 처해 있는 현재의 세계를 뛰어넘는다고 생각한다면, 이는 한 개인이 그의 시대를, 즉 로도스 섬을 뛰어넘어 밖으로 나간다는 망상을 하는 것과 마찬가지의 어리석은 생각이다. 그 개인의 이론이 실제로 자신의 시대를 뛰어넘어 마땅히 있어야만 할 세계를 건립한다면 그 있어야만 할 세계는 물론 존재하겠지만, 그것은 그의 생각 속에만 있을 뿐이다. - 즉 그것은 무엇이라도 임의로 상상해낼 수 있는 취약한 지반 위에 존재할 뿐이다."

헤겔은 '여기에 장미가 있다. 여기서 춤추어라.'는 말로 조금 바꾸어 표현했는데, 필자는 이렇게 바꾸고 표현하고 싶다.

"여기에 헌법재판이 있다. 여기서 춤추어라!"

---

1) G.W.F 헤겔(임석진 역), 법철학 (한길사, 2008/2012), 51면.

이번 개정판에서는 제1판에서 삭제할 부분, 새로 들어갈 부분, 보완할 부분을 '전면적으로' 살폈다. 제1판에 실렸던 '제2부 법철학연구' 부분은 모두 뺐다. 제1장(법사상)과 제10장(헌법재판에서 가치판단과 비례성 심사)은 새로이 첨가하였다. 헌법재판소 '혼인빙자간음죄 결정', '요양기관 강제지정제 결정', '강제적 섯다운제 결정' 등도 첨가하였다. 헌법재판소 결정문을 부분적으로 실었는데, 강학상의 이유라는 점을 양해해 주시길 바란다. '관습헌법' 결정에 대한 내용은 대폭 보완되었고, 우리나라 헌법재판제도에 대한 설명도 상술하였다.

필자의 '법철학강의'는 한양대 법학전문대학원 김영환 교수님의 '법철학의 근본문제'에 큰 영향을 받았다. 필자의 또 다른 책인 '판례 법학방법론'도 마찬가지다. '법철학의 근본문제'는 우리나라 판례를 통해 법철학과 법학방법론을 설명하려 시도한 훌륭한 저서이다. 김영환 교수님께 감사의 말씀을 드린다.

필자의 '법철학강의'는 연구서가 아닌 법철학 강의교재로 기획되었다. 여러모로 부족하지만 '법철학강의'는 애정이 가는 책이다. 필자는 이 책을 계속 사랑하면서 다듬어갈 것이다.

부모님의 크나 큰 사랑과 은혜에 감사드리며, 아내 송현주 교수와 7살 어린이로 성장한 정훈이에게 사랑의 인사를 전한다.

2016년 12월
초서재(抄書齋)에서
고 봉 진

제1판 머리말

　철학은 도덕철학, 정치철학, 사회철학, 윤리학 등 다양한 분과로 나뉘어져 있는데, 철학 중에서도 특히 법과 관련된 철학이 법철학이다. 철학이기도 하고 법학이기도 한 법철학은 정법(正法)을 다루는 학문으로서, 올바른 법이 무엇인지를 탐구하고, 모색한다. 법철학이 대상으로 삼는 것은 무엇보다도 법규범인데, 법규범은 도덕규범과는 달리 강제규범의 성격을 띠기 때문에, 법규범의 올바름에 대한 근거제시(법규범의 정당화)는 매우 중요하다. 법철학은 법학이 다루는 소재를 철학적 관점에서 조명해 보는 일을 하며, 정당성, 도덕성, 실정성, 실효성, 정의, 법적 안정성, 효력, 가치 등 보통의 법학에서는 사용되지 않는 개념들이 사용된다.

　저자는 법철학을 공부하면서 '학문의 즐거움'을 향유하기도 했지만, 동시에 '법철학의 추상성'에 상심하곤 했다. 그러다가 어느 순간 우리나라 헌법재판이 눈에 들어오기 시작했다. 헌법재판 특히 위헌법률심판은 법규범이 헌법에 비추어 정당화되는지 여부를 살피는 제도라는 점에서 '법규범의 정당화'라는 법철학의 주요문제와 맞닿아 있었던 것이다. 저자에게 헌법재판 텍스트는 무엇보다도 훌륭한 법철학 텍스트가 되었고, 강의 보조교재가 되었다. 이는 대법원 판결이 훌륭한 법학방법론 텍스트가 되는 것과 비슷하다. (예컨대 요양기관 강제지정제 결정[헌재 2002. 10. 31. 99헌바76, 2000헌마505], 준법서약서 결정[헌재 2002. 4. 25. 98헌마425, 99헌마170·498] 등은 '가치재판으로서 헌법재판'의 예로서, 법철학의 주요 텍스트가 되기에 손색이 없다.)

이 교재는 법철학 '강의'에 도움이 되도록 작성된 교재라는 점에서 본격적인 연구서는 아니다. (헌법재판에 나오는 법철학의 내용은 이후 논문을 통해 구체화할 생각이다.) 특히 법철학의 전통적인 주제인 법의 개념, 법의 이념, 법의 효력에 대한 이론적인 설명과 Hart, Dworkin, Kelsen 등 여러 중요한 법철학자들의 견해에 대해서는 다루지 못했다. (저자의 연구가 미진해서이기도 하지만, 여러 다른 법철학 저서에 상세하게 소개되어 있어 이를 토대로 강의하면 되겠다고 생각했다. 물론 나중에 '법철학'이나 '법사상사'를 펴낼 기회가 있을 때 본격적으로 다루어보고 싶다.)

또한 이 교재는 '법학방법론'과 '생명윤리와 법'은 제외하였다. ('법학방법론'과 '생명윤리와 법'에 대해서는 별도의 교재를 만들었다.) 그리고 이 교재의 제2부는 저자가 쓴 법철학 논문을 중심으로 구성되었다. 저자가 연구한 법철학 주제인 만큼 법철학강의에 활용할 수 있는 여지가 있어 보인다. 원제목과 출처는 다음과 같다.

제8장 자연법과 '자연권으로서 인권'
    법과정책 제18집 제2호, 제주대 법과정책연구소, 2012. 8, 1면 이하.

제9장 근본이익, 정체성과 인권 - 예비적 고찰
    법철학연구 제10권 제1호, 한국법철학회, 2007. 5, 259면 이하.

제10장 현대 인권론에서 정체성의 의미 - 차이, 정체성, 인권 -
  법철학연구 제14권 제1호, 한국법철학회, 2011. 4, 155면 이하.

제11장 상호승인의 결과로서 인간존엄
  법철학연구 제10권 제2호, 한국법철학회, 2007. 12, 193면 이하.

제12장 자기준거적 복지체계의 수립 - 예비적 고찰
  법철학연구 제12권 제1호, 한국법철학회, 2009. 5, 315면 이하.

[보론] 기초법의 교수방법론
  - 체계로서 기초법과 의사소통으로서 기초법 강의 -
  법철학연구 제11권 제2호, 한국법철학회, 2008, 12, 289면 이하.

이 자리를 빌려 저자의 지도교수님인 김일수 교수님의 학은(學恩)에 감사드리고 싶다. 부족한 제자는 학문의 길을 보여주시는 스승님처럼 묵묵히 그 길을 가겠다는 다짐을 다시금 해본다. 또한 제주대 법학전문대학원 김부찬 교수님과 김창군 교수님의

지도와 격려에 감사드린다. 김부찬 교수님과 여러 차례 법철학을 주제로 대화를 나누면서 많은 도움과 도전을 받고 있다. 언젠가 그의 저서 '법학의 기초이론(대응출판사, 1994)' 같은 훌륭한 저서를 써보고 싶다. 김창군 교수님은 저자를 늘 격려해 주시고 헤아려 주셨다. 저자를 이해하고 아껴주시는 선배 교수님이 계신다는 것은 저자의 큰 행운이다. 마음으로 저자를 격려해주시는 고려대학교 법학전문대학원 이주원 교수님께도 감사드린다.

말로 다 표현할 수 없는 부모님의 은혜에 감사드리며, 사랑하는 아내 제주대 의학전문대학원 송현주 교수와 이제 갓 두 돌이 지난 아들 정훈이가 늘 함께 있어 고맙다. 제주대 법학전문대학원 교수님들께 감사드리며, 이 책의 출판을 지원해준 제주대 출판부에 감사드린다.

2012년 11월 10일
아름다운 제주대 캠퍼스를 바라보며
고 봉 진

목 차
contents

머리말 -- 02

제1장 법사상 ---------------------------------- 11

제2장 라드브루흐 공식과 헌법재판의 법철학적 의의 ------ 59
　Ⅰ. 라드브루흐 공식 ---------------------------- 60
　Ⅱ. 라드브루흐 공식의 적용 ---------------------- 65
　Ⅲ. 헌법재판의 법철학적 의의 -------------------- 68

제3장 우리나라의 헌법재판 ----------------------- 77
　Ⅰ. 규범창설(立法) ----------------------------- 78
　Ⅱ. 규범통제 ---------------------------------- 82

제4장 헌법재판의 '심판대상'과 '심판기준' ---------- 101
　Ⅰ. 심판대상과 관련된 특수문제 ----------------- 102
　Ⅱ. 심판기준과 관련된 특수문제 ----------------- 109

제5장 정의(正義) ------------------------------ 133
　Ⅰ. 정의 ------------------------------------- 134
　Ⅱ. 평등 위반 심사 ---------------------------- 151

제6장 법적 안정성 ----------------------------- 163
　Ⅰ. 법을 통한 안정성 -------------------------- 164
　Ⅱ. 법 자체의 안정성 -------------------------- 179
　Ⅲ. 정의와 법적 안정성의 충돌 ------------------ 192

목 차
contents

제7장 소득과 부의 재분배 —— 205
    Ⅰ. 주요입장들 —— 206
    Ⅱ. '자유권의 회복'과 '자기실현의 전제조건 충족' —— 216
    Ⅲ. 종합부동산세 결정 —— 224
    Ⅳ. 의료보험 결정과 요양기관 강제지정제 결정 —— 229

제8장 법적 도덕주의 —— 249
    Ⅰ. '도덕의 법적 강제'의 정당성에 대한 물음 —— 250
    Ⅱ. 간통죄 결정 —— 252

제9장 법적 후견주의 —— 281
    Ⅰ. '법적 후견'의 정당성에 대한 물음 —— 282
    Ⅱ. 혼인빙자간음죄 결정 —— 285
    Ⅲ. 좌석안전띠 결정 —— 305
    Ⅳ. 강제적 셧다운제 결정 —— 308

제10장 헌법재판에서 가치판단과 비례성 심사 —— 313
    Ⅰ. '가치재판'인 헌법재판 —— 314
    Ⅱ. 헌법재판에서 비례성의 원칙과 가치판단 —— 315
    Ⅲ. '가치판단'과 '비례성 심사'의 역할 —— 332

    Epilogue —— 336

제1장
법사상

법사상의 흐름을 한 마디로 표현하자면, 자연법론과 그 반대진영이 대조적인 모습을 보이면서 법사상의 흐름을 이끈다는 점이다. 자연법론은 자연법이 실체로 존재하고, 이를 직접 인식할 수 있다는 입장인 반면에, 그 반대진영은 자연법이 존재하지 않으며, 존재한다고 하더라도 이를 똑같이 인식할 수 없다는 입장이다. 법철학의 역사에서 법사상을 주도했던 사상은 플라톤, 아리스토텔레스, 스토아 철학, 가톨릭 신학과 같은 자연법론이었지만, 소피스트 철학, 에피쿠로스 철학, 윌리엄 오캄의 유명론, 토마스 홉스의 사상, 영국 경험 철학, 공리주의 및 (법)실증주의는 자연법론과는 반대의 길을 갔다.[1]

---

[1] 제1장의 내용은 '고봉진, 법사상사 소고(한국학술정보, 2014)'와 '고봉진, 현대법사상사 소고(피엔씨미디어, 2016)'에서 발췌한 내용임을 밝힙니다.

I. 소피스트 철학

플라톤이 활동하기 전에 그리스에는 소피스트 철학이 유행했다. 소피스트 철학자로 유명한 사람은 트라시마코스, 칼리클레스, 안티폰, 히피아스, 프로타고라스, 고르기아스가 있다. 트라시마코스(Thrasymachus)는 정의란 오로지 강자에게 유용한 것이고, 국가 안에서 지배세력의 이익에 종사할 뿐이라고 주장했다.[2] 칼리클레스(Callicles)는 강한 자가 항상 약한 자보다 많이 갖는다는 것은 자연의 이치이며, 이런 것이 자연법이라고 주장했다. 그에 따르면, 약한 자, 평범한 사람들 및 노예근성을 가진 사람들이 스스로를 지켜나가기 위해 윤리와 법률을 발명해냈을 뿐이다.[3] 반면에 안티폰과 히피아스의 사상은 트라시마코스와 칼리클레스의 사상과 정반대의 내용을 이룬다. 안티폰(Antiphon)은 "자연에 따르면 인간은 모두, 이방인이거나 그리스인이거나 간에 평등하다. […] 우리 모두 입과 코로 숨을 쉬고, 우리 모두가 손으로 밥을 먹지 않는가?"라고 가르쳤다.[4] 히피아스(Hippias)는 만인은 태어날 때부터 동등한 시민으로 존재하며, 노예와 자유인을 구분하고 그들 사이의 재물을 불평등하게 나누게 하는 것은 무지막지한 법이라고 했다.[5]

소피스트 중에서 플라톤과 대비되는 철학자는 프로타고라스와 고르기아스인데, 그들의 사상은 소티스트 철학의 상대주의와 주관주의를 대표한다. 프로타고라스(Protagoras)는 최초의 소피스트라고 불리는 인물로 진리의 상대성과 주관성을 설파했다. 프로타고라스는 "인간은 만물의 척도. 존재하는 것에 대해서는 존재하는 것의, 존재하지 않는 것에 대해서는 존재하지 않는 것의 척도다."라는 말을 남긴 것으로

---

2) Hans Welsel(박은정 역), 자연법과 실질적 정의(삼영사, 2001/2005), 30면.
3) Johannes Hirschberger(강성위 역), 서양철학사(上)(이문출판사, 1999), 73면.
4) Hans Welsel(박은정 역), 자연법과 실질적 정의(삼영사, 2001/2005), 27~28면.
5) Ernst Bloch(박설호 역), 자연법과 인간의 존엄성(열린책들, 2011), 29면.

유명하다. '인간이 만물의 척도'라는 명제는 우리가 지각한 것이 우리의 지식과 척도가 된다는 뜻으로, 이에 따르면 각 개인이 서로 다른 방식으로 사물을 지각하기 때문에 누가 옳고 그른지를 검증할 기준이 없게 된다.[6] "인식론적으로 보면 그의 말은 초개인적인 진리를 부정하는 내용을 담고 있다. 즉, '나에게는 모든 것이 내 눈에 비치는 대로, 또 네게는 네 눈에 비치는 대로 존재하는 까닭에' 진리는 이를 인지하는 주체와 관련해서 상대적이다."[7]

고르기아스(Gorgias)는 다음과 같은 유명한 말을 남겼다. "아무 것도 있지 않다. 그리고 만약에 무엇이 있다고 하더라도, 인간은 그것을 인식할 수 없다. 그리고 만약에 그것을 인식할 수 있다고 하더라도, 여하튼 (남에게) 전해줄 수는 없다."[8] 이에 따르면, 존재하는 것은 아무것도 없으며, 무엇인가 존재한다 하더라도 인식될 수 없고, 무엇인가 인식될 수 있다 해도 그런 인식은 전달될 수가 없다.[9] 플라톤에 의해 비난의 대상이 된 소피스트의 상대주의 철학은 자연법의 존재론인 '실재존재론'을 부정할 뿐만 아니라, 자연법의 인식론인 '강한 인지주의'를 부정한다.[10]

---

6) Samuel Enoch Stumpf/James Fieser(이광래 역), 소크라테스에서 포스트모더니즘까지(열린책들, 2008), 63면.

7) Hans Welsel(박은정 역), 자연법과 실질적 정의(삼영사, 2001/2005), 23면.

8) Johannes Hirschberger(강성위 역), 서양철학사(上)(이문출판사, 1999), 70면; Bertrand Russell(서상복 역), 서양철학사(을유문화사, 2011), 132면.

9) Hans Joachim Störig(박민수 역), 세계 철학사(이룸, 2008), 213면.

10) Hans Welsel(박은정 역), 자연법과 실질적 정의(삼영사, 2001/2005), 32면 이하 참조.

II. 플라톤의 법사상

플라톤은 소피스트 철학의 상대주의와 주관주의를 극복하기 위해 절대주의와 객관주의를 대변할 수 있는 확실한 진리와 확실한 인식의 대상이 존재한다고 주장했다. 플라톤은 감각세계의 변화와 불확실성이 배제된 '불변하는 선험적 내용'을 '이데아(idea)'로 칭했다.[11] 그리스 단어 이데아나 에이도스(eidos)는 원래 '상(像)'이란 뜻이다. 플라톤에게 눈에 보이는 현상 세계는 '참된' 존재가 아니고, 감각 세계는 실체가 없는 가상에 지나지 않고, 단순히 이데아가 나타난 것(현상된 것)에 지나지 않는다. 플라톤의 이데아 사상에 따르면, 실재(實在)하는 것은 현상 세계가 아니고, 이데아 세계이다. 플라톤의 이데아 사상을 이해하는데 가장 중요한 텍스트는 '국가' 제7권에 나오는 '동굴의 비유'이다.[12]

플라톤에 따르면, 수호자 계급만이 '좋음(선)의 이데아'에 대한 인식의 길로 들어서며, 이를 통해 플라톤은 수호자(철인)의 통치를 정당화한다.[13] "철학자(지혜를 사랑하는 이)들이 나라들에 있어서 군왕들로서 다스리거나, 현재 이른바 군왕 또는 '최고 권력자'들로 불리는 이들이 '진실로 그리고 충분히 철학하게(지혜를 사랑하게)' 되지 않는 한, 그리하여 이게 즉 '정치 권력'과 철학(지혜에 대한 사랑: philosophia)이 한데 합쳐지는 한편으로, 다양한 성향들이 지금처럼 그 둘 중의 어느 한쪽으로 따로따로 향해 가는 상태가 강제적으로나마 저지되지 않는 한, 여보게나 글라우콘, 나라들에 있어서, 아니 내 생각으로는, 인류에게 있어서도 '나쁜 것들의 종식'은 없다네."[14] 플

---

11) Hans Welzel(박은정 역), 자연법과 실질적 정의(삼영사, 2001/2005), 38면.
12) Platon(박종현 역), 국가(서광사, 1997), 447면~503면.
13) Platon(박종현 역), 국가(서광사, 1997), 255면, 257면, 258면, 260면, 365면, 447면.
14) Platon(박종현 역), 국가(서광사, 1997), 365면; 이 구절은 플라톤의 '철인 치자' 사상을 단적으로 드러내는 구절로 알려져 있다.

라톤에 따르면, 나라의 수호자들로 선발된 사람들은 특혜를 누리는 것이 아니라 오히려 엄격히 통제된 공동생활을 감수해야 한다. 수호자들에게는 철저한 공산주의가 적용되어, '처자와 재산'을 공유로만 소유할 수 있다. 플라톤은 정치적 권력과 경제력의 완전한 분리를 주장한다.[15]

플라톤은 '국가'에서 정치권력과 철학이 합쳐지는 '철학자에 의한 통치' 즉 '인치(人治)'를 주장하면서, 이상국가에서는 '법치(法治)'는 불필요하다고 보았다.[16] 플라톤은 '국가'와 '법률' 사이에 쓴 '정치가'에서도 '국가'에서의 수호자 통치와 마찬가지로 '법률 없이 다스리는 이들의 정당성'에 대해 "최선의 것은 법률이 아니라 지혜를 갖춘 왕도적 치자가 우세한 것"이라고 주장한다.[17]

하지만 플라톤은 만년의 작품인 '법률'에서 차선국가에서의 '법치'를 강조했다는 점에 유념할 필요가 있다.[18] "언제고 인간들 중에서 누군가가 신적인 섭리에 의해 천성으로 충분히 자질을 타고남으로써 그런 지위를 얻게 될 경우에는, 그로서는 자신을 지배할 법률이 전혀 필요하지 않을 것입니다. 왜냐하면 앎보다는 법도 그 어떤 법령도 더 우월하지 못하며, 지성이 그 어떤 것에 종속된다거나 종노릇을 한다는 건 가당치도 않기 때문입니다. 과연 지성이 그 본성대로 정말로 참되고 자유로울진대, 그게 모든 것의 지배자여야 함은 당연하니까요. 하지만 현실적으로 그 어디에도 그런 지성(을 지닌 인물)은 단연코 없습니다. 드문 경우들을 제외하고는 말입니다. 바로 이 때문

---

15) W.K.C. Guthrie(박종현 역), 희랍 철학 입문(서광사, 2010), 148면.

16) Platon(박종현 역), 국가(서광사, 1997), 271~272면.

17) Platon(김태경 역), 정치가(한길사, 2000/2011), 187면 이하.

18) Platon(박종현 역), 법률(서광사, 2009), 325면, 669~670면; 플라톤이 '국가'에서 철인 치자의 이상적인 통치를 기술한 반면에, '법률'에서는 법률에 의한 통치(법치)를 기술한 것을 두고 장년의 플라톤이 노년의 플라톤이 되면서 이상주의를 포기하고 현실주의자로 변신했다고 주장하는 견해가 제기된다. 이에 대해 박종현 교수는 이전의 플라톤적인 견해와는 단절보다는 오히려 연속성을 드러내 보이게 된다."는 리시(Lisi)의 말을 인용하면서 그렇지 않다고 주장한다. 박종현, 법률 해제, Platon(박종현 역), 법률(서광사, 2009), 23면. 플라톤 자신이 '국가' 제9권 마지막 부분에서 이미 철인의 통치를 통해 수립되는 아름다운 나라(kallipolis)는 지상의 그 어디에도 존재하지 않는다고 보았기 때문이다. 플라톤이 주장하는 철인의 통치를 통해 수립되는 아름다운 나라(kallipolis)는 현실을 규제하는 본으로서 역할을 수행한다. Platon(박종현 역), 국가(서광사, 1997), 608면.

에 차선의 것, 곧 법령과 법을 택해야만 하는 겁니다.[19] "법이 휘둘리고 권위를 잃은 곳에서는, 그런 나라에는 파멸이 닥쳐와 있는 게 보이니까요. 그러나 법이 통치자들의 주인이고, 통치자들은 법의 종들인 곳에서는 구원이 그리고 신들이 나라들에 주었던 온갖 좋은 것들이 생기는 걸 제가 내다봅니다."[20]

III. 아리스토텔레스의 법사상

아리스토텔레스(Aristoteles)는 그의 책 '형이상학'에서 '엔텔레케이아'를 상세하게 다룬다. 플라톤에 따르면 형상들이 구체적인 사물과 분리되어 초월해서 독립된 존재로 존재하지만, 아리스토텔레스에 따르면 형상들은 구체적인 사물과 분리되어 초월해 있는 것이 아니라 오히려 대상물에 내재하여 함께 존재한다.[21] 아리스토텔레스는 현실 속에 내재하는 형상(에이도스)을 '엔텔레케이아(Entelecheia)'라고 지칭하였다. 그 의미는 '목적에 있는 것', 즉 목적을 달성하여 완전한 상태에 있는 것을 말한다. 하지만 '엔텔레케이아'는 최종적으로 완전히 만들어진 것이 아니라, 애초부터 생성의 전 과정을 규정하는 것이다.[22] 일체의 생성은 목적에 의해서 정해져 그것에 따라 움직이고 조정된다.[23] 아리스토텔레스는 "운동과 변화를 낳는 내재적인 힘이 없다면,

---

19) Platon(박종현 역), 법률(서광사, 2009), 669~670면.
20) Platon(박종현 역), 법률(서광사, 2009), 325면.
21) Hans Welsel(박은정 역), 자연법과 실질적 정의(삼영사, 2001/2005), 48면.
22) Johannes Hirschberger(강성위 역), 서양 철학사 - 상권·고대와 중세(이문출판사, 1983/2007), 246면.
23) Hans Welsel(박은정 역), 자연법과 실질적 정의(삼영사, 2001), 49면.

영원한 실체를 가정해도 아무런 소용이 없다"고 플라톤을 반박한다. 아리스토텔레스에 따르면, 플라톤의 이데아는 현실과 초월한 실체로서 시간과 공간을 초월해서 정적으로 존재하기 때문에 현실의 생성과 운동을 설명하지 못한다. 이에 반해 아리스토텔레스의 이데아는 현실 속에 내재하여 현실을 움직이는 힘으로서 현실의 생성과 운동을 설명할 수 있다. 아리스토텔레스의 눈에는 플라톤이 현실과 무관하게 존재하는 이데아를 통해 현실의 생성과 운동을 설명하려는 것이 불가능해 보였다.[24] 아리스토텔레스는 보편적 형상들이 완전히 분리된 채 존재한다는 가정에 의해 무슨 목적이 달성될 수 있는지 반문하며, 플라톤의 이데아는 운동하지 않기 때문에 우리에게 현상으로 나타난 사물들을 이해하는 데도 도움이 되지 않는다고 비판한다.[25]

아리스토텔레스는 '형이상학' 제7권과 제8권에서 '질료와 형상'에 대해 다룬 후에, '형이상학' 제9권에서 '가능태-현실태' 문제를 다룬다. 아리스토텔레스는 형상화되지 않고 규정되지도 않는 무엇, 그리고 그것과 결합하여 형상이 드러나게 되는 무엇을 '질료'(그리스어로 '힐레hyle')라고 불렀고, 사물의 목적으로서 질료로 하여금 현실성을 획득하도록 하는 힘을 '형상'(에이도스, 그리스어로 '모르페morphe')이라고 불렀다.[26] 아리스토텔레스에 따르면, 모든 것은 변화의 과정 속에 있는데, 이때 사물의 형상이 그것의 목적으로 설정했던 것을 실현하게 된다. 만물 속에는 목적을 향해 나아가는 역동적인 힘이 있는데, 사물들이 목적을 갖는다는 사실은 아리스토텔레스로 하여금 가능태와 현실태를 구분하게 하였다. 변화의 궁극적인 양식은 가능태에서 현실태로의 변화인데, 이때 이 구분이 중요한 의미를 띠는 것은 아리스토텔레스가 현실태를 가능태에 선재(先在)하는 것으로 주장했다는 점이다.[27]

---

24) Johannes Hirschberger(강성위 역), 서양 철학사 - 상권·고대와 중세(이문출판사, 1983/2007), 253면.
25) Samuel Enoch Stumpf/James Fieser(이광래 역), 소크라테스에서 포스트모더니즘까지(열린책들, 2008), 146면.
26) Hans J. Störig(박민수 역), 세계 철학사(이룸, 2008), 270면.
27) Samuel Enoch Stumpf/James Fieser(이광래 역), 소크라테스에서 포스트모더니즘까지(열린책들, 2008), 148~149면; Aristoteles(김진성 역), 형이상학(EJB, 2007/2010), 393면 이하.

또한 아리스토텔레스는 '니코마코스 윤리학(Ethica Nicomachea)' 제5권에서 '정의'에 대해 상세하게 다룬다. 아리스토텔레스는 정의를 '다른 사람들과의 관계에서 완전한 탁월성'으로 설명하고, 평균적 정의와 분배적 정의로 나누어 설명한다. 뿐만 아니라 '부정의'에 대해서도 설명하고, '구체적인 사건에서의 정의'인 형평(衡平)도 다룬다. 아리스토텔레스는 '자연적 정의와 법적 정의'에 대해서도 다음과 같이 설명한다. "폴리스의 법은 자연법도 있고 실정법도 있다. 자연법은 어디에서나 같은 힘을 가지고 있는 것으로서 사람들이 이렇게 혹은 저렇게 생각하는 것과 상관없이 존재하는 것이요, 실정법은 본래는 이렇게도 저렇게도 될 수 있었던 것이나 일단 정해진 다음에는 함부로 바꿀 수 없다."[28]

IV. 스토아 철학과 에피쿠로스 철학

1. 스토아 철학

스토아 철학의 중심되는 관념은 신이 만물에 내재해 있다는 범신론으로, 스토아 철학은 모든 존재의 총체와 신의 일치를 주장하였다.[29] 스토아 철학은 세계는 신이 부여한 목적의 원리에 따라 움직이기 때문에, 인간과 사물은 목적에 따라 행동해야만 한다고 주장한다. 신들이 하는 일들은 섭리로 가득 차 있으며, 만물은 섭리에서 흘

---

28) 이상영/이재승, 법사상사(한국방송통신대학교 출판부, 2005/2008), 43~44면에 있는 번역문을 따랐다.
29) Hans J. Störig(박민수 역), 세계 철학사(이룸, 2008), 318면.

러나온다.[30] 이처럼 목적론적 결정론은 스토아 철학의 세계상에 내재해 있다.[31] 이는 아리스토텔레스가 주장한 엔텔레케이아(Entelecheia) 사상의 확장으로 볼 수 있다.

스토아 철학은 자연이 각자에게 준 역할을 잘 감당하는 것이 우리의 의무이며, 그 이상의 감정을 가지고 인생을 살아가지 않을 것을 주장하였다. 왜냐하면 자연이 준 의무를 이행하는 삶을 살아야만 행복하게 되고, 그 이상의 감정을 가지고 살다면 불행해지기 때문이다. 스토아 철학은 파토스(pathos)가 없는 부동심(不動心)의 경지를 '아파테이아(apatheia)'라고 칭하고,[32] 이를 삶의 궁극적인 목표로 삼았다. 스토아 철학에 따르면, 현자는 무슨 사건이 일어나든 기꺼이 받아들이고 꿋꿋하게 참고 따라야 한다. 현자는 운명의 필연성에 괴로워하지 않고 사건의 법칙성을 자신의 법칙성으로 받아들여 그것을 기꺼이 받아들인다.[33]

또한 스토아 철학은 인간을 폴리스적 동물이 아닌 사교적 동물(zoon koinonikon)로 보아 도시국가가 아닌 세계국가(코스모폴리스)의 입장에서 인간의 문제를 다루었다.[34] 그 중심개념에 '오이케이온(oikeion)'이 있는데, 이는 우리에게 속하는 것, 우리에게 속하는 것으로 느끼는 것을 말한다.[35] 스토아 철학은 인간에게 자연적인 '유대감' 내지 '소속감'이 있다고 보았다. 키케로는 모든 사람은 본성적인 관용과 호의로 서로 결속되어 있다고 표현하고 있다.[36] 인간은 자기보존뿐만 아니라 동료 인간까지 배려하는 사회적 성향이 있으며, 이로부터 평화롭고 이성적으로 질서지워진 공동체

---

30) Marcus Aurelius(천병희 역), 명상록(숲, 2005), 33면.
31) Hans Welsel(박은정 역), 자연법과 실질적 정의(삼영사, 2001/2005), 63면.
32) Samuel Enoch Stumpf/James Fieser(이광래 역), 소크라테스에서 포스트모더니즘까지(열린책들, 2008), 186면.
33) Johannes Hirschberger(강성위 역), 서양 철학사 - 상권·고대와 중세(이문출판사, 1983/2007), 346면; Marcus Aurelius(천병희 역), 명상록(숲, 2005), 68~69면.
34) 오세혁, 법철학사(세창출판사, 2012), 40면; José Llompart(정종휴 역), 법철학의 길잡이(경세원, 2000/2006), 49면.
35) Hans Welzel(박은정 역), 자연법과 실질적 정의(삼영사, 2001/2005), 66면.
36) Marcus Tullius Cicero(성염 역), 법률론(한길사, 2007), 84면.

를 형성하려는 성향이 있다.[37] 오이케이온 사상을 통해 스토아 철학은 혈연과 지연을 뛰어넘어 전 인류를 포함하는 인도주의적 사상으로 발전하게 된다.[38]

2. 에피쿠로스 철학

스토아 철학의 목적론적 결정론은 에피쿠로스 철학의 원자론적 유물론과 결정적으로 비교된다. 원자론적 유물론에 따르면, 목적의 원리에 따라 움직이는 질서가 없기 때문에 이로부터 무슨 의무가 도출되는 것이 아닌 반면에, 목적론적 결정론은 목적의 원리에 따라 움직이는 질서가 이미 주어져 있기 때문에 이를 준수해야 할 의무가 부여된다. 스토아 철학의 목적론적 결정론에서 우리는 비결과주의적 윤리설의 모습을 확인할 수 있다.[39]

자신의 유물론적 세계관 하에서 에피쿠로스(Epicurus)는 사람들에게 세상사에 관여하지 말고 은둔할 것을 권고하였고(에피쿠로스에게는 가난한 사람들을 멀리하고 가까운 친구와의 교제를 즐기는 것이 선한 삶이다),[40] 육체적인 고통이 없는 정신이 평온한 쾌락을 추구할 것을 주장하였다. 흔히 '에피쿠로스 철학'하면 쾌락주의(hedonism) 철학으로, 인간의 온갖 쾌락을 추구하는 철학으로 잘못 알고 있는 경우가 있다.[41] 하지만 에피쿠로스 철학은 검소한 식사, 평범한 옷, 마음의 안정 등에서 알 수 있는 것처럼, 흔

---

37) Hans Welsel(박은정 역), 자연법과 실질적 정의(삼영사, 2001/2005), 183면 참조; 스토아학파의 '오이케이온(Oikeion)' 사상은 후에 그로티우스(Hugo Grotius) 법사상의 기초가 된다. 이에 대해서는 Hans Welsel(박은정 역), 자연법과 실질적 정의(삼영사, 2001/2005), 182면 이하.
38) Hans Welsel(박은정 역), 자연법과 실질적 정의(삼영사, 2001/2005), 66면; Robert L. Arrington(김성호 역), 서양 윤리학사(서광사, 1998), 189~190면.
39) Robert L. Arrington(김성호 역), 서양 윤리학사(서광사, 1998), 178면.
40) Samuel Enoch Stumpf/James Fieser(이광래 역), 소크라테스에서 포스트모더니즘까지(열린책들, 2008), 179면.
41) Robert L. Arrington(김성호 역), 서양 윤리학사(서광사, 1998), 164면.

히 알고 있는 쾌락주의와는 거리가 멀다. 에피쿠로스는 감각적 쾌락을 피함으로써 그리고 욕구를 줄임으로써 쾌락을 얻을 수 있다고 생각했으며, 따라서 에피쿠로스의 쾌락은 육체적인 고통과 마음의 고통이 없는 상태를 의미한다.[42]

에피쿠로스는 인간의 욕구를 3가지로 구분했는데, 1) 자연적인 동시에 필연적인 것, 2) 자연적이기는 하지만 필연적이지는 않은 것, 3) 자연적이지도 않고 필연적이지도 않은 것이다.[43] 음식의 섭취에 대한 욕구와 같이 자연적이고 필연적인 욕구가 충족되지 않으면 우리는 고통을 느끼기 때문에, 자연적이고 필연적인 욕구는 충족되어야 한다. 반면에 성적인 욕구는 자연적이지만 필연적이지는 않은 욕구에, 화려한 옷에 대한 욕구나 명예나 명성에 대한 욕구는 헛된 생각에 의해 생겨나는 비자연적인 비필연적인 욕구에 분류되었다. 명예나 명성에 대한 욕구는 정치적인 활동에서 생겨나는데, 에피쿠로스는 정치적인 활동은 항상 좌절과 실망으로 끝나기 때문에 정치적인 활동을 피하고 은둔할 것을 주장한다.[44]

에피쿠로스는 쾌락을 새롭게 정의하는데, 고통을 제거하는 과정에서 생기는 쾌락을 '동적인 쾌락'으로 정의하고, 고통이 없는 상태를 안정적으로 유지하는 쾌락을 '정적인 쾌락'으로 정의하였다. 이에 따르면, 자연적이고 필수적인 욕구를 충족하는 것이 고통을 제거하는 것이기 때문에 동적인 쾌락을 주는 것과 일치한다. 에피쿠로스는 동적인 쾌락이 충족된 상태에서 정적인 쾌락을 추구할 것을 주문했는데, 이를 '아타락시아(ataraxia)'라고 한다. 에피쿠로스는 영혼이 평정한 상태, 정신의 균형잡힌 평온을 삶의 궁극적인 목표로 삼았다.[45]

에피쿠로스 철학은 목적이 부여된 피지스(physis)의 질서를 부정하고, 사회와의

---

42) Robert L. Arrington(김성호 역), 서양 윤리학사(서광사, 1998), 164면; Samuel Enoch Stumpf/James Fieser(이광래 역), 소크라테스에서 포스트모더니즘까지(열린책들, 2008), 178면.
43) Epicurus(오유석 역), 쾌락(문학과 지성사, 1998/2013), 20면.
44) Robert L. Arrington(김성호 역), 서양 윤리학사(서광사, 1998), 166면.
45) Robert L. Arrington(김성호 역), 서양 윤리학사(서광사, 1998), 167면; Hans J. Störig(박민수 역), 세계 철학사(이룸, 2008), 298면.

관계를 끊고 아타락시아(ataraxia)를 통한 개인의 행복을 추구했기 때문에 사회정의나 사회에 대한 의무에 대한 내용을 찾아볼 수가 없다. 에피쿠로스 철학은 자신들의 원자론적 유물론을 토대로 신의 질서나 목적에 의한 질서와 같은 객관적으로 타당한 질서가 이미 주어져 있다는 것을 부정하였다. 따라서 에피쿠로스 철학은 이미 주어진 자연법을 부정했으며, 인간이 만든 실정법만이 존재한다고 보았다. 이 점에서 에피쿠로스 철학은 법실증주의의 입장이라고 할 수 있겠다.

V. 주지주의와 주의주의

교부 철학은 예수 그리스도와 사도 바울, 12사도의 가르침을 토대로 그리스도교의 교의를 체계화하려던 중세 초기의 교부들(주로 교회의 성직자들)에 의한 철학으로, 기독교의 교리를 확립하고 이교도의 공격으로부터 이를 옹호하였다.[46] 스콜라 철학은 교부 철학이 수립한 기독교 신앙 교리를 이성적인 사유로 체계적으로 정리한 9세기 이후의 중세 철학으로, 스콜라(schola)라는 용어는 중세 수도원 학교 교사나 학생을 지칭하는 라틴어 스콜라티쿠스(Scholasticus)에서 유래했다.[47] 교부 철학과 스콜라 철학의 대표적인 인물로는 아우구스티누스(Aurelius Augustinus, 354~430)와 토마스 아퀴나스(Thomas Aquinas, 1225~1274)가 있다.

후기 스콜라 철학은 중기 스콜라 철학이자 스콜라 철학의 전성기였던 토마스 아퀴나스의 철학을 이어받은 진영과 반(反)토마스 진영에 섰던 둔스 스코투스와 윌리엄

---

[46] Thomas Aquinas(이명곤 역), 진리론(책세상, 2012), 역자 해제, 111면; 김부찬, 법학의 기초이론(대웅출판사, 1994), 154면.

[47] 네이버 지식백과 '스콜라 철학' 참조.

오컴의 진영이 극적인 대립을 이루는 시기였다. 이는 스페인 출신의 도미니크 성인에 의해 창설된 도미니크 수도회(설교자회)와 아시시의 프란치스코 성인을 지도자로 하는 프란체스코 수도회(작은 형제회)의 대립이기도 하다. 두 수도회 사이의 경쟁은 치열해서 프란체스코 수도회의 수도자들은 토마스 아퀴나스의 권위를 받아들이려 하지 않았다.[48]

프란체스코 수도회의 철학은 반(反)토마스 진영에 섰는데, 이들은 아우구스티누스의 입장을 고수하였고,[49] 대표적인 신학자가 전부 영국 출신이었다. 이들은 토마스 아퀴나스가 아리스토텔레스 철학을 통해 이성의 우위(신앙과 이성의 조화)를 주장한 것에 대항하여 아우구스티누스 전통으로 돌아가 신앙의 우위를 주창하였다. 이들은 토마스 아퀴나스만큼 이성을 신뢰하지는 않았고 신앙 문제에 있어 이성은 한계가 있다는 점을 분명히 하였다. 또한 토마스 아퀴나스의 주지주의에 대항해 주의주의를 주창하였고, 보편론을 대항해 유명론을 주창하였다. 프란체스코 수도회를 대표하는 철학자로는 영국 스코틀랜드 출신의 요한네스 둔스 스코투스(Johannes Duns Scotus, 1266~1308)와 영국 런던 출신의 윌리엄 오컴(William Ockham, 1290~1349)이 있다.

주의주의는 '이성과 보편자의 우위'를 주장하는 토마스 아퀴나스의 주지주의에 대항하여 '의지와 개별자의 우위'를 주장한다.[50] 어떤 것이 선하기 때문에 신이 선을 원하는 것인가? 아니면 신이 그것을 원하기 때문에 그것이 선한 것인가? 이 질문은 주지주의(intellectualism)와 주의주의(voluntarism)의 대립을 가장 잘 보여주는 질문이다. 이에 대한 대답에 따라 주지주의와 주의주의가 나누어지기 때문이다. 주지주의자들은 어떤 것이 선하기 때문에 신이 선을 원한다고 주장하는 반면에, 주의주의자들은 신이 그것을 원하기 때문에 그것이 선한 것이라고 주장한다. 주지주의자들은 신 또한 구속되는 영원법이 있다고 주장한 반면에, 주의주의자들은 신의 의지를 구속하는 영원법이란 없다고 주장한다. 주의주의자인 둔스 스코투스는 신성한 의지가 신의

---

48) Bertrand Russell(서상복 역), 서양철학사(을유문화사, 2009), 605면.
49) Hans J. Störig(박민수 역), 세계 철학사(이룸, 2008), 397면.
50) Hans Welzel(박은정 역), 자연법과 실질적 정의(삼영사, 2001/2005), 133면.

원인이며 따라서 신이 어떤 것을 원한다는 사실 때문에 그것이 선하게 된다고 말하고, 영원법의 존재를 부정했다.[51] 신의 의지가 그의 이성에 종속되거나 영원법에 구속된다면 신 자신도 제한받는 것처럼 보일 것이기 때문이다.[52]

둔스 스코투스보다 주의주의를 더 강하게 밀고 나간 사람은 프란체스코 수도회의 젊은 수도사였던 윌리엄 오컴이다. 윌리엄 오컴은 스코투스보다 더 강하게 철학과 신학의 분리를 주장하며, 신의 절대적인 권능을 강력하게 옹호한다. 윌리엄 오컴에 따르면, 신은 돌이나, 나무 조각, 아니면 당나귀로도 세상에 올 수 있었을 것이며, 이 또한 우리는 믿지 않으면 안된다. 신앙의 명제는 철학을 통해 합리적으로 증명될 수 없으며, 철학적으로 거짓인 것이 신학적으로는 참일 수 있다.[53] 신은 절도와 간통행위, 심지어 살인행위도 명령할 수 있고, 신이 절도와 간통행위, 살인행위를 명령했다면 그것이 참인 것이다.[54]

둔스 스코투스에 따르면, 신의 의지를 구속하는 영원법은 존재하지 않고 영원한 입법자로서 신만이 존재한다. 영원한 것은 법률이 아니라 입법자이다.[55] 스코투스에 의해 영원법은 부정하지만 자연법은 부정되지 않는다. 왜냐하면 이제 자연법은 영원법에서 도출되지 않고, 신의 절대적인 권력, 권위에 기초한 명령에서 나오기 때문이다.[56]

신의 전능성에 기초한 신의 명령에 의한 자연법은 '자연법 실증주의'라고 명명할 수 있겠다. 이는 이후 신이 아닌 국가에 의한 '법실증주의(실정법 실증주의)' 사상

---

51) Robert L. Arrington(김성호 역), 서양 윤리학사(서광사, 1998), 248면; Hans Welzel(박은정 역), 자연법과 실질적 정의(삼영사, 2001/2005), 112면; 오세혁, 법철학사(세창출판사, 2004/2008), 80면; Robert L. Arrington(김성호 역), 서양 윤리학사(서광사, 1998), 253면.
52) Samuel Enoch Stumpf/James Fieser(이광래 역), 소크라테스에서 포스트모더니즘까지(열린책들, 2008), 293면.
53) Hans Welzel(박은정 역), 자연법과 실질적 정의(삼영사, 2001/2005), 124면.
54) Hans Welzel(박은정 역), 자연법과 실질적 정의(삼영사, 2001/2005), 124~125면.
55) Hans Welzel(박은정 역), 자연법과 실질적 정의(삼영사, 2001/2005), 115면.
56) 이상영/이재승, 법사상사(한국방송통신대학교 출판부, 2005/2008), 78면; Hans Welzel(박은정 역), 자연법과 실질적 정의(삼영사, 2001/2005), 109면, 113면, 114면.

에 영향을 미치게 된다.57) 이후 토마스 홉스는 "진리가 아니라 권위가 법을 만든다(auctoritas, non veritas fact legem)"라고 주장하면서, '영원불멸의 하나님'을 대신하여 '지상의 신'인 리바이어던(Leviathan)을 등장시킨다.58)

결정적으로 중요한 것은 주의주의와 유명론에 의해 목적론적 세계관이 붕괴된다는 점이다.59) 목적론적 세계관의 붕괴에는 목적론이 아닌 인과론에 따른 자연과학의 발전이 한몫을 했고, 목적론적 세계관의 붕괴는 자연과학의 발전을 가져왔다.60) 목적론적 세계관의 붕괴는 초자연적인 질서와 자연적인 질서의 분리를 가져왔고, 신앙과 지성, 신학과 학문의 분리를 가져왔다.61)

주의주의와 유명론에 의해 목적론적 세계관은 붕괴되었고, 자연법은 신의 절대적인 권력, 전능성에 강조점을 둔 주의주의에 의해 명맥을 유지하였다. 하지만 이후 사상사에서 더 이상 신을 중심으로 논의하지 말 것이 주문되자(1612년 옥스퍼드의 국제법교수인 알베리코 젠틸리(Alberico Gentili)는 신학자들에게 이렇게 외쳤다. "신학자들이여, 다른 사람들의 직무에 대해서는 침묵하라!"),62) 주의주의마저도 붕괴되었다. 물론 루

---

57) 오세혁, 법철학사(세창출판사, 2012), 80면. "스코투스와 오컴은 신학의 이론에서는 입법자는 신이라 했으나 신을 보편의 인간인 입법자로 바꿔 놓으면, 이 학설들은 근대의 법실증주의와 마찬가지가 됩니다." José Llompart(정종휴 역), 법철학의 길잡이(경세원, 2000/2006), 70면.

58) Thomas Hobbes(진석용 역), 리바이어던 1(나남, 2008), 22면, 232면.

59) 이상영/이재승, 법사상사(한국방송통신대학교 출판부, 2005/2008), 78면.

60) Hans Welzel(박은정 역), 자연법과 실질적 정의(삼영사, 2001/2005), 124면, 155면, 157면; "존재 및 그 인식에 관하여 목적론적 설명(teleological explanation)을 시도하는 입장을 '아리스토텔레스(Aristoteles)적 전통'이라고 하며, 반면에 인과론 내지 기계론적 설명(mechanistic explanation)을 시도하는 입장을 '갈릴레오(G. Galileo)적 전통'이라고 한다(이명현, 이성과 언어, p. 101). 고대와 중세를 통해서 보면 자연과 사회의 모든 문제에 대한 목적론적 설명방법이 우세하였으며, 특히 중세에는 목적론의 기독교적 교리형태인 '창조론'이 철두철미하게 지배했었다. 그런데 근대에 들어와서 기계론적 설명방법의 입장이 새롭게 체계화됨으로써 이에 입각한 실증주의(positivism)가 유력한 학문적 방법론으로 부각되었다." 김부찬, 법학의 기초이론(대웅출판사, 1994), 22~23면.

61) Hans Welzel(박은정 역), 자연법과 실질적 정의(삼영사, 2001/2005), 147면; Hans J. Störig(박민수 역), 세계 철학사(이룸, 2008), 413면.

62) Hans Welzel(박은정 역), 자연법과 실질적 정의(삼영사, 2001/2005), 162면.

터(1483~1546)와 칼뱅(1509~1564)의 종교개혁 등에서는 주의주의는 여전히 큰 힘을 발휘한다.

그 당시 세상은 가톨릭과 개신교가 종교전쟁을 벌이고 있었지만, 사상가들은 목적도 없고 신도 없는 세상에서 인간과 인간사회를 어떻게 설명하고, 인간사회의 질서를 어떻게 설명할지를 고민하게 된다. 몇몇 사상가들은 '신이 존재하지 않더라도 타당한 자연법'을 구상하기도 했고, 몇몇 사상가들은 사회계약을 통한 사회의 기본구조와 법질서를 구상하기도 했다. 전자의 방법은 휴고 그로티우스(Hugo Grotius, 1583~1645)와 사무엘 푸펜도르프(Samuel Pufendorf, 1632~1694)가 취한 방법이고, 후자의 방법은 토마스 홉스(Thomas Hobbes, 1588~1679), 존 로크(John Locke, 1632~1705), 장 자크 루소(Jean-Jacques Rousseau, 1712~1778)가 취한 방법이다.

VI. 천부인권론

제1의 자연법 하에서 약자는 계층질서의 최하층이나 계층 外 신분으로 존재하였고, 강자의 계층질서를 강제당하는 위치에 있었다. 약자는 강자가 만든 질서에 따라 최하층으로 포섭되거나 계층 外로 배제될 뿐이었다. '인권에 대한 개념조차도 없던 시대'에 현실에서 실제로 빈번히 일어나는 인권침해는 '제1의 자연법'에 의해 정당화되었다. 대다수의 약자는 자신의 열등한 지위를 자연법 질서의 결과로 보았기 때문에 제1의 자연법에 의해 정당화된 현실에 반항하지 않고 순응하였다. 강자는 자신의 특권을 '자연법'을 통해 정당화하면서 소외받고 배제된 약자를 적절히 대변하지도 않았다. 순응이 아닌 반항에는 엄청난 희생이 뒤따랐는데, 드디어 이를 감수하는 약자가 등장하였다. 이들은 드디어 스스로를 대변하게 되는데, 그 사상적 토대는 '제2의 자연법'이며, 이는 만민에게 천부인권이 주어져 있다는 사상으로 발전한다. '자연법'은

원래 강자에게만 국한된 무기고(武器庫)였는데, 이제 약자에게도 개방된 무기고가 되었다.[63]

'천부인권' 사상이 주장되기 이전에도 (필자가 생각하는) '제2의 자연법'에 해당하는 것으로는 일부 소피스트에 의해 주장된 '평등' 사상이 있다. 이에 따르면, 자연적 질서로서의 '피지스'와 인간이 제정한 것으로서의 '노모스'는 예리하게 분리되는데, 전자는 모든 인간의 자연에 합당한 평등이 자리잡는 곳이라면, 후자는 자연에 어긋나는 불평등의 근원이 된다.[64] 자연은 그 누구도 노예로 만들지 않았고, '선천적 노예설'은 거부되었다.[65]

스토아학파의 '오이케이온' 사상 또한 '제2의 자연법'에 해당된다. '오이케이온'은 우리에게 '속하는 것'이며, 우리가 우리에게 속하는 것으로 느끼는 것으로서, 인간은 자기보존뿐만 아니라 동료 인간까지 배려하는 사회적 성향이 있으며, 이로부터 평화롭고 이성적으로 질서지워진 공동체를 형성하려는 성향이 있게 된다.[66] 이는 스토아학파의 특징인 인도주의 이념의 원천이 되었고, 인간 간의 상호존중을 자연적인 것이 되게 하였다.[67]

하지만 일부 소피스트의 '평등' 사상이나 스토아학파의 '사회성(오이케이온)' 사상은 현실을 바꾸는 현실파괴력을 발휘하지 못했다. 여전히 사상가의 머리에 있는 사상

---

63) "정당한 의미의 자연법은 결국 위로부터의 명령으로 전달되는 정의가 아니다. […] 이에 반해서 진정한 자연법에 담긴 정의는 아래로부터 위로 향하는 적극적인 저항을 의미한다. 그것은 처음부터 사람들이 더 이상 권력자의 명령에 복종하지 않겠다는 자유와 저항의 의미를 지니고 있다." Ernst Bloch(박설호 역), 자연법과 인간의 존엄성(열린책들, 2011), 15면.

64) Hans Welsel(박은정 역), 자연법과 실질적 정의(삼영사, 2001/2005), 28면. 소피스트의 '노모스(nomos) 피시스(physis) 논쟁'에 대해서는 G. B. Kerferd(김남두 역), 소피스트 운동(아카넷, 2004), 183면 이하 참조.

65) Hans Welsel(박은정 역), 자연법과 실질적 정의(삼영사, 2001/2005), 28면. 플라톤의 '선천적 노예설'과 아퀴나스의 '선천적 노예설'에 대해서는 Hans Welsel(박은정 역), 자연법과 실질적 정의(삼영사, 2001/2005), 40면, 100면.

66) Hans Welsel(박은정 역), 자연법과 실질적 정의(삼영사, 2001/2005), 183면 참조.

67) Hans Welsel(박은정 역), 자연법과 실질적 정의(삼영사, 2001/2005), 66면.

으로만, 책 속에서만 존재했고,[68] 현실에는 존재하지 않았다. 시대보다 사상이 너무 앞서갔는지도 모른다. 반면에 또 다른 '제2의 자연법'으로서 등장하는 '인간의 존엄' 사상과 '천부인권' 사상은 현실을 바꾸는 현실파괴력을 띠고 있었다.

근대에 이르러야 '인간의 존엄' 사상은 비로소 등장한다. 인간의 존엄에 기초하여 모든 인간에게 평등한 권리가 인정되어야 한다는 인권 사상은 전근대사회에서는 찾아볼 수 없다.[69] '인간의 존엄' 사상은 처음에는 인간과 신의 관계에서 신이 부여한 것으로 설명이 되다가, 후에는 인간 상호 간에 공통된 것으로 변모한다. '인간존엄'을 최초로 주장한 것으로 알려진 피코델라 미란돌라(Giovanni Pico della Mirandola)는 '인간 존엄성에 관한 연설'에서 인간이 위대한 기적이요, 정말 당당하게 경탄을 받을 만한 동물이라고 말하고 그렇게 여기는 이유가 무엇인지를 묻는다.[70] 이에 대해 그는 하느님이 아담에게 허락한 인간의 '자유의지'(네 자유의지의 수중에 나는 너를 맡겼노라!)가 그 이유라고 대답한다.[71] 뿐만 아니라 피코델라 미란돌라는 하느님이 우리에게 베

---

68) 일부 소피스트의 '평등' 사상이나 스토아학파의 '사회성(오이케이온)' 사상 외에는 그나마도 사상의 중심에 놓이지 못하고 지엽적 문제로 다루어졌다.

69) 유홍림, 현대 자유주의와 인권의 보편성, 김비환 外 15인, 인권의 정치사상(이학사, 2011), 81면.

70) Pico della Mirandola(성염 역), 인간존엄성에 관한 연설(경세원, 2009), 15면; 피코델라 미란돌라 이전에도 '인간의 존엄'에 대해 설파한 사람이 있는데, '인간 존엄성과 탁월성'(De dignitate et excellentia hominis)을 저술한 마네티(Gianozzo Manetti, 1396~1459)이다. 그의 저술에 대한 소개는 성염, 역자 해제, in: Pico della Mirandola(성염 역), 인간존엄성에 관한 연설(경세원, 2009), 113면 이하.

71) "오 아담이여, 나는 너에게 일정한 자리도, 고유한 면모도 부여하지 않았노라! 어느 자리를 차지하고 어느 면모를 취하고 어느 임무를 맡을지는 너의 희망대로, 너의 의사대로 취하고 소유하라! 여타의 조물들에게 있는 본성은 우리가 설정한 법칙의 테두리 안에 규제되어 있다. 너는 그 어떤 장벽으로도 규제받지 않는 만큼 너의 자유의지에 따라서(네 자유의지의 수중에 나는 너를 맡겼노라!) 네 본성을 테두리 짓도록 하여라! 나는 너를 천상존재로도 지상존재로도 만들지 않았고, 사멸할 자로도 불멸할 자로도 만들지 않았으니, 이는 자의적으로 또 명예롭게 네가 네 자신의 조형자요, 조각가로서 네가 원하는 대로 형상을 빚어내게 하기 위함이다." Pico della Mirandola(성염 역), 인간존엄성에 관한 연설(경세원, 2009), 17면. "그러니 인간을 두고 경탄하지 않을 자가 누구겠습니까? 모세의 성서나 그리스도교 성서에서 인간이 온갖 육체의 이름으로, 온갖 피조물의 이름으로 호명되는 것도 까닭이 없지 않으니, 이것은 인간이 자기를 온갖 육체의 얼굴로, 모든 피조물의 자질로 조형하고 형성하고 변형하기 때문입니다." Pico della Mirandola(성염 역), 인간존엄성에 관한 연설(경세원, 2009), 23면.

푸신 자유 선택을 유익하게 사용하기보다는 해롭게 사용하는 일이 없도록 조심해야 하고, 기왕이면 경건한 의욕을 가지고 어중간한 상태에 만족하지 않고 최고의 상태를 동경하며(우리가 원하면 할 수 있으니까) 그것을 획득하기 위해서 전력을 기울려야 함을 강조한다.[72]

이후에는 '인간의 존엄' 사상은 신이 없더라도 설명이 가능했는데, 이는 인간 상호간에 공통된 것이므로 보호되어야 한다는 주장이다. 이러한 생각이 탄생하게 된 직접적인 계기는 가톨릭과 개신교 간의 종교전쟁이었다. 즉 가톨릭과 개신교가 자연법을 종파간의 논쟁에 끌어들여 종교전쟁을 벌이는 와중에, 자연법이 보편타당하려면 기독교인으로서가 아니라, 가톨릭교도이든 루터교파이든 개혁교파이든, 그리고 기독교인이든 이방인이든 상관없이, 모든 인간을 위한 규범으로 제시되어야 한다는 사고가 등장한다.[73] 특히 신이 없더라도 타당한 자연법으로 푸펜도르프(Samuel Pufendorf)는 '인간의 존엄' 사상을 주장한다. "인간은 오성의 빛, 즉 구별하고 선택하는 능력을 타고났으며, 무수한 예술에 정통한 불멸의 영혼을 가지고 있다. 이미 인간이란 단순한 명칭에 존엄이 있다. 이 존엄은 모든 인간에게 똑같이 부여되기 때문에 인간은 모두 천부적으로 동등하다.[74]

인간에게 천부적인 인권이 주어져 있다는 자연권으로서의 인권 또한 '제2의 자연법'에 속한다. 근대의 자연법 전통에서 천부인권 사상을 통해 인권은 비로소 형성되었으며, 이는 이후 인권 담론의 초석이 된다. '인간의 권리'라는 용어 이전에 '자연권'이라는 용어가 먼저 사용된 것이다. 절대적이고 양도 불가능한 선험적 권리인 자연권으로서의 인권은 경험세계의 우연성에 훼손되지 않는 초월성을 그 특징으로 하며,[75] '자연권으로 자명하게 요구되는' 인권은 자연성, 평등성, 보편성을 그 특징으로 한다.[76]

---

72) Pico della Mirandola(성염 역), 인간존엄성에 관한 연설(경세원, 2009), 24면.
73) Hans Welsel(박은정 역), 자연법과 실질적 정의(삼영사, 2001/2005), 162면 이하.
74) Hans Welsel(박은정 역), 자연법과 실질적 정의(삼영사, 2001/2005), 203면.
75) 유홍림, 현대 자유주의와 인권의 보편성, 김비환 外 15인, 인권의 정치사상(이학사, 2011), 79면.
76) Lynn Hunt(전진성 역), 인권의 발명(돌베개, 2009), 25면.

VII. 사회계약론

아리스토텔레스의 목적론적 세계관이 해체되기 시작할 때, 토마스 홉스(리바이어던)와 존 로크(정부에 관한 두 개의 논문)로부터 장 자크 루소(사회계약론) 등의 사상가들은 사회계약을 통해서 사회의 기본구조를 만드는 사고실험을 시도하였다.[77] 홉스(1588~1679)가 '리바이어던'을 출간한 1651년부터 루소(1712~1778)의 '사회계약론'이 출간된 1762년에 이르는 한 세기는 '사회계약론의 위대한 시대'였다.[78]

물론 사회의 기본구조는 결코 사회계약에 의해 만들어지지 않았다. (존 롤스의 정의론에 의해 최근 부활하기는 했지만) 다음 2가지 결정적인 이유 때문에 사회계약론은 사회계약론의 전성기 이후 자취를 감추었다. 그런 계약은 한번도 체결된 적이 없었으며, 실제로 성사된 계약이 없다면 시민들도 정부도 약속에 의해 구속받지 않는다.[79] 다만 사회계약을 통해서 사회의 기본구조를 만들려고 한 시도는 역사적으로 대단한 의의를 갖는다. 왜냐하면 사회계약론은 주어진 자연법 질서나 신의 질서에 따라 인간사회질서를 확립하려는 시도에 반대하고, 사회계약을 통해 새롭게 사회질서를 만들어 보려고 한 시도이기 때문이다. 사회계약론은 개인이나 인간사회가 더 이상 자연이나 신에 의해 운명지워진 존재가 아님을 밝힌 것이다.[80] 홉스, 로크, 루소 등의

---

77) Otfried Höffe(박종대 역), 정의(EjB, 2004/2006), 97면.
78) 문지영, 국가를 계약하라 홉스&로크(김영사, 2007/2011), 133면.
79) Will Kymlicka(소병철 역), 사회계약론의 전통, in: Peter Singer(김성한 外 3인 역), 규범윤리의 전통(철학과현실사, 2005), 74면; 따라서 사회계약론은 그것이 실제적인 약속을 판명하려고 시도한다면 역사적으로 부조리하거나(historically absurd), 그것이 순전히 가상적인 약속을 확립하려고 시도한다면 도덕적으로 무의미한(morally insignificant) 것이 된다. Will Kymlicka, 사회계약론의 전통, in: 한국사회·윤리연구회 편, 사회계약론 연구(철학과 현실사, 1993), 15면.
80) Will Kymlicka(소병철 역), 사회계약론의 전통, in: Peter Singer(김성한 外 3인 역), 규범윤리의 전통(철학과현실사, 2005), 72면.

사회계약론자들은 객관적 가치질서의 존재에 대해 의문을 제시하고, 객관적 가치질서를 인간이 인식할 수 있다는 점에 대해서도 의문을 제기했다.[81](토마스 홉스의 법사상에 대해서는 '제6장 법적 안정성'에서 다루어 여기서는 생략하였다.)

1. 로크의 사회계약론

존 로크(John Locke, 1632~1705)는 자연상태에도 모든 사람을 구속하는 자연법이 있으며, 인간은 하느님이 인간에게 부여한 이성을 통해 자연법을 알 수 있다고 주장한다. 이 자연법 때문에 자연상태에서도 사람들은 제멋대로 살 수 없고, 타인의 존재를 의식하며 자신의 행위에 스스로 일정한 제약을 가하게 된다.[82] 하지만 존 로크의 자연상태에는 하나의 큰 결함이 있다. 그것은 다른 사람으로부터 침해를 당했을 때 적용할 수 있는 실정법이 없고, 호소할 수 있는 재판관이 없고, 이를 집행할 수 있는 권력이 없다는 점이다. 이러한 상황에서는 모든 사람이 자연법을 집행할 권력을 가지고 행사하게 된다. 공통된 호소수단을 가지고 있지 않은 자들은 달리 재판관이 없으므로 각자가 자기를 위한 재판관이고 집행자가 된다.[83]

자연상태에서의 인간이 사회로 들어가는 사회계약을 체결하는 이유는 자신들의 생명, 자유, 재산을 보존하기 위함이다.[84] 그 중에서도 시민 사회의 주된 목적은 재산의 보존이다.[85] 자신들의 생명, 자유, 재산을 보존하기 위해서, 그리고 권리와 재산에 관한 명시적 규칙을 통해서 평화와 안녕을 확보하기 위해, 시민사회에 가입하여

---

81) Robert Unger(김정호 역), 근대사회에서의 법(삼영사, 1994), 51면.
82) 문지영, 국가를 계약하라 홉스&로크(김영사, 2007/2011), 115면; John Locke(강정인, 문지영 역), 통치론(까치, 1996/2007), 13면.
83) John Locke(강정인, 문지영 역), 통치론(까치, 1996/2007), 84면.
84) John Locke(강정인, 문지영 역), 통치론(까치, 1996/2007), 96면.
85) John Locke(강정인, 문지영 역), 통치론(까치, 1996/2007), 208면.

어떤 국가의 구성원이 된 사람은 모두 자신의 사적인 판단에 따라 자연법의 위반행위를 처벌할 수 있는 권력을 포기한다.[86] 일정한 수의 사람들이 서로 결합하여 하나의 사회를 형성하고, 각자 모두 자연법의 집행권을 포기하여 그것을 공동체에게 양도하는 곳에서만 비로소 정치사회 또는 시민사회가 존재하게 된다. 그들은 사회에 또는 그것과 다름없는 입법부에 사회의 공공선이 요구하는 바에 따라 그들을 위해서 법률을 제정할 권한을 위임한다.[87] 국가는 입법권, 집행권, 연합권을 가지며(연합권은 집행권으로도 볼 수 있으므로 입법권과 집행권의 2권 분립이다),[88] 주권은 여전히 국민에게 있다(국민주권론).[89]

사람들이 사회에 들어가는 커다란 목적은 그들의 재산을 평온하고 완전하게 향유하는 것이며, 이를 달성하기 위한 주요한 도구와 수단이 사회에서 확립된 법률이다.[90] 공공이 선출하고 임명한 입법부로부터 승인을 받지 못하면 법률로서의 효력과 의무를 가지지 못한다. 왜냐하면 이런 승인이 없으면 법률은 그것이 법률이 되는 데 절대적으로 필요한 사회의 동의를 얻지 못한 셈이 되기 때문이다. 어느 누구도 사회 자체의 동의나 사회로부터 권위를 위임받은 자의 동의가 없이는 사회에 대해서 법률을 제정할 수 없다.[91]

존 로크는 절대적 권력을 주장하는 토마스 홉스의 견해에 대해 다음과 같이 비판한다. "그들은 통치자에 관한 한 그는 절대적이어야 하며 그것은 상황을 불문한다고 주장한다. 왜냐하면 그는 단순히 가해와 부정 이상을 행할 수 있는 권력을 가지고 있기 때문에, 그가 그것을 저지른다 해도 그는 정당하다는 것이다. 가장 강력한 자들이 그러한 해악이나 비행을 저지르는 상황에서 어떻게 그러한 것들로부터 나 자신을 보호할 수 있는가를 묻는 것은 즉각적으로 분열과 반란을 조장하는 목소리로 들릴 것이

---

86) John Locke(강정인, 문지영 역), 통치론(까치, 1996/2007), 84면, 130면.
87) John Locke(강정인, 문지영 역), 통치론(까치, 1996/2007), 85면.
88) John Locke(강정인, 문지영 역), 통치론(까치, 1996/2007), 141~142면.
89) 오세혁, 법철학사(세창출판사, 2012), 155면.
90) John Locke(강정인, 문지영 역), 통치론(까치, 1996/2007), 127면.
91) John Locke(강정인, 문지영 역), 통치론(까치, 1996/2007), 127면.

다. 이러한 상황은 마치 인간이 자연상태를 떠나 사회에 들어가면서, 한 사람을 제외한 모든 사람들은 법률의 구속 하에 있어야 하지만, 그 한 사람만은 자연상태에 누리던 모든 자유를 여전히 보유할 뿐만 아니라, 그것을 권력에 의해서 증대시키고 또 무절제하게 사용하더라도 책임을 묻지 않겠다고 합의하는 것이나 다름없다. 이는 인간이 스컹크나 여우로부터 받을지도 모르는 해악을 피하기 위해서는 조심을 하면서도, 사자에게 잡혀먹히는 데는 만족하거나, 아니 심지어 안전하다고 생각할 정도로 어리석다고 생각하는 것과 마찬가지다."[92]

입법권은 일정한 목적을 위해서만 활동할 수 있는 단지 신탁된 권력이므로 입법부가 그들에게 맡겨진 신탁에 반해서 행동하는 것이 발견될 때 입법부를 폐지하거나 변경할 수 있는 최고의 권력은 여전히 인민에게 있다. 왜냐하면 모든 권력은 그러한 목적에 의해서 제한되는 일정한 목적을 달성하기 위해 신탁으로 부여되는 것이기 때문에, 권력이 그 목적을 명백히 소홀히 하거나 위반하면 신탁은 필연적으로 철회되며, 그 권력은 그것을 내준 자들의 손에 되돌아가기 때문이다.[93] 입법자들이 인민의 재산을 빼앗거나 파괴하고자 기도할 경우 또는 인민을 자의적 권력 하에 놓인 노예로 만들고자 할 경우, 그들은 스스로를 인민과의 전쟁상태에 몰아넣는 것이며, 인민은 그로 인해 더 이상의 복종의무에서 면제되며, 무력과 폭력에 대비하여 신이 모든 인간을 위해서 마련해놓은 공통의 피신처로 대피할 수 밖에 없게 된다. 그러므로 입법부가 야심, 공포, 어리석음 또는 부패로 인해 인민의 생명, 자유 및 자산에 대한 절대적인 권력을 자신들의 수중에 장악하거나 아니면 그 밖의 다른 자들의 수중에 넘겨줌으로써 사회의 기본적인 규칙을 침해하게 되면 언제나 그들은 인민이 그것과는 상반된 목적으로 그들의 수중에 맡긴 권력을 신탁 위반으로 상실하게 된다. 그 권력은 인민에게 되돌아가며 인민은 그들의 원래의 자유를 회복할 권리와 (그들이 적합하다고 생각하는 바에 따라) 새로운 입법부를 설립함으로써 바로 그들이 사회에 가입한 목적에 다름 아닌 그들 자신의 안전과 안보를 강구할 수 있는 권리를 가지게 된다.[94] 따라서

---

92) John Locke(강정인, 문지영 역), 통치론(까치, 1996/2007), 89~90면.
93) John Locke(강정인, 문지영 역), 통치론(까치, 1996/2007), 143면.
94) John Locke(강정인, 문지영 역), 통치론(까치, 1996/2007), 208~209면.

아무런 권한 없이 그리고 그에게 맡겨진 신탁에 반해 인민들에게 무력을 사용하는 것은 인민과 전쟁상태에 들어가는 것이며, 인민은 그들의 권력을 행사하여 그들의 입법부를 본래대로 회복시킬 권리를 가지고 있다. 그러나 입법부가 사회에 그토록 필요한 그리고 인민의 안전과 보존이 걸려 있는 업무를 수행하는 것을 무력에 의해서 방해받을 경우, 인민은 그것을 무력에 의해서 제거할 권리가 있다. 상황과 조건을 불문하고 권한 없는 힘의 사용에 대한 진정한 치유책은 힘으로 대항하는 것이다.[95]

로크가 옹호하는 저항의 권리는 두 가지 점에서 급진적이다. 우선 그것은 폭정으로부터 벗어날 권리뿐만 아니라 그것을 예방할 권리까지도 포함하고 있다.[96] 또한 권리로서 인민의 저항은 단순히 비폭력적인 시민불복종 형태의 것에 한정되지 않고, 좀 더 근본적이며 과격한 방법, 곧 폭력적 저항까지 포괄한다는 점에서 급진적이다.[97] 여기서 한 가지 흥미로운 점은 인민의 저항권과 정부의 해체를 본격적으로 정당화하기에 앞서 로크가 사회의 해체와 정부의 해체를 구분해야 한다고 역설한다는 것이다. 둘 사이의 구분은 결국 로크가 정치사회와 정부를 구분해서 보고 있다는 의미이고, 이는 로크의 계약론이 사회계약과 통치계약이라는 두 가지 구분되는 관념으로 이루어져 있다는 분석을 뒷받침하는 것이기도 하다. 그것은 그 둘이 다른 것이라고 구분함으로써 정부의 해체가 곧 사회의 해체, 그러니까 자연상태로의 복귀를 의미하는 것이 아니라는 점, 따라서 정부의 해체를 초래하는 인민의 저항을 권리로서 인정하는 것이 그리 대단히 급진적이거나 무질서와 혼란을 부르는 불온한 주장이 아니라는 점을 미리 분명히 해두고자 함이었다.[98]

---

[95] John Locke(강정인, 문지영 역), 통치론(까치, 1996/2007), 148면.
[96] John Locke(강정인, 문지영 역), 통치론(까치, 1996/2007), 207면; 문지영, 국가를 계약하라 홉스&로크(김영사, 2007/2011), 151면.
[97] John Locke(강정인, 문지영 역), 통치론(까치, 1996/2007), 220~221면; 문지영, 국가를 계약하라 홉스&로크(김영사, 2007/2011), 152면.
[98] 문지영, 국가를 계약하라 홉스&로크(김영사, 2007/2011), 149~150면.

2. 루소의 사회계약론

루소는 '학문 및 예술에 관한 논고'에서 본래 선하게 태어난 인간은 사회와 문명에 의해 타락하였다고 주장했고, '불평등기원론'에서 자연의 상태에서 인간은 각기 독립된 자유로운 생활을 영위하나, 사회적 관계를 맺음으로써 지배자와 피지배자라는 불평등의 관계에 빠진다고 주장한다. "인간은 태어나면서 선하고, 사회는 그를 타락시킨다"는 것이 루소의 기본 생각이었다.[99] 루소는 ('사회계약론'에서 자신이 이전에 가졌던 생각과는 약간은 다른 그림을 그리는데) 자연상태를 지상낙원과 같은 상태가 아니라 상호적인 무관심이 지배하는 상태로 묘사하고 있다.[100]

하지만 인간의 자연상태는 인간의 사회성에 의해 곧 사회상태(시민사회)로 전환한다. 사회상태를 통해 인류문명은 발전하기도 하지만, 발전된 인류문명은 인간을 타락하기도 한다. 루소는 사회가 인간이 타락하는 주된 원인이라고 보았지만, 인간의 사회성은 사회를 만들 수 밖에 없다고 보았다. 이제 루소의 과제는 사회계약을 통해 자연상태가 아니라 힘의 논리가 지배하는 사회상태(시민사회)를 극복하는 것이다. 이는 홉스의 사회계약론이나 로크의 사회계약론이 사회계약을 통해 자연상태를 극복하려고 시도했다는 점과 차이가 있다. 루소는 소유권의 출현을 인간불평등의 기원으로 보고 있다.[101]

루소는 사회계약이 자연적 평등을 파괴하는 것이 아니라 반대로 인간들 사이에 자연적으로 생겨날 수 있는 육체적 불평등을 도덕적이고 합법적인 평등으로 대치하고, 인간은 체력 또는 재능에 있어 불평등할 수 있는 만큼 계약에 의해 그리고 법으로써 모두가 평등하게 된다고 주장한다.[102]

사회계약은 사회를 형성하는 결합계약(문자 그대로의 사회계약)과 정부를 만드는 정

---

99) Jean-Jacques Rousseau(이환 역), 사회계약론(서울대학교 출판부, 1999), 역자해설, 195면.
100) Hans Welzel(박은정 역), 자연법과 실질적 정의(삼영사, 2001/2005), 224면. Jean-Jacques Rousseau(이환 역), 사회계약론(서울대학교 출판부, 1999), 13면.
101) 이상영/이재승, 법사상사(한국방송통신대학교 출판부, 2005/2008), 167면.
102) Jean-Jacques Rousseau(이환 역), 사회계약론(서울대학교 출판부, 1999), 30~31면.

부계약(통치계약)으로 구분되는데, 루소의 경우에는 사회계약에 의해 수립된 공동체가 통치자와 피치자의 구분 없이 자치적으로 통치하기 때문에 결합계약 만이 있을 뿐 정부계약(통치계약)은 없다는 것이 특징이다.[103] 이는 주권의 소재에 대해 명확한 입장을 제시한다.[104] "정부의 설립은 결코 계약이 아니다."[105] 루소는 사회계약이 답을 주어야 할 근본 문제를 다음과 같이 제시하고 있다. "모든 공공의 힘으로부터 각 구성원의 신체와 재산을 방어하고 보호해 주는 한 연합의 형태, 그리고 이것에 의해 각 개인은 전체와 결합되어 자기 자신에게만 복종하고 이전과 마찬가지로 자유로울 수 있는 그런 연합의 형태를 발견할 것."[106]

루소의 사상에서 가장 큰 논란이 일어나는 부분은 이익의 공동성에 기초한 '일반의지'에 대한 것이다. 루소는 이익의 공동성에 기초한 일반의지에 의해 통치되지 않고 잘못된 정부에 의해 통치된다면, 평등은 피상적이고 공허한 것이 된다고 주장한다. 평등은 가난한 자를 가난 속에 그리고 부자를 약탈 속에 머물게 하는 데 쓰일 뿐이고, 법은 유산자에게는 유익하고 무산자에게는 해로운 것이 된다.[107] 따라서 루소는 사회적 관계의 불평등을 이익의 공동성에 기초한 '일반의지'를 통해 해결하려고 하였다. 의사를 전체적인 것으로 만드는 것은 투표자의 수보다 오히려 그들을 결합시키는 공동이익이다. 공동이익 아래에서 각자는 자기가 타인에게 부과하는 계약 조건에 자신도 필연적으로 복종해야 하며, 이것은 이익과 정의의 훌륭한 일치로서 공동의 결의에 공정성을 부여한다.[108]

루소는 법을 '일반 의사의 선언'으로 보고 있다.[109] 루소는 개별의지와 일반의지

---

103) 문지영, 국가를 계약하라 홉스&로크(김영사, 2007/2011), 134면; 이상영/이재승, 법사상사(한국방송통신대학교 출판부, 2005/2008), 168면.
104) 이상영/이재승, 법사상사(한국방송통신대학교 출판부, 2005/2008), 168면.
105) Jean-Jacques Rousseau(이환 역), 사회계약론(서울대학교 출판부, 1999), 126면.
106) Jean-Jacques Rousseau(이환 역), 사회계약론(서울대학교 출판부, 1999), 19면.
107) Jean-Jacques Rousseau(이환 역), 사회계약론(서울대학교 출판부, 1999), 31면.
108) Jean-Jacques Rousseau(이환 역), 사회계약론(서울대학교 출판부, 1999), 20~21면, 44면, 135면.
109) Jean-Jacques Rousseau(이환 역), 사회계약론(서울대학교 출판부, 1999), 역자해설, 214면.

의 동일성을 주장한다. 하지만 개별의지와 일반의지를 동일시하는 것은 불가능하다. 과연 공동의 이익에 기초해 모든 개별 의지를 전체 의지로 모을 수가 있을까? 한스 벨젤(Hans Welzel)은 루소가 이성을 과대평가했고, 욕정과 집단이익을 과소평가했다고 비판한다.[110] 또한 일반의지라는 것이 형식적인 원리에 불과할 뿐이라는 점도 지적한다.[111] 다만 루소 또한 '일반의지'를 현실에 실현하는 것은 극히 제한된 조건 하에서만 가능하다고 보았다. 모든 국가에 적용되는 것이 아니라 사회 구성원이 정치에 직접 참여할 수 있는 작은 국가에만 가능하다고 본 것이다.[112] 반대로 루소는 자신이 의도한 바와는 정반대의 오해를 받았다. 개인은 일반의지를 위해 개별의지의 관철을 포기해야 한다는 주장이 전체주의를 정당화한 것이 아니냐는 비판이다.[113]

VIII. 칸트 의무론 vs. 공리주의 결과론

행위의 옳고 그름을 판단하는 윤리에는 의무론(deontology)과 결과론(consequentialism)이 있다. 양자는 행위의 옳고 그름을 판단하는 기준에서 결정적으로 차이가 난다. 의무론에서 행위의 옳고 그름을 판단하는 기준은 행위의 결과가 아니라, '행위 그 자체'이다. 의무론은 행위와 결과에서 '행위'에 강조점을 두며, 행위를 해야 할 의

---

110) Hans Welzel(박은정 역), 자연법과 실질적 정의(삼영사, 2001/2005), 226~229면.
111) Hans Welzel(박은정 역), 자연법과 실질적 정의(삼영사, 2001/2005), 230면.
112) Jean-Jacques Rousseau(이환 역), 사회계약론(서울대학교 출판부, 1999), 역자해설, 203면, 215면.
113) Jean-Jacques Rousseau(이환 역), 사회계약론(서울대학교 출판부, 1999), 역자해설, 215면.

무로부터 행위의 당위성을 이끌어낸다. deon은 그리스어로 '의무'를 뜻한다. 반면에 결과론에서 행위의 옳고 그름을 판단하는 기준은 행위 그 자체가 아니라, '행위의 결과'이다. 결과론은 행위와 결과에서 행위의 '결과'를 강조하며, 행위의 결과에 대한 평가로 행위를 판단한다. 결과론은 목적론(teleology)라고도 부른다.

의무론과 결과론은 행위를 정당화하는데 사용될 뿐만 아니라, 도덕규범과 법규범을 정당화하는데도 사용된다. 의무론의 대표적인 예는 가톨릭 윤리와 칸트(Immanuel Kant, 1724~1804)의 정언명령을 들 수 있다. 플라톤의 이데아론, 아리스토텔레스의 엔텔레케이아론, 스토아철학은 의무론에 속한다. 반면에 결과론의 대표적인 예는 공리주의(utilitarianism)이고, 공리주의 사상가로는 제레미 벤담(Jeremy Bentham, 1748~1832)과 존 스튜어트 밀(John Stuart Mill, 1806~1873)이 있다.

1. 칸트 의무론

칸트는 이성의 참다운 사명은, 가령 다른 의도에서 수단으로서가 아니라, 그 자체로서 선한 의지를 낳는 것이어야 하며, 이를 위해 단적으로 이성이 필요하다고 본다.[114] 이때 이성은 나의 준칙이 보편적 법칙이 되도록 나에게 보편적 법칙 수립을 존경하도록 강요한다.[115] 칸트에 따르면, 평범한 인간도 누구나 준칙을 보편적 법칙으로 이끄는 '실천이성'이라는 나침판을 손에 들고 있다.[116] "나의 의욕이 윤리적으로 선하기 위해 내가 행해야만 할 것에 대해서 나는 전혀 아무런 자상한 통찰력도 필요하지 않다. 세상 돌아가는 형편에 대해 경험이 없고, 세상에서 일어나는 사건들에 대처할 능력이 없어도, 나는 단지 자문하면 된다. '너 또한 너의 준칙이 보편적 법칙이

---

114) Immanuel Kant(백종현 역), 윤리형이상학 정초(아카넷, 2005/2009), 83면.
115) Immanuel Kant(백종현 역), 윤리형이상학 정초(아카넷, 2005/2009), 97면.
116) Immanuel Kant(백종현 역), 윤리형이상학 정초(아카넷, 2005/2009), 98면.

되기를 의욱할 수 있는가?' 하고. 만약 그렇게 할 수 없다면, 그 준칙은 버려야 할 것이다. 그것도, 그로부터 너나 또는 다른 사람에게 생길 손해 때문이 아니라, 그것이 가능한 보편적인 법칙 수립에서 원리로서 적합할 수 없기 때문이다. 그러나 이성은 나에게 이런 보편적 법칙 수립을 존경하도록 강요한다."[117]

"나는 나의 준칙이 보편적인 법칙이 되어야만 할 것을 내가 의욕할 수 있도록 오로지 그렇게만 처신해야 한다."[118] '준칙'이란 행위자가 스스로 주관적인 근거에서 원리로 만든 행위자의 규칙으로, 행위자의 준칙들은 매우 다를 수가 있다. 하지만 윤리론의 최상 원칙은 '동시에 보편적 법칙으로서 타당할 수 있는 하나의 준칙에 따라 행위하라'이며, 이를 위한 자격을 얻지 못하는 준칙은 모두 도덕에 어긋난다.[119] 윤리론의 최상 원칙은 '정언명령'으로서, 행위가 자체로서 선한 것으로 표상되면, 그러니까 자체로서 이성에 알맞은 의지에서 필연적인 것으로, 즉 의지의 원리로 표상되면, 그 명령은 정언적인 것이 된다. 의지란 어떤 법칙의 표상에 맞게 행위하게끔 자기 자신을 규정하는 능력이며, 그러한 능력은 오직 이성적 존재자들에게서만 만날 수 있다.[120] 반면에 행위가 한낱 무언가 다른 것을 위해, 즉 수단으로서 선하다면, 그 명령은 가언적인 것이 된다.[121] 칸트는 정언명령에 해당하지 않는 예를 하나 드는데, '자기사랑의 원리'이다. 자기사랑의 요구를 보편적 법칙으로 변환시킬 수 있는가를 나에게 묻는다면, 나는 이내, 나의 준칙이 결코 보편적 법칙으로 타당할 수 없고, 자기 자신과 합치할 수 없으며, 오히려 필연적으로 자기모순일 수 밖에 없다는 것을 안다.[122] 칸트에 따르면, 우리가 의무를 위반할 때마다의 우리 자신에 주목해 보면, 우리는 우리가 실

---

117) Immanuel Kant(백종현 역), 윤리형이상학 정초(아카넷, 2005/2009), 96~97면.
118) Immanuel Kant(백종현 역), 윤리형이상학 정초(아카넷, 2005/2009), 94면, 132면, 163면; Immanuel Kant(백종현 역), 실천이성비판(아카넷, 2002/2007), 86면.
119) Immanuel Kant(백종현 역), 윤리형이상학(아카넷, 2012/2007), 142~143면.
120) Immanuel Kant(백종현 역), 윤리형이상학 정초(아카넷, 2005/2009), 144면; Immanuel Kant(백종현 역), 윤리형이상학(아카넷, 2012/2007), 151면.
121) Immanuel Kant(백종현 역), 윤리형이상학 정초(아카넷, 2005/2009), 119면.
122) Immanuel Kant(백종현 역), 윤리형이상학 정초(아카넷, 2005/2009), 134~135면.

제로는 우리의 준칙이 보편적 법칙이 될 것을 의욕하지 않음을 발견한다.[123] 인간성의 특수한 자연소질로부터, 어떤 감정이나 성벽으로부터, 심지어는 가능한 경우, 인간 이성에 고유하기는 하지만, 반드시 모든 이성적 존재자의 의지에 타당하지는 못한 특수한 성향으로부터 도출된 것은 우리에게 준칙을 제공할 수 있어도, 법칙은 제공할 수 없다.[124]

헤겔은 칸트의 정언명령은 우리가 이미 무엇을 해야 할 것인지에 관한 일정한 원리를 지니고 있을 때라면 매우 훌륭한 명제라고 본다.[125] 하지만 헤겔은 칸트가 인륜의 개념으로 이행하지 않는, 한낱 도덕적인 입장을 고수함으로써 하나의 공허한 형식주의로, 도덕학을 의무를 위한 의무에 관한 설교 차원으로 전락시키고 말았다고 비판한다.[126]

벨젤(Hans Welzel)은 자기 자신을 위해서도 일체 소유질서를 부정하는 무정부주의자는 그의 격율을 보편법칙으로 고양시킴으로써 자기모순에 빠지지 않을 것이며, 혼인제도를 시대에 뒤진 것으로 여긴 간통범도 그의 준칙을 보편화함으로써 스스로에게 모순되는 것이 아니라고 지적하면서, 칸트의 정언명령을 문제 삼는다.[127]

2. 공리주의 결과론

제레미 벤담(Jeremy Bentham, 1748~1832)의 공리주의는 '자연법과 자연권'에 대한 그의 반감에서 나왔다. 벤담은 옥스퍼드 퀸스 칼리지에서 윌리엄 블랙스톤(William Blackstone)의 강의를 수강했는데, 여기서 자연법과 자연권을 통해 법이론을

---

123) Immanuel Kant(백종현 역), 윤리형이상학 정초(아카넷, 2005/2009), 138면.
124) Immanuel Kant(백종현 역), 윤리형이상학 정초(아카넷, 2005/2009), 140면.
125) G.W.F. Hegel(임석진 역), 법철학(한길사, 2008/2012), 264면.
126) G.W.F. Hegel(임석진 역), 법철학(한길사, 2008/2012), 262면.
127) Hans Welzel(박은정 역), 자연법과 실질적 정의(삼영사, 2001/2005), 242면.

정립하는 블랙스톤의 오류를 발견한다. 벤담은 자연법이나 자연권 등에 대한 논의를 경멸하는데, 이런 개념들은 쾌락과 고통이라는 관찰 가능한 실재들과 아무런 관련이 없기 때문이다.[128] 벤담은 블랙스톤의 강의에서 느낀 바를 자신의 고유한 법이론을 정립하는 계기로 삼게 된다.[129] 벤담은 1755년에 블랙스톤의 '영국법 주해'를 비평하면서, 자연법 개념을 거부하고, '자연권'에 대한 논의는 무의미한 것이고, 수사학적 난센스에 지나지 않는다고 주장하였다.

벤담은 '최대 다수의 최대 행복'(the greatest happiness of the greatest number)이라는 구호로 알려져 있는 '공리주의'를 그의 주저 '도덕과 입법의 원리 서설'에서 체계화하였다. 공리주의는 벤담이 처음 주장한 것은 아니지만, 벤담에 의해 체계화되었기에 그는 공리주의의 창시자로 알려져 있다.[130] 벤담과 밀은 '공리성의 원리'를 자기 시대의 많은 문제들과 연결시키는데 다른 사람들보다 성공적이었기 때문에 유명한 공리주의자로 부각될 수 있었다.[131] 공리주의가 그 당시 사람들을 매혹시킬 수 있었던 이유는 대부분의 인간들이 이미 믿었던 바를 확인하는 방식을 가졌다는 점인데, 그것은 모든 사람이 쾌락과 행복을 욕망한다는 사실이다.[132]

벤담은 '도덕과 입법의 원리'를 설명하기 위해 형이상학(자연법)에 의존하는 것을 부정하고, 쾌락, 고통, 동기, 성향, 열정, 악덕 등의 용어가 의미하는 관념을 분석한다.[133] 도덕이든 법이든 간에 모든 판단기준이나 준거의 틀은 가능한 한 구체적, 실

---

128) Robert L. Arrington(김성호 역), 서양 윤리학사(서광사, 1998), 493면.
129) Samuel Enoch Stumpf/James Fieser(이광래 역), 소크라테스에서 포스트모더니즘까지(열린책들, 2008), 507면.
130) 예컨대 존 로크(John Locke)도 공리주의를 주장했다. "우리에게 쾌락을 제공해 주는 경향이 이른바 선이며 우리에게 고통을 주는 경향을 우리는 악이라고 부른다." Samuel Enoch Stumpf/James Fieser(이광래 역), 소크라테스에서 포스트모더니즘까지(열린책들, 2008), 506면.
131) Samuel Enoch Stumpf/James Fieser(이광래 역), 소크라테스에서 포스트모더니즘까지(열린책들, 2008), 506면.
132) Samuel Enoch Stumpf/James Fieser(이광래 역), 소크라테스에서 포스트모더니즘까지(열린책들, 2008), 505면.
133) Jeremy Bentham(고정식 역), 도덕과 입법의 원리 서설(나남, 2011), 12면.

제적으로 검증할 수 있도록 마련되어야 한다는 그의 주장에서 우리는 벤담이 영국 경험론의 전통과 긴밀히 연결되어 있음을 알 수 있다.[134] '도덕과 입법의 원리 서설' 첫 부분부터 벤담은 자신의 주장을 강력하게 펼친다. "자연은 인류를 고통(pain)과 쾌락(pleasure)이라는 두 주인에게서 지배받도록 만들었다. 우리가 무엇을 할까 결정하는 일은 물론이요 무엇을 행해야 할까 짚어내는 일은 오로지 이 두 주인을 위한 것이다. 한편으로는 옳음(right)과 그름(wrong)의 기준이, 또 한편으로는 원인과 결과의 사슬이 두 주인의 왕좌에 고정되어 있다."[135]

벤담에 따르면 공리성의 원리는 그 자체 이외의 다른 어떤 규제자가 필요하지 않으며 그런 규제자를 인정하지 않는다.[136] "공리성의 원리란, 자기 이익이 걸려있는 당사자의 행복을 증가시키거나 감소시켜야 하는 것으로 보이는 경향에 따라서, 또는 달리 말하면 그러한 행복을 증진시키거나 반대하는 것에 따라서, 각각의 모든 행위를 승인(approve)하거나 부인(disapprove)하는 원리를 뜻한다."[137] 벤담은 한 공동체의 구성원인 개인들의 행복, 즉 그들의 쾌락과 안전이야말로 입법자가 고려해야 할 목적, 그것도 유일한 목적이라고 주장한다.[138] 벤담은 행위의 결과, 즉 행위가 행복을 증진시키거나 감소시키는지에 따라 그 승인 여부를 결정하는데 반해, 행위의 결과와 상관없이 행위의 관념에 결부시켜 승인 여부를 결정하는 이론을 다음과 같이 비판한다. "만일 그에게, 어떤 행위에 대하여 그 결과에 상관없이 그것의 관념에 결부시켜 그 자신이 승인하느냐 부인하느냐의 여부야말로 그가 판단하고 행위할 때 의존할 충분한 기초가 된다고 생각하는 경향이 있다고 가정해보자. 그러면 그의 감정이란 것이 다른 모든 사람에게도 옳고 그름의 기준이 될 수 있는지, 아니면 모든 사람 각자의 감정이 그 자체로서 기준에 대하여 동일한 특권을 지니는 것인지 그로 하여금 자문해 보게 하라. 첫째의 경우에 대하여는, 그의 원칙이 횡포에 가까운 것은 아닌지, 그

---

134) Jeremy Bentham(고정식 역), 도덕과 입법의 원리 서설(나남, 2011), 옮긴이 머리말, 6면.
135) Jeremy Bentham(고정식 역), 도덕과 입법의 원리 서설(나남, 2011), 27~28면.
136) Jeremy Bentham(고정식 역), 도덕과 입법의 원리 서설(나남, 2011), 60면.
137) Jeremy Bentham(고정식 역), 도덕과 입법의 원리 서설(나남, 2011), 28~29면.
138) Jeremy Bentham(고정식 역), 도덕과 입법의 원리 서설(나남, 2011), 61면, 67면.

리하여 다른 모든 인간에 대하여 적대적 성격을 지닌 것이 아닌지 자문해보게 하라. 둘째의 경우에 대해서는 다음과 같이 자문해보게 하라. 그것이 무정부적 상태는 아닌가, 그리하여 결국 사람 수만큼 똑같은 사람에게도 오늘 옳은 것이 내일 그른 것으로 될 수도(설령 천성에 아무런 변화가 없다 해도) 있지 않은가? 그리고 똑같은 것이 똑같은 시간 똑같은 장소에서도 옳거나 그른 것으로 되어버리지 않는가? 그리고 이 둘 중 그 어느 경우에도 모든 논증은 끝나버리는 것이 아닌가? 그리고 두 사람이 '나는 이게 좋아', '나는 그게 좋지 않아'라고 말할 때 그들이 (그런 원리에 따른다면) 더 이상 무슨 말을 할 수 있겠는가?"[139]

존 스튜어트 밀(John Stuart Mill, 1806~1873)은 그의 저서 '공리주의'에서 공리주의를 벤담과 유사하게 정의내린다.[140] 존 스튜어트 밀은 공리주의를 적극적으로 옹호하는데, 밀이 보기에 공리주의의 비판자들은 '공리주의'에 대해 그 이름만 알 뿐 아무 것도 모르면서 공리주의를 흠집 내는 데 몰두한다.[141]

존 스튜어트 밀은 양적 공리주의의 틀을 벗어나 질적 공리주의를 통해 공리주의에 쏟아지는 비난이 맞지 않음을 보이고자 했다.[142] 밀은 공리주리에 대한 가장 큰 비판점을 '공리주의' 제5장 '정의는 효용과 어떤 관계를 맺고 있는가'에서 다룬다. 공리주의의 비판자들은 효용에다 편의(expediency)라는 이름을 붙이고 그것과 원리를 손쉽게 대비함으로써 비도덕적인 이론이라고 부당하게 낙인찍는다.[143] 밀은 정의와 효용은 결코 분리될 수 없는 것이며, 효용에 바탕을 둔 정의가 모든 도덕성의 중요한 부분이 되고, 그 어떤 것보다 더 신성하고 구속력도 강하다고 주장한다. "철학이 시작된 이래, 효용이나 행복이 옳고 그름의 판단 기준이 된다는 이론에 대해 가장 강력한 반대를 제기했던 것 중 하나가 바로 정의(justice)에 관한 생각이다. [⋯] 그래서 대다수 사상가들의 눈에는 이 말이 사물의 어떤 내재적 성질을 가리키는 것처럼 보였다.

---

139) Jeremy Bentham(고정식 역), 도덕과 입법의 원리 서설(나남, 2011), 34면.
140) John Stuart Mill(서병훈 역), 공리주의(책세상, 2007), 24~25면.
141) John Stuart Mill(서병훈 역), 공리주의(책세상, 2007), 42면.
142) John Stuart Mill(서병훈 역), 공리주의(책세상, 2007), 27면, 28~29면, 32면.
143) John Stuart Mill(서병훈 역), 공리주의(책세상, 2007), 49면.

다시 말해 많은 사상가들이 정의로운 것은 자연 속에서 온갖 종류의 편의적인 것과는 질적으로 구분되는 무엇인가 절대적인 것으로, 그리고 관념적으로도 편의적인 것과 반대되는 것으로 존재해야 한다고 생각했던 것이다. 그러나 사람들도 흔히 그렇게 생각하지만, 길게 보면 정의와 편의는 결코 그렇게 분리될 수 없다."[144] "정의와 편의 사이의 차이가 그저 가상의 구분에 불과한 것인가? 정의가 정책(policy)보다 더 신성한 것이며, 후자는 전자가 충족되고 나서야 관심을 기울여 볼 만한 대상에 지나지 않는다고 말하면, 그것은 오랜 착각에 지나지 않는 것인가? 결코 그렇지 않다. […] 나는 효용에 기반을 두지 않은 채 정의에 관한 가상의 기준을 제시하는 모든 이론을 반박하는 한편, 효용에 바탕을 둔 정의가 모든 도덕성의 중요한 부분이 되고, 그 어떤 것보다 더 신성하고 구속력도 강하다고 생각한다."[145]

IX. 법실증주의와 그 비판

1. 실증주의와 법실증주의

19세기 이전에도 소피스트의 사상, 에피쿠로스 철학, 토마스 홉스의 사상 및 이후 영국 경험 철학은 자연법론과는 다른 법사상을 전개하였지만, 법철학의 역사 초창기부터 19세기 이전까지 법사상을 주도했던 사상은 '자연법론'이었다. 자연법사상이 전면적으로 부정되는 것은 19세기 이후의 일이었다. 벨젤(Hans Welzel)은 자연법이 인권선언과 법전에 반영되면서부터 자연법의 몰락은 시작되었다고 주장한다.[146]

---

144) John Stuart Mill(서병훈 역), 공리주의(책세상, 2007), 89면.
145) John Stuart Mill(서병훈 역), 공리주의(책세상, 2007), 118면, 125~126면.

벨젤에 따르면, 자연법이 결정적으로 붕괴하게 된 계기는 19세기에 이르러 역사를 선험적 이념이 자기를 실현하는 변증법적 과정으로 구성할 수 있고 이 과정은 현실과 일치해야 한다는 헤겔의 사상이 붕괴하고, 이성의 자기파괴와 자기해체가 시작되었다는 점이다.[147] 이런 배경 하에서 19세기에 이데올로기론, 생철학,[148] 실존주의와 함께 실증주의가 등장한다.[149] 오귀스트 콩트(Auguste Comte, 1798~1857)는 '실증주의 서설'에서 '형이상학의 오만'을 꾸짖는다.[150] 동시에 콩트는 이론의 구축은 헛된 사변적인 만족을 확보해주는 것이 아니라 아무런 어려움 없이 우리의 실생활을 체계화시키는 것으로 이해되어야 한다고 주장한다.[151] '실증주의 서설'에서 콩트는 유명한 인간 정신의 3가지 발전과정 단계를 주장하는데, 신학의 단계, 형이상학의 단계, 실증의 단계이다.[152]

---

146) Hans Welsel(박은정 역), 자연법과 실질적 정의(삼영사, 2001/2005), 232면; "자연법사상의 역할이 어느 정도 현실화되어졌을 때, 이미 법사상은 자연법론으로부터의 전향이 있을 것임을 예고하고 있었다." 김부찬, 법학의 기초이론(대응출판사, 1994), 167면.

147) Hans Welsel(박은정 역), 자연법과 실질적 정의(삼영사, 2001/2005), 260면.

148) 니체의 생철학은 주어져 있는 객관적 당위질서를 겨냥하는데, 니체에 따르면, 객관적 당위질서는 단지 약정에 불과한 것으로서 그릇된 서열을 만들어낼 뿐이다. Hans Welsel(박은정 역), 자연법과 실질적 정의(삼영사, 2001/2005), 285~286면. 니체가 보기에 객관적 당위질서가 옳다고 주장하는 것은 '의지 내지 힘의 빈곤에 대한 표시'일 뿐이며(285면), 니체는 '권력에의 의지'를 가진 초인을 통해 '가치 전도(價値 顚倒)'를 꾀하게 된다(286면). 니체에 따르면, '해야 한다'는 당위의 세계가 너무 강해 '하고자 한다'는 의지의 세계나 '하고 싶다'는 욕구의 세계가 죽어버린다. 따라서 초인은 주어진 당위세계를 전복하여 새로운 가치질서를 수립할 의지가 필요하다. 이제 더 이상 당위는 없다(Nichtmehrsollen). "니체철학의 첫머리에는 '신은 죽었다'가 버티고 있다. 이렇게 해서 '참된 것은 이미 아무것도 없다. 모든 것이 다 허용된다'(차라투스트라 IV, '그늘')는 허무주의가 생겨났다. 왜냐하면 이제 '너는 --해야 한다'가 없어져버렸기 때문이다. 니체의 사고에 있어서의 그 다음 단계는 주인된 사람의 '나는 --하고자 한다'라는 것이다. 그러나 이때 차라투스트라는 '나는 --하고자 한다'의 배후에서 '나는 --꼭 해야만 한다'는 것을 인식한다(정신의 세 가지 변화에 관한 첫 번째 이야기)." Johannes Hirschberger(강성위 역), 서양 철학사 - 하권·근세와 현대(이문출판사, 1983/2007), 688면.

149) Hans Welsel(박은정 역), 자연법과 실질적 정의(삼영사, 2001/2005), 260면.

150) Auguste Comte(김점석 역), 실증주의 서설(한길사, 2001/2003), 58면.

151) Auguste Comte(김점석 역), 실증주의 서설(한길사, 2001/2003), 91면.

152) Auguste Comte(김점석 역), 실증주의 서설(한길사, 2001/2003), 64면.

법실증주의는 실정법 이외의 다른 법의 존재와 효력을 부인하는데, 특히 자연법의 존재와 효력을 부정한다. 뿐만 아니라 법실증주의는 법적 권리가 법률의 제정 이전에 존재할 수 없다고 주장하며, 특히 자연권의 존재와 효력을 부정한다. 더 나아가 법실증주의의 극단적인 형태인 법률실증주의는 입법자가 제정한 실정법에 절대적인 효력을 부여하여 "어떠한 내용도 법이 될 수 있다"고 주장한다. 극단적인 법실증주의자인 베르그봄(Karl Bergborm, 1849~1927)에 따르면, 실정법 그 자체 이외의 모든 법은 법으로서 헛소리에 불과하며,[153] 법이 존재한다는 것과 그 법이 가치가 있느냐의 여부는 별개의 문제이며, 실제로 존재하는 법은 우리의 거부감을 불러일으킬지라도 엄연히 법률이다.[154] "실정법은 이미 그것이 존재한다는 데서 자신의 근거지움과 정당화를 갖는다."

영국의 오스틴(John Austin, 1790~1859)은 '법리학 영역의 결정(The Province of Jurisprudence Determined)'에서 법을 주권자의 명령(commands of a sovereign)으로 보았고, 법의 개념을 명령(commands)과 습관(habits)이라는 요소로 파악하였다.[155] 오스틴은 주권자에 명령에 의해 우리는 '그렇게 하지 않을 수 없다(being obliged)'는 점에 법리학의 열쇠가 있다고 보았다.[156] 하지만 법을 명령으로 파악하면 법이 강제할 수는 있으나, 의무지울 수는 없다는 비판이 제기된다. 법실증주의에 대해서는 실정법이 도덕성을 띠어야 법일 수 있고 법의 효력을 발휘한다는 점을 간과했다는 비판이 제기된다.[157]

---

153) Karl Bergborm, Jurisprudenz und Rechtsphilosophie, 1892, 479면; Hans Welzel(박은정 역), 자연법과 실질적 정의(삼영사, 2001/2005), 262면에서 재인용함.
154) Karl Bergborm, Jurisprudenz und Rechtsphilosophie, 1892, 398면 각주; Hans Welzel(박은정 역), 자연법과 실질적 정의(삼영사, 2001/2005), 261면에서 재인용함.
155) H.L.A. Hart(오병선 역), 법의 개념(아카넷, 2002), 25면 이하 참조.
156) H.L.A. Hart(오병선 역), 법의 개념(아카넷, 2002), 8~9면.
157) "형식적 합법성만으로 법의 타당성을 판단하게 되는 법실증주의 또는 형식적 법치주의는 기존의 법질서의 개혁이나 사회적 현실에 대한 개선이 요구되는 중요한 시점에 있어서는, 오히려 정의롭지 못한 법질서나 사회 현실을 옹호하는 보수반동적 또는 시대착오적 기능을 수행하게 되거나, 불의한 법질서의 강요를 정당화함으로써 독재의 합리화수단으로 전락하게 될 가능

2. 켈젠의 법실증주의

한스 켈젠(Hans Kelsen, 1881~1973)은 전통법학이 심리학, 사회학, 윤리학, 정치이론과 혼합되어 있다는 점을 비판하면서, 자신의 '순수법학'을 통해 그와 낯선 요소들로부터 법학을 해방시키고자 했다(전통법학 vs. 순수법학, 방법혼합주의 vs. 방법순수성).[158] 그가 보기에, 법학의 방법과 다른 학문의 방법을 섞는 방법혼합주의는 법학의 본질을 흐리게 하고, 법학의 대상적 속성으로 인해 법학이 갖는 한계를 불분명하게 만든다.[159] 따라서 법학의 방법적 순수성은 자연과학과 구분되어야 할 뿐 아니라, – 그보다는 훨씬 더 – 윤리학, 도덕과 분명하게 구별되어야 한다(법학과 도덕의 분리).[160] 특히 켈젠은 법학에 저자의 정치적 성향이 반영되어 법학 이론이 흐려지는 것을 극도로 경계하였다(법학과 정치의 분리).[161]

가치상대주의와 '존재와 당위의 二元論(방법이원론)'을 핵심으로 하는 신칸트주의의 영향을 받은 켈젠은 존재에서 당위가 발생될 수 없다고 주장하였다.[162] 켈젠과 라드브루흐 모두 '가치상대주의'를 받아들였지만, 가치(價値)가 법학에 들어오는 것에 대해서는 입장을 아주 달리했다. 라드브루흐는 '고백의 대상으로서 가치'를 법학에서

성도 크다." 김부찬, 법학의 기초이론(대응출판사, 1994), 172면; 흥미로운 것은 벨젤(Hans Welzel)이 '신칸트학파'의 가치상대주의가 '법을 힘에 넘겨주고 마는 상대주의 법철학'이었음을 지적하고, 실증주의의 법개념을 유지하고 심화시켰다는 점에 '법실증주의의 보완이론'이었음을 언급하고 있다는 점이다. Hans Welzel(박은정 역), 자연법과 실질적 정의(삼영사, 2001/2005), 265면 이하. "신칸트학파 법철학을 거부하는 보다 심층적인 근거는 이념적 '규준'과 관련한 형식주의나, 상대주의 혹은 역사주의에 있는 것이 아니라, 실증주의적 법개념을 유지하고 심화시켰다는 데 있다." Hans Welzel(박은정 역), 자연법과 실질적 정의(삼영사, 2001/2005), 269면.

158) Hans Kelsen(변종필, 최희수 역), 순수법학(지산, 1999), 23~24면.
159) Hans Kelsen(변종필, 최희수 역), 순수법학(지산, 1999), 23~24면.
160) Hans Kelsen(심헌섭 역), 켈젠의 자기증언(법문사, 2009), 110면.
161) Hans Kelsen(심헌섭 역), 켈젠의 자기증언(법문사, 2009), 33면, 83~84면.
162) Gustav Radbruch(최종고 역), 법철학(삼영사, 1975/2007), 39면; Hans Kelsen(변종필, 최희수 역), 순수법학(지산, 1999), 30~33면, 51~52면.

추구하는 것을 받아들였지만(라드브루흐 자신도 사회민주당의 당원으로서 사회민주당이 추구하는 가치에 따른 법이론을 주장하였다),[163] 켈젠은 거부했다.[164] 켈젠은 가치에 대한 중립성을 법학에 도입하여 규범의 문제로('근본규범'이라는 형태로) 규범정립적 권위와 법의 정당성을 결합시켰다. 하지만 근본규범이 과연 무엇이며, 왜 근본규범에 복종해야 하는가 하는 것은 아직 해결되지 않은 문제로 남아 있다.[165]

규범이 '효력이 있다'는 것은 규범이 인간의 행위에 구속력이 있다는 것을 의미하고, 규범이 정하는 방식대로 인간이 행위해야 함을 뜻한다.[166] 켈젠은 '존재와 당위의 분리'를 기초로 존재사실에서 당위규범이 도출될 수 없음을 밝히고, 어떤 규범의 효력근거는 다른 규범의 효력을 전제할 때에만 가능하다고 주장한다.[167] 켈젠은 규범의 효력이 더 이상 상위규범에서 나올 수 없고, 그 효력의 근거가 더 이상 문제가 되지 않는, 최고의 것으로 전제되어 있는 최상위규범을 '근본규범'(Grundnorm)이라고 명명했다.[168] 켈젠에 따르면, 근본규범은 최고의 규범으로서 '전제되어 있고', 그 객관적 효력은 더 이상 의문시되지 않는다.[169] 켈젠의 근본규범은 '규범정립적 권위'를 위임하는 일, 규범정립자에게 규범을 정립할 수 있는 '권위'를 부여하는 일을 담당한다.[170]

켈젠은 효력근거의 속성에 따라 규범체계를 정적 유형과 동적 유형으로 구분한다.[171] 켈젠의 근본규범은 근본규범에 근거를 두고 있는 제반 규범들의 효력근거만을 제공할 뿐, 효력내용은 제공하지 않는다. 켈젠은 이러한 규범들을 '동적 규범체계'

---

163) Gustav Radbruch(최종고 역), 법철학 (삼영사, 1975/2007), 39~41면.
164) Hans Kelsen(김선복 역), 정의란 무엇인가(책과사람들, 2010), 15~16면.
165) '근본규범'의 성격에 대한 다양한 견해에 대해서는 최봉철, 현대법철학(법문사, 2007), 207면 이하.
166) Hans Kelsen(변종필, 최희수 역), 순수법학(지산, 1999), 301면.
167) Hans Kelsen(변종필, 최희수 역), 순수법학(지산, 1999), 301면.
168) Hans Kelsen(변종필, 최희수 역), 순수법학(지산, 1999), 303면.
169) Hans Kelsen(변종필, 최희수 역), 순수법학(지산, 1999), 303면, 314면.
170) Hans Kelsen(변종필, 최희수 역), 순수법학(지산, 1999), 339~340면.
171) Hans Kelsen(변종필, 최희수 역), 순수법학(지산, 1999), 303면.

라고 명명하였다.[172] 동적 규범체계에 따르면, 법규범의 효력근거는 그 규범이 근본규범에 따라 창설되었다는 점에 있다.[173] 따라서 켈젠의 근본규범 이론은 어떠한 실정법질서도 그 규범의 내용 때문에 효력이 박탈되지 않는다는 법실증주의 법이론의 본질적인 요소를 담고 있다.[174]

반면에 근본규범으로 전제되어 있는 규범으로부터 그 효력근거뿐만 아니라 효력내용을 구하는 규범들의 체계를 켈젠은 '정적 규범체계'로 부른다.[175] 정적 규범체계의 대표적인 예는 자연법론이다. 자연법론은 (법과 도덕의 관계에서) 법질서가 도덕질서의 구성부분이라고 하면서, 법규범이 (스스로 효력을 갖는) '절대적 도덕가치'에 합치될 때만 법으로 간주되게 된다.[176] (법실증주의 법이론과 달리) 자연법론에 따르면, 실정법의 내용이 자연법의 내용과 일치하지 않으면 실정법의 효력이 박탈될 수 있다.[177]

켈젠은 정적 규범체계와 자연법론에 대해 비판적이었다. 켈젠은 자연법규범이 실재할 때에만 자연법규범은 확고한 기준을 제공할 수 있는데, 자연법론의 역사를 보면 자연법론의 주장자들은 하나의 자연법이 아니라 매우 상이하고 서로 모순되는 여러 가지 자연법을 선언해 왔다는 점과,[178] 자연법론이 기존의 법질서 및 그 중요한 정치적·경제적 제도들을 자연법에 합치되는 것으로 정당화하는데 이용되었음을 지적했다.[179] 또한 켈젠은 윤리적으로 선한 것과 악한 것, 윤리적으로 정당화될 수 있는 것과 정당화될 수 없는 것에 관한 도덕적 견해는 법과 마찬가지로 언제나 가변적이라는 점과 법질서 또는 법질서의 어떤 규범은 그것이 효력을 가졌던 시대에는 그 당시의 도덕적 요청에 부합될 수 있었더라도 현재에는 극히 비도덕적인 것으로 평가될 수 있

---

172) Hans Kelsen(변종필, 최희수 역), 순수법학(지산, 1999), 304~305면.
173) Hans Kelsen(변종필, 최희수 역), 순수법학(지산, 1999), 308~309면.
174) Hans Kelsen(변종필, 최희수 역), 순수법학(지산, 1999), 339면.
175) Hans Kelsen(변종필, 최희수 역), 순수법학(지산, 1999), 304면.
176) Hans Kelsen(변종필, 최희수 역), 순수법학(지산, 1999), 116~117면.
177) Hans Kelsen(변종필, 최희수 역), 순수법학(지산, 1999), 341면.
178) Hans Kelsen(변종필, 최희수 역), 순수법학(지산, 1999), 121~122면, 124면, 342~343면.
179) Hans Kelsen(변종필, 최희수 역), 순수법학(지산, 1999), 124면; Hans Kelsen(변종필, 최희수 역), 정의의 문제, in: 순수법학(지산, 1999), 631면.

다는 점을 언급한다(켈젠은 이를 더욱 더 중요한 통찰이라고 표현하였다).[180]

3. 하트의 법실증주의

하트(H.L.A. Hart, 1907~1992)는 오스틴의 명령설(imperative theory)을 비판했다. 하트에 따르면, 사령이라는 관념은 '권위'와 밀접한 관련성이 있는데, 오스틴은 '위협'을 배경으로 하는 권총 강도의 명령을 '사령'이라고 잘못 부르고 있다.[181] '권위'를 근거로 하지 않고 '위협'을 근거로 한다면, 법규범에 의해 인간의 행위가 구속되는 점, 인간의 행위가 임의적이 아니고 의무적이라는 점을 설명할 수 없게 된다.[182] 법을 '명령'으로 파악하면 법을 강제할 수는 있으나, 의무지울 수는 없다. 오스틴은 주권자의 명령에 의해 우리는 '그렇게 하지 않을 수 없다(being obliged)'는 점에 법리학의 열쇠가 있다고 보았다.[183] 하지만 법을 '명령'으로 보는 오스틴의 견해는 '어떤 일을 하지 않을 수 없었다'(was obliged to do)는 주장과 '그것을 할 의무를 지고 있었다'(had an obligation to do)는 주장 사이의 뛰어넘을 수 없는 차이를 간과하게 된다.[184] 하트는 오스틴의 주장이 어떤 것을 하도록 강요되는(obliged) 것과 그것을 할 의무를 갖는(obligated) 것 사이의 구별을 없앤다고 지적했다.[185] 또한 하트는 권총 강도가 은행원에게 상시적 명령을 발하지 않는데 반해, 법은 상시적 또는 계속적 특징을 가진다는 점을 지적했다.[186]

---

180) Hans Kelsen(변종필, 최희수 역), 순수법학(지산, 1999), 124면.
181) H.L.A. Hart(오병선 역), 법의 개념(아카넷, 2002), 28면.
182) H.L.A. Hart(오병선 역), 법의 개념(아카넷, 2002), 8면.
183) H.L.A. Hart(오병선 역), 법의 개념(아카넷, 2002), 8~9면.
184) H.L.A. Hart(오병선 역), 법의 개념(아카넷, 2002), 109면; Ronald Dworkin(염수균 역), 법과 권리(한길사, 2010), 81면.
185) Ronald Dworkin(염수균 역), 법과 권리(한길사, 2010), 81면.
186) H.L.A. Hart(오병선 역), 법의 개념(아카넷, 2002), 31면.

오스틴은 '하지 않을 수 없다'는 의미를 통해 주권자의 명령으로 법의 개념을 설명하지만, 하트는 ('권총 강도'의 예를 들면서) '할 의무가 있다'는 의미를 통해 법의 본질이 '명령'이 아니라 '규범정립적 권위'에 있음을 밝혔다. 물론 오스틴이 '규범정립적 권위'를 언급하지 않은 것은 아니다. 오스틴 또한 모든 사람이 습관적으로 복종하면서 그 자신은 법적 제한에서 면제되는 주권자를 상정하였다. 하지만 그는 주권자의 '규범정립적 권위'에 초점을 맞추어 법이론을 전개하지 않았다. 모든 사람이 습관적으로 복종하면서 그 자신은 법적 제한에서 면제되는 오스틴의 주권자 개념은 (그 당시 상황에는 타당했는지 몰라도) 오늘날 법체계의 입법적 권력에 비추어 보면 타당하지 않다.

켈젠은 이미 '순수법학'에서 '강도의 명령'과 '세무공무원의 명령'을 다음과 같이 비교하였다. "강도의 명령이 아니라 세무공무원의 명령만이 수범자에게 의무를 지우는 효력 있는 규범으로서의 의미를 가지며, 강도의 행위가 아니라 세무공무원의 행위만이 규범정립행위이다. 왜냐하면 세무공무원의 행위는 세법에 의해 수권되어 있는 반면, 강도의 행위는 그에게 수권하는 그러한 규범에 근거하고 있지 않기 때문이다."[187] (근본규범의 정당성 여부를 떠나서 고찰해 볼 때) 켈젠은 오스틴의 법이론에 대한 하트의 비판을 이미 행하고 있다. 켈젠은 다음과 같이 말했다. "어느 누군가가 그 어떤 것을 명령한다는 사실은 그 명령을 수범자를 구속하는 효력 있는 규범으로 볼 수 있게 하는 근거가 아니다. 권한 있는 권위만이 효력 있는 규범들을 정립할 수 있다. 그리고 그러한 권위는 규범을 정립할 권한 있는 규범에서만 생길 수 있다."[188]

하트는 모든 법을 '명령과 습관'이라는 한 가지 단순한 유형의 법으로 환원하는 오스틴의 시도는 다양한 유형의 법을 가진 현대의 법체계를 설명할 수 없다고 보았다. 예컨대 '명령'으로 법을 파악하는 견해는 권한을 부여하는 법 유형을 설명할 수 없다.[189] 이처럼 단순한 유형의 법으로 설명하는 견해의 문제점은 많은 대가를 지불하면서 모든 법을 취향에 맞는 통일된 양태로 환원한다는 점에 있다.[190]

---

187) Hans Kelsen(변종필, 최희수 역), 순수법학(지산, 1999), 33~34면.
188) Hans Kelsen(변종필, 최희수 역), 순수법학(지산, 1999), 302면.
189) H.L.A. Hart(오병선 역), 법의 개념(아카넷, 2002), 44면.
190) H.L.A. Hart(오병선 역), 법의 개념(아카넷, 2002), 52면.

하트에 따르면, 규칙의 관념 없이는 법의 가장 기본적인 형태도 설명할 수 없다. 명령, 복종, 습관 그리고 위협이라는 관념들은 규칙의 관념을 포함하지 않을 뿐 아니라, 그들의 결합으로도 규칙의 관념을 산출할 수 없다.[191] 하트는 법체계를 '의무의 일차적 규칙'(duty-imposing primary rules)과 '권한을 부여하는 이차적 규칙'(power-conferring secondary rules)의 결합으로 보았다. 하트는 모든 법을 통일된 양태로 환원하는 것은 상이한 유형의 법적 규칙이 수행하고 있는 상이한 사회적 기능을 왜곡하는 것이라고 보았고,[192] 두 가지 유형의 규칙의 결합 속에 '법리학의 열쇠'가 있다고 주장하였다.[193] 그는 의무의 일차적 규칙과 승인, 변경, 재판의 이차적 규칙의 결합으로 법체계를 파악하는 것은 법체계의 핵심뿐만 아니라 법학자와 정치 이론가 모두에게 의문을 일으켰던 많은 것들에 대한 분석의 가장 강력한 도구가 된다고 믿었다.[194] 일차적 규칙은 개인이 반드시 하여야 할 또는 반드시 하지 말아야 할 행위에 관한 것이고, 이차적 규칙은 일차적 규칙에 관한 것이라는 의미에서 2차적인데, 이는 일차적 규칙이 결정적으로 확인되고, 도입되고, 폐지되고, 변경되는 방식과 그 위반의 사실이 확정적으로 결정되는 방식을 명시한다.[195]

하트의 승인율(rule of recognition)은 켈젠의 근본규범과 다르지만, 켈젠의 근본규범과 매우 유사한 기능을 수행한다. 켈젠의 근본규범과 하트의 승인율 모두 '규범창설적 요건'을 규정하고 있기 때문이다. 켈젠은 다음과 같이 말한다. "동적 유형의 특징은 전제된 근본규범이 다름아니라 규범창설적 요건을 도입하고 규범정립적 권

---

191) H.L.A. Hart(오병선 역), 법의 개념(아카넷, 2002), 107면.
192) H.L.A. Hart(오병선 역), 법의 개념(아카넷, 2002), 52면.
193) H.L.A. Hart(오병선 역), 법의 개념(아카넷, 2002), 107면.
194) H.L.A. Hart(오병선 역), 법의 개념(아카넷, 2002), 128면.
195) H.L.A. Hart(오병선 역), 법의 개념(아카넷, 2002), 124면; "일차적 규칙 체제의 불확실성에 대한 가장 단순한 형식의 구제책은 '승인의 규칙(rule of recognition)'이라 부를 수 있는 것을 도입하는 것이다." H.L.A. Hart(오병선 역), 법의 개념(아카넷, 2002), 124면. "일차적 규칙 체제의 정적 특성에 대한 구제책은 '변경의 규칙(rule of change)'이라 부를 수 있는 것을 도입함에 있다(125면)." "분산된 사회적 압력의 비효율성을 구제하기 위한 일차적 규칙의 단순한 체제에 대한 세 번째의 보충은 '재판의 규칙(rule of adjudication)'에 있다(127면)."

위에게 권한을 부여하며, 또는 - 같은 의미이지만 - 그 근본규범에 바탕한 질서 내의 일반적 규범들과 개별적 규범들이 어떻게 창설되어야 하는가를 규정하는 규칙을 포함하고 있다는 점이다."[196]

하지만 켈젠의 근본규범은 하위규범을 근거짓는 '최상위규범'임에 반해("창조를 규율하는 규범은 상위규범이며, 규정에 따라 창조된 규범은 하위규범이다. 법질서는 동등한 서열에 속하는 병존적 법규범들의 체계가 아니라 상이한 위상을 지닌 법규범들의 단계구조이다"),[197] 하트의 승인율은 의무의 일차적 규칙과 관련된 '이차적 규칙'이다.[198] 하트의 승인율은 법체계 안에서 그 구속력을 수용에 의존하는 유일한 규칙이다. 하트의 승인율은 켈젠의 근본규범과 비슷하게 자신의 효력은 다른 법규범으로부터 도출되지 않는 유일한 규범이다. 다만 근본규범은 '법질서 내의 최고규범으로서' 법규범을 정립하는 규범창설적 기능을 수행하는 반면에, 승인율은 '법 이전의 세계에서 법의 세계로'(from the prelegal into the legal world) 의무부과적 규범들을 변환하는 기능을 가진다는 점에 차이가 있다. 근본규범은 켈젠의 이론적 구성물로 규범의 문제인 반면에, 승인율의 존재와 효력은 사회적 관행에서 생기는 사실(사실과 결합된 규범)의 문제라는 큰 차이점이 있다.[199]

하트는 자신의 법이론에 대한 드워킨(Ronald Dworkin)의 비판을 다음과 같이 요약했다. "이 책에 대한 드워킨의 비판 중에 오랫동안 가장 잘 알려진 것이 바로 다음과 같은 점이다. 법을 단순히 적용되거나 안 되거나 하는 '양자택일적(all-or-nothing)'인 규칙만으로 구성된 것으로 본 점은 잘못이라는 것이며, 그 결과, 법적 추론과 재판에서 중요하고도 특징적인 역할을 수행하는 상이한 종류의 법적 표준, 즉 법원리들을 무시하게 되었다는 것이다."[200] 또한 드워킨은 법의 본질적 요소인 법원리가 법원의 관행에서 나타나는 승인율(rule of recognition)이 제공하는 판단 기준에

---

196) Hans Kelsen(변종필, 최희수 역), 순수법학(지산, 1999), 305면(이탤릭체는 필자에 의한 것임).
197) Hans Kelsen(변종필, 최희수 역), 순수법학(지산, 1999), 345면.
198) H.L.A. Hart(오병선 역), 법의 개념(아카넷, 2002), 124면.
199) 이상영/김도균, 법철학(한국방송대학교출판부, 2006/2012), 79~80면.
200) H.L.A. Hart(오병선 역), 법의 개념(아카넷, 2002), 336면.

의해 확인될 수 없으며, 따라서 승인 규칙의 이론은 포기되어야 한다고 주장한다.[201] 법원리는 그가 주장하는 구성적 해석을 통해서만 확인할 수 있다.[202]

법에는 규칙 외에도 원리가 있다는 드워킨의 주장에 대해 하트는 다음과 같이 언급함으로써 자신의 법실증주의 법이론을 옹호한다. "그의 말대로 내가 법이 원리를 포함하는 것으로 받아들인다면 나는 내가 주장해 왔던 다음과 같은 입장을 계속 유지할 수 없을 것이다. 첫째, 법체계는 법원의 관행에서 수락된 승인의 규칙이 제공하는 판단 기준에 의하여 확인된다는 점, 둘째, 법원은 판결을 내릴 만한 현행의 실정법이 없는 경우에 보충적 법 창설 권한 또는 재량을 행사한다는 점, 셋째, 법과 도덕 사이에는 어떠한 필연적이거나 개념적인 연결성이 없다는 점이다. 이러한 논점들은 내 법이론의 중심적 원리일뿐더러 현대 법실증주의의 핵심을 이루는 것으로 종종 취급되고 있다. 따라서 이들을 포기하는 것은 중대한 문제가 된다."[203]

4. 드워킨의 법사상

드워킨(Ronald Dworkin, 1931~2013)은 옥스퍼드대학 법철학 석좌교수였던 하트의 후임자였지만 법사상의 측면에서는 하트와 치열하게 대립했다.

하트의 법이론은 다음 3가지로 설명된다. 첫째 법은 규칙들의 집합이며, 둘째 규칙이 없거나 규칙이 적용될지 여부가 불명확한 난해한 사안(hard cases)의 경우에 법관의 재량이 인정되고, 셋째 이 경우에 법관은 적용할 법적 권리를 찾을 의무가 없다.[204]

이에 반해 드워킨의 법이론은 다음 3가지로 설명된다. 첫째 법은 규칙으로만 이

---

201) H.L.A. Hart(오병선 역), 법의 개념(아카넷, 2002), 342면.
202) H.L.A. Hart(오병선 역), 법의 개념(아카넷, 2002), 342면.
203) H.L.A. Hart(오병선 역), 법의 개념(아카넷, 2002), 336~337면.
204) Ronald Dworkin(염수균 역), 법과 권리(한길사, 2010), 76~77면.

루어지지 않고 규칙(rule) 외에도 원칙(principle)이 존재하고, 둘째 난해한 사안(hard cases)의 경우에 법관에게는 재량이 인정되지 않고 원칙에 따른 재판을 행해야 하며, 셋째 이 경우에 법관은 적용할 법적 권리를 찾을 의무가 있다.

드워킨은 타당한 규칙이 없음에도 불구하고 당사자들의 권리를 발견해야 하는 초인적인 기술과 학습과 인내와 예리함을 갖춘 법률가를 상상 속에서 만들었는데, 이러한 법률가를 '헤라클레스'라고 불렀다.[205]

하트의 법이론과 드워킨의 법이론은 적용할 규칙이 없거나 규칙이 모호하여 적용 여부가 불명확한 난해한 사안(hard cases)의 경우에 법관이 어떻게 판결해야 하는가를 두고 대립한다. 이는 '자연법의 존재와 효력'을 두고 다투는 자연법론과 법실증주의의 전통적인 대립과는 확실히 다른 차원이다.

드워킨은 '원칙에 따른 판결'의 예로 '리그 대 팔머'(Riggs v. Palmer) 판결과 '헤닝슨 대 블룸필드 자동차 회사'(Henningsen v. Bloomfield Motors, Inc.) 판결을 든다. 법원은 리그 대 팔머 판결에서는 "아무도 자신의 잘못으로부터 이득을 취할 수 없다"는 원칙으로, 헤닝슨 대 블룸필드 자동차 회사 판결에서는 "법원은 자신이 불공평과 부정의 도구로 이용되는 것을 허용하지 않는다"는 원칙으로 판결하였다. 원칙에 의한 판결 이전에는 우리 민법 제1004조(상속인의 결격사유) 제1호(고의로 직계존속, 피상속인, 그 배우자 또는 상속의 선순위나 동순위에 있는 자를 살해하거나 살해하려 한 자)와 같은 규칙이 없었고, '제조물책임법'(2000. 1. 12 제정)과 같은 규칙이 존재하지 않았다.

원칙에 따른 판결 후에는 이를 토대로 새로운 규칙이 만들어질 수 있다. 리그 대 팔머(Riggs v. Palmer) 판결 후에는 "살인자는 그가 살해한 자의 유언에 따라 재산을 상속받을 자격이 없다"는 규칙이 만들어졌다. 법원은 새로운 규칙을 채택하고 적용하기 위한 정당화로 "아무도 자신의 잘못으로부터 이득을 취할 수 없다"는 원칙을 인용한다. "살인자는 그가 살해한 자의 유언에 따라 재산을 상속받을 자격이 없다"는 규칙은 리그 대 팔머 사안이 판결되기 전에는 존재하지 않았다.[206]

---

205) Ronald Dworkin(염수균 역), 법과 권리(한길사, 2010), 228면.
206) Ronald Dworkin(염수균 역), 법과 권리(한길사, 2010), 96면.

드워킨은 (벤담의 철학에서 나오는) 지배적 법이론의 두 부분을 '법실증주의'와 '공리주의'로 보았고, 양자가 서로 관련된다고 주장하였다.[207] 드워킨은 지배적 이론의 두 부분 모두를 비판하며, 두 부분이 서로 독립적이라는 주장을 비판했다.[208]

드워킨은 법실증주의나 공리주의에서 찾을 수 없는 '개인의 권리(인권)' 이념을 부각시켰는데, 이는 '원칙의 논변'으로 나타난다. 벤담은 인권을 '죽마 위에서의 허튼 소리(nonsense on stilts)'로 보았지만, 드워킨은 개인이 지닌 정치적 으뜸패(trumps)로 보았다. 드워킨은 권리를 진지하게 받아들일 것을 요청한다('법과 권리'의 원제목은 'Taking Rights Seriously'이다).[209]

드워킨은 다음과 같이 말했다. "법률가들이 법적 권리나 법적 의무에 관해서 추론하고 토론할 때, 특히 그런 개념에 대한 우리의 문제들을 첨예하게 드러내주는 난해한 사안에서 그들이 추론하고 토론할 때, 법률가들은 규칙으로 기능하는 것이 아니라 그와는 다르게 원칙(principle), 정책(policy), 그리고 다른 종류의 규준으로 작용하는 규준을 사용한다는 사실이다. 나는 실증주의가 규칙체계의 하나의 모델이자 그런 체계를 위한 모델이라고 주장할 것이다. 그리고 법의 하나의 근본적 기준에 관한 실증주의의 중심 견해는 규칙과는 다른 규준의 중요한 역할에 대해 우리에게 알려주지 못한다고 주장할 것이다."[210] 드워킨은 '정책의 논변'보다 '원칙의 논변'이 옳다고 보았다. "원칙의 논변은 개인의 권리를 확립하기 위해서 의도된 논변이다. 정책의 논변은 집단적 목표를 확립하기 위해서 의도된 논변이다. 원칙은 권리를 기술하는 명제이다. 정책은 목표를 기술하는 명제이다."[211]

이처럼 드워킨은 원칙을 규칙과 구별하고, 정책과 구별하면서, 원리에 기초한 법이론을 펼쳤다. 하지만 드워킨은 더 나아가 '법의 제국(Law's Empire, 1986)'에서

---

207) Ronald Dworkin(염수균 역), 법과 권리(한길사, 2010), 33~34면.
208) Ronald Dworkin(염수균 역), 법과 권리(한길사, 2010), 34면.
209) Ronald Dworkin(염수균 역), 법과 권리(한길사, 2010), 357면.
210) Ronald Dworkin(염수균 역), 법과 권리(한길사, 2010), 85~86면.
211) Ronald Dworkin(염수균 역), 법과 권리(한길사, 2010), 202면.

'integrity'('정합성', '통합성' 등의 단어로 번역되지만 우리말로는 정확하게 표현하기 어렵다) 와 '법의 태도'를 강조하는 독자적인 법이론을 전개함으로써 법이 규칙이나 원칙의 목록으로 끝나지 않음을 보였다.

제2장
라드브루흐 공식과 헌법재판의 법철학적 의의

'무엇을 하라(명령)', '무엇을 하지 말라(금지)', '무엇은 해도 좋다(허용)'는 식으로 인간의 행위를 구속하는 대표적인 규범에는 법규범과 도덕규범이 있다. 양자는 인간의 행위를 구속한다는 점에 있어 비슷하나, 법규범은 강력한 제재를 수반하기 때문에 도덕규범에 비해 인간의 행위를 강제하는 성격이 더 강하다. 이러한 법규범의 특징 때문에 오래전부터 '법규범의 정당성 문제'는 법철학의 중요한 테마로 다루어졌다. 법철학의 양대 주류인 자연법론과 법실증주의는 법규범의 정당성에 대한 근거를 제시하였고, 라드브루흐 공식은 법규범의 정당성 판단에 대한 새로운 기준을 제시함으로써 자연법론과 법실증주의 사이의 모순을 해결하고자 하였다.

여기서 필자는 '법규범의 정당성 문제'를 중심으로 자연법론, 법실증주의, 라드브루흐 공식, 헌법재판을 서로 대비하였다. (필자가 보기에) 자연법론, 법실증주의에서 라드브루흐 공식으로, 라드브루흐 공식에서 헌법재판으로 발전된 것이 아닌가 싶은 정도로 '법규범의 정당성' 물음에 대한 절차는 구체화·제도화되었다.

I. 라드브루흐 공식

1. 강한 자연법론과 강한 법실증주의의 대립

　법철학은 오랜 세월 동안 자연법론과 법실증주의의 대립 속에서 '법규범의 정당성'을 탐구했다. 자연법론에서는 실정법이 '자연법'에 위반되는지 여부가 '실정법의 정당성'을 판단하는 중요한 척도가 된다. 반면에 법실증주의는 존재하지 않는 자연법이 실정법의 효력을 부정함으로써 실정법을 통한 법적 안정성이 파괴된다고 본다. 법실증주의에 따르면, 불법을 담은 법률도 법률로서의 효력을 갖는 엄연한 법률이다. 자연법론은 법규범의 실정성이나 법규범의 실효성보다는 법규범의 도덕성을 법의 개념과 효력으로 주장하는 반면에, 법실증주의는 그 반대로 법규범의 도덕성을 법의 개념과 효력으로 인정하지 않고, 법규범의 실정성이나 법규범의 실효성에 주안점을 둔다. 이러한 상반된 주장의 배경에는 양자가 주장하는 법이념의 차이(정의와 법적 안정성)가 있다.

　무엇보다도 자연법론과 법실증주의의 대립은 실정법에 따라 판결을 내리면 부정의하다고 판사가 판단하는 경우에 가장 극명하게 드러난다. 자연법론에 따르면, 자연법은 '정법(正法)'으로 실정법 제정 이전에 이미 주어져 있으며, 판사는 자연법을 직접 올바르게 인식할 수 있다. 자연법론은 실정법의 상위 규범인 '자연법'을 통해 실정법의 효력을 부인할 수 있기 때문에 판사는 실정법에 반하는 판결을 내릴 수 있게 된다. 반면에 법실증주의는 자연법의 존재를 부정할 뿐만 아니라, 자연법이 설사 존재한다고 하더라도 판사는 자연법을 직접 똑같이 인식할 수 없다는 주장을 펼친다(판사가 인식하는 자연법이 제각각이라는 뜻이다). 따라서 법실증주의는 '실정법' 만이 판결의 법원(法源)이 되며, 실정법이 불법을 담고 있다고 하더라도 법으로서의 효력이 부인되지 않는다고 본다.[1]

　강한 자연법론은 강한 법실증주의를 보고 "너는 그것도 보지 못하느냐? 장님이

냐?"라고 꾸짖는 반면에, 강한 법실증주의는 강한 자연법론에 대해 "너희는 꿈꾸고 있다. 꿈깨라!"고 말한다.[2] 실정법이 불법을 담고 있는 경우에 강한 자연법론자들은 자연법의 '정의'에 비추어 법이 아니라고 주장하는 반면에, 강한 법실증주의자들은 실정법의 '법적 안정성'을 강조하면서 불법 또한 법이라고 강변한다.

불법을 담고 있는 법을 법으로 인정할 것인가 아닌가, 불법을 담고 있는 법을 적용할 것인가 아닌가를 두고 법실증주의와 자연법론은 다음과 같이 대립한다.

(1) 밤베르크주 고등법원 사건(1949년)

"2차 세계대전 중의 일이었다. 군인이었던 남편 A가 휴가를 나와 부인 B에게 전쟁의 상황을 이야기하고 히틀러를 비판하였다. 이러한 A의 행위는 1934년 나치법 위반이었다. A와의 이혼을 생각하고 있었던 B는 남편을 고발하였다. 그러자 A는 체포되어 사형을 선고받았고, 사형 대신에 전선으로 보내져 전사하였다. 독일이 패망한 후 검찰은 B를 불법적으로 타인의 자유를 박탈하였다는 이유로 고소하였다."[3]

- ▶ 법실증주의: 1934년 나치법은 비록 내용이 정의롭지 못하더라도 그것은 법이다. 따라서 B가 남편을 고발한 행위는 법에 따른 적법한 행위이므로 B를 처벌할 수 없다.
- ▶ 자연법론: 1934년 나치법은 전쟁의 상황을 이야기하고 히틀러를 비판하는 것을 처벌하고 있는데, 이것은 그 내용이 너무나 부정의하여 법이라고 볼 수가 없

---

1) 법실증주의의 유명한 격언은 다음과 같다. "실정적인 법 이외의 법은 법으로서 하나의 넌센스일 뿐이다(Karl Bergborm)." "훌륭한 법률가는 오직 양심의 가책을 느끼지 않는 법률가이다(Gustav Radburch)." "우리는 자신의 확신에 반대해서 설교하는 목사에게는 경멸을 보내지만, 자신의 저항하는 법감정을 통해서 법률에의 충성을 흐트러뜨리지 않는 법관을 존경한다(Gustav Radbruch)."
2) H.L.A. Hart(오병선 역), 법의 개념(아카넷, 2002), 243면.
3) 김정오 外 4인, 법철학(박영사, 2012), 8면.

다. 따라서 B의 행위는 법에 의하여 정당화될 수 없다. 그러므로 B는 처벌받아야만 한다.[4]

(2) Oppenheimer v. Cattermole 사건(1976년)

"유태인계 독일인인 A는 유대인이라는 이유로 나치의 법령에 의하여 국적을 박탈당하였다. 그 후 A는 영국 국적을 취득하였다. 나치가 전쟁에서 패망한 이후 독일은 재귀화신청을 받았다. 그러나 A는 재귀화신청을 하지 않았고 독일 국적을 회복하지 않았다. 영국법에서는 이중국적자에게 세금을 면제해 주었는데, A는 자신이 이중국적자이기 때문에 세금을 면제받을 수 있다고 주장하였다. 즉, A는 자신의 국적을 박탈한 나치의 법령이 부당하기 때문에 자신은 독일 국적을 계속해서 가지고 있다고 주장한 것이다."[5]

- ▶ 법실증주의: 나치의 법령은 내용과 관계없이 유효한 법이다. 따라서 A의 국적 박탈은 유효하다. 또한 전후 독일이 재귀화의 기회를 주었음에도 불구하고 A가 이것을 받아들이지 않았다. 따라서 A는 영국의 국적만 가지고 있다고 보아야 하고 세금을 면제해 줄 필요가 없다.
- ▶ 자연법론: 유태인이라는 이유만으로 국적을 박탈한 나치의 법령은 너무나 부정의하기 때문에 법이라고 볼 수 없다. 따라서 영국 법원은 그러한 나치의 법령을 유효한 법으로 받아들여서는 안 된다. 그러므로 A는 독일 국적을 계속해서 가지고 있다고 보아야 하고 세금을 면제해 주어야 한다.[6]

---

4) 김정오 外 4인, 법철학(박영사, 2012), 9면.
5) 김정오 外 4인, 법철학(박영사, 2012), 9면.
6) 김정오 外 4인, 법철학(박영사, 2012), 9~10면.

2. 라드브루흐 공식

- '강한' 자연법론과 '강한' 법실증주의의 대립 극복 시도

라드브루흐는 1946년 남독일 법률신문에 '법률적 불법과 초법률적인 법(Gesetzliches Unrecht und übergesetzliches Recht)'이라는 논문을 발표한다.[7] 이 논문에서 라드브루흐는 법실증주의가 실제로 '법률은 법률이다'는 확신으로 인해 독일의 법률가 계급을 자의적이고 범죄적인 내용의 법률에 저항하지 못하는 무기력한 존재로 만들어 버렸다고 비판한다. 라드브루흐가 따랐던 신칸트학파 법철학이 '실증주의적 법개념을 유지하고 심화시켰다는 비판'을 받는다는 점에서, 라드브루흐가 제창한 '라드브루흐 공식'은 그의 법철학의 일대 전환과도 같았다. 그에 따르면, 법실증주의는 자신의 힘으로 필연(Müssen)은 기초놓을지 모르지만, 결코 당위(Sollen)와 효력(Geltung)은 기초놓을 수 없다.

라드브루흐는 자신의 유명한 '라드브루흐 공식'을 통해 정의와 법적 안정성 사이의 갈등과 '강한' 자연법론과 '강한' 법실증주의 사이의 대립을 해결함으로써, 자연법과 법실증주의의 양자택일을 극복하였다.[8]

"정의와 법적 안정성 사이의 갈등은 다음과 같이 해결할 수 있을 것이다. 즉 규정과 권력에 의해 보장된 실정법은 그 내용이 정의롭지 못하고 합목적성이 없다고 할지라도 일단은 우선권을 갖는다. 그러나 실정법률의 정의에 대한 위반이 참을 수 없을 정도에 이르렀다면, 부정당한 법인 그 법률은 정의에게 자리를 물려주어야 할 것이다. 물론 어떠한 경우에는 법률적 불법이며 어떠한 경우에는 비록 부정당한 내용을 지녔지만 그럼에도 효력을 갖는 법률인지를 확연하게 구별하는 것은 불가능하다. 그러나 한 가지 경계선만은 명백하게 확정할 수 있다. 즉 결코 정의를 추구하지 않는 경우, 다시 말해서 실정법을 제정하면서 정의의 핵심을 이루는 평등을 의식적으로 부정

---

7) 번역본은 Gustav Radbruch(최종고 역), 법철학(제3판, 삼영사, 2007), 284면 이하; 김영환, 법철학의 근본문제(제3판, 홍문사, 2012), 433면 이하(윤재왕 번역).
8) Arthur Kaufmann(김영환 역), 법철학(나남, 2006), 118면 이하.

한 경우 그 법률은 단순히 '불법'에 그치지 않고, 법의 성질 자체를 갖고 있지 않다."[9]

잘리거(Frank Saliger)에 따르면, '라드브루흐 공식'은 다음 3가지로 정리할 수 있다. 첫째, 정의와 법적 안정성 사이의 갈등은 어느 한 쪽의 절대적 우위를 확정하는 식으로 해결하는 것은 불가능하고, 따라서 단지 상대적 우위관계를 고려할 수 있을 뿐이다. 둘째, 이 상대적 우위관계는 일단 법적 안정성에 유리하게 규정되어, 법적 안정성이 상대적 우위를 점한다. 법적 안정성의 상대적 우위를 척도로 삼아 정의와 법적 안정성의 대립을 완화시키는 것이다. 셋째, 법적 안정성의 우위를 상대화하는 기준, 즉 법적 안정성이 하위에 놓이게 되는 기준은 '정의에 대한 참을 수 없는 모순'이 발생한 상황이다.[10]

〈표〉 라드브루흐 공식

라드브루흐 공식	강한 자연법론	강한 법실증주의
법적 안정성의 상대적 우위: 실정법은 일단 구속력을 가짐 - 강한 자연법론에 반대 정의의 상대적 우위: 정의의 모순이 참을 수 없으면 법적 안정성을 정의에 자리를 내어 줌 - 강한 법실증주의에 반대	정의의 절대적 우위: 자연법에 반하는 실정법은 폐기됨	법적 안정성의 절대적 우위: 어떠한 내용도 법률의 형식으로 제정할 수 있음

'라드브루흐 공식'은 정의의 절대적 우위를 주장하는 자연법론과 법적 안정성의 절대적 우위를 주장하는 법실증주의를 모두 거부하고, 법적 안정성의 상대적 우위를 내세움으로써(법적 안정성의 상대적 우위를 먼저 내세우고, 그 다음에 정의의 상대적 우위를 내세움으로써) 자연법과 법실증주의의 모순을 해결하려고 시도하였다. 라드브루흐 공식은 실정법이 불법을 포함하고 있다 하더라도 일단은 구속력을 갖는다고 보며, 이

---

9) Frank Saliger(윤재왕 역), 라드브루흐 공식과 법치국가(길안사, 2000), 15~16면.
10) Frank Saliger(윤재왕 역), 라드브루흐 공식과 법치국가(길안사, 2000), 19면.

는 자연법론의 입장에 반한다.[11] 반면에 라드브루흐 공식은 실정법의 정의에 대한 모순이 참을 수 없을 정도에 이르면 실정법의 효력을 부정할 수 있게 함으로써 입법자는 어떠한 내용이라도 법률의 형식으로 제정할 수 있다는 법률실증주의에는 반대한다.[12]

II. 라드브루흐 공식의 적용

라드브루흐 공식을 적용한 재판의 예는 두 가지로 분류할 수 있다. 법원에서 라드브루흐 공식을 적용한 예와 헌법재판소 규범심사에서 라드브루흐 공식을 적용한 예이다. '국경수비대 사건'은 법원에 의한 라드브루흐 공식의 적용인 반면에, '국적 사건'은 헌법재판소 규범심사에서 라드브루흐 공식을 적용한 예이다.

1. 법원에 의한 라드브루흐 공식의 적용

- 국경수비대 사건(1992년)

독일 연방법원은 1992년 판결(BGH, Urt. v. 3. 11. 1992)에서 구 동독 국경법 제27조 제2항(국경법 제27조 제2항: 총격은 정황에 비추어 국경탈출이 발생하기 직전에 이를 저지할 목적으로 사용될 때에만 정당화된다)에 따라 베를린 장벽을 넘으려는 민간인을 사

---

11) Frank Saliger(윤재왕 역), 라드브루흐 공식과 법치국가 (길안사, 2000), 25면.
12) Frank Saliger(윤재왕 역), 라드브루흐 공식과 법치국가 (길안사, 2000), 23면.

살한 국경수비대원의 죄책을 다루었다.[13] 판결의 쟁점은 국경법 제27조 제2항에 따라 살인죄의 위법성을 조각해야 하는지, 아니면 실정법 규정에도 불구하고 살인죄를 인정해야 하는 지이다. 독일 연방법원은 후자를 택했는데, 그 근거로는 다음 2가지를 들고 있다.

첫째는 독일 연방법원은 '라드브루흐 공식'을 통해 국경법 제27조 제2항의 법효력을 부정하였다. "정의에 대한 실정법의 모순은, 부정당한 법으로서의 법률이 정의에 자리를 양보해야 할 정도로 참을 수 없어야만 한다."[14]

"피고인의 행위는 그 당시의 실무에서 적용되는 바와 같이 국경법 제27조 제2항의 규정에 의해 위법성이 조각될 수 있다. 그 당시의 실무는 생명보호보다 도망방지에 우선순위를 두었고, 법적인 통제를 해야 할 동독의 법원이나 관청은 이에 반대하지 않았다. […] 피고인의 행위가 형사실무에서 적용되는 동독의 법률에 따라 위법성이 조각되는가의 문제와 그렇게 이해된 위법성을 조각하는 근거(국경법 제27조 제2항)가 이미 앞서 있는 준수되어야 할 일반적인 법원칙을 침해하거나 비례성원칙에 극단적으로 위배되기 때문에 고려되지 말아야 할 것인가의 문제는 […] 서로 구별되어야 한다. […] 행위시에 가정된 위법성조각사유는, 만약 그것을 통해 정의와 인간성의 기본적인 사고에 대해 명백히 극심한 위배가 표현된다면, 고려되지 말아야 한다. 그러한 위배는 그것이 모든 민족에게 공통적인, 인간의 가치와 존엄과 관련된 법적 확신을 침해할 정도로 중대해야 한다. 정의에 대한 실정법의 모순은, 부정당한 법으로서의 법률이 정의에 자리를 양보해야 할 정도로 참을 수 없어야만 한다."[15]

둘째로 독일 연방법원은 라드브루흐 공식을 적용할 뿐 아니라 구체적인 심사척도

---

13) 사건개요는 다음과 같다. 서독과 동독이 재통합되기 이전 구동독에 주둔하고 있던 국경수비대원 두 명이 베를린 장벽을 넘으려는 민간인을 사살하였다. 이 사건은 1심법원(소년법원)에서 다루어졌고, 그 결과 국경수비대원 W는 살인죄의 공동정범으로 1년 6개월의 자유형을, 또 다른 피고인인 H는 1년 9개월의 자유형을 선고받았으며 이들의 형은 집행유예에 처해졌다. 이에 대해 이들은 2심 법원(베를린 지방법원)에 항소를 했고, 더 나아가 독일연방법원에 상고를 했다. 김영환, 법철학의 근본문제(제3판, 홍문사, 2012), 22면.
14) 김영환, 법철학의 근본문제(제3판, 홍문사, 2012), 23면.
15) 김영환, 법철학의 근본문제(제3판, 홍문사, 2012), 23면.

로서 국제인권협약을 근거로 제시하였다.

"오늘날은 여기에 구체적인 심사척도가 부가된다. 국제인권협약은 언제 국가가 […] 인권을 침해하는가에 대한 거점을 제공한다. […] 여기서 시민권과 정치권에 관한 국제조약이 중요한 의미를 지닌다. […] 이 조약의 제12조에 규정된 거주이전의 자유는 동독의 국경행정에 의해 침해되었는데, 왜냐하면 동독에서의 주민들에게는 거주이전에 관한 권리가 예외적인 경우가 아니라 일상적으로 유보되어 있기 때문이다. […] 국제조약의 제6조와 제12조에서 보장된 인권의 침해는, 동독의 실무에서 이해된 바와 같은 국경법 제27조와 구동독형법 제213조[16]를 위법성조각사유로 근거지우는 것을 불가능하게 만든다."[17]

2. 헌법재판소 규범심사에서 라드브루흐 공식의 적용

- 국적 사건(1968년)

1941년 11월 25일 제정된 제11차 제국국적법 시행령 제2조는 해외로 이주한 유대인의 독일 국적을 인종적인 이유로 박탈하였다. 독일 연방헌법재판소는 1968년 국적판결에서, 제2차 세계대전이 발발하기 이전에 암스테르담으로 이주한 유대인 변호사의 독일 국적 상실 여부를 결정하였다. 이 결정에서 독일 연방헌법재판소는 '라드브루흐 공식'을 적용하여 제11차 제국국적법 시행령이 처음부터 무효이고 따라서 유대인 변호사는 독일 국적을 상실하지 않는다고 판시하였다. "제11차 시행령은 참을 수 없을 정도로 정의와 모순되어 처음부터 무효로 보아야만 하는 것이다."[18]

"법과 정의는 입법자가 마음대로 할 수 있는 것이 아니다. 헌법 제정자가 모든 것

---

[16] 구동독형법 제213조 제3항에 따르면, 불법적인 국경통과에 대해서는 1년에서 8년까지의 형벌이 부과된다. 김영환, 법철학의 근본문제(제3판, 홍문사, 2012), 22면.

[17] 김영환, 법철학의 근본문제(제3판, 홍문사, 2012), 23면.

[18] Robert Alexy(이준일 역), 법의 개념과 효력(고려대학교 출판부, 2007), 17면.

을 자신의 의지에 따라 규율할 수 있다는 생각은 법학계와 법실무계에서 오래전에 극복된 가치방임적 법률실증주의의 정신 태도로 후퇴하는 것을 의미한다. 다름 아닌 독일 나치정권 시대에는 입법자가 불법도 제정할 수 있다는 교훈을 가르치고 있다. 따라서 연방헌법재판소는 나치의 법규정에 대하여 법으로서의 효력을 부인하는 데 찬성한다. 왜냐하면 나치의 법규는 정의의 근본원리들에 명백하게 반하고, 따라서 법관이 그 규정을 적용하거나 그 규정의 법적 효과를 인정하려고 한다면 그는 법 대신 불법을 선언하게 되기 때문이다.

같은 제11차 시행령은 이러한 정의의 근본원리들에 위반한다. 같은 시행령은 참을 수 없을 정도로 정의와 모순되어 처음부터 무효로 보아야만 하는 것이다. 또한 그 시행령은, 그것이 몇 년 이상 실천되었다거나 '국적 박탈'을 당한 사람들 가운데 몇 사람이 당시에 개별 사안에서 나치의 처분을 수긍하였거나 심지어 동의하였다고 선언하였다고 하더라도 그것으로 실효성을 가진 것은 아니다. 법의 구성적 원칙들에 명백하게 반하는 불법은 일단 제정되어서 적용되고 준수된다고 하더라도 법이 되는 것은 아니다."[19]

III. 헌법재판의 법철학적 의의

필자는 헌법재판의 법철학적 의의를 '라드브루흐 공식의 문제점'에서 찾고자 한다. 라드브루흐 공식은 법철학사에서 정의와 법적 안정성 사이의 갈등과 자연법과 법실증주의 사이의 대립을 극복했다는 큰 의미를 지니지만, 그 기준이 대단히 명확하지

---

19) Robert Alexy(이준일 역), 법의 개념과 효력(고려대학교 출판부, 2007), 17~18면.

않다는 문제점을 드러낸다. 라드브루흐 공식의 또 다른 문제점은 사법부의 결정에 따라 입법부의 결정인 법률이 뒤집을 수 있다는 점이다. 헌법재판은 라드브루흐 공식과 비교해 볼 때, 헌법규정이라는 구체적인 심판기준을 갖추고 있을 뿐 아니라, 입법과 사법(司法)의 영역을 구별하고 있다.

　라드브루흐 공식은 법철학사에서 정의와 법적 안정성 사이의 모순(이에 대한 자연법과 법실증주의의 대립)을 극복했다는 큰 의미를 지니지만, 그 기준이 대단히 모호하다는 문제점을 드러낸다. 따라서 헌법에 규정되어 있는 기본권 조항을 심판기준으로 삼는다면, 기본권 조항으로 심사 가능한 영역에 대해서는 굳이 라드브루흐 공식을 사용할 필요는 없어진다. 헌법재판제도가 도입되기 전에는 정의와 법적 안정성 사이의 모순을 '라드브루흐 공식'을 통해 해결할 수밖에 없었고, 헌법재판에서도 '라드브루흐 공식'을 통해 법규범의 정당성을 판단하였다. 이제 헌법재판제도가 도입된 이후에는 실제 재판에서 '라드브루흐 공식'을 바로 적용하기 보다는 헌법재판소의 규범심사를 거친 후에 그에 따라 실제 재판이 이루어진다. 헌법재판의 규범심사에서는 '라드브루흐 공식' 대신에 헌법의 기본권 조항을 기준으로 법규범의 정당성 판단이 내려진다.

1. 라드브루흐 공식의 문제점

(1) 기준의 모호함

　"실정법의 정의에 대한 위반이 참을 수 없을 정도에 이르렀을 때, 이 부정의한 내용의 법률은 정의에게 그 자리를 양보해야 한다." 라드브루흐 공식에 따르면, 법적 안정성의 상대적 우위와 정의의 상대적 우위가 갈리는 지점은 '실정법의 정의에 대한 위반이 참을 수 없을 정도에 이르렀을 때'이다. 따라서 라드브루흐 공식이 법률의 부정당함을 판단하기 위해 제시하는 심판기준은 '실정법의 정의에 대한 위반이 참을 수 없을 정도에 이를 것'이라는 기준이다. "'참을 수 없음'이라는 기준은 부정당한 법이긴 하지만 그럼에도 효력을 갖는 법률(='부정당한 법')과 구속력을 갖지 않는 '법률적 불법'을 구별짓는 경계선이다."[20] 물론 라드브루흐 공식은 실정법이 정의의 핵심인 평등을 의식적으로 부정한 경우에는 법의 성질 자체를 부정함으로써, '평등'이라는 중요한 심판기준을 제시하고 있기는 하다. 하지만 법률의 정당성을 판단하는 심판기준이 너무 모호하기 때문에 자의적인 심사가 가능하다는 비판이 제기된다. 라드브루흐 스스로도 어떠한 경우가 법률적 불법이며 어떠한 경우가 (비록 부정당한 내용을 지녔지만 그럼에도 효력을 갖는) 법률인지를 확연하게 구별하는 것은 불가능하다고 말할 정도다. 라드브루흐 공식은 법적 안정성과 정의를 조화하고 법실증주의와 자연법론의 대립을 조정하는 시도이기는 하지만, 라드브루흐 공식의 내용이 매우 모호하고 명확하지 않아 판사의 가치에 따라 법적 안정성을 주장하기도 하고 정의를 주장하기도 하게 된다. 즉 어떤 판사는 실정법률의 정의에 대한 위반이 참을 수 없을 정도에 이르지 않았다고 판단하여 법의 효력을 인정하는 반면에, 또 다른 판사는 실정법률의 정의에 대한 위반이 참을 수 없을 정도에 이르렀다고 판단하여 법의 효력을 부정하게 된다.

심판기준으로 더 명확한 기준을 활용할 수 있다면, 라드브루흐 공식의 모호한 심판기준을 활용할 필요는 더 이상 없다. 이에 대한 예로는 독일 연방헌법재판소의 1968년 '국적 판결'을 들 수 있다(물론 '국적 판결'의 예는 심판대상의 불법성이 명백하여 '심판기준의 모호성'을 상쇄하고도 남음이 있다 하겠다). 독일 연방헌법재판소는 '라드브루흐 공식'을 적용하여 제11차 제국국적법 시행령이 처음부터 무효이고, 유대인 변호사는 독일 국적을 상실하지 않는다고 판시하였다. "제11차 독일 제국국적법 시행령은 참을 수 없을 정도로 정의와 모순되어 처음부터 무효로 보아야만 하는 것이다."[21] 하지만 독일 연방헌법재판소는 '라드브루흐 공식'을 적용하는 대신에, 국적 박탈의 법적 실효성을 오늘날 인정하는 것은 독일 기본법 제3조 제1항의 평등원칙 및 제3조 제3항의 차별금지에 반한다고 논증할 수도 있었을 것이다.[22]

---

20) Frank Saliger(윤재왕 역), 라드브루흐 공식과 법치국가(길안사, 2000), 33면.
21) Robert Alexy(이준일 역), 법의 개념과 효력(고려대학교 출판부, 2007), 16면 이하.
22) Robert Alexy(이준일 역), 법의 개념과 효력(고려대학교 출판부, 2007), 18면.

(2) 사법부의 판단에 따라 입법부의 결정인 법률을 뒤집을 수도 있다는 문제점

라드브루흐 공식의 또 다른 문제점은 사법부의 결정에 따라 입법부의 결정인 법률을 뒤집을 수 있다는 점이다.[23] 그 유명한 예는 독일 연방법원 1992년 '국경수비대 판결'(BGH, Urt. v. 3. 11. 1992)이다. 사법부의 결정에 따라 입법부의 결정인 법률을 뒤집을 수 있다는 라드브루흐 공식의 문제점은 '반문언적 법해석'의 문제이기도 하고, '사법적극주의'의 문제이기도 하다. 반문언적 법해석이 누가 보아도 내용적으로 옳다면 사법적극주의는 정당화된 여지가 있지만, 반문언적 법해석이 옳지 않다면 이는 '결단주의'의 모습으로 나타날 위험도 배제할 수 없을 것이다. 결단주의는 판결 속에서 법관의 힘만을 주목하고 법률 자체에는 아무런 역할도 인정하지 않는다.[24]

법률의 정당성을 의심하는 법관이 직접적으로 '라드브루흐 공식'을 적용해 '반문언적 법해석'을 하거나, '사법적극주의'로 나가는 것보다는, 제3의 기관에 법률의 위헌성 심사를 맡기고, 심사결과에 따라 법관이 판결하는 것이 더 나은 제도일 것이다.

---

23) 사법부의 판단에 따라 입법부의 결정인 법률을 뒤집은 판결의 예로는 '소라야(Soraya) 판결'을 들 수 있다. 이 판결은 이혼한 이란의 마지막 왕비 소라야 왕비의 인격권 침해에 대한 것으로, 소라야 왕비가 사적인 일에 대하여 한 주간지와 자유롭게 인터뷰를 하였는데 이것이 공개되어 왕비의 인격권에 중대한 침해가 가해진 사건을 다루었다. 그 당시 독일 민법 제253조는 비물질적 손해에 대한 금전적 손해배상을 엄격하게 제한하여 법률적으로 규정한 사안을 제외하고는 배제하였다. 독일 연방법원은 민법 제253조의 문언에 반함에도 1973년 판결에서 소라야 왕비에게 1만 5천 마르크의 손해배상을 하라고 판결하였다. 연방헌법재판소는 이후에 다음과 같은 이유로 연방법원의 판결을 인정하였다. "법이 성문법률 전체와 동일한 것은 아니다. 국가권력의 실정법규와 비교해서 법에 있어서의 사정에 따라 그 이상의 것, 즉 의미전체로서 헌법적 법질서 안에 자신의 근원을 갖고 있으면서 성문법률에 대하여 교정체로서 작동할 수 있는 것들이 존재할 수 있다. 그것을 발견하고 판결에서 실현하는 것은 사법(司法)의 과제이다." Robert Alexy(이준일 역), 법의 개념과 효력(고려대학교 출판부, 2007), 20면. 이 때 문제가 되는 것은 민사법원이 독일 기본법 제100조 제1항에 따라 구체적 규범통제의 방법으로 민법 제253조의 헌법합치성 여부에 관한 연방헌법재판소의 결정이 내려진 후에 이에 따라 판결하는 것이 더 낫지 않았나 하는 점이다. Robert Alexy(이준일 역), 법의 개념과 효력(고려대학교 출판부, 2007), 21면. 이 경우 법관은 법률의 위헌성이 문제될 때 그 법률을 적용해야 할지 안 해야 할지에 대한 부담을 줄일 수 있게 된다.

24) F. Müller/R. Christensen/M. Sokolowski(이덕연 역), 법텍스트와 텍스트작업(법문사, 2005), 2면.

이 경우 법관은 법률의 위헌성이 문제될 때 그 법률을 적용해야 할지 안 해야 할지에 대한 부담을 줄일 수 있게 된다. 그럼에도 해석과 관련하여 문리해석, 역사적 해석, 목적론적 해석의 충돌에서 알 수 있듯이, 사법소극주의와 사법적극주의의 갈등은 여전히 남는다.

2. 라드브루흐 공식의 문제점을 해결하는 '헌법재판'

(1) 기준의 모호함 극복

헌법재판은 라드브루흐 공식의 모호함을 헌법규범을 통해 어느 정도 구체화하고 있다. 물론 법규범의 정당성을 다루는 헌법과 국제법의 여러 규범들은 그 규범적 내용이 여전히 모호하기는 하지만 자연법이나 라드브루흐 공식보다는 훨씬 구체화된 것이 사실이다. 눈에 보이지 않는 자연법과 모호한 라드브루흐 공식을 대신해서 최고의 규범으로 승인된 실정법(특히 헌법이나 국제법)을 근거기준으로 삼아 법규범의 정당성을 다루게 되어, 전부는 아니지만 다수의 문제들이 해결될 수 있게 되었다. 이전에 자연법과 라드브루흐 공식이 담당했던 기능은 이제는 헌법재판소가 헌법규범을 통해 법규범의 정당성 여부를 심사하는 것으로 대체되었다. 이는 물론 실정법 외의 다른 기준이 법규범의 정당성을 심사하는 기준으로 적합하지 않다는 것이 아니며,[25] 올바른 실정기준을 마련하려는 시도가 더 이상 필요하지 않다는 것도 아니다. 예컨대 새로이 나타나는 인권현상에 대해서는 새로운 기본권 해석과 더불어, 이를 실정화하려

---

[25] 방법론상으로 구체화된 기준인 헌법규범과 국제법규범을 통해 규범통제가 가능한지 여부를 먼저 살펴야 하며, 이러한 기준이 없을 경우에 한해 보충적으로 정의, 법적 안정성 등 법철학적 개념을 활용해야 할 것이다. 예컨대 5·18민주화운동등에관한특별법 제2조(공소시효의 정지) 위헌심판에서 헌법재판소는 ①공소시효제도가 헌법 제12조 제1항 및 제13조 제1항에 정한 죄형법정주의의 보호범위에 속하는지 여부를 먼저 살핀다. 이에 해당하지 않는다고 판단한 후, 헌법재판소는 ②소급입법의 헌법적 한계는 법적 안정성과 신뢰보호원칙을 포함하는 법치주의의 원칙에 따른 기준으로 판단하여야 한다고 판시하고 있다.

는 시도가 요청된다.[26]

'가치재판으로서 헌법재판'의 경우에는 헌법규정이 일의적인 명확한 심판기준이 될 수 없으며, 가치관 내지 선관이 영향을 미칠 수 밖에 없다. 그럼에도 필자가 주장하고 싶은 것은 헌법재판의 심사기준인 '헌법규정'은 '라드브루흐 공식'의 '참을 수 없음'이라는 심사기준보다는 훨씬 더 상세하고 명확하다는 점이다. 따라서 헌법조항을 심판기준으로 삼는다면, '헌법조항으로 심사가능한 영역'에 대해서는 군이 라드브루흐 공식을 사용할 필요는 없다. 방법론상으로는 구체화된 심사기준인 헌법규정과 국제법규범을 통해 규범통제가 가능한지 여부를 먼저 살펴야 하며, 이러한 기준이 없을 경우에 한해 보충적으로 정의, 법적 안정성 등의 법철학적 개념을 심사기준으로 활용할 수 있다.[27] 또한 '헌법조항으로 심사가능한 영역이 아닌 경우'에는 라드브루흐 공식을 적극적으로 활용할 여지도 생긴다.[28]

---

[26] 예컨대 새로이 나타나는 인권현상에 대해서는 새로운 기본권 해석과 더불어, 이를 실정화하려는 시도가 요청된다.

[27] 예컨대 5·18민주화운동등에관한특별법 제2조 결정에서 헌법재판소는 공소시효제도가 헌법 제12조 제1항 및 제13조 제1항에 정한 죄형법정주의의 보호범위에 속하는지 여부를 먼저 살핀다. 헌법재판소는 이에 해당하지 않는다고 판단한 후, 소급입법의 헌법적 한계는 법적 안정성과 신뢰보호원칙을 포함하는 법치주의 원칙에 따른 기준으로 판단하여야 한다고 판시하고 있다.

[28] 이에 대한 예는 헌법 제29조 제2항 결정(헌재 2001.2.22. 2000헌바38 결정)에서 하경철 재판관 1인의 소수의견의 주장이다. 다수의견은 헌법 조항 간의 이념적·논리적 우열관계를 인정할 수 있을지는 몰라도 헌법의 어느 특정규정이 다른 규정의 효력을 전면적으로 부인할 수 있을 정도의 효력상의 차등은 없다고 보아, 헌법 제29조 제2항에 대한 위헌심사를 부정한다. 다수의견에 비해 하경철 재판관은 라드브루흐 공식과 비슷한 내용을 통해 개별 헌법조항의 심판가능성에 대해 적극적으로 고찰하였다. 개별 헌법조항의 심판을 다른 헌법조항을 통해서는 불가능하며, 더구나 개별 헌법조항만을 심판기준으로 활용하여서는 다수의견의 견해에 효과적으로 대항하는 것이 불가능하다.

(2) '사법부의 판단에 따라 입법부의 결정인 법률을 뒤집을 수도 있다는 문제점' 극복 – 제3의 헌법기관인 헌법재판소를 통한 법규범의 위헌성 판단

헌법재판제도는 제3의 헌법기관인 헌법재판소에 법규범의 위헌성 판단을 담당시키고, 당해 소송사건의 재판은 헌법재판소의 위헌 여부의 결정이 있은 후에 진행되게 함으로써, 당해 사건의 판사가 자신의 판단에 따라 입법부의 결정인 법률을 뒤집을 수 있는 '라드브루흐 공식'의 문제점을 해결할 수 있다.[29] 우리나라 헌법(제107조 제1항)과 헌법재판소법(제41조 제1항)은 헌법재판소가 위헌법률심판을 하기 위한 요건으로 '법률이 헌법에 위반되는 여부가 재판의 전제가 될 것'을 요구한다. 재판의 전제성이 인정되기 위해서는 1) 구체적인 사건이 제청법원에 계속중이어야 하고, 2) 제청된 법률이 당해 소송사건의 재판에 적용되는 것이어야 하며, 3) 제청법률의 위헌 여부에 따라 제청법원이 다른 내용의 재판을 하게 되는 경우이어야 한다. '다른 내용의 재판을 하게 되는 경우'에는 제청법원이 심리중인 당해 사건의 재판의 주문이나 결론에 어떤 영향을 주는 경우뿐 아니라, 제청법률의 위헌 여부가 비록 재판의 주문에는 아무런 영향을 주지 않는다고 하더라도 재판의 결론을 이끌어 내는 이유를 달리하는 데 관련되어 있거나 또는 재판의 내용과 효력에 관한 법률적 의미가 달라지는 경우도 포함한다.[30] 판사는 헌법재판소의 위헌법률심판 결정이 내려진 후에, 그 결정에 따라 재판을 하게 된다. 따라서 판사는 법규범의 정당성에 의문이 생길 때 법규범의 정당성에 대해 직접 결정할 필요가 없으며, 법규범의 정당성을 '라드브루흐 공식' 등을 통해 판단하지 않아도 된다. 법원은 위헌이라는 합리적인 의심이 있을 때 제청결정

---

[29] 미국의 연방대법원처럼 헌법재판소가 아니라 대법원이 '위헌법률심판'을 담당하는 구조도 있으나, 필자가 보기에는 대법원이 위헌법률심판을 담당하면 사법기관인 법원이 입법기관인 국회의 권한을 침해할 가능성이 생긴다. 헌법재판소 또한 사법기관이라고 볼 여지는 있으나, 법률의 위헌성을 심사하는 제3의 헌법기관이라는 점에서 헌법재판소에게 위헌법률심판을 맡기는 것이 입법과 사법(司法)이라는 역할 분담에 적합하다고 보여진다.

[30] 이를 '구체적 규범통제'라고 하며, 이는 법률이 헌법에 위반되는 여부가 재판의 전제가 될 것을 요구하지 않는 '추상적 규범통제'와는 구별된다. 상세한 설명은 허영, 헌법소송법론(박영사, 2009), 193면 이하.

을 한다. "법원은 문제되는 법률조항이 담당법관 스스로의 법적 견해에 의하여 단순한 의심을 넘어선 합리적인 의심이 있으면 위헌여부심판을 제청하라는 취지이다(헌재 1993.12.23. 93헌가2 결정)." 법원이 위헌법률심판을 헌법재판소에 제청한 때에는 당해 소송사건의 재판은 헌법재판소의 위헌 여부의 결정이 있을 때까지 정지된다(헌법재판소법 제42조 제1항 본문).[31] 이는 법률의 위헌 여부 심판을 법원이 담당하지 않고 헌법재판소가 담당하는 헌법재판의 취지상 당연하다.[32]

---

31) 다만 법원이 긴급하다고 인정하는 경우에는 종국재판 외의 소송절차를 진행할 수 있다(헌법재판소법 제42조 제1항 단서).
32) 위헌심판형 헌법소원의 경우에는 당해 소송사건의 재판은 정지되지 않는데, 이는 당사자가 위헌심판형 헌법소원을 소송지연의 수단으로 악용하는 것을 막기 위함이다. 따라서 위헌심판형 헌법소원이 인용된 경우에 해당 헌법소원과 관련된 소송사건이 이미 확정된 때에는 당사자는 재심을 청구할 수 있다(헌법재판소법 제75조 제7항).

제3장
우리나라의 헌법재판

필자는 법규범의 정당성을 다루는 '법철학'에서 헌법의 최고규범성을 근거로 법률의 위헌성을 심사하는 위헌법률심판을 구체적으로 살피려 한다. 이 장에서는 법규범의 정당성을 다루는 '규범통제'에 대해 알아볼 것이다.

> 규범창설 – 立法, 규범통제 (위헌법률심판) – 법철학 – 헌법재판소 결정 중심
> – 헌법재판
>
> 규범적용 – 司法 (법률 해석과 적용) – 법학방법론 – (대)법원 판례 중심
> – 민사재판, 형사재판, 행정재판 등

참고로 헌법재판의 사건번호는 헌가(위헌법률심판), 헌나(탄핵심판), 헌다(정당해산), 헌라(권한쟁의), 헌마(헌법재판소법 제68조 제1항에 따른 권리구제형 헌법소원), 헌바(헌법재판소법 제68조 제2항에 따른 규범통제형 헌법소원) 등이 있다. 민사재판은 가(1심), 나(2심), 다(대법원) 순이고, 형사재판은 고(1심), 노(2심), 도(대법원) 순이다. 행정재판은 구(1심), 누(2심), 두(대법원) 순이다.

I. 규범창설(立法)

규범창설(立法)은 법을 제정하는 주체에 따라 국회입법, 행정입법, 자치입법으로 구분된다. 규범창설은 국회입법이 가장 중요하지만 이에 국한되는 것은 아니다. 행정입법과 자치입법이 증가하는 오늘날에는 행정입법과 자치입법 또한 입법의 중요한 부분을 차지한다.

1. 국회입법

헌법 제40조('입법권은 국회에 속한다.')는 '국회입법의 원칙'을 규정하고 있다. 국회입법의 방법과 절차에 대해서는 헌법 제49조, 제51조, 제52조, 제53조가 규율하고 있다.

헌법
제49조 국회는 헌법 또는 법률에 특별한 규정이 없는 한 재적의원 과반수의 출석과 출석의원 과반수의 찬성으로 의결한다. 가부동수인 때에는 부결된 것으로 본다.
제51조 국회에 제출된 법률안 기타의 의안은 회기중에 의결되지 못한 이유로 폐기되지 아니한다. 다만, 국회의원의 임기가 만료된 때에는 그러하지 아니하다.
제52조 국회의원과 정부는 법률안을 제출할 수 있다.
제53조 ① 국회에서 의결된 법률안은 정부에 이송되어 15일 이내에 대통령이 공포한다.
② 법률안에 이의가 있을 때에는 대통령은 제1항의 기간내에 이의서를 붙여 국회로 환부하고, 그 재의를 요구할 수 있다. 국회의 폐회중에도 또한 같다.

③ 대통령은 법률안의 일부에 대하여 또는 법률안을 수정하여 재의를 요구할 수 없다.

④ 재의의 요구가 있을 때에는 국회는 재의에 붙이고, 재적의원과반수의 출석과 출석의원 3분의 2 이상의 찬성으로 전과 같은 의결을 하면 그 법률안은 법률로서 확정된다.

⑤ 대통령이 제1항의 기간내에 공포나 재의의 요구를 하지 아니한 때에도 그 법률안은 법률로서 확정된다.

⑥ 대통령은 제4항과 제5항의 규정에 의하여 확정된 법률을 지체없이 공포하여야 한다. 제5항에 의하여 법률이 확정된 후 또는 제4항에 의한 확정법률이 정부에 이송된 후 5일 이내에 대통령이 공포하지 아니할 때에는 국회의장이 이를 공포한다.

⑦ 법률은 특별한 규정이 없는 한 공포한 날로부터 20일을 경과함으로써 효력을 발생한다.

2. 행정입법

행정입법의 경우에는 법령상의 수권에 기초하여 국가 등 행정주체가 입법의 주체가 된다. 행정입법은 법규명령과 행정규칙으로 구분되는데, 법규명령은 국민과의 관계에서 구속성을 뜻하는 '법규성'을 특징으로 한다. 행정규칙은 행정조직 내부의 조직과 활동을 규율한 것으로 법규성을 갖고 있지 않다.

법규명령에는 시행령(대통령령), 시행규칙(총리령, 부령), 각종 규칙(대법원규칙 등)이 포함되며, 행정규칙은 고시, 훈령 등의 명칭으로 불린다. 형식과 실질이 불일치하는 경우도 있는데, 형식은 행정규칙이지만 실질은 법규명령인 것이 있고, 반대로 형식은 법규명령이지만 실질은 행정규칙인 것이 있다. 전자의 예는 '법령보충적 행정규칙'이 있고, 후자의 예로는 '법규명령에 규정되어 있는 제재적 처분의 기준'이 있다.

헌법
제75조 대통령은 법률에서 구체적으로 범위를 정하여 위임받은 사항과 법률을 집행하기 위하여 필요한 사항에 관하여 대통령령을 발할 수 있다.
제95조 국무총리 또는 행정각부의 장은 소관사무에 관하여 법률이나 대통령령의 위임 또는 직권으로 총리령 또는 부령을 발할 수 있다.

법규명령은 '법률유보'의 제한을 받는다. '법률유보'는 법규명령의 발령에는 법률상의 '근거'가 필요함을 말하고, 법규명령은 모법인 법률의 수권의 취지와 범위 내에서 발령되어야 함을 뜻한다(헌법 제75조, 제95조). 법규적 효력을 가지는 법규명령의 제정에는 반드시 구체적이고 명확한 법률의 위임을 요한다(헌재 2001.4.26. 2000헌마122 결정). 법률의 '구체적 위임'이 있어야 하고, '포괄적 위임'은 금지된다. 포괄적 위임은 '국회 입법권의 포기'를 뜻하기 때문이다.

기본권에 강하게 관련될수록, 본질적인 사항과 관련되면 될수록 더 구체적이고 더 명확한 법률의 위임을 요한다. 국적취득의 요건, 조세법률주의 등 헌법이 법률로써 정하도록 규정한 의회유보사항은 반드시 법률로 정해야 하며, 중요한 핵심 부분을 법규명령에 위임할 수 없다. 국민의 권리와 의무에 관한 사항과 국회의 통치조직과 작용에 관한 본질적인 사항 또한 반드시 국회에서 법률로 정해야 한다(헌재 2001.4.26. 2000헌마122 결정 등).

법규명령은 '법률우위'의 제한을 받는다. 따라서 법규명령의 내용은 모법인 법률의 내용에 위반되지 않아야 한다. 법규명령은 헌법과 법률 등 상위법령의 내용을 위반할 수 없으며, 행정법의 일반원칙(비례성의 원칙, 신뢰보호의 원칙, 자기구속의 원칙 등)에도 반하지 않아야 한다.

법규명령은 국민과의 관계에서 구속성을 뜻하는 '법규성'을 띠는데 반해, 행정규칙은 행정조직 내부의 조직과 활동을 규율한 것으로 법규성을 갖지 않는다. 법규성이라 함은 법규범이 국민에게 직접적·외부적 구속효를 가진다는 것을 뜻하는데, 행정규칙은 행정조직 내부의 규율일 뿐, 대외적으로 법규성을 띠지 않는다. 하지만 행정규칙이 '행정의 자기구속의 원칙'과 결합할 때에는 행정규칙은 간접적·외부적 구속효를 가진다. 간접적·외부적 구속효를 가지는행정규칙에 의해 국민의 기본권이 직접 침해할 때에는 행정규칙 또한 예외적으로 헌법 제68조 제1항에 따른 헌법소원의 대상이 된다.

3. 자치입법

자치입법은 지방자치단체의 자치입법권에 기초하여 제정하는 것으로, 지방의회의 조례가 이에 해당한다. 지방의회의 조례는 지방의회의 자치입법권에 기초하는 것이므로, 법률상의 근거가 없더라도 규율할 수 있으나, 법률을 위반해서는 안 된다. 즉 '법률유보'는 적용되지 않지만 '법률우위'는 적용된다.

조례는 '법률유보'를 요하지 않지만, 예외가 있다. 주민의 권리 제한 또는 의무 부과에 관한 사항이나 벌칙을 정할 때에는 '법률유보'를 요한다. 지방자치법 제22조 후단은 "주민의 권리 제한 또는 의무 부과에 관한 사항이나 벌칙을 정할 때에는 법률의 위임이 있어야 한다."고 규정하고 있다. 하지만 지방의회는 자치입법권이 있기 때문에 이 경우에도 '포괄적 위임'으로 족하며, '구체적 위임'을 요하지 않는다.

〈표〉 법규명령과 조례

	법규명령	조 례
법률유보	구체적 위임 (= 포괄적 위임의 금지) 헌법 제75조, 제95조	지방자치법 제22조 단서 3가지: 포괄적 위임 그 外: 법률유보 x

법규명령과 조례를 비교하면, 법규명령은 발령시마다 특별한 법률상의 근거가 필요하다. 따라서 법률의 구체적 위임을 요하고, 포괄적 위임이 금지된다. 반면에 조례는 지방의회의 자치입법권에 기초하여 법률상의 근거가 필요하지 않다. 주민의 권리 제한 또는 의무 부과에 관한 사항이나 벌칙을 정할 때에도 자치입법권에 기초하여 법률의 구체적 위임을 요하지 않으며, 포괄적 위임으로 충분하다.

조례의 내용이 법률에 위반되지 않을 것을 요하는 '법률우위'는 조례에도 적용된다. 헌법 제117조 제1항(지방자치법 제22조 전단)은 '법률우위'를 규율하고 있다.

> **헌법 제117조 제1항** ① 지방자치단체는 주민의 복리에 관한 사무를 처리하고 재산을 관리하며, 법령의 범위 안에서 자치에 관한 규정을 제정할 수 있다.
>
> **지방자치법 제22조** 지방자치단체는 법령의 범위 안에서 그 사무에 관하여 조례를 제정할 수 있다. 다만, 주민의 권리 제한 또는 의무 부과에 관한 사항이나 벌칙을 정할 때에는 법률의 위임이 있어야 한다.

II. 규범통제

여기서는 우리나라 헌법과 헌법재판소법이 규정하고 있는 '규범통제'를 간략하게 알아보겠다. 법을 제정하는 주체에 따라 국회입법, 행정입법, 자치입법으로 구분할 수 있다. 이에 따라 '규범통제'는 '법률에 대한 규범통제', '행정입법에 대한 규범통제', '자치입법에 대한 규범통제'로 분류할 수 있다.

우리나라 헌법은 헌법 제107조 제1항과 제2항에서 '법률에 대한 규범통제'와 '법규명령에 대한 규범통제'를 분리해서 그 관할권을 규정하였다.

> **헌법**
>
> **제107조** ① 법률이 헌법에 위반되는 여부가 재판의 전제가 된 경우에는 법원은 헌법재판소에 제청하여 그 심판에 의하여 재판한다.
>
> ② 명령, 규칙, 처분이 헌법이나 법률에 위반되는 여부가 재판의 전제가 된 경우에는 대법원은 이를 최종적으로 심사할 권한을 가진다.

1. 법률에 대한 규범통제

(1) 위헌법률심판

위헌법률심판에 대해서는 헌법 제107조 제1항과 헌법재판소법 제41조 제1항이 규정하고 있다.

헌법
제107조 ① 법률이 헌법에 위반되는 여부가 재판의 전제가 된 경우에는 법원은 헌법재판소에 제청하여 그 심판에 의하여 재판한다.

헌법재판소법
제41조(위헌여부 심판의 제청) ① 법률이 헌법에 위반되는 여부가 재판의 전제가 된 때에는 당해 사건을 담당하는 법원(군사법원을 포함)은 직권 또는 당사자의 신청에 의한 결정으로 헌법재판소에 위헌여부의 심판을 제청한다.

우리나라 위헌법률심판 절차는 법률이 헌법에 위반되는 여부가 재판의 전제가 된 경우에 진행된다(이를 '구체적 규범통제'라고 한다). 헌법 제107조 제1항과 헌법재판소법 제41조 제1항에서 위헌법률심판의 구체적인 절차를 확인할 수 있다.

1) 구체적 규범통제

구체적 규범통제는 재판을 전제로 하기 때문에 '재판부수적 규범통제'라고도 불린다.[1] 이 때 재판은 재판의 단계를 불문하고, 재판의 형식도 따지지 않고, 재판의 내용도 묻지 않는다.[2] 이는 법률이 헌법에 위반되는 여부가 재판의 전제가 될 것을 요구하지 않는 '추상적 규범통제'와 구별된다.

'재판의 전제성'이 인정되지 않으면 헌법재판소는 법원의 위헌법률심판제청을 각하한다. 헌법재판소는 '재판의 전제성' 인정 여부에 대한 기준을 구체적으로 제시하고 있다(이는 헌재 1992.12.24. 92헌가8 결정 이후 일관된 견해이다). 이에 따르면, 재판의 전제성이 인정되기 위해서는 1)구체적인 사건이 제청법원에 계속중이어야 하고, 2)제청된 법률이 당해 소송사건의 재판에 적용되는 것이어야 하며, 3)제청법률의 위헌 여부에 따라 제청법원이 다른 내용의 재판을 하게 되는 경우이어야 한다. '다른 내용의 재판을 하게 되는 경우'는 다시 2가지로 분류된다. 첫째는 제청법원이 심리중인 당해 사건의 재판의 주문이나 결론에 어떤 영향을 주는 경우이다. 둘째는 제청법률의 위헌 여부가 비록 재판의 주문에는 아무런 영향을 주지 않는다고 하더라도 재판의 결론을 이끌어 내는 이유를 달리하는 데 관련되어 있거나 또는 재판의 내용과 효력에 관한 법률적 의미가 달라지는 경우이다.[3]

---

1) 허영, 헌법소송법론(제4판, 박영사, 2009), 193면.
2) 허영, 헌법소송법론(제4판, 박영사, 2009), 200면.
3) 재판의 이유를 달리하거나, 재판의 내용이나 효력 중에 어느 하나라도 그에 관한 법률적 의미를 달리하는 경우에는 재판의 전제성이 인정된다.

2) 구체적 절차 - 신청 제청과 직권 제청

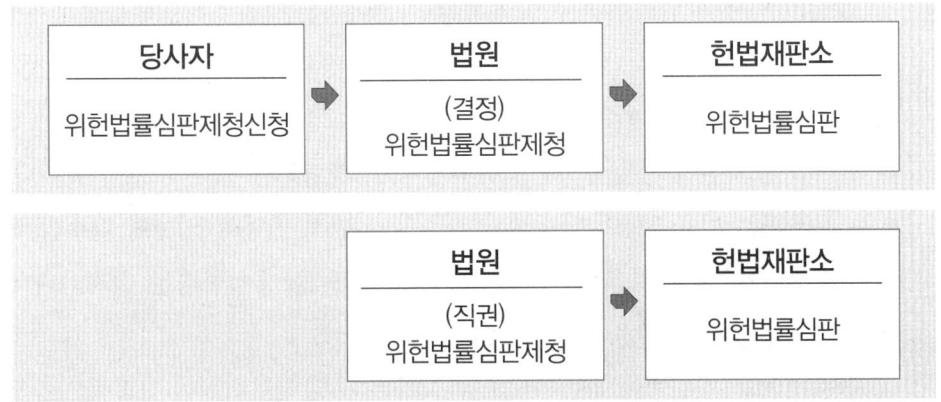

〈표〉 위헌법률심판 절차

우리나라는 '위헌법률심판제청'과 '위헌법률심판'을 각각 법원과 헌법재판소에 담당시키는 '관할분리제'를 택하고 있다. 법원이 담당하는 '위헌법률심판제청'은 '당사자의 신청에 의한 제청'과 '직권 제청'으로 나뉜다.

당해 사건을 담당하는 법원(군사법원을 포함)은 직권 또는 당사자의 신청에 의한 결정으로 헌법재판소에 위헌여부의 심판을 제청한다. 당사자는 '위헌법률심판제청신청'을 하고, 당해 법원은 당사자의 신청에 의한 결정으로 '위헌법률심판제청'을 하며, 헌법재판소는 '위헌법률심판'을 한다(신청에 의한 제청). 당사자의 신청이 없는 경우에도 법원은 직권으로 '위헌법률심판제청'을 할 수 있다(직권 제청).[4] 당해 사건을 담당하는 법원에는 군사법원도 포함되며, 하급법원이 제청하는 경우에는 대법원을 거쳐야 한다(헌법재판소법 제41조 제5항). 법원의 제청서에는 1) 제청

---

4) 예컨대 야간 옥외집회를 사실상 금지한 '집회 및 시위에 관한 법률' 제10조에 대해 서울중앙지법 형사7단독 박재영 판사가 직권으로 위헌법률심판 제청 결정을 하였고, 종신형이 없어 흉악범에게 사형선고가 불가피한 현실을 지적하면서 사형을 규정한 형법 제41조 등에 대해 광주고등법원 제1형사부(재판장 이한주)가 직권으로 위헌법률심판 제청 결정을 하였다. 또한 양심에 따른 병역거부자 처벌을 규정한 병역법 제88조 제1항에 대해 춘천지방법원 형사1부(재판장 정성태)가 직권으로 위헌법률심판 제청 결정을 하였다.

법원의 표시, 2) 사건 및 당사자의 표시, 3) 위헌이라고 해석되는 법률 또는 법률의 조항, 4) 위헌이라고 해석되는 이유, 5) 기타 필요한 사항을 기재해야 한다(헌법재판소법 제43조).

법원은 법률이 위헌이라는 합리적인 의심이 있을 때에 위헌법률심판제청을 해야 한다. "위헌이라는 합리적인 의심을 갖는 경우에는 법원은 제청결정을 해서 헌법재판소의 심판에 의하여 재판해야 할 직무상의 의무를 진다. 따라서 위헌의 합리적인 의심이 있는 한 제청 여부에 대한 재량권은 없다고 보아야 한다."[5] 이는 문제되는 법률조항이 담당법관 스스로의 법적 견해에 의하여 단순한 의심을 넘어선 합리적인 의심이 있으면 위헌여부심판을 제청하라는 취지이다(헌재 1993.12.23. 93헌가2 결정).

법원이 법률이 헌법에 위반된다고 판단하는 경우에도 법원이 직접적으로 법률의 효력을 부인해서는 안 된다. 법원은 위헌법률심판 제청권만 있을 뿐이며, 헌법재판소의 위헌법률심판 후에야 재판할 수 있다.

법원이 법률의 위헌 여부에 대한 심판을 헌법재판소에 제청한 때에는 당해 소송사건의 재판은 헌법재판소의 위헌 여부의 재판이 있을 때까지 정지된다(헌법재판소법 제42조 제1항 본문).[6] 다만 법원이 긴급하다고 인정하는 경우에는 종국재판 외의 소송절차를 진행할 수 있다(헌법재판소법 제42조 제1항 단서).

(2) 위헌법률심판형(규범통제형) 헌법소원

헌법재판소법 제68조 제2항은 특이한 유형의 위헌법률심판을 헌법소원 형태로 규정하고 있다. 이를 '위헌법률심판형(규범통제형) 헌법소원'이라고 부르는데, 우리나라 헌법재판에만 존재한다. 헌법재판소법 제41조 제4항("위헌여부심판의 제청에 관한

---

5) 허영, 헌법소송법론(제4판, 박영사, 2009), 200~201면.
6) 재판정지 기간은 형사소송절차에서의 구속기간과 민사소송절차에서의 종국판결선고기간에는 산입되지 않는다(헌법재판소법 제42조 제2항).

결정에 대하여는 항고할 수 없다.")에 따라 법원의 기각결정에 대해 당사자는 항고할 수는 없지만, 헌법재판소법 제68조 제2항에 따라 '위헌법률심판형(규범통제형) 헌법소원'의 심판을 청구할 수 있다. 다만 당사자는 당해 사건의 소송절차에서 동일한 사유를 이유로 다시 위헌여부심판의 제청을 신청할 수 없다(헌법재판소법 제68조 제2항 후단). '당해 사건의 소송절차'는 동일 심급의 소송절차 뿐만 아니라 상소심의 소송절차도 포함하므로 제1심에서 제청신청이 기각당한 후 상고심에서 동일한 사유로 다시 제청신청을 할 수 없다.

헌법재판소법

제68조 ② 제41조 제1항의 규정에 의한 법률의 위헌여부심판의 제청신청이 기각된 때에는 그 신청을 한 당사자는 헌법재판소에 헌법소원심판을 청구할 수 있다. 이 경우 그 당사자는 당해 사건의 소송절차에서 동일한 사유를 이유로 다시 위헌여부심판의 제청을 신청할 수 없다.

〈표〉 위헌법률심판형 헌법소원 절차

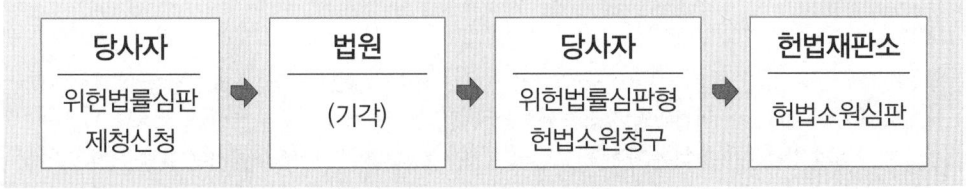

1) 특수성

헌법재판소법 제41조 제1항에 따른 헌법재판소의 '위헌법률심판'은 법원의 위헌법률심판제청이 있을 때에만 비로소 가능하다. 만약 보수적인 법원이 위헌법률심판제청을 하지 않는다면, 헌법재판소는 위헌법률심판을 전혀 할 수 없게 돼 무력화되고 만다. 헌법재판소법 제68조 제1항에 따른 '권리구제형 헌법소원'은 '법원의 재판'에 대해 제기하지 못한다.[7] 이러한 이유 때문에 탄생한 제도가 '위헌법률심판형(규범통제형) 헌법소원'이다. 헌법재판소의 입장에선 '법원의 재판'을 헌법재판소법 제68조 제1항에 따른 '권리구제형 헌법소원'의 심판대상에서 제외해주고 대신 받은 것이었다.[8]

헌법재판소법

제68조(청구사유) ① 공권력의 행사 또는 불행사로 인하여 헌법상 보장된 기본권을 침해받은 자는 법원의 재판을 제외하고는 헌법재판소에 헌법소원심판을 청구할 수 있다. 다만, 다른 법률에 구제절차가 있는 경우에는 그 절차를 모두 거친 후가 아니면 청구할 수 없다.

헌법재판소법 제68조 제2항에 따른 '위헌법률심판형(규범통제형) 헌법소원'은 헌법재판소법 제68조 제1항이 '법원의 재판'에 대해 '권리구제형 헌법소원'을 제기하지 못하도록 한 규정과 모순되어 보인다. 당사자의 위헌법률심판제청신청을 기각하는 법원의 결정도 '법원의 재판'이기 때문이다.[9] 하지만 당사자의 위헌법률심판제청신청이 법원에 의해 기각되었을 때 제기하는 '위헌법률심판형 헌법소

---

7) 1997년 12월 24일 헌법재판소 한정위헌결정(헌재 1997.12.24. 96헌마172 결정)으로 '법원의 재판'에 헌법재판소가 위헌결정(한정합헌, 한정위헌, 헌법불합치결정을 포함)한 법률을 적용함으로써 국민의 기본권을 침해한 재판도 포함되는 것으로 해석하는 한도 내에서는 효력을 상실한다. 헌법재판소는 "법원이 헌법재판소가 위헌으로 결정하여 그 효력을 전부 또는 일부 상실하거나 위헌으로 확인한 법률을 적용함으로써 국민의 기본권을 침해한 경우에도 법원의 재판에 의한 헌법소원이 허용되지 않는 것으로 해석한다면, 헌법재판소법 제68조 제1항은 그러한 한도 내에서 헌법에 위반된다"고 판시하였다.

8) 이범준, 헌법재판소, 한국현대사를 말하다 (궁리, 2009), 56면 이하. "위헌심사형 헌법소원은 사법부가 새롭게 분발하는 계기가 되었다. 평생에 한번 재판받는 개인이 헌법소원한 사건에서 위헌결정이 나오는데, 밥 먹고 재판만 하는 판사들이 위헌법률을 보고만 있다는 것은 말이 안 됐기 때문이다. 헌법재판소 개소 이후 20년 동안(1988년 9월 1일~2008년 8월 31일) 위헌심사형 헌법소원이 1749건, 법원의 위헌제청이 588건이다. 국민의 권리의식과 변호사의 인권보호가 앞장서고, 이에 뒤질세라 분발한 법원이 만든 결과다." 이범준, 헌법재판소, 한국현대사를 말하다(궁리, 2009), 57면.

9) 입법체계 정당성의 관점에서 입법개선이 필요하다는 견해로는 허영, 헌법소송법론(제4판, 박영사, 2009), 197면.

원'은 그 본질이 '권리구제형 헌법소원'이 아닌 일종의 '위헌법률심판 제청'이기 때문에 양자는 양립할 수 있지 않나 생각된다.[10]

2) 위헌법률심판과 위헌법률심판형 헌법소원의 차이점

위헌법률심판과 위헌법률심판형 헌법소원의 차이점을 간단히 소개하면 다음과 같다. 우선 양자는 사건번호에서 차이가 난다. 위헌법률심판(헌법재판소법 제41조 제1항)인지, 위헌법률심판형 헌법소원(헌법재판소법 제68조 제2항)인지는 '사건번호'에서 알 수 있는데, 위헌법률심판은 '헌가'이고, 위헌법률심판형 헌법소원은 '헌바'이다.[11]

재판 정지 여부에서도 차이가 나는데, 위헌법률심판의 경우에는 재판이 정지되지만, 위헌법률심판형 헌법소원의 경우에는 재판이 정지되지 않는다. 법원이 법률의 위헌 여부 심판을 헌법재판소에 제청한 때에는 당해 소송사건의 재판은 헌법재판소의 위헌 여부의 결정이 있을 때까지 정지된다(헌법재판소법 제42조 제1항 본문). 이는 법률의 위헌 여부 심판을 법원이 담당하지 않고 헌법재판소가 담당하는 헌법재판의 취지상 당연하다. 법원은 헌법재판소에 제청하여 헌법재판소의 위헌법률심판이 있은 이후에야 재판할 수 있으며, 당해 소송사건의 재판은 당연히 정지된다. 반면에 위헌법률심판형 헌법소원의 경우에는 당해 소송사건의 재판은 정지되지 않는데, 이는 당사자가 위헌법률심판형 헌법소원을 소송지연의 수

---

10) 하지만 '위헌법률심판형(규범통제형) 헌법소원'을 '권리구제형 헌법소원'으로 본 여지도 있는데, 이는 당사자의 위헌법률심판제청신청을 기각하는 법원의 결정이 있을 때 당사자는 합헌적인 법률에 의한 정당한 재판을 받을 권리를 침해받는다고 평가할 수 있기 때문이다. 이렇게 보면 헌법재판소법 제68조 제2항에 따른 '위헌법률심판형(규범통제형) 헌법소원'은 헌법재판소법 제68조 제1항이 '법원의 재판'에 대해 '권리구제형 헌법소원'을 제기하지 못하도록 한 규정과 모순된다.
11) "실례로 2008년 10월 30일에 선고한 형법 제241조 간통죄 조항 사건을 보면 금세 이해된다. 모두 다른 길로 온 사건들이 합쳐져 있다. 재판하던 판사가 스스로 판단해 헌재에 보낸 경우, 재판부가 피고인 신청을 받아들여 제청한 경우, 재판부가 헌재로 보내길 거부하자 당사자가 직접 소원한 경우가 병합됐다(2007헌가17·21, 2008헌가7·26, 2008헌바21·47 결정)." 이범준, 헌법재판소, 한국현대사를 말하다(궁리, 2009), 55면.

단으로 악용하는 것을 막기 위함이다. 위헌법률심판형 헌법소원이 인용된 경우에 해당 헌법소원과 관련된 소송사건이 이미 확정된 때에는 당사자는 재심을 청구할 수 있다(헌법재판소법 제75조 제7항).

(3) 권리구제형 헌법소원에서 '위헌법률심판'

1) 법규소원

헌법재판소법 제68조 제1항이 규정하고 있는 '권리구제형 헌법소원'은 법률 그 자체가 공권력의 행사로서 직접 국민의 기본권을 침해하는 경우에는 (권리구제형 헌법소원임에도) '위헌법률심판'의 성격을 띠게 된다. 이 경우에는 '위헌법률심판'(위헌심판형 헌법소원)에 요구되는 '재판의 전제성'이 요구되지 않는다.

공권력의 행사에는 법률의 제정행위도 포함되기 때문에 법률의 제정으로 구체적인 집행작용이 없이 직접적으로 기본권의 침해를 받은 자는 헌법소원을 제기할 수 있다. 이를 '법규소원'이라고 하는데, 법률에 의해 직접적으로 기본권이 침해된 경우라는 점에서 권리구제와 위헌법률심판이 함께 하는 경우이다. '법규소원'에서는 '권리구제형 헌법소원'의 요건인 자기관련성, 현재성, 직접성, 보충성 중에서 '직접성'이 가장 중요하다. "법률이 구체적인 집행·적용작용 없이도 직접, 현실적으로, 자신의 기본권을 침해하는 경우에 한해서 법률은 헌법소원의 대상이 된다. 이 경우에는 법률의 효력을 직접 다투는 것을 소송물로 하는 행정소송이 불가능하기 때문에 법률에 대한 헌법소원이 유일한 권리구제방법이다(헌재 1990.6.25. 89헌마220)."

2) 공권력의 행사 또는 불행사가 위헌인 법률 또는 법률의 조항에 기인한 경우

뿐만 아니라 '권리구제형 헌법소원'은 원칙적으로는 '위헌법률심판'은 아니지만, 헌법재판소법 제75조 제5항에 따라 '위헌법률심판'이 되는 경우가 있다. 헌법재판소법 제75조 제5항에 따라 헌법재판소는 공권력의 행사 또는 불행사가 위헌인 법률 또는 법률조항에 기인한 것이라고 인정될 때에는 직권으로 위헌법률을 심사할 수 있다. 이 경우에는 '위헌법률심판'(위헌법률심판형 헌법소원)에 요구되는 '재판의 전제성'이 요구되지 않으며, 헌법재판소는 직권으로 위헌법률을 심사할 수 있다. 이처럼 헌법소원의 본질은 개인의 주관적 권리구제 뿐만 아니라 객관적인 헌법질서의 보장도 겸하고 있다.

실제로 변호인 접견 방해를 이유로 한 헌법소원 사건(헌재 1992.1.28. 91헌마111 결정)과 미결수의 서신검열을 이유로 한 헌법소원 사건(헌재 1995.7.21. 92헌마144 결정)에서 헌법재판소는 기본권을 침해하는 공권력 행사의 근거가 된 법률조항에 대해서 위헌결정을 했다.[12]

헌법재판소법

제68조(청구사유) ① 공권력의 행사 또는 불행사로 인하여 헌법상 보장된 기본권을 침해받은 자는 법원의 재판을 제외하고는 헌법재판소에 헌법소원심판을 청구할 수 있다. 다만, 다른 법률에 구제절차가 있는 경우에는 그 절차를 모두 거친 후가 아니면 청구할 수 없다.

제75조(인용결정) ⑤ 제2항의 경우에 헌법재판소는 공권력의 행사 또는 불행사가 위헌인 법률 또는 법률의 조항에 기인한 것이라고 인정될 때에는 인용결정에서 해당 법률 또는 법률의 조항이 위헌임을 선고할 수 있다.

'변호인 접견 방해를 이유로 한 헌법소원 사건(헌재 1992.1. 28. 91헌마111 결정)'에서 헌법재판소는 미결수용자(피의자, 피고인)의 변호인 접견에도 행형법 제18조 제3항에 따라서 교도관이 참여할 수 있는데, 이는 신체구속을 당한 미결수용자에게 보장된 변호인의 조력을 받을 권리를 침해하는 것이어서 헌법에 위반되

---

[12] 허영, 헌법소송법론(제4판, 박영사, 2009), 199면.

는 법률이고 피청구인의 위헌적인 공권력행사는 위헌법률에 기인한 것이라고 인정되므로, 헌법재판소법 제75조 제5항에 의하여 행형법 제62조의 준용규정 중 행형법 제18조 제3항을 미결수용자의 변호인 접견에도 준용하도록 한 부분에 대하여 위헌을 선언하였다.

'미결수의 서신검열을 이유로 한 헌법소원 사건(헌재 1995.7. 21. 92헌마144 결정)'에서 헌법재판소는 헌법 제12조 제4항 본문은 신체구속을 당한 사람에 대하여 변호인의 조력을 받을 권리를 규정하고 있는데, 이를 위해서는 신체구속을 당한 사람에게 변호인과 사이의 충분한 접견교통을 허용함은 물론 교통내용에 대하여 비밀이 보장되고 부당한 간섭이 없어야 하는 것이며, 이러한 취지는 접견의 경우뿐만 아니라 변호인과 미결수용자 사이의 서신에도 적용되어 그 비밀이 보장되어야 하며, […] 구 행형법 제62조는 형이 확정된 수형자에 대하여 서신검열을 규정한 행형법 제18조 제3항 및 시행령 제62조를 미결수용자에 대하여도 준용하도록 규정하고 있고, 피청구인의 검열행위도 위 규정에 따른 것이므로, 검열행위가 위헌임을 확인함에 있어서, 구 행형법 제62조의 규정 중 변호인과의 서신검열이 허용되는 조건을 갖추지 아니한 경우에도 검열을 할 수 있도록 준용하는 부분에 대하여는 헌법재판소법 제75조 제5항에 따라 위헌을 선언하였다.

2. 법규명령에 대한 규범통제

'법무사법시행규칙에 대한 헌법소원'(헌재 1990.10.15. 89헌마178 결정)에서 다수의견은 대법원이 규칙제정권을 행사함에 있어 위임입법권의 한계를 일탈하여 청구인이나 기타 법무사자격을 취득하고자 하는 모든 국민의 헌법 제11조 제1항의 평등권과 헌법 제15조의 직업선택의 자유를 침해한 것이라고 본 반면에, 이성렬 재판관은 반대의견(1인의 소수의견)에서 '법무사의 업무를 정한 규정의 검토 및 비교'와 '법무사의 자격을 정한 규정의 검토 및 비교'를 토대로 다수의견과는 달리 위임입법권의 한계를 일탈한 것이 아니고, 헌법 제11조 제1항의 평등권과 헌법 제15조의 직업선택의 자유를 침해한 것도 아니라고 보았다. '법무사법시행규칙에 대한 헌법소원'(헌재 1990.10.15. 89헌마178 결정)에서 법규명령에 대한 규범통제를 둘러싼 대법원과 헌법재판소의 관할권 다툼은 시발되었다.[13]

대법원은 법규명령에 대한 규범통제 관할이 대법원에 있다는 근거조항으로 '헌법 제107조 제2항'을, 헌법재판소는 헌법재판소에 있다는 근거조항으로 '헌법재판소법 제68조 제1항'을 든다. 헌법재판소는 법규명령에 대한 규범통제를 대법원이 갖는 경우는 법규명령의 위헌·위법 여부가 재판의 전제가 된 경우이며, 그렇지 않고 법규명령에 의해 직접적으로 국민의 기본권이 침해되는 경우에는 헌법재판소법 제68조 제1항에 따라 헌법재판소에게 관할권이 있다고 주장한다. 법규명령에 의해 직접적으로 국민의 기본권이 침해되었다 함은 법규명령에 기한 별도의 집행행위를 통해 국민의 기본권이 침해된 것이 아니라, 법규명령 그 자체에 의해 국민의 기본권이 침해된 경우를 말한다.

헌법
제107조 ② 명령·규칙 또는 처분이 헌법이나 법률에 위반되는 여부가 재판의 전제가 된 경우에는 대법원은 이를 최종적으로 심사할 권한을 가진다.

헌법재판소법
제68조(청구사유) ① 공권력의 행사 또는 불행사로 인하여 헌법상 보장된 기본권을 침

---

13) **법무사법 제4조(자격)** ① 다음 각호의 1에 해당하는 자는 법무사의 자격이 있다.
　1. 7년 이상 법원·헌법재판소·검찰청에서 법원주사보나 검찰주사보 이상의 직에 있던 또는 5년 이상 법원·헌법재판소·검찰청에서 법원사무관이나 검찰사무관(수사사무관을 포함한다) 이상의 직에 있던 자로서 법무사업무의 수행에 필요한 법률지식과 능력이 있다고 대법원장이 인정한 자
　2. 법무사시험에 합격한 자
　② 제1항 제1호의 규정에 의한 법무사의 자격인정 및 동항 제2호의 규정에 의한 법무사시험의 실시에 관하여 필요한 사항은 대법원규칙으로 정한다.
법무사법시행규칙 제3조(법무사시험) ① 법원행정처장은 법무사를 보충할 필요가 있다고 인정되는 경우에는 대법원장의 승인을 얻어 법무사 시험을 실시할 수 있다.

해받은 자는 법원의 재판을 제외하고는 헌법재판소에 헌법소원심판을 청구할 수 있다. 다만, 다른 법률에 구제절차가 있는 경우에는 그 절차를 모두 거친 후가 아니면 청구할 수 없다.

헌법재판소는 심판청구의 적법성에 대한 형식 심사에서 첫째, 이 사건은 재판의 전제성이 없기 때문에 헌법 제107조 제2항이 적용되지 않는다고 보았다. 헌법 제107조 제2항이 규정한 명령·규칙에 대한 대법원의 최종심사권이란 구체적인 소송사건에서 명령·규칙의 위헌여부가 재판의 전제가 되었을 경우 법률의 경우와는 달리 헌법재판소에 제청할 것 없이 대법원의 최종적으로 심사할 수 있다는 의미이며, 헌법 제111조 제1항 제1호에서 법률의 위헌여부심사권을 헌법재판소에 부여한 이상 통일적인 헌법해석과 규범통제를 위하여 공권력에 의한 기본권침해를 이유로 하는 헌법소원심판청구사건에 있어서 법률의 하위법규인 명령·규칙의 위헌여부심사권이 헌법재판소의 관할에 속함은 당연한 것으로서 헌법 제107조 제2항의 규정이 이를 배제한 것이라고는 볼 수 없다. 법률의 경우와 마찬가지로 명령·규칙 그 자체에 의하여 직접 기본권이 침해되었음을 이유로 하여 헌법소원심판을 청구하는 것은 헌법 제107조 제2항과는 아무런 상관이 없는 문제이다.

둘째, 헌법재판소는 법령소원에 해당하는지 여부를 확인하기 위해 헌법재판소법 제68조 제1항의 '직접성' 판단을 하였다. 헌법재판소는 청구인이 이 사건에서 심판청구의 대상으로 하는 것은 법원행정처장의 법무사시험 불실시 즉 공권력의 불행사가 아니라 법원행정청장으로 하여금 그 재량에 따라 법무사시험을 실시하지 아니해도 괜찮다고 규정한 법무사법시행규칙 제3조 제1항이라고 보았다. 헌법재판소법 제68조 제1항이 규정하고 있는 헌법소원심판의 대상으로서의 '공권력'이란 입법·사법·행정 등 모든 공권력을 말하는 것이므로 입법부에서 제정한 법률, 행정부에서 제정한 시행령이나 시행규칙 및 사법부에서 제정한 규칙 등은 그것들이 별도의 집행행위를 기다리지 않고 직접 기본권을 침해하는 것일 때에는 모두 헌법소원심판의 대상이 될 수 있다.

셋째, '보충성 판단'에서도 ①이 사건에서 청구인으로서는 법원행정처장에게 법무사시험 실시를 요구하고 그 결과(거부처분이나 부작위)에 대하여 불복청구하는 행정심판이나 행정소송을 제기할 수 있을는지도 모르나 가사 그러한 구제절차가 인정된다고 하더라도 그러한 것은 우회적인 절차여서 신속한 권리구제를 받기란 기대하기 어려운 것이므로 이는 헌법재판소법 제68조 제1항 후단 소정의 구제절차에 해당되지 아니하고, ②법령자체에 의한 직접적인 기본권침해여부가 문제되었을 경우 그 법령의 효력을 직접 다투는 것을 소송물로 하여 일반 법원에 구제를 구할 수 있는 절차는 존재하지 아니하므로(일반법원에 명령·규칙을 직접 대상으로 하여 행정소송을 제기한 경우에 이것이 허용되어 구제된 예를 발견할 수 없다) 이 경우에는 다른 구제절차를 거칠 것 없이 바로 헌법소원심판을 청구할 수 있다고 보았다.

본안에 대한 판단에서, 다수의견은 ①법무사법 제4조 제1항 제2호는 법무사시험이 합리적인 방법으로 반드시 실시되어야 함을 전제하고 있고, ②법무사법 제4조 제2항은 시험실시에 관한 구체적인 방법과 절차를 말하는 것이지 시험의 실시여부까지도 대법원규칙으로 정하라는 말은 아니며, ③따라서 법무사법 시행규칙 제3조 제1항은 상위법인 법무사법 제4조 제1항에 의하여 청구인을 비롯한 모든 국민에게 부여된 법무사자격 취득의 기회를 하위법인 시행규칙으로 박탈하고 법무사업을 법원·검찰청 등의 퇴직공무원에게 독점시키는 것이라고 보았다. 결국 대법원이 규칙제정권을 행사함에 있어 위임입법권의 한계를 일탈하여 청구인이나 기타 법무사자격을 취득하고자 하는 모든 국민의 헌법 제11조 제1항의 평등권과 헌법 제15조의 직업선택의 자유를 침해한 것이라고 보았다.[14]

반면에 이성렬 재판관은 소수의견에서 '법무사의 업무를 정한 규정의 검토 및 비교'와 '법무사의 자격을 정한 규정의 검토 및 비교'를 토대로 법무사법의 입법취지를 고찰하여 위임입법권의 한계일탈 여부를 고찰하고 있다.

'법무사의 업무를 정한 규정의 검토 및 비교'에서는 법무사제도와 유사한 다른 제도에 있어서는 한결같이 그 업무의 내용으로서, 단순한 실무적인 업무 이외에도, 어느 정도의 이론적인 기초를 필요로 하는 상담, 자문, 감정, 지도, 감사의 업무가 포함되어 있음에도 불구하고(조세사의 상담·자문, 변리사의 감정, 관세사의 상담, 공인노무사

---

14) 헌재 1990년 '법무사법시행규칙에 대한 헌법소원' 결정 내용.

의 상담·지도, 공인회계사의 감사·감정), 유독 법무사의 업무내용에는 상담 등의 업무는 제외되어 있고, 오로지 법무서류의 작성 및 법무서류의 제출대행과 등기·공탁사건의 신청대리와 같이 실무적이고 비교적 단순한 업무만이 규정되어 있다는 점을 살핀다. 이성렬 재판관은 법무사 업무의 내용이 다른 전문직의 업무 내용과 다른 점을 토대로, 소송절차나 법무서류 및 등기·공탁사건은 방대함에도 변호사의 수는 한정되어 있어 변호사만으로서는 이러한 모든 업무를 감당하기 어려운 사정을 타개하기 위하여, 그 중에서 소송절차에 관한 업무는 제외하고 비교적 단순한 업무인 법무서류의 작성 및 법무서류의 제출대행과 등기·공탁사건의 신청대리에 한하여 이를 일정한 자격을 갖춘 실무경력자인 법무사로 하여금 취급하게 하여 그 절차의 원활한 시행과 국민의 권리보전에 기여하려는 데에 그 입법취지가 있다고 보았다.

'법무사의 자격을 정한 규정의 검토 및 비교'에서도 이성렬 재판관은 법무사의 자격을 규정한 규정의 방식(규정순서)이 법무사제도와 유사한 다른 자격제도에 있어서의 자격규정 방식과 크게 상이한 점이 있음을 역시 주목해야 한다고 주장한다. 즉 세무사, 변리사, 관세사, 공인노무사, 공인회계사의 자격을 규정함에 있어서, 세무사법 제3조, 변리사법 제3조, 관세법 제159조, 공인노무사법 제3조, 공인회계사법 제2조는 각1호 또는 제1항에서 먼저 그 자격시험에 합격한 자를 규정하고, 그 다음으로 제2호 또는 제2항에서 일정한 해당 분야의 실무경력을 가진 자에 대한 규정을 하고 있다. 이와 같이 법무사 제도와 유사한 다른 자격제도에 있어서의 자격규정 방식과는 달리 유독 법무사의 경우에만은 일정한 실무경력자를 먼저 규정하고 그 다음에 시험의 합격자를 규정하고 있는 것은, 아무런 의미도 부여될 수 없는 것이라고 간단히 보아 넘길 수는 없는 것이고, 오히려 이는 중요한 의미를 가지고 있는 것으로서, 법무사의 자격을 취득할 수 있는 원칙적이고 1차적인 방법은 어디까지나 일정한 실무경력자 중에서 충당하는 것이고, 위 방법에 의한 법무사의 충당이 불가능하거나 부족한 경우에만 예외적으로 2차적인 방법으로서 시험에 의하여 이를 보충하려고 하는 데에 입법자의 근본적인 취지가 있는 것으로 본다.

이성렬 재판관은 다수의견과는 달리, 법무사의 업무내용의 특수성, 법무사의 자격에 관한 규정방식의 특수성의 검토에서 나타나는 법무사법의 입법취지를 고찰하여 보면, 법무사법 제4조 제2항 제2호에 의한 법무사시험을 실시하는 경우에 시험과목,

시험방법, 시행내용, 합격기준 등 그 시험실시에 관한 구체적 방법과 절차 뿐만 아니라 그 실시시기까지 아울러 규정할 수 있도록 위임한 것이라고 해석되므로 법무사법시행규칙 제3조 제1항이 그 시험실시 시기에 관하여 다른 유사한 자격제도에 있어서와는 달리 정기적이 아니라 법무사를 보충할 필요가 있다고 인정되는 경우에 이를 실시할 수 있다고 규정한 것은 법무사법 제4조 제2항의 입법취지에 부합하는 것이라 할 것이므로, 이러한 입법취지를 가지고 있는 법무사법의 규정이 바로 헌법상 보장된 직업선택의 자유나 평등의 원칙에 위배되는지의 여부는 별문제로 하고 위 대법원의 규칙이 상위법규인 법무사법의 위 규정에 어긋나는 것으로서 위임입법권의 한계를 일탈한 것이라고는 볼 수 없다고 결론내린다.

이성렬 재판관은 법무사법 제4조 제1항의 헌법위반 여부에 대해서도 살피는데, 이는 법무사법 제4조 제1항이 헌법에 보장되고 있는 평등의 원칙이나 직업선택의 자유에 반하게 되고, 그 결과 위 법무사법의 입법취지에 따른 법무사법시행규칙의 위 규정 역시 헌법에 반하게 되어 결론에 있어서는 다수의견과 같이 될 수 있다는 반론이 나올 여지가 있을 수 있기 때문이다.

'직업선택의 자유의 제한 여부'에 대해 이성렬 재판관은 방법의 적정성, 제한의 필요성 및 피해의 최소성의 원칙의 어느 것에도 반하지 아니하여 결국 헌법 제37조 제2항에서 정하는 과잉금지의 원칙에도 저촉되지 아니하는 것으로서 헌법 제15조의 직업선택의 자유를 부당하게 침해하는 것이 아니라고 보았다. 이성렬 재판관은 실무를 담당하는 법원이나 검찰청에서 일정한 직위에서 일정한 기간 이상 동안 직접 이를 처리한 경험이 있는 실무경력자에게 자격을 부여하는 것이 보다 합리적이라 할 것이므로 이러한 실무적인 능력을 평가하기에 적절하지 아니한 시험의 방법에 의한 법무사 자격취득 방법은 예외적으로 인정하려는 것이 법무사법 제4조 제1항의 입법취지라 할 것인 바, 법무사법이 시험에 의한 법무사 자격취득 방법을 예외적으로만 인정하는 입법취지가 특정인이나 특정집단에 의한 특정 직업 또는 특정 직종의 독점에 있지 아니하고 위와 같은 점에 있는 이상, 문제의 핵심은 법무사의 업무를 어느 범위에서 인정할 것이냐의 문제로 귀착되게 될 것이나, 이는 전적으로 '입법기관의 재량에 속하는 입법형성의 영역에 속하는 문제'로서 특히 변호사제도와 관련하여 법무사의 업무를 위와 같이 정하고 있는 법무사법의 위 규정이 명백히 불합리하거나 불공정하다고 볼 수 없는 이 사건에 있어서 이러한 입법기관의 의도는 존중되어야 할 것으로 본다.

'평등원칙의 위반 여부'에 대해서도 입법기관의 입법형성의 영역에 속하는 문제들을 들추어 이를 비난함에 지나지 아니하는 것이라 할 것이며, 달리 법무사법의 규정이나 법무사법시행규칙이 성별·종교 또는 사회적 신분의 차이로 인한 차별이나 학력, 정치관, 건강, 연령 등의 사유로 인한 불합리한 차별을 규정한 바 없으므로 위 규정들이 헌법 제11조의 평등권을 부당하게 침해한 것이라고 할 수는 없다고 보았다.

3. 조례에 대한 규범통제

조례에 대한 규범통제에 대해서도 대법원과 헌법재판소의 관할권 다툼이 있다. 헌법재판소는 부천시담배자동판매기설치금지조례 제4조 등에 대한 헌법소원(헌재 1995.4.20. 92헌마264·279 결정)에서 조례는 지방자치단체가 그 자치입법권에 근거하여 자주적으로 지방의회의 의결을 거쳐 제정한 법규이기 때문에 조례 자체로 인하여 직접 그리고 현재 자기의 기본권을 침해받은 자는 그 권리구제의 수단으로 조례에 대한 헌법소원을 제기할 수 있다고 보았다. 헌법재판소는 이 사건 심판대상규정[15]은 담배소매인 지정신청인에게 적용되는 기준일 뿐만 아니라 현재 담배소매업을 하고 있는 청구인들에게도 추가적인 자판기 설치를 금지하고 이미 설치한 자판기마저 철거하도록 하고 있으므로 집행행위를 기다리지 아니하고 바로 자유를 제한하고 의무를 부과하는 규정이어서 자기관련성, 현재성 및 직접성의 요건을 모두 갖추고 있다고 보았다. 그리고 이 사건의 경우와 같이 조례 자체에 의한 직접적인 기본권침해가 문

---

15) 부천시담배자동판매기설치금지조례 제4조(설치의 제한) 자판기는 부천시 전지역에 설치할 수 없다. 다만, 성인이 출입하는 업소 안에서는 제외한다.
부천시담배자동판매기설치금지조례 부칙 제2항(경과조치) 이 조례의 시행전에 설치된 자판기는 시행일부터 3월 이내에 철거하여야 한다.
강남구담배자동판매기설치금지조례 제4조(설치의 제한) 자판기는 서울특별시 강남구 전지역에 설치할 수 없다. 다만, 성인이 출입하는 업소 안에는 제외한다.

제될 때에는 그 조례 자체의 효력을 직접 다투는 것을 소송물로 하여 일반법원에 구제를 구할 수 있는 절차가 있는 경우가 아니어서 다른 구제절차를 거칠 것 없이 바로 헌법소원심판을 청구할 수 있는 것이므로 이 사건 헌법소원심판청구는 보충성의 원칙에 반하지 아니하는 적법한 소원심판청구라고 보았다.

이처럼 헌법재판소는 조례에 대한 청구인들의 헌법소원 제기는 인정하였지만, 본안 심사에서는 심판대상규정으로 인하여 헌법상 보장된 청구인들의 기본권(직업선택의 자유와 평등권)이 침해되지 않아 청구인의 심판청구를 이유없다고 기각하였다. 법무사법 시행규칙에 대한 헌법소원이나 부천시담배자동판매기설치금지조례 제4조 등에 대한 헌법소원은 모두 법규명령과 조례 '그 자체'에 의해 기본권(직업선택의 자유와 평등권)을 침해받은 자가 헌법재판소법 제68조 제1항에 따른 권리구제형 헌법소원을 제기할 수 있다고 본 점에 공통점이 있는 반면에, 본안 심사 결과는 달랐다. 전자는 직업선택의 자유와 평등권 침해라고 보았으나, 후자는 침해가 아니라고 보았다. 뿐만 아니라 조례에 대한 법률의 위임은 법규명령에 대한 법률의 위임과 같이 반드시 구체적으로 범위를 정하여 할 필요가 없으며 포괄적인 것으로 족하다고 판시하면서, "청소년의 보호를 위하여 지방자치단체가 조례로 정하는 장소에는 자동판매기의 설치를 제한할 수 있다"고 규정한 재무부령인 담배사업법 시행규칙 제11조 제1항 별표 2 '제조담배소매인의 지정기준' 조항에 근거하여 이 사건 조례가 제정된 것이며, 이러한 위임에 의하여 자판기의 설치제한 및 철거에 관하여 규정하고 있는 심판대상규정 역시 자판기의 전면적인 설치금지를 내용으로 하는 등의 특별한 사정이 없는 이상 위임의 한계를 벗어난 규정이라고 볼 수 없다고 판시하였다.

법규명령은 발령시마다 법률상의 근거를 요하지만(헌법 제75조, 제95조), 조례는 그렇지 않다(법률유보를 요하지 않는다). 법률에 근거가 없더라도 지방의회는 자치입법권이 있어 조례를 제정할 수 있는 것이다. 다만 주민의 권리제한 또는 의무부과에 관한 사항이나 벌칙을 정할 때에는 법률의 위임이 있어야 하며(지방자치법 제22조), 부천시담배자동판매기설치금지조례 제4조 등에 대한 헌법소원에서 문제되었던 조례 또한 담배소매업을 영위하는 주민들에게 자판기 설치를 제한하는 것을 내용으로 하고 있으므로 주민의 직업선택의 자유 특히 직업수행의 자유를 제한하는 것이 되어 지방자치법 제22조 단서 소정의 주민의 권리의무에 관한 사항을 규율하는 조례라고 할 수 있으므로 '법률유보'가 문제된 것이다. 다만 조례의 경우에는 법률유보의 경우에도 구체적 위임이 아니라 포괄적 위임으로 족하다는 특징이 있다(법규명령의 경우에는 포괄적 위임이 금지되는 구체적 위임이어야 한다).

반면에 대법원은 '처분적 조례'에 대한 판결에서 대법원의 관할을 주장하였다. 대법원은 두밀분교폐지조례에 대한 무효확인소송(大判 1996. 9. 20. 선고 95누8003)에서 "조례가 집행행위의 개입 없이도 그 자체로서 직접 국민의 구체적인 권리의무나 법적 이익에 영향을 미치는 등의 법률상 효과를 발생하는 경우 그 조례는 항고소송의 대상이 되는 행정처분에 해당하고, 이러한 조례에 대한 무효확인소송을 제기함에 있어서는 행정소송법 제38조 제1항, 제13조에 의하여 피고적격이 있는 처분 등을 행한 행정청은, 행정주체인 지방자치단체 또는 지방자치단체의 내부적 의결기관으로서 지방자치단체의 의사를 외부에 표시한 권한이 없는 지방의회가 아니라, 구 지방자치법 제19조 제2항, 제92조에 의하여 지방자치단체의 집행기관으로서 조례로서의 효력을 발생시키는 공포권이 있는 지방자치단체의 장이다"라고 판시하였다. 특히 두밀분교폐지조례의 경우는 '처분적 조례'의 예로서, '조례'라는 법령의 형식을 띠고 있지만, 실질적으로는 두밀분교와 두밀분교 폐지에만 적용되는(관련자의 개별성과 사건의 구체성) 행정소송법상 항고소송의 대상이 되는 '처분성'을 갖는다. 처분적 조례라 함은 형식적으로는 조례의 형식을 띠고 있지만, 실질적으로는 행정행위의 개념징표인 관련자의 개별성과 사건의 구체성을 띠고 있는 조례를 말한다. 대법원은 처분적 조례에서 '처분적'에 초점을 두어 항고소송으로 다룬 반면에(이 때 피고는 지방자치단체의 장이다), 헌법재판소는 '조례'에 초점을 두어 헌법소원으로 다루었을 것이다(이 때 피고는 지방의회이다).[16]

---

16) "자치조례를 행정처분으로 보는 대법원의 논증은 법리적으로 설득력이 약하다고 할 것이다. 자치조례가 비록 집행행위의 개입 없이 직접 기본권을 침해하는 경우라고 하더라도 자치조례는 어디까지나 일반적인 효력을 갖는 법규범으로 보아야 하기 때문이다. 또 항고소송을 가능하게 하기 위해서 자치조례의 제정주체인 지방의회를 배제하고 공포권자인 지방자치단체의 장을 처분청으로 의제해서 피고적격자로 평가하는 논증도 불합리하다고 할 것이다. 따라서 자치조례가 직접 기본권을 침해하는 경우에는 자치조례를 대상으로 헌법소원을 제기해서 권리구제를 받는 것이 원칙이다."

제4장
헌법재판의 '심판대상'과 '심판기준'

여기서는 위헌법률심판의 '심판대상'과 관련된 특수문제로 '헌법 제29조 제2항이 위헌법률심판의 심판대상이 되는지 여부'(헌재 2001.2.22. 2000헌바38 결정)를 살펴본다. 위헌법률심판의 '심판기준'과 관련된 특수문제로는 '서울이 수도라는 관습헌법을 위헌법률심판의 심판기준으로 사용할 수 있는가'를 살피고(헌재 2004. 10. 21. 2004헌마554·556 결정), '국제법 내지 공인된 국제기준을 위헌법률심판의 심판기준으로 사용할 수 있는지 여부'를 몇몇 헌법재판소 결정을 통해 알아볼 것이다.

특히 '헌법 제29조 제2항 결정'에서는 하경철 재판관의 반대의견에서 '라드브루흐 공식'을 다룬다. '관습헌법 결정'은 우리에게 '존재와 당위'의 어려운 문제를 고민하게 만든다. '관습헌법 결정'은 관습헌법의 인정 여부를 두고 서울이 수도라는 점은 '규범적 사실'이라는 다수의견의 주장과 '관행적 사실'에 지나지 않아 다수의견은 '당위-존재 오류'를 범하고 있다는 소수의견의 주장이 대립한다.[1]

---

[1] 고봉진, 관습헌법의 존재와 효력 - '신행정수도의 건설을 위한 특별조치법 위헌결정'을 중심으로 -, 법과정책 제21집 제2호(제주대학교 법과정책연구원, 2015), 1면 이하.

I. 심판대상과 관련된 특수문제

1. 헌법 제29조 제2항은 위헌법률심판의 대상이 되는가?

헌법 제29조 제2항이 심판대상이 될 수 있는가의 문제는 심판기준으로 활용되는 성문헌법 조문이 심판대상이 될 수 있는지를 묻고 있는 특수한 문제이다.[2] 헌법 제29조 제2항을 심판대상으로 한 헌법재판소 결정은 이제까지 2번 있었다. 헌재 1995.12.28. 95헌바3 결정과 헌재 2001.2.22. 2000헌바38 결정이다.

(1) 헌재 1995.12.28. 95헌바3 결정

헌재 1995.12.28. 95헌바3 결정은 헌법 제29조 제2항이 위헌법률심판의 심판대상이 될 수 있는지에 대해 재판관 전원이 부정하여 심판대상이 될 수 없다는 각하결정을 내렸다.[3] "헌법 제111조 제1항 제1호 및 헌법재판소법 제41조 제1항은 위헌법률심판의 대상에 관하여, 헌법 제111조 제1항 제5호 및 헌법재판소법 제68조

---

[2] 헌법 제29조 ② 군인·군무원·경찰공무원 기타 법률이 정하는 자가 전투·훈련등 직무집행과 관련하여 받은 손해에 대하여는 법률이 정하는 보상외에 국가 또는 공공단체에 공무원의 직무상 불법행위로 인한 배상은 청구할 수 없다.

[3] 헌법 제29조 제2항과 같은 내용을 담고 있는 국가배상법 제2조 제1항 단서에 대해서는, 국가배상법 제2조 제1항 단서가 헌법 제29조 제1항에 의하여 보장되는 국가배상 청구권을 헌법 내재적으로 제한하는 헌법 제29조 제2항에 직접 근거하고, 실질적으로 그 내용을 같이하는 것이므로 헌법에 위반되지 않는다는 결정을 내렸다. 이는 국가배상법 제2조 제1항 단서에 기각결정이다(재판관 조승형은 별개의견에서 심판대상이 된 당해 법률조항이 헌법에 위반되지 않는다고 판단되었을 경우에 그에 대한 주문의 형식은 '이 사건 심판청구를 기각한다'로 표시함이 마땅하다는 별개의견을 내었다).

제2항, 제41조 제1항은 헌법소원심판의 대상에 관하여 그것이 법률임을 명문으로 규정하고 있으며, 여기서 위헌심사의 대상이 되는 법률이 국회의 의결을 거친 이른바 형식적 의미의 법률을 의미하는 것에 아무런 의문이 있을 수 없으므로, 헌법의 개별규정 자체는 헌법소원에 의한 위헌심사의 대상이 아니다. 헌법은 전문과 각 개별조항이 서로 밀접한 관련을 맺으면서 하나의 통일된 가치 체계를 이루고 있는 것으로서, 헌법의 제규정 가운데는 헌법의 근본가치를 보다 추상적으로 선언한 것도 있고, 이를 보다 구체적으로 표현한 것도 있으므로 이념적·논리적으로는 규범 상호간의 우열을 인정할 수 있는 것이 사실이다. 그러나 이때 인정되는 규범 상호간의 우열은 추상적 가치규범의 구체화에 따른 것으로 헌법의 통일적 해석에 있어서는 유용할 것이지만, 그것이 헌법의 어느 특정규정이 다른 규정의 효력을 전면적으로 부인할 수 있을 정도의 개별적 헌법규정 상호간에 효력상의 차등을 의미하는 것이라고는 볼 수 없다."[4]

결정문은 헌법규정도 위헌법률심판의 심판대상이 된다는 견해를 소개하고 있다. "이른바 헌법제정권력과 헌법개정권력을 준별하고, 헌법의 개별규정 상호간의 효력의 차이를 인정하는 전제하에서 헌법제정규범에 위반한 헌법개정에 의한 규정, 상위의 헌법규정에 위배되는 하위의 헌법규정은 위헌으로 위헌심사의 대상이 된다거나, 혹은 헌법규정도 입법작용이라는 공권력 행사의 결과이므로 헌법재판소법 제68조 제1항에 의한 헌법소원의 대상이 된다는 견해가 있을 수는 있다." 하지만 결정문은 이에 대해 다음과 같이 반박하였다. "우리 나라의 헌법은 제헌헌법이 초대국회에 의하여 제정된 반면 그후의 제5차, 제7차, 제8차 및 현행의 제9차 헌법 개정에 있어서는 국민투표를 거친 바 있고, 그간 각 헌법의 개정절차조항 자체가 여러 번 개정된 적이 있으며, 형식적으로도 부분개정이 아니라 전문까지를 포함한 전면개정이 이루어졌던 점과 우리의 현행 헌법이 독일기본법 제79조 제3항과 같은 헌법개정의 한계에 관한 규정을 두고 있지 아니하고, 독일기본법 제79조 제1항 제1문과 같이 헌법의 개정을 법률의 형식으로 하도록 규정하고 있지도 아니한 점 등을 감안할 때, 우리 헌법의 각 개별규정 가운데 무엇이 헌법제정규정이고 무엇이 헌법개정규정인지를 구분

---

[4] 헌재 1995년 '헌법 제29조 제2항' 결정 내용.

하는 것이 가능하지 아니할 뿐 아니라, 각 개별규정에 그 효력상의 차이를 인정하여야 할 형식적인 이유를 찾을 수 없다. 이러한 점과 앞에서 검토한 현행 헌법 및 헌법재판소법의 명문의 규정취지에 비추어, 헌법제정권과 헌법개정권의 구별론이나 헌법개정한계론은 그 자체로서의 이론적 타당성 여부와 상관없이 우리 헌법재판소가 헌법의 개별규정에 대하여 위헌심사를 할 수 있다는 논거로 원용될 수 있는 것이 아니다. 또한 국민투표에 의하여 확정된 현행 헌법의 성립과정과 헌법 제130조 제2항이 헌법의 개정을 국민투표에 의하여 확정하도록 하고 있음에 비추어, 헌법은 그 전체로서 주권자인 국민의 결단 내지 국민적 합의의 결과라고 보아야 할 것으로, 헌법의 규정을 헌법재판소법 제68조 제1항 소정의 공권력 행사의 결과라고 볼 수도 없다."[5]

(2) 헌재 2001.2.22. 2000헌바38 결정

헌재 2001.2.22. 2000헌바38 결정에서 (하경철 재판관을 제외한) 8인의 재판관은 헌재 1995.12.28. 95헌바3 결정 내용을 그대로 인용하면서 헌재 1995.12.28. 95헌바3 결정 판시이유와 달리 판단하여야 할 새로운 사정변경이 있다고 볼 수 없어 위 판시이유를 그대로 유지함이 상당하다고 판시하였다. 헌법재판소의 다수의견은 다음 근거를 토대로 헌법 제29조 제2항이 위헌법률심판의 심판대상이 될 수 없음을 논증한다.

① 헌법 제111조 제1항 제1호 및 헌법재판소법 제41조 제1항은 위헌법률심판의 대상에 관하여, 헌법 제111조 제1항 제5호 및 헌법재판소법 제68조 제2항, 제41조 제1항은 헌법소원심판의 대상에 관하여 그것이 법률임을 명문으로 규정하고 있고, 여기서 위헌심사의 대상이 되는 법률이 국회의 의결을 거친 이른바 형식적 의미의 법률을 의미하는 것이므로, 헌법의 개별규정 자체는 헌법소원에 의한 위헌심사의 대상이 아니다.

---

[5] 헌재 1995년 '헌법 제29조 제2항' 결정 내용.

② 한편, 헌법은 전문과 각 개별조항이 서로 밀접한 관련을 맺으면서 하나의 통일된 가치체계를 이루고 있는 것으로서 이념적·논리적으로는 규범 상호간의 우열을 인정할 수 있다 하더라도, 그러한 규범 상호간의 우열이 헌법의 어느 특정 규정이 다른 규정의 효력을 전면적으로 부인할 수 있을 정도의 개별적 헌법규정 상호간에 효력상의 차등을 의미하는 것이라고는 볼 수 없으므로, 이 점에서도 헌법의 개별규정에 대한 위헌심사는 허용될 수 없다(헌재 1995. 12. 28. 95헌바3 결정).[6]

반면에 하경철 재판관은 1인의 소수의견에서 라드브루흐 공식과 비슷한 내용을 통해 헌법 제29조 제2항이 위헌법률심판의 심판대상이 될 수 있음을 주장하는데, 하경철 재판관의 반대의견(소수의견)은 '라드브루흐 공식'을 적용하여 개별 헌법조항의 심판가능성에 대해 고찰했다는 점에서 법철학적으로 의미가 있다 하겠다. 하경철 재판관은 다음 3가지 근거를 토대로 헌법 제29조 제2항이 위헌법률심판의 심판대상이 될 수 있음을 논증한다.

① 공익상 목적에서 군인등의 국가배상청구권에 제한을 가할 필요가 있다면 기본권의 일반유보조항인 헌법 제37조 제2항에 의하여 권리의 본질적 내용을 침해하지 아니하는 한도에서 법률로써 제한할 수 있는 것인데도 불구하고, 헌법이 이 사건 헌법조항과 같은 특별유보 조항을 둔 것은 헌법에 근거규정만 두면 어떠한 법률을 만들어도 괜찮다는 지극히 권위주의적인 발상에서 나온 것이라고 아니할 수 없다. 실제로 이 사건 헌법조항은 위헌결정에 대한 반동으로 법률로만 제한하던 형식을 헌법으로 격상하여 위헌시비를 차단하였을 뿐이지 위헌결정이 지적한 위헌성을 제거하거나 개선한 내용을 담고 있는 것은 아니다. 군인 등 신분이라는 이유만으로 민주주의 헌법의 기본이념이고 근본규정이라고 할 수 있는 헌법 제11조 제1항의 평등원칙에 위배되고 인간의 존엄과 가치를 보장한 헌법 제10조에도 위배되는 내용을 담고 있는 것이다.

② 이 사건 헌법조항은 위헌적인 절차로 개정된 비민주적 유신헌법에서 탄생하여

---

6) 헌재 2001년 '헌법 제29조 제2항' 결정 내용.

제5공화국 헌법을 거쳐 제6공화국 헌법에까지 이어져 오고 있는 권위주의 시대의 잔재이다. 그리고 이들 헌법이 비록 국민투표에 의하여 확정되기는 하였으나, 국민투표제도가 이론적인 장점에도 불구하고 집권자에 의한 정치적 이용가능성이라는 폐해가 있으며, 실제로 과거 권위주의 권력이 이를 악용한 사실, 또 그 방식이 이 사건 헌법조항과 같은 개별조항별로 찬반을 묻는 것이 아니라 개정헌법전체에 대한 일괄적인 찬반 투표이기 때문에 개별조항에 대한 반대방법이 없었다는 점 및 계엄등 공포 분위기와 그 연장선 아래서 국민투표가 시행된 점등을 고려할 때, 이 사건 헌법조항이 진정한 민의를 반영한 헌법개정권력의 결단의 산물이라고 할 수 있을지 의문이다. 국민투표를 거쳤다고 하여서 절차적 합법성의 결여가 치유되는 것은 아니다. 만일 국민투표에 의하여 확정되기만 하면 어떠한 내용의 헌법개정도 가능하다고 본다면, 국민투표는 불법적 '힘'의 결단을 곧 '법'으로 만드는 합법화수단 외에 다른 아무 것도 아닐 것이며, 독재권력에 의하여 언제든지 남용될 수 있는 가능성을 내포하고 있는 것이다. 그러므로 국민투표를 거쳐서 헌법개정이 되었다 하여 국민투표를 거치지 않은 헌법개정의 경우보다 더욱 높은 정당성을 부여하거나 우위의 효력을 부여할 수 없는 것이며 또 이를 이유로 하여 위헌심사가능성을 부인할 수도 없다 할 것이다.

③ 이 사건 헌법조항이 군인 등을 일반국민, 좀더 좁게는 일반공무원과도 차별 대우하는 입법목적이 당초에는 명백히 밝혀진 바 없었으나 대체로 국가의 재정사정이 그 주요 이유였다는데는 별 이론이 없다. 그러나 당시의 열악했던 국가재정이 그로부터 30여년이 지난 지금에 와서는 비교할 수 없을 정도로 비약적으로 호전되어 있다(세입규모가 200배로 증대된 반면 군인 등의 사상건수는 오히려 약간 감소되었다). 따라서 입법당시의 주요 입법목적이 이제는 소멸되었다 할 것이다.

④ 헌법에는 보다 상위의 근본규정에 해당하는 헌법규정이 있는가 하면 그러한 근본규정에는 해당하지 않은 보다 하위의 헌법규정이 있을 수 있다. 이때 하위의 헌법규정이 상위의 헌법규정과 합치하지 않는다고 해서 모든 경우에 다 그 효력을 부인할 수 있는 것은 아니나, 더 이상 감내할 수 없을 정도로 일반인의 정

의감정에 합치되지 아니하는 경우에는 헌법의 개별조항도 헌법 제111조 제1항 제1호 및 제5호, 헌법재판소법 제41조 제1항 및 헌법재판소법 제68조 제2항 소정의 법률의 개념에 포함되는 것으로 해석하여 헌법재판소가 그 위헌성을 확인할 수 있어야 한다.[7]

'헌법 제29조 제2항 결정'의 특수성은 헌법 제29조 제2항, 즉 개별 헌법조항이 심판대상이라는 점에 있다. '내용 면에서' 헌법 제29조 제2항의 내용이 헌법 제11조 제1항과 헌법 제10조에 반한다고 판단할 수는 있겠으나, '형식 면에서' 헌법 제29조 제2항이 헌법규정이라는 점에서 과연 개별 헌법규정을 개별 헌법규정을 가지고 심판할 수 있는가 하는 문제가 다시 제기되는 것이다. 이에 대해 다수의견은 헌법 조항 간의 이념적·논리적 우열관계를 인정할 수 있을지는 몰라도 헌법의 어느 특정규정이 다른 규정의 효력을 전면적으로 부인할 수 있을 정도의 효력상의 차등은 없다고 보아, 헌법 제29조 제2항에 대한 위헌심사를 부정한다.

반면에 하경철 재판관은 라드브루흐 공식을 사용하여, 개별 헌법조항의 불법 정도가 더 이상 감내할 수 없을 정도로 일반인의 정의감정에 합치되지 아니하면 헌법의 어느 특정규정이 다른 규정의 효력을 전면적으로 부인할 수 있을 정도의 효력상의 차등을 인정할 수 있다고 보아, 헌법 제29조 제2항에 대한 위헌심사를 인정한다. 특이한 점은 이 때 개별 헌법조항을 헌법 제111조 제1항 제1호 및 제5호, 헌법재판소법 제41조 제1항 및 헌법재판소법 제68조 제2항 소정의 법률의 개념에 포함되는 것으로 해석한다는 점이다.[8]

---

[7] 헌재 2001년 '헌법 제29조 제2항' 결정 내용.
[8] 필자는 '법률'의 개념에 포함하는 것으로 해석하지 않는다고 하더라도, 헌법규정의 부정의가 더 이상 감내할 수 없을 정도로 일반인의 정의감정에 합치되지 않는다면 헌법규정도 헌법재판소의 규범통제를 받을 수 있지 않을까 생각해 본다.

2. 관습법은 위헌법률심판의 대상이 되는가?

　그 외에 중요한 문제로는 '관습법이 헌법재판소의 위헌법률심판의 심판대상이 되는지 여부'에 대한 문제가 있다. 대법원은 대법원 2009.5.28. 자 2007카기134 결정에서 관습법은 위헌법률심판의 심판대상이 될 수 없다고 판시하였다. "헌법 제111조 제1항 제1호 및 헌법재판소법 제41조 제1항에서 규정하는 위헌심사의 대상이 되는 법률은 국회의 의결을 거친 이른바 형식적 의미의 법률을 의미하고(헌법재판소 1995. 12. 28. 선고 95헌바3 결정 등 참조), 또한 민사에 관한 관습법은 법원에 의하여 발견되고 성문의 법률에 반하지 아니하는 경우에 한하여 보충적인 법원이 되는 것에 불과하여(민법 제1조) 관습법이 헌법에 위반되는 경우 법원이 그 관습법의 효력을 부인할 수 있으므로(대법원 2003. 7. 24. 선고 2001다48781 전원합의체 판결 등 참조), 결국 관습법은 헌법재판소의 위헌법률심판의 대상이 아니라 할 것이다. 따라서 민법 시행 이전의 상속에 관한 구 관습법 중 '호주가 사망한 경우 여자에게는 상속권 및 분재청구권이 없다'는 부분에 대한 위헌법률심판의 제청을 구하는 신청인의 이 사건 신청은 부적법하다."

　관습법은 위헌법률심판의 심판대상이 되는가에 대해 헌법재판소가 직접적으로 다룰 결정은 아직 없으며, 당사자의 위헌법률심판 제청신청에 대한 대법원의 기각결정이 있을 뿐이다. 여기서 대법원은 3가지 이유를 들면서 관습법은 헌법재판소의 위헌법률심판의 대상이 아니라고 판시한다. 소수의견은 관습법이란 다수의견이 지적한 바와 같이 사회의 거듭된 관행으로 생성한 사회생활규범이 사회의 법적 확신과 인식에 의하여 법적 규범으로 승인 강행되기에 이른 것으로 바로 법원(法源)으로서 법령과 같은 효력을 갖고 법령에 저촉되지 않는 한 법칙으로서의 효력이 있는 것이므로, 법원으로서는 관습법이 다른 법령에 의하여 변경·폐지되거나 그와 모순·저촉되는 새로운 내용의 관습법이 확인되기 전까지는 이에 기속되어 이를 적용하여야 하고, 만일 관습법이 헌법에 위반된다면 그 이유로 이를 적용하지 아니할 수 있을 뿐이지 막연히 불합리하다거나 정당성이 없다는 등의 사유를 이유로 판례변경을 통하여 그 적용을 배제할 수는 없다고 보았다. 조무제 대법관의 반대의견에 대한 보충의견에 따르면, 관습법에 위헌적 요소가 있는 경우, 우리의 성문법률 위헌심사제도 아래에서는 헌법재판소를 통한 위헌선언이 이루어질 길이 없고 법원에 의하여 위헌성이 판정되고 그의 적용이 배제되어야 할 터이므로 그렇게 되면 실질상 위헌법률선언과 같은 결과를 낳는 것이 된다.[9]

II. 심판기준과 관련된 특수문제

1. 관습헌법의 존재와 효력

'신행정수도의 건설을 위한 특별조치법 위헌결정(헌재 2004. 10. 21. 2004헌마554·556 결정)'도 '존재와 당위의 관계', '관습(헌)법에서 관행과 승인'이라는 중요한 법철학 문제를 담고 있다. 관습헌법의 요건들은 그 성립의 요건일 뿐 아니라 효력유지의 요건이라는 특징이 있다. 따라서 관습헌법은 그 성립과 함께 효력을 발하고, 소멸과 함께 효력을 상실한다. 관습헌법의 성립과 소멸을 어떻게 확인할 수 있는지, 관습헌법이 성립하고 효력을 발하는 동안 성문헌법과 어떠한 관계를 갖는지에 대한 여러 문제가 발생한다.

---

9) 조무제 대법관은 다음과 같이 논증하였다. "관습법은 성문법률을 보충하는 효력을 가지는 것이기는 하지만 법률의 효력을 가지는 것이어서, 그러한 관습법에 위헌적 요소가 있는 경우, 우리의 성문법률 위헌심사제도 아래에서는 헌법재판소를 통한 위헌선언이 이루어질 길이 없고 법원에 의하여 위헌성이 판정되고 그의 적용이 배제되어야 할 터이므로 그렇게 되면 실질상 위헌법률선언과 같은 결과를 낳을 것인 바, 그 경우에는 헌법상의 법치주의 원칙에서 나온 법적 안정성 내지 신뢰보호원칙에 바탕을 둔 위헌결정의 불소급효원칙(헌법재판소법 제47조 제2항)의 정신에 따라 그 선언이 있는 날 이후로만 그 관습법의 효력이 상실되도록 함이 상당하다)."

'신행정수도의 건설을 위한 특별조치법 위헌결정'에서 7인의 다수의견과 전효숙 재판관의 소수의견은 '서울이 수도라는 관습헌법'의 '존재'와 '효력'에서 대립한다.[10] 다수의견은 성문헌법에 의거하지 않고 논란의 중심에 있는 '관습헌법'을 논거로 삼아 '신행정수도의 건설을 위한 특별조치법'의 위헌성을 다루었다.[11] 주요 쟁점은 두 가지이다. 첫 번째 쟁점은 서울이 우리나라의 수도인 것이 '헌법규범적 사실'로서 관습헌법에 해당하는지 여부이다. 두 번째 쟁점은 서울이 우리나라의 수도인 것이 관습헌법이라고 한다면, 이 관습헌법이 성문헌법과 '동등한' 효력을 갖는지 여부이다.

다수의견은 서울이 수도라는 관습헌법의 존재를 인정하고, 성문헌법과 동등한 효력을 인정하였다. 관습헌법의 폐지는 헌법(제128조 내지 제130조)에서 규율하고 있는 헌법개정절차에 따라 국민투표를 거쳐야 하며, 특별법을 통한 관습헌법의 폐지는 위헌이다. 반면에 전효숙 재판관의 소수의견은 서울이 수도라는 관습헌법의 존재를 부정한다. 서울이 수도라는 관습헌법이 존재하더라도, 이 관습헌법은 성문헌법과 동등한 효력을 가지지 않는다. 따라서 관습헌법의 변경은 법률의 제정, 개정을 통해서도 가능하다.

---

10) 전효숙 재판관의 소수의견 외에도 김영일 재판관의 소수의견이 있다. 김영일 재판관의 소수의견은 '관습헌법의 존재와 효력'에 기초해 자신의 의견을 개진하지 않았다. 김영일 재판관의 소수의견은 수도이전에 관한 의사결정은 헌법 제72조가 정하는 '외교·국방·통일 기타 국가안위에 관한 중요정책'에 해당하여 국민투표의 대상이 되고, 대통령이 수도이전에 관한 의사결정을 국민투표에 붙이지 아니하는 것은 재량권을 일탈·남용한 것으로서 헌법 제72조의 국민투표권을 침해한 것으로 보았다.

11) 김영일 재판관은 다수의견이 제시하는 관습헌법에 대한 견해를 비판하면서 현행헌법의 틀 내에서 위헌적 상황을 해결할 수 있다고 보았다("보다 근본적으로 과연 수도의 위치가 언제나 헌법으로만 규율하여야 하는 헌법사항인지에 관하여 이견이 잇을 수 있고, 그것이 관습헌법이라고 단정하기 어려운 면이 있다. 이러한 문제에 관하여 헌법 개정의 형식을 빌리지 않고 현행헌법의 틀 안에서도 얼마든지 위헌적 상황을 교정할 방법이 있는데도 다수의견은 굳이 헌법개정의 방법을 논리적 전제로 하는 무리한 길을 택하고 있는 것이 아닌가 싶다.").

(1) 존재와 당위의 일치로서 '관습헌법'?

1) 존재와 당위의 관계

사실과 규범, 존재와 당위는 어떠한 관계에 있는가? 존재(what is)에서 당위(what ought to be)는 이끌어지는가? 이 문제만큼 법철학에서 중요한 문제도 없다. 일찍부터 법철학이나 도덕철학에서는 존재와 당위는 서로 분리될 수 없고, 존재에서 당위가 추론될 수 있다는 견해(예컨대 존재론적 논의, 목적론적 논의)가 존재해 왔다(一元論).[12] 자연법론에 따르면 존재와 당위는 서로 분리될 수 없고, 존재와 당위는 서로 연결되어 있다. '자연법'은 '존재하는 당위(seiendes Sollen)'이기 때문에, 자연법의 존재 자체로 인해 자연법을 따라야 하는 당위가 발생한다.

자연법론의 강력한 영향에 의해 근대 이전 사람들은 존재와 당위의 구분, 사실과 규범의 구분, 현실과 가치의 구분을 알지 못했다. 근대 이후에야 존재와 당위는 구분되었는데, 이는 근대 몰가치적 자연과학의 산물이었다(二元論).[13] 근대 이전에는 [플라톤의 이데아론(Idea)이나 아리스토텔레스의 목적론(Entelechia)에서처럼] '자연'에서 규범을 이끌어냈지만, 근대 이후에는 자연은 '사실'의 영역으로 '규범'의 영역인 당위와는 차원을 달리 한다는 견해가 생겨났다. 여기서는 당위명제는 오로지 다른 당위명제에 의해 근거지워질 수 있고 또 증명될 수 있다고 주장되었다. 규범적 진술(normative statement)은 사실적 기술(factual description)로부터 도출될 수 없다.[14] 당위가 존재로부터 도출된다는 것에 최초로 의문을 제기한 사람은 흄(David Hume, 1711~1776)이다.[15] (인용하기에는 약간 길지만 중요하기에)

---

12) 심헌섭, 법철학I(법문사, 1982/1998), 183면.
13) Hans Welzel(박은정 역), 자연법과 실질적 정의(삼영사, 2001/2005), 90면; "사실과 규범, 존재와 당위는 어떠한 관계에 있는가? 존재에서 당위는 이끌어낼 수 있는가"에 대한 자세한 고찰은 심헌섭, 법철학I(법문사, 1982/1998), 177면 이하.
14) H. Stuart Hughes(김창희 역), 지식인들의 망명(개마고원, 2007), 69~70면.
15) 흄은 26세의 나이에 '인간 본성에 관한 논고(A Treatise of Human Nature)'를 저술하나, (인쇄기로부터 바로 죽은 채로 태어났다는 그의 말처럼) 주목을 끌지 못했다. 이 후 흄은 '인간 본

흄이 '존재-당위 오류'에 대해 쓴 부분을 인용하고자 한다.

"도덕 체계에서는 명제의 일반적인 계사인 '이다'와 '아니다' 대신에 '해야만 한다'와 '해서는 안 된다'로 연결되지 않은 명제가 없다는 사실을 발견하고 나는 매우 놀랐다. 이러한 계사의 변화는 부지불식간에 이루어지지만 매우 중요한 것이다. '해야만 한다거나 해서는 안 된다'는 것은 어떤 새로운 관계 또는 단언을 표현하기 때문에 이는 반드시 지적되고 설명되어야만 한다. 동시에 이러한 새로운 관계가 자신과는 전혀 무관한 다른 관계들로부터 어떻게 연역되는가에 대한 근거도, 왜냐하면 이것은 거의 불가능한 듯이 보이기 때문에, 반드시 제시되어야만 한다. 그러나 도덕 체계의 저자들은 대체로 이러한 점에는 별로 주의를 기울이지 않았으므로 나는 독자들이 이 점에 유의하기를 바란다. 그리고 나는 이러한 조그만 주의가 도덕성에 관한 통속적인 체계 전체를 전복시키리라고 확신한다(인간 본성에 관한 논고, p. 469~70)."[16]

이처럼 흄에 의해 "존재에서 당위를 도출할 수 없다"는 '존재-당위 오류'가 처음으로 제기되었고,[17] 흄의 영향을 받은 칸트(Immanuel Kant, 1724~1804)는 '존재'와 '당위'를 구별했다. 신칸트주의의 영향을 받은 켈젠과 라드브루흐도 존재에서는 당위가 근거지울 수 없으며, 당위에서만 당위를 근거지울 수 있다고 주장

성에 관한 논고'를 토대로 더 대중적인 책을 서술하는데, '인간 오성에 관한 탐구(An Inquiry Concerning Human Understanding)'와 '도덕 원리에 관한 연구(An Inquiry Concerning the Principles of Morals)'이다. Robert L. Arrington(김성호 역), 서양 윤리학사(서광사, 1998), 364~365면.

16) Robert L. Arrington(김성호 역), 서양 윤리학사(서광사, 2003), 377~378면에서 재인용함.
17) 무어(George Erward Moore, 1873~1958) 또한 그의 책 'Principia Ethica'에서 '선'이란 본질상 정의할 수 없는 것이고, 선을 다른 방식으로 표현하려는 사람들이 범하는 오류를 '자연주의적 오류(natural fallacy)'라고 명하였다. 이는 18세기 철학자 데이비드 흄이 지적한 오류, '존재'에서 '당위'를, 사실에서 가치를 도출해내는 오류와 비슷하다. David Edmonds/John Eidinow(김태환 역), 비트겐슈타인과 포퍼의 기막힌 10분(옥당, 2012), 92면.

했다.[18]

켈젠(Hans Kelsen, 1881~1973)은 신칸트학파의 영향 하에 존재로부터 당위를 근거짓는 것을 반대하고, 당위에서 당위를 근거지울 것을 주장하면서, 당위규범을 다루는 법학의 '방법순수성'을 주장하였다.[19] 켈젠은 법규범을 근거지우는 당위를 '가치'로 파악하는 것에 반대하는데, 이는 법률학 이론이 저자들의 의식적이거나 무의식적인 정치적 경향들을 통해 크게 흐려지기 때문이었다.[20] '가치' 대신에 켈젠이 법규범을 근거짓는 당위로 구상한 것이 '근본규범'이다. 당위는 당위로부터만, 규범은 규범으로부터만 도출된다는 주장에 기초해, 켈젠은 사실에서 규범이 도출된다는 주장들, 옐리네크의 '사실의 규범력'이나 권위적 제정이라는 사실로부터 법규범의 효력을 이끌어내는 법실증주의의 주장을 물리친다.[21] 켈젠은 이들 주장들이 모두 이른바 '자연주의적 오류'를 범하고 있다고 비판한다.[22]

라드브루흐(Gustav Radbruch, 1878~1949)도 신칸트학파의 영향 하에 존재와 당위의 분리를 주장하고,[23] 존재에서 당위를, 사실에서 규범을 이끌어내는 것에 반대한다. 라드브루흐는 법규범을 근거지우는 당위를 '가치'로 파악하는 것에 반

---

18) '존재와 당위의 분리'를 주장한 또 다른 중요한 사상가로는 베버(Max Weber, 1864~1920)가 있다. 베버는 '가치와 연관된 규범적 논의'와 '가치와 무관한 경험적 연구'의 분리에 심열을 기울였다. 그는 사실과 평가의 결합에서 오는 가치판단은 논리적으로 이질적인 두 개의 범주와 영역을 혼동하는 것이고, 이는 악마와도 같은 일이라고 보았다. 김덕영, 막스 베버, 이 사람을 보라(인물과 사상사, 2008), 154면. 베버는 독일 사회학회를 통해 가치판단을 중지하고 가치중립적인 태도로 사회과학을 연구하고자 하였다. "독일 사회학회는 공식적으로 1909년 1월 3일 창립되었다. 그런데 이 학회는 사회정책학회의 연장으로 볼 수 있다. 왜냐하면 독일 사회학회의 창립 멤버의 대다수가 사회정책학회의 젊은 세대 학자들이었기 때문이다. 다만 추구한 목표가 서로 달랐을 뿐이다. 사회정책학회가 가치판단을 추구한 반면 사회학회는 가치중립을 추구했기 때문이다(221면)." 하지만 이내 사회과학의 가치중립성이 훼손되는 모습에 실망하게 된다(225~226면).
19) Hans Kelsen(심헌섭 역), 켈젠의 자기증언(법문사, 2009), 32~33면.
20) Hans Kelsen(심헌섭 역), 켈젠의 자기증언(법문사, 2009), 83~84면.
21) 박은정/한인섭 엮음, 5.18, 법적 책임과 역사적 책임(이화여자대학교 출판부), 1995, 46면.
22) 박은정/한인섭 엮음, 5.18, 법적 책임과 역사적 책임(이화여자대학교 출판부), 1995, 46면.
23) Gustav Radbruch(최종고 역), 법철학(삼영사, 2007), 37면.

대하는 켈젠과는 달리, 법규범을 근거지우는 당위를 '가치'로 파악하였다. 라드브루흐에게 '방법이원론(존재와 당위의 구분)'은 '가치상대주의'로 자연스럽게 연결된다.[24] 라드브루흐 또한 켈젠과 마찬가지로 옐리네크의 '사실적인 것의 규범력'에 대해 반대했다. 라드브루흐는 옐리네크의 '사실적인 것의 규범력'에 대해서는 다음과 같이 말했다. "'사실적인 것의 규범력'은 하나의 패러독스이다. 존재에서는 당위가 결코 발생될 수 없다. 어떤 일정한 시대의 견해와 같은 하나의 사실은 어떤 규범이 이것에 규범성을 부여했을 때에만 규범적으로 될 수 있다."[25]

가치상대주의와 '존재와 당위의 二元論'을 핵심내용으로 하는 신칸트주의의 영향을 받은 켈젠과 라드브루흐는 존재에서는 당위가 발생될 수 없다고 주장하였다. 하지만 이는 라드브루흐의 주장처럼, 가치평가는 존재사실에서 유래하는(verursachen) 것이 아니라는 사실을 주장하는 것이 아니라 오히려 가치평가는 존재사실 위에 정초하는(begründen) 것이 아니라는 것을 주장하는 것이다.[26] 켈젠 또한 '존재·당위 이원론'이 존재와 당위가 서로 무관하게 병렬적인 관계에 있음을 의미하는 것은 아니며, 존재는 당위와 일치할 수 있다는 점, 즉 어떤 것은 그것이 존재해야 하는 방식대로 존재할 수 있다고 주장하였다.[27]

존재와 당위가 일치할 수 있는 가능성을 보여주는 예는 '관습법'의 예이다. '관습법'은 '사실적인 것의 규범력(normative Kraft des Faktischen)'을 잘 보여주는 예로 옐리네크(Georg Jellinek, 1851~1911)가 드는 예이기도 하다.[28] "사실적인 것의 규범적인 것에 대한 관계가 가장 날카롭게 나타나는 것은 법의 발생의 경우

---

24) Gustav Radbruch(최종고 역), 법철학(삼영사, 2007), 39~40면.
25) Gustav Radbruch(최종고 역), 법의 지혜(교육과학사, 1993), 43면.
26) Gustav Radbruch(최종고 역), 법철학(삼영사, 2007), 39면.
27) Hans Kelsen(변종필, 최희수 역), 순수법학(지산, 1999), 30~31면.
28) '사실적인 것의 규범력(normative Kraft des Faktischen)'을 주장하는 옐리네크(Georg Jellinek)는 "처음에 순수한 사실력이 사람들의 머리 속에서 승인될 때, 다시 말해서 사실적인 것이 규범적이라는, 즉 '있는' 그대로 '있어야' 한다는 확신이 덧붙여질 때 법이 된다고 말했다." Georg Jellinek, Allgemeine Staatslehre(3. Aufl., 1959), 338면, 342면. [심헌섭, 법철학I, 법문사, 1982/1998, 92면에서 재인용함]

이다. 어떤 민족의 모든 법은 본래적으로는 사실적 관행 이외의 아무것도 아니다. 지속된 관행은 이러한 관행의 규범적합성의 관념을 창출하며, 또한 그것에 의해서 규범 그 자체가 공동체의 권위적 명령으로서, 즉 법규범으로서 보여지게 된다. 이로써 관습법의 문제 역시 그 해결을 보게 된다."[29]

'사실의 규범력'의 또 다른 예로 옐리네크는 '교회와 국가의 권위들이 발하는 명령'을 들고 있다. "교회와 국가의 권위들이 발하는 명령은 먼저 최초는 - 그것이 두려움에서든 그 이외의 동기에서든 - 준수되고, 그리하여 그것으로부터 몇 번이나 반복된 명령 그 자체가 그 명령의 연원과는 떨어지게 되고, 그 내적인 의무화하는 힘에 의해서 하나의 여하튼 준수되어야 할, 그러므로 관습적인 규범이 된다는 생각이 발달해 온다."[30]

켈젠과 라드브루흐는 옐리네크의 '사실의 규범력' 이론을 '존재와 당위의 분리(사실과 규범의 분리)'를 주장하면서 물리친다. 하지만 '존재와 당위의 분리'는 당위규범이 존재사실 위에 정초하는 것이 아님을 주장하는 것일 뿐, 당위규범이 존재사실에서 유래하는 것이 아님을 뜻하는 것은 아니다. 옐리네크가 주장하는 '사실의 규범력'의 2가지 예('교회와 국가의 권위들이 발하는 명령'과 '관습법') 중에서 '관습법'의 경우는 존재와 당위의 일치를 확인할 수 있다. '존재와 당위의 분리(사실과 규범의 분리)'를 주장하는 켈젠과 라드브루흐와 '사실의 규범력'을 주장하는 옐리네크가 '관습법'에서 조우할 가능성이 있는 것이다. '관습법' 규범은 '관행'이라고 하는 존재사실에 기초해서 근거지울 수 있는 것은 아니지만, '관행'으로부터 유래하는 것이다.[31]

---

29) Georg Jellink(김효전 역), 일반 국가학(법문사, 2005), 278면.
30) Georg Jellink(김효전 역), 일반 국가학(법문사, 2005), 278면.
31) 다음과 같은 주장도 있다. "흄(Hume) 이래 많은 학자들은 사실로부터 정당함을 논리적으로 연역할 수 없으며, 있는 상태(존재)로부터 있어야 할 상태(당위)를 연역할 수 없다고 지적하여 왔다. 그러나 행동이 관습과 부합하는 경우 또는 상황이 전통적인 것인 경우에는 어떠한 논리적 연역도 행하여지지 않는다. 있어야 할 것이 있는 것과 다르다고 주장할 때만 증명은 필요하다. 따라서 입증 책임은 관습적 행동이 부정의롭다고 주장하는 사람에게 주어지고, 관습과 부합하게 행동하는 사람에게 주어지는 것은 아니다. 있는 것은 있어야 할 것이라고 추정된다. 그 추정을 깨뜨릴 때만 증명은 주어져야 한다." Chaim Perelman(심헌섭, 강경선, 장영민 역), 법과 정의의 철학(종로서적, 1986), 79면.

2) 존재당위로서 관습헌법 vs '존재-당위 오류'의 예로서 관습헌법

오늘날까지도 존재와 당위는 함께 한다는 주장과 서로 분리된다는 주장이 팽팽하게 대립한다. '신행정수도의 건설을 위한 특별조치법 위헌결정'(헌재 2004. 10. 21. 2004헌마554. 556 결정)에서 우리는 그 대립의 일면을 엿볼 수 있다. 이 결정에서는 존재당위(Seinsollen)의 영역에서 '자연'이 문제되는 것이 아니라 '관습'이 문제된다. 관습은 규범적 사실인가? 더 나아가 어떤 관습은 헌법규범과 같은 효력을 가지는 헌법규범적 사실인가?

다수의견은 '관습헌법'은 존재와 당위가 어느 순간 함께 한다는 점을 근거로 들어('서울이 수도인 사실'은 헌법적 효력을 가지는 불문의 헌법규범으로 승화된 것이라고 표현한다), 서울이 대한민국의 수도라는 점은 '헌법적 관습(헌법규범적 사실)'임을 주장한다.

> "관습헌법의 제 요건을 갖추고 있는 '서울이 수도인 사실'은 단순한 사실명제가 아니고 헌법적 효력을 가지는 불문의 헌법규범으로 승화된 것이며, 사실명제로부터 당위명제를 도출해 낸 것이 아니라 그 규범력에 대한 다툼이 없이 이어져 오면서 그 규범성이 사실명제 뒤에 잠재되어 있을 뿐이다."

반면에 전효숙 재판관의 소수의견은 존재와 당위가 분리된다는 점에 기초해, 서울이 대한민국의 수도라는 점은 '관행적 사실'일 뿐이며, 이로부터 관습헌법을 도출해내는 것은 '존재-당위 오류'(자연주의적 오류, '사실-규범 오류')에 해당한다고 보았다(법논리상의 비약이라고 표현한다).

> "'서울이 수도'라는 관행적 "사실"에서 관습헌법이라는 '당위규범'이 인정될 수 없다. 다수의견은 "서울이 수도이다"라는 사실명제로부터 "서울이 수도여야 한다"는 헌법적 당위명제를 도출하는 데 있어서 법논리상의 비약을 피하지 못하고 있다."

다수의견은 서울이 우리나라의 수도인 것은 조선시대 이래 600여 년 간 우리나라의 국가생활에 관한 당연한 '규범적 사실'이라고 주장하며, 더 나아가 '헌법적 관습(헌법규범적 사실)'이라고 주장한다(그 가운데 '헌법적 관습'을 통한 존재와 당위의 일치 가능성을 주장한다). 다수의견은 관습법의 성립에서 요구되는 일반적 성립 요건(관행 내지 관례의 존재, 반복·계속성, 항상성, 명료성, 국민적 합의)을 모두 갖추고 있고, 대통령과 의회의 소재지를 정하는 문제는 국가의 정체성을 표현하는 '실질적 헌법사항'이라는 점을 그 근거로 한다(실질적 헌법사항 + 관행 + 승인).

반면에 전효숙 재판관의 반대의견은 서울이 수도라는 사실은 '헌법규범적 사실'이 아니라, '관행적 사실'에 지나지 않는다고 주장한다(따라서 서울이 수도라는 관행적 '사실'에서 관습헌법이라는 '당위규범'이 인정될 수 없다). 서울이 수도라는 것이 관행이지만, 우리 국민이 그것을 강제력 있는 법규범으로 확신하고 있었다고 인정하기 어렵다는 점(관습법의 5가지 요소 중 마지막 요소인 '국민적 합의'를 부정한다)과 수도의 소재지는 국가권력의 통제와 합리화를 통하여 국민의 자유와 권리를 최대한 실현하려는 목적을 위한 도구에 불과하다는 점(헌법사항임을 부정한다)을 그 근거로 든다.

(2) 다수의견에 대한 비판적 고찰

다수의견은 서울이 대한민국의 수도라는 점이 관습법의 요건을 갖출 뿐만 아니라, 관습헌법의 요건을 갖춘다고 보았다.[32] 이하에서는 관습법의 성립요소인 '관행'과 '승인'이 서울이 수도라는 관습헌법에도 해당되는지 여부를 살펴보겠다. 서울이 수도라는 '관행'이 존재하는지 여부와 서울이 수도라는 점에 대한 '법적 확신'이 존재

---

32) 헌법재판소 다수의견이 '헌법관습'과 '관습헌법'을 구별하지 않았다는 지적으로는 전학선, 헌법관습에 대한 일고찰, 토지공법연구 제25집(한국토지공법학회, 2005), 556~557면; 김기창, 성문헌법과 '관습헌법', 공법연구 제33집 제3호(한국공법학회, 2005), 72면.

〈표〉 다수의견과 전효숙 재판관의 소수의견 비교

	다수의견	전효숙 재판관의 소수의견
관습헌법의 존재	① 관행, 계속성, 항상성, 명료성, 국민적 합의 ② 실질적 헌법사항 → 관습헌법의 존재 O 헌법적 관습(규범적 사실) 존재하는 당위(존재당위) (seiendes Sollen, Seinsollen)	① 법적 확신 × ② 실질적 헌법사항 × → 관습헌법의 존재 × 관행적 사실 존재-당위 오류 (Sein-Sollen Fehlschluss)
관습헌법의 효력	성문헌법과 동등한 효력 O (헌법 제128조 내지 제130조는 헌법개정절차의 대상을 단지 '헌법'이라고만 규정하고 있고, '성문헌법'이라고 규정되어 있지 않음) → 헌법개정절차를 통해 개정해야 함 → 이 사건 법률은 헌법 제130조 제2항에 규정된 국민투표권을 침해하였음	(성문헌법이 존재한다고 하더라도) 성문헌법과 동등한 효력 × (성문헌법 체제에서 관습헌법은 성문헌법에 대한 보완적 효력만을 가짐) → 관습헌법의 변경은 헌법의 개정에 속하지 않으며, 법률의 입법으로 다루어질 수 있음 → 이 사건 법률은 헌법 제130조 제2항에 규정된 국민투표권을 침해하지 않았음

하는지, 서울이 수도라는 점이 관습헌법이라고 인정할 만한 강력한 '법적 확신'이 존재하는지 여부가 문제된다. 관습헌법의 존재를 증명하기 위해서는 관행과 승인의 존재를 증명할 수 있어야 하는데, 이는 객관적으로 명확하게 인식하기 어려운 난점이 있다. (필자가 보기에) 다수의견은 '관행과 승인'을 '핵심적 헌법사항에 대한 국민의 결단'이라는 모습으로 바꾸어 설명한다.

1) (관습헌법을 인정할 만한) 승인?

관습법이 존재하기 위해서는 두 가지 요소가 필요하다. '관행'과 '승인'이다.[33]

관행 그 자체로는 법적 효력을 발휘할 수 없다. 관행에 '승인'이 더해질 때 사실인 관행은 규범인 '관습법'이 될 수 있다. 이 때 승인은 '법적 확신'을 뜻한다.[34] 한 사회의 구성원들이 관행의 법적 구속력을 인정할 때, '사실'인 관행은 '법규범'이 될 수 있다(승인설). 법적인 확신에 이르지 않으면 사회의 관행에 의하여 발생한 '사회생활규범'은 될 수 있지만 '관습법'은 될 수 없다. 이는 관습법과 사실인 관습의 차이에서 알 수 있다. 관습법은 사회의 거듭된 관행으로 생성한 사회생활규범이 사회의 법적 확신과 인식에 의하여 법적 규범으로 승인 강행되기에 이른 것을 말한다. 반면에 사실인 관습은 사회의 법적 확신이나 인식에 의하여 법적 규범으로서 승인될 정도에 이르지 않은 것이다.[35] 관습법은 항상 반복된 사실적인 것을 규범적인 것으로 보는 일반적인 심리적 특성에서 발생한다.[36]

---

33) 관습법의 성립 요소인 '관행'과 '승인' 이외에도 '헌법을 최상위 규범으로 하는 전체 법질서에 반하지 아니하는 것으로서 정당성과 합리성이 있다고 인정될 수 있을 것'이라는 요소를 필요로 하는지에 대해서는 대법원 판결 내에서도 견해 대립이 있다. 대법원 2003.07.24. 선고 2001다48781 전원합의체 판결(상속회복청구권) 다수의견과 소수의견이 이를 놓고 대립하였다. 대법원 2005.07.21. 선고 2002다1178 전원합의체 판결(종회회원확인)은 '헌법을 최상위 규범으로 하는 전체 법질서에 반하지 아니하는 것으로서 정당성과 합리성이 있다고 인정될 수 있을 것'이라는 요소를 필요로 한다고 보았다.

34) 필자는 '승인'과 '법적 확신'을 동일한 것으로 보았다. 반면에 '법적 확신'을 확인하기가 매우 어렵기 때문에 관습법을 관행이라는 요소로만 살피자는 견해(관행설)와, 법적 확신을 법원의 판결과 같은 객관적 요건에 의해 확정하자는 견해(승인설)로 나누어 고찰하기도 한다. 이러한 승인설에 따르면, 승인의 주체는 국민이 아니라, 법원과 같은 국가기관이 되며, 법원의 판결에 의해 비로소 관습법이 승인된다. 대법원 2003.07.24. 선고 2001다48781 전원합의체 판결(상속회복청구권)에서 조무제 대법관의 '반대의견에 대한 보충의견'이 이에 해당하는 것으로 보인다. 조무제 대법관은 관습법이 법원으로서 성립, 존속하기 위하여는 사실인 관습의 생성, 존속이라는 요건 외에 법적 확신의 구체적 표현 방법으로서 법원의 판결이 필수적인 요건이 된다고 보고, 판결의 선고 존속이 관습법의 성립 존속과 직결된다고 본다. 이러한 승인설에 따르면, '법적 확신'과 '승인'은 의미가 다르다. 이에 대한 상세한 설명은 오세혁, 관습법의 현대적 의미, 법철학연구 제9권 제2호(한국법철학회, 2006), 154면 이하; 오세혁 교수는 법원의 판결에 의해 관습법을 승인하는 승인설이 관습법의 성립과 그 성립여부에 대한 판단 내지 확인을 혼동한 데에서 오는 그릇된 비판이며(158면), 소급효의 문제와 관련하여 그 자체 모순을 내재하고 있다고 본다(159면).

35) 대법원 1983.06.14. 선고 80다3231 판결, 대법원 2003. 7. 24. 선고 2001다48781 전원합의체 판결, 대법원 2005.07.21. 선고 2002다1178 전원합의체 판결(종회회원확인) 참조.

36) Georg Jellink(김효전 역), 일반 국가학(법문사, 2005), 278면.

'서울이 수도라는 관습헌법'이 존재하기 위해서는 국민들의 강력한 '법적 확신'이 필요한데, '관습헌법'이라고 확신할 만한 '법적 확신'이 있는지 의문스럽다. '법적 확신'에 대한 상세한 설명은 다수의견에서 찾아보기 어렵다.[37] 관습헌법에 대한 승인은 관습법에서 요구하는 승인의 정도보다 더 강해야 하는데, 다수의견은 서울이 수도라는 점이 '헌법적으로 중요한 사항'이라는 점을 강조함으로써 이러한 요구에서 빠져나간다.

성문헌법은 국민주권의 명시적 의사가 특정한 헌법제정절차를 거쳐 제정되는 반면에, 관습헌법은 그러한 명시적 의사도, 특정한 절차도 거치지 않고 객관적으로 명확하게 인식되기 어려운 관행의 존재와 국민의 법적 확신이라는 요소로 인정된다는 특징이 있다. 관습이 사회의 법적 확신에 의하여 법적 규범으로 승인된 것이냐 또는 그에 이르지 않은 것이냐, 나아가 헌법 규범으로 승인된 것이냐를 가리기는 매우 어려운 문제로서, 다수의견은 이러한 문제를 우회하여 '관행에 대한 국민의 승인'을 '핵심적 헌법사항에 대한 국민의 결단' 문제로 해결하는 방식을 취한다.

a) 승인?

전효숙 재판관의 소수의견은 다수의견이 말하는 법적 확신('모든 국민이 우리나라의 국가구성에 관한 강제력 있는 법규범으로 인식하고 있는 것')을 인정하려면, 법적 확신의 대상에는 성문헌법과 동등한 효력을 지니는, 즉 헌법개정절차에 의해서만 개정되어야할 정도의 효력을 가져야 한다는 내용이 포함되어야 한다고 주장한다.[38]

---

37) 전광석, 수도이전특별법 위헌결정에 대한 헌법이론적 검토, 공법연구 제33집 제2호(한국공법학회, 2005), 129~130면.
38) 전효숙 재판관은 이 사건 법률의 입법과정에서 여야 국회의원들이 압도적 지지를 하였다는 점에 주목하였다.

다수의견은 실질적 헌법사항(핵심적 헌법사항)에 대한 국민의 결단이라는 형태로 '승인'을 설명하고 있다. 다수의견은 수도의 문제는 국가의 정체성과 기본적 조직 구성에 관한 중요하고 기본적인 헌법사항으로서 국민이 스스로 결단하여야 할 사항이므로 대통령이나 정부 혹은 그 하위기관의 결정에 맡길 수 있는 사항이 아니라고 주장한다.

다수의견의 이러한 주장은 '관습헌법'을 주장하는 것보다는, '핵심적 헌법사항'에 대한 국민의 결단'을 표현하는 것처럼 들린다. 관습헌법에 필요한 국민의 '승인'이 어느 순간 국민의 '결단'으로 바뀌었다.[39] 다수의견의 주장은 다음과 같다. "헌법 제1조 제2항은 '대한민국의 주권은 국민에게 있고, 모든 권력은 국민으로부터 나온다.'고 규정한다. 이와 같이 대한민국의 주권자이며, 국민은 최고의 헌법제정권력이기 때문에 성문헌법의 제·개정에 참여할 뿐만 아니라 헌법전에 포함되지 아니한 헌법사항을 필요에 따라 관습의 형태로 직접 형성할 수 있는 것이다. 그렇다면 관습헌법도 성문헌법과 마찬가지로 주권자인 국민의 헌법적 결단의 의사의 표현이며 성문헌법과 동등한 효력을 가진다고 보아야 한다. 이와 같이 관습에 의한 헌법적 규범의 생성은 국민주권이 행사되는 한 측면인 것이다."

다수의견은 "관습에 의한 헌법적 규범의 생성은 국민주권이 행사되는 한 측면이다"라고 주장하고 있지만, 전효숙 재판관의 소수의견은 그러한 국민주권의 행사가 과연 어느 범위의 국민의 의사인지, 그 의사를 수렴하는 절차가 헌법제·개정절차에 버금가는 것인지가 불명확하다는 점을 지적하였다. 또한 헌법에 제도화되지 않은 방식으로 국민주권의 행사를 인정할 경우, 절차적 정당성과 민주적 정당성을 담보할 수 없으며, 오히려 국민의 법적 생활 및 국가의 헌법질서에 혼란을 가져오게 되는 위험성이 있음을 지적하였다.[40]

---

[39] 관습헌법의 성립과 관련하여 다수의견이 취한 결단주의적 이해, 주의주의적 헌법관에 대한 비판은 양선숙, 수도-서울 명세의 '관습헌법' 성립에 대한 비판적 검토, 법철학연구 제9권 제2호(한국법철학회, 2006), 246면 이하.

[40] 비슷한 논거로 김기창, 성문헌법과 '관습헌법', 공법연구 제33집 제3호(한국공법학회, 2005), 111면.

국민주권이 어떻게 행사되었는지는 서울이 수도이어야 한다는 '법적 승인(법적 확신)'의 여부에 달려 있다. 다수의견은 '법적 승인(법적 확신)'을 제대로 드러내지 않고 '실질적 헌법사항에 대한 국민주권의 행사'로 문제 초점을 바꾸어 버린다. 하지만 성문헌법의 경우 헌법이 정하는 절차에 따라 국민투표권을 행사한 국민의 의사는 국민주권의 행사로 드러나지만, 관습헌법에 있어 '법적 승인'이 제대로 드러나지 않는다면 이를 국민주권의 행사라고 단정하기 어렵다.[41] 이는 '실질적 헌법사항'을 정하는 문제에서도 드러난다.

헌법이 정하는 절차를 거치지 않으면 국민의 의사를 확인하기가 사실상 어렵다. 이는 다수의견이 서울이 수도라는 법적 효력에 대한 국민적 합의가 상실한 경우에 관습헌법이 자연히 사멸한다고 보았지만, 관습헌법의 사멸을 확인하기 위해 국민에 대한 종합적 의사의 확인으로서 국민투표 등 모두가 신뢰할 수 있는 방법이 고려될 여지가 있다고 지적하는 점에서도 드러난다.[42]

b) 실질적 헌법사항?

다수의견은 관습이 성립하는 사항이 단지 법률로 정할 사항이 아니라 반드시 헌법에 의하여 규율되어 법률에 대하여 효력상 우위를 가져야 할 만큼 헌법적으로 중요한 기본적 사항(실질적 헌법사항)이 되어야 한다고 주장한다. 다수의견에 따르면, 헌법기관의 소재지, 특히 국가를 대표하는 대통령과 민주주의적 통치원리에 핵심적 역할을 하는 의회의 소재지를 정하는 문제는 국가의 정체성을 표현하는 실질적 헌법사항의 하나이다.

하지만 대통령과 의회의 소재지가 '실질적 헌법사항'에 해당하는지는 의문이

---

[41] 헌법이 정하는 절차에 의해 확정된 국민의 동의만이 최고법규를 성립시킨다는 논지에서(헌법이 정하는 절차를 거치지 않으면 국민의 동의를 확인하기 어렵다는 점을 근거로 든다), 국민의 동의에 의한 헌법적 관습법의 성립을 제헌권의 발동으로 보는 것에 반대하는 견해도 있다. 서보건, 헌법관습과 국민적 합의에 관한 연구 – 일본을 중심으로, 공법연구 제33집 제1호(한국공법학회, 2004), 485~486면.

[42] 김기창, 성문헌법과 '관습헌법', 공법연구 제33집 제3호(한국공법학회, 2005), 107~108면.

다. 전효숙 재판관의 소수의견은 우리 헌법은 국가권력의 남용으로부터 국민의 기본권을 보호하려는 법치국가의 실현을 기본이념으로 하는데, 수도의 소재지는 그러한 헌법의 목적 실현을 위한 '도구'에 불과하며 그러한 목적 실현에 직접 영향을 주는 사항이라 보기 어렵다고 보았다.

다수의견은 헌법에 규정되어 있지 않은 국가의 정체성에 관한 실질적 헌법사항으로 '수도 서울' 외에도 우리말을 국어로 하고, 우리글을 한글로 하는 것을 들고 있다.[43] 신행정수도의 건설을 위한 특별조치법 헌법소원이 제기됐을 때 헌법재판소 선임연구관이었던 김승대 당시 연구부장은 관습헌법의 유형을 제정헌법 이전에 형성됐으나 헌법 제정 때 반영되지 못한 '선행적 관습헌법'과 제정헌법 이후 형성됐으나 헌법 개정 과정에서 반영되지 못한 '후행적 관습헌법'으로 나누고, 선행적 관습헌법의 사례로 '수도=서울', '태극기=국기', '애국가=국가', '한국어=국어'를 들었다.[44]

대통령과 의회의 소재지인 수도를 정하는 문제와 우리말을 국어로 하고, 우리글을 한글로 하는 것과는 차이가 있다. 생각건대 우리말을 국어로 하고, 우리글을 한글로 하는 것은 (관습헌법이 아닌) 불문헌법의 성격을 띠고 있다. 하지만 대통령과 의회의 소재지를 서울이 아닌 다른 곳에 둔다고 해서 국가의 정체성이 훼손되는 것은 아니다.[45] 이는 우리말을 국어가 아닌 다른 말로 하거나, 우리글이 한글이 아닌 다른 것으로 하는 것이 대한민국의 정체성을 훼손하는 것과 비교된다.

다수의견은 '일반적인 헌법사항'과 '기본적이고 핵심적인 헌법사항'을 구분하여 후자에게만 관습헌법이 될 자격을 부여하였다. 다수의견에 따르면, 관습헌법은 일반적인 헌법사항에 해당하는 내용 중에서도 특히 국가의 기본적이고 핵심적인 사항으로서 법률에 의하여 규율하는 것이 적합하지 아니한 사항을 대상으로

---

43) 반면에 전효숙 재판관의 소수의견은 '대한민국 국기에 관한 규정', '한글전용에 관한 법률'이라는 법률에 의해 규정되어 있음을 언급하며 '실질적 헌법사항'이 아니라고 본다.
44) 김승대, 관습헌법의 법규범성에 대한 고찰, 헌법논총 제15집(헌법재판소, 2004), 133면 이하.
45) 방승주, 서울이 수도라는 사실이 과연 관습헌법인가?, 공법학연구 제6권 제1호(비교공법학회, 2005), 161면.

한다. 또한 일반적인 헌법사항인지 아니면 '기본적이고 핵심적인 헌법사항'인지는 여부에 대한 결정은 일반추상적인 기준이 아니라, 개별적 문제사항에서 헌법적 원칙성과 중요성 및 헌법원리를 통하여 평가하는 구체적 판단에 의해 확정하도록 하였다.[46]

다수의견에 따르면, '실질적 헌법사항'은 '반드시' 헌법에 의하여 규율되어야 할 사항임에 반해, '실질적 헌법사항'에 해당되는지 여부는 일반·추상적인 기준이 아니라, 개별적이고 구체적인 판단에 의해 확정하도록 하였다. 헌법에 의해 규율되어야 할 사항을 개별적·구체적 판단에 맡기는 것이 타당할까? 여기에는 헌법에 의해 규율되어야 할 사항임에도 개별적·구체적 판단에서 도외시될 가능성은 없는지, 또는 헌법에 의해 규율되어야 할 사항이 아님에도 개별적·구체적 판단에서 헌법에 의해 규율되어야 할 사항으로 둔갑할 가능성은 없는지 의문이다. 사안사안에 따라 '실질적 헌법사항'이라는 잣대를 들이대어 '실질적 헌법사항' 해당 여부로 법정책적 판단을 할 수 있는 여지가 열릴 수 있다.[47]

반면에 전효숙 재판관의 소수의견은 정반대의 비판을 행하고 있다. 전효숙 재판관의 소수의견에 따르면, '기본적이고 핵심적인 헌법사항'이라는 개념 한정은 '성문헌법을 보충하기 위해 필요한 관습헌법'을 지나치게 협소하게 만들고, 오히려 앞으로 관습헌법을 인정하기 어렵게 할 수 있다.

---

[46] '일반적인 헌법사항'과 '기본적이고 핵심적인 헌법사항'의 구분이 일반추상적인 기준에 의해 결정되는 것이 아니고, 개별적 문제사항에서 결정되는 것이라면, 관습헌법의 인정여부에 지나친 재량을 부여하는 것이라는 비판이 있다. 김배원, 국가정책, 관습헌법과 입법권에 대한 헌법적 고찰, 공법학연구 제5권 제3호(비교공법학회, 2004), 177면.

[47] "헌법재판소는 '반드시'의 개념을 엄밀히 논리필연성이라는 의미로 한정해서 사용하지 않고, 오히려 공리적 필요성 내지 입법 정책적 필요성이라는 이유로 또는 이러한 의미까지 포함해서 사용하고 있다는 인상을 지울 수 없다. […] 이상에서 살펴본 바와 같이 헌법재판소는 '반드시'라는 용어를 사용하면서도 이것의 엄밀한 정의를 내리는 데는 결국 실패하였다고 본다. 그럼으로써 결과적으로 임의적 헌법사항임에도 불구하고 '반드시 헌법으로 규율해야 할 핵심적 헌법사항'이 되어 버릴 가능성을 차단하지 못했다. 이 점은 특히 수도=서울 규정을 핵심적 헌법사항이라고 판단함을 통해서 현실로 나타나고 말았다." 김명재, 관습헌법의 성립가능성과 한계, 토지공법연구 제30집(토지공법학회, 2006), 11~12면.

2) 관행?

다수의견은 서울이 우리나라의 수도인 것은 조선시대 이래 600여 년 간 우리나라의 국가생활에 관한 당연한 규범적 사실이 되어 왔으므로 우리나라의 국가생활에 있어서 전통적으로 형성되어있는 계속적 관행이라고 평가할 수 있고(계속성), 이러한 관행은 변함없이 오랜 기간 실효적으로 지속되어 중간에 깨어진 일이 없다고 주장하였다(항상성). 전효숙 재판관의 소수의견 또한 서울이 수도인 점을 '관행적 사실'이라 표현하여, 서울이 수도인 점이 '관행'이라는 점에 대해서는 의문을 제기하지 않았다.

하지만 서울이 대한민국의 수도라는 점이 조선시대 이래 600여 년 간 지속되었다고 하더라도 '관행'으로 평가하기는 어렵다. '관행'의 사전적 의미는 '오래전부터 해 오는 대로 함. 또는 관례에 따라서 함'으로,[48] 관행은 어떠한 '행위'가 반복될 것을 요한다. 서울이 수도라는 점은 '사실'일 뿐, 어떠한 행위도 포함되어 있지 않아 관행이 될 수 없다.[49]

관행은 관행을 준수해야 할 의무감을 발생시키고, 이를 어기면 비난을 받을 것을 예상해야 하는데, '수도-서울' 명제에는 이러한 것을 찾아볼 수 없다.[50]

---

[48] 두산백과(네이버 지식백과 참조)에 나오는 개념 정의는 다음과 같다. "일정한 지역이나 집단에 있어서의 항상적인 생활과정 속에서, 일정한 생활목적을 위하여 특정한 기회에 행하는 것을 말한다. 즉, 개인이나 가정에서의 성인 관행·혼인 관행·장송 관행 등 사람의 통과의례에 속하는 것, 또는 설·추석·단오·동지의 관행 등 연중행사나 제례에 속하는 것과, 지역집단에서의 입회 관행 등 생산활동상 중요한 기회에 행하는 작업과, 사회적 단체·조직 등에서의 거래관행·노사 관행 등 그 조직의 존립에 특징적인 사업활동 등이 이에 포함된다."

[49] 방승주, 서울이 수도라는 사실이 과연 관습헌법인가?, 공법학연구 제6권 제1호(비교공법학회, 2005), 164~165면; "이런저런 이유를 들어 일정 사태가 발생했고 그것이 일정 기간 동안 지속되어왔다고 해도 성립된 것은 사태일 뿐 관행은 아니다. 순전히 이전부터 지속적으로 그렇게 되어 왔다는 사실만을 존재이유로 갖는 명제는 관행이 될 수 없다." 양선숙, 수도-서울 명제의 '관습헌법' 성립에 대한 비판적 검토, 법철학연구 제9권 제2호(한국법철학회, 2006), 242면.

[50] "일정 관행이 규범성을 발휘한다는 것은 관행의 존재 이유가 행위자에게 내재화되어 행위자가 관행 위반으로 인해 일정한 책무감을 느낀다는 것, 즉 타인의 비난이나 내면의 비난을 의식하는 것을 말한다. […] 하지만 우리는 어떻게 해야 수도-서울 명제에 반하는 행동을 하게 되어 일정

3) 관습헌법의 효력

관습헌법이 성문헌법과 동등한 효력을 갖는지 여부도 논란의 대상이다. 다수의견은 서울이 수도라는 관습헌법이 성문헌법과 동등한 효력을 가지며, 관습헌법의 폐지는 헌법이 규율하고 있는 헌법개정절차에 따라 국민투표를 거쳐야 한다고 주장한다. 헌법개정절차는 '헌법'이라고 되어 있지, '성문헌법'이라고 규정되어 있지 않다. 이에 따라 새로운 수도설정조항을 헌법에 넣어 관습헌법을 폐지하거나, 아니면 관습헌법에 대한 국민적 합의가 상실되어 자연히 사멸하는 경우 외에 특별법을 통해서는 관습헌법을 바꿀 수 없게 된다.

반면에 전효숙 재판관의 소수의견은 (서울이 수도라는 관습헌법의 존재를 부정하지만) 서울이 수도라는 관습헌법이 존재하더라도, 관습헌법은 성문헌법과 동등한 효력을 인정하지 않는다. 성문헌법 체제에서 관습헌법은 성문헌법에 대한 보완적 효력을 가질 뿐이며, 관습헌법의 변경은 법률의 제정, 개정을 통해서도 가능하다. 헌법이 규율하고 있는 헌법개정절차는 '형식적 의미의 헌법'인 성문헌법에만 해당된다.

이처럼 '관습헌법의 효력'은 '관습헌법의 폐지' 문제와 연결되어 있다. 관습헌법이 성문헌법과 동등한 효력을 가진다면 특별법에 의해 폐지할 수 없고, 성문헌법에 보완적 효력을 가진다면 특별법에 의해 폐지할 수 있다. 다수의견에 따르면, 관습헌법은 헌법개정절차를 거쳐야 하며, 새로운 수도설정조항을 헌법에 넣어 서울이 수도라는 관습헌법을 폐지하게 된다. 이 경우 관습헌법은 사라지고 성문헌법이 된다.

필자는 성문헌법 체계인 우리나라에서 불문헌법인 관습헌법은 성문헌법에 보완적 효력을 가지고 있다고 본다.[51] 민법과 상법은 관습법에 보완적 효력을 규정

한 규칙 준수 위반의 책무감을 느끼게 되는지에 대해 답할 수 없다." 양선숙, 수도-서울 명제의 '관습헌법' 성립에 대한 비판적 검토, 법철학연구 제9권 제2호(한국법철학회, 2006), 242면.
51) 김상겸, 성문헌법국가에 있어서 관습헌법의 의미에 관한 연구, 헌법학연구 제11권 제1호(한국헌법학회, 2005), 309면.

하고 있다. 민법 제1조(法源)는 "민사에 관하여 법률에 규정이 없으면 관습법에 의하고 관습법이 없으면 조리에 의한다"고 규정하고, 상법 제1조(상사적용법규)는 "상사에 관하여 본법에 규정이 없으면 상관습법에 의하고 상관습법이 없으면 민법의 규정에 의한다"고 규정하고 있다. 민법의 경우에 '관습법의 효력'에 대해서는 (민법 제1조의 법문언에 기초하여) 성문법 규범이 없는 경우에 한하여 보충적 효력을 인정하는 보충적 효력설과, (민법 제1조의 법문언에 반하여) 성문법과 대등한 효력을 인정하는 대등적 효력설이 대립하고 있다.[52]

민법의 경우 민법 제1조가 관습법의 보충적 효력을 규정하고 있지만, 판례에 의하여 효력이 부여된 분묘기지권이나 명인방법 등 법사회학적 현실에 기초해 (민법 제1조의 법문언에 반하더라도) 관습법에 성문법과 대등한 효력을 인정할 필요도 있다. 하지만 헌법의 경우는 민사법과 다르다고 생각된다. 민사 관습법의 경우에도 관행과 승인을 확인하기 어렵다는 문제가 늘 제기된다. 관습헌법의 존재를 인정하는 문제가 '관행과 승인의 확인 문제'로 확실하지 않은 반면에, 그 효력은 성문헌법과 동등한 최고의 효력을 인정해야 한다면, 양자 간에 불균형이 발생하는 것은 아닐지 모르겠다.

서울이 우리나라의 수도인 것이 관습법이라면 특별법을 통해 바꿀 수 있지만, '성문헌법과 동등한 효력을 갖는' 관습헌법이라면 특별법을 통해 바꿀 수 없다. 바로 여기에 수도이전을 반대한 다수의견이 '서울이 수도인 것은 관습헌법이다'는 논거를 만든 이유가 있다.

---

[52] 판례는 보충적 효력설을 따르고 있다(대법원 1983.6.14 80다3231 판결). 지원림 교수는 법문에 비추어 제1조는 관습법에 보충적 효력만을 인정하는 것으로 이해되어야 할 것이고, 다만 관습법에 성문법과 대등한 효력을 부여하는 세계적 입법추세 및 법사회학적 현실(판례에 의하여 효력이 부여된 분묘기지권이나 명인방법 등) 등을 고려한다면, 제1조는 입법론적으로 재검토되어야 한다는 주장을 펼친다. 지원림, 민법강의(홍문사, 2009), 13면.

(3) 결론

 필자는 사실과 규범, 존재와 당위를 연결할 수 있는 유력한 후보가 '관습법'이라고 생각한다. 관습법의 경우에는 '사실의 규범력'이 인정될 수 있다. 관행에서 생기는 ('승인'이라는 요소를 거쳐) 규범력은 관습법이 될 수도 있고, 관습헌법이 될 수도 있다. '사실의 규범력'도 사실(관행)만에 의해서 규범력이 생기는 것이 아니라 사실에 대한 '승인'이 있을 때(있는 대로 있어야 한다는 확신에 의해) 비로소 '사실의 규범력'이 발생한다.

 '신행정수도의 건설을 위한 특별조치법 위헌결정(헌재 2004. 10. 21. 2004헌마554·556 결정)'은 사실과 규범, 존재와 당위를 연결하는 '관습헌법'의 문제를 다루고 있다. 다수의견은 (성문헌법과 동등한 효력을 갖는) 관습헌법의 존재 증명을 통해 존재와 당위가 연결된다고 주장하는 반면에, 전효숙 재판관은 소수의견에서 서울이 수도라는 사실은 '관행적 사실'일 뿐, 관습헌법이 될 수 없다고 보았다. 따라서 서울이 수도라는 관습헌법을 주장하는 것은 '존재-당위 오류'에 해당한다.

 서울이 수도라는 점이 존재당위로서 관습헌법인지 아니면 '존재-당위 오류'에 해당하는지는 서울이 수도라는 관습헌법이 존재하는지 여부에 달려 있다. 다수의견과 전효숙 재판관의 소수의견도 이 점에서 크게 다투고 있다. 필자는 관습법의 성립요소인 '관행'과 '승인'을 갖추고 있지 않아 서울이 수도라는 '관습헌법'을 인정하기 어렵다고 보았다.

 다수의견은 관습헌법에 필요한 '승인'을 증명하지 않고, '실질적 헌법사항(핵심적 헌법사항)에 대한 국민의 결단'으로 설명하고 있다. 관습헌법에 필요한 '승인'을 제대로 드러내 보이지 못하는 대신에, 헌법제정권력과 헌법개정권력인 국민이 '헌법적 결단'의 의사로 관습헌법을 형성한 것으로 이론을 구성하는 다수의견은 '승인'의 증명을 교묘하게 피하는 방법으로 관습헌법을 주장하고 있다.

 뿐만 아니라 서울이 수도라는 점을 '관행'이라고 보기 어렵다. '관행'이 되기 위해서는 행위가 계속, 반복될 것을 요하고, 관행을 지켜야 할 의무감과 관행을 어긴 것에 대한 부담감 등이 있어야 하는데, 서울이 수도라는 점에는 이런 점을 찾을 수 없다.

 관습헌법의 존재와 효력을 주장하기 위해 관행의 존재와 국민의 법적 확신을 증명해야 하는 문제는 꽤나 어려운 문제이다. 이 문제가 어렵다고 하여 헌법재판소의 다수의견처럼 우회통로를 통해 인정하는 것은 바람직하지 않다. 오히려 다수의견은 '관습헌법'이 아니라 '사실의 규범력'을 통한 '불문헌법'으로 논의를 전개하는 것이 더 바람직해 보인다. 서울이 수도라는 '사실'이 계속성, 항상성, 법적 확신 등에 의해 서울이 수도이어야 한다는 규범력을 갖춘 '불문헌법'이 되었다는 주장이다. 서울이 수도이어야 한다는 주장은 반드시 '관습헌법'으로부터만 인정되는 것은 아니고, (필자는 물론 반대하지만) 예외적이기는 하지만 '불문헌법'의 관점에서 정당화가 시도될 수 있다. 이는 무엇보다도 서울이 수도라는 점은 '관행'이 아니라(다수의견은 '관행적 사실'이라고 표현한다), '사실'이기 때문이다.

또한 (관습헌법이 아닌 불문헌법으로 인정될 여지가 있다고 하더라도) 필자는 성문헌법 체계인 우리나라에서 불문헌법은 성문헌법에 보완적 효력을 가지고 있다고 본다. 불문헌법의 인정 여부가 모두가 인정할 만큼 확실하지 않은 상태에서, 불문헌법에 성문헌법과 동등한 최고의 효력을 인정하기 어렵다고 본다.

2. 국제기준의 심판기준 가능성

여기서는 '국제법' 내지 '공인된 국제기준'을 위헌법률심판의 '심판기준'으로 사용할 수 있는지 여부를 헌법재판소의 판례를 통해 알아보려 한다. '국제법' 내지 '공인된 국제기준'을 위헌법률심판의 '심판기준'으로 사용할 수 있는지 여부에 대한 정해진 답은 없으며, (私見에 따르면) 무엇보다도 '재판관이 어떤 가치를 따르는가'에 많이 좌우하는 것 같다.

국내법의 정당성을 심사하는 기준으로 국제법 내지 '공인된 국제기준'을 사용할 수 있는가 여부에 대해서 다음 두 가지 의견이 있을 수 있다. 국제 선언, 조약, 권고들이 비록 비준한 바 없다거나 유보되었다든지 권고적 효력만 있다는 등 직접적인 구속력이 없다고 하더라도 고도로 추상화된 헌법 규정의 의미나 내용 및 적용범위를 해석함에 있어 중요한 지침이 될 수 있다는 견해와, 국내법은 우리나라의 사정에 맞게 제정된 법규범이고 입법권자의 입법재량이 인정된다면 국제법 내지 '공인된 국제기준'이라 하더라도 위헌법률심판의 심판기준이 될 수 없다는 견해이다.

지방공무원법 제58조 제1항 결정(헌재 2005. 10. 27. 2003헌바50·62, 2004헌바96, 2005헌바49 결정)에서 다수의견은 지방공무원법 제58조 제1항의 위헌성 심사의 심사 기준으로 '국제법규의 위반 여부'를 다루는 것이 부적절하다고 보았다. ① 세계인권선언은 선언하는 의미는 있으나 보편적인 법적 구속력을 가지거나 국제법적 효력은 없다고 보았고, ② 국제인권규약(경제적, 사회적 및 문화적 권리에 관한 국제규약, 시민적 및 정치적 권리에 관한 국제규약)은 권리의 본질을 침해하지 않는 한 국내의 민주적인 대의절차에 따라 필요한 범위 내에서 근로기본권에 대한 법률에 의한 제한은 용인하고 있으므로 공무원의 근로기본권을 제한하는 지방공무원법 제58조 제1항과 정면으로 배치되는 것은 아니라고 보았다. ③ '국제노동기구의 협약들'은 우리나라가 비준한 바가 없고, 헌법 제6조 제1항에서 말하는 일반적으로 승인된 국제법규로서 헌법적 효력을 갖는 것이라고 볼 만한 근거도 없으므로, 이 사건 심판대상규정의 위헌성 심사의 척도가 될 수 없다고 본다. ④ '국제기구의 권고'에 대해서도 국제노동기구 '결사의 자유위원회' 등의 국제기구들이 우리나라에 대하여 가능한 한 빨리 모든 영역의 공무원들에게 근로3권을 보장할 것을 권고하고 있다 하더라도 그것만으로 위 법률조항이 위헌으로서 당연히 효력을 상실하는 것은 아니라고 보았다.[53]

반면에 전효숙, 조대현 재판관의 반대의견은 세계인권선언이나 국제인권규약들, 공무원의 근로기본권에 관한 국제노동기구의 관련 협약들 및 국제기구의 권고들은 비록 우리나라가 비준한 바 없다거나 유보되었다든지 권고적 효력만 있다는 등 직접적인 구속력이 없다고 하더라도 고도로 추상화된 헌법 규정의 의미나 내용 및 적용범위를 해석함에 있어 중요한 지침이 될 수 있으므로, 이러한 점을 존중하여 근로기본권에 관한 헌법 조항들을 해석하여 보더라도, 공무원의 근로기본권을 극도로 제한하고 있는 위 법률조항들은 헌법에 부합될 수 없는 것이라고 보았다.[54]

---

53) 헌재 2005년 '지방공무원법 제58조 제1항' 결정 내용.
54) 헌재 2005년 '지방공무원법 제58조 제1항' 결정 내용.

'국제법 내지 공인된 국제기준의 심판기준 가능성'에 대해 미국산 쇠고기 및 쇠고기 제품 수입위생조건 결정(헌재 2008. 12. 26. 2008헌마419·423·436 결정)을 지방공무원법 제58조 제1항 결정(헌재 2005. 10. 27. 2003헌바50·62 결정, 2004헌바96, 2005헌바49 결정)과 비교하면, 다수의견과 소수의견의 입장이 정반대인 것을 확인할 수 있다.

미국산 쇠고기 및 쇠고기 제품 수입위생조건 결정(헌재 2008. 12. 26. 2008헌마419·423·436 결정)에서 다수의견과 소수의견(송두환 재판관의 위헌의견)은 '생명·신체의 안전에 관한 보호의무 위반 여부'에 대해 대립하고 있다. 다수의견은 국가가 국민의 생명·신체의 안전에 대한 보호의무를 다하지 않았는지 여부를 '과소보호 금지원칙'의 위반 여부를 기준으로 판단하고, 과소보호금지원칙 위반 여부에 대한 심사기준으로 'OIE 국제기준'을 들어, 지금까지의 관련 과학기술 지식과 OIE 국제기준 등을 종합하여 보호조치를 취한 것이라면, 이를 들어 피청구인이 자의적으로 재량권을 행사하였다거나 합리성을 상실하였다고 하기 어렵다고 판단하였다.

반면에 송두환 재판관은 이 사건 고시가 국민의 생명·신체의 안전에 관한 기본권 보호의무를 위반하였음이 명백하지 아니하다는 다수의견에 찬성하지 않는다. 송두환 재판관은 다수의견이 기본권 보호의무에 대한 심사기준으로 삼는 '과소보호금지원칙'에 대해 반대하고, 기본권 보호의무의 구체적 심사기준으로 '미국산 쇠고기의 실질적 위험성의 감소 여부에 관한 독자적인 판단과 우리나라의 특수한 사정에 대한 고려'를 들고 있다. "다수의견이 이 사건 고시의 위험성과 관련하여 중요한 판단기준으로 내세우는 OIE 국제기준은 국제수역사무국에서 세계무역기구 회원국 간에 동물과 동물성 제품의 무역과 관련하여 개발한 표준 내지 기준으로서 단지 권고적 의미만을 가질 뿐이므로, 이에 기초하여 이 사건 고시의 기본권보호의무 위반 여부를 판단할 수는 없다고 할 것이다. […] 이 사건 고시는 국민의 생명·신체의 안전에 관한 기본권을 보호하기 위한 조치로서의 성격을 지니는 것이므로, 개정 전의 고시에 비하여 전반적으로 그 보호조치를 완화함에 있어서는 단지 OIE 국제기준만을 고려하는 것을 넘어서, 미국산 쇠고기의 실질적 위험성의 감소 여부에 대한 독자적인 판단과 우리나라의 특수한 사정에 대한 고려를 통하여 그 보호조치가 부족함이 없는지를 보다 세심히 살폈어야 할 것이다. 특히, 내장 및 뼈 부위를 식재료로 광범위하게 사용하여 온 우리나라의 식문화의 특수성은 어느 정도 인정되는 것인 만큼, 정부는 과학적인 지식에 입각한 전문적인 위험성 조사 및 그 결과에 대한 투명한 공개를 통하여 국민의 막연한 우려와 공포심을 합리적인 이성에 입각한 판단으로 전환시킬 수 있는 사전적 절차를 충분히 마련하였어야 할 것이다."[55]

---

55) 헌재 2008년 '미국산 쇠고기 및 쇠고기 제품 수입위생조건' 결정 내용.

제5장
정의(正義)

법의 2가지 중요한 이념은 '정의'와 '법적 안정성'이다. 자연법론은 '정의'를 앞세우는 반면에(정의의 절대적 우위), 법실증주의는 '법적 안정성'을 앞세운다(법적 안정성의 절대적 우위). 앞에서 우리는 양자의 조화를 꾀한 라드브루흐 공식(①법적 안정성의 상대적 우위와 ②정의의 상대적 우위)에 대해 알아보았다. 또한 라드브루흐 공식에 따르면, 결코 정의를 추구하지 않는 경우 다시 말해서 실정법을 제정하면서 정의의 핵심을 이루는 평등을 의식적으로 부정한 경우 그 법률은 단순히 '불법'에 그치지 않고, 법의 성질 자체를 갖고 있지 않다.[1]

이 장에서는 법의 이념인 '정의'에 대해서 살펴본 후에, '정의의 핵심인 평등'에 대해 헌법재판소가 어떻게 구체화하고 있는지를 살펴볼 것이다.

---

1) Frank Saliger(윤재왕 역), 라드브루흐 공식과 법치국가(길안사, 2000), 15~16면.

I. 정의

1. 정의론의 변천

법철학사에서 '정의란 무엇인가'라는 질문만큼 수많은 철학자들이 중요하게 다룬 질문은 드물다.[2] 법철학사의 대부분을 차지하는 자연법론에서 자연법론자들은 '실질적 정의'를 주장했다. 실질적 정의는 정의를 '형식적 개념'이 아니라 '실재적 개념'으로 파악했으며, 이는 절대적이고 객관적인 진리의 모습으로 등장하곤 했다.

예컨대 플라톤은 정의로운 이데아(Idea)가 실재한다고 믿었고, 이 이데아의 질서는 계층 간의 올바른 관계로서, 정의는 각 계층이 그의 것을 행하는 것으로 실현된다고 보았다.[3] 고대 그리스의 사유에 따르면, 인간의 영혼은 이성, 의지, 욕망으로 삼분되는데, 이성은 머리에, 의지는 가슴에, 그리고 욕망은 하체에 자리한다. 플라톤도 '국가' 제4편에서 혼을 그 기능이나 성향에 따라 '헤아리는(이성적) 부분', '격정적인 부분', '욕구하는 부분' 3가지로 나누고 있다. 영혼의 3부분인 이성(reason), 의지(기개, spirit), 욕망(desire)이 각각의 기능을 제대로 실현할 때 지혜, 용기, 절제가 발현된다.[4] 플라톤에 따르면, '제 일을 하는 것'이 실현되는 것이 올바름(올바른 상태)이

---

[2] "빌라도의 '진리란 무엇인가'라는 질문에 이어서 십자가의 보혈로부터 다른 질문, 아주 더 강력한 질문, 인류의 영원한 질문이 제기된다. 즉, '정의란 무엇인가?'가 바로 그것이다. 어떤 다른 질문도 이처럼 열정적으로 논의되지 않았고, 어떤 다른 질문을 위해서도 그렇게 많은 귀중한 피와 통렬한 눈물을 흘리지 않았으며, 어떤 다른 질문에 대해서도 가장 위대한 사상가들이 – 플라톤에서부터 칸트까지 – 그처럼 아주 골똘히 생각하지 않았다. 그러나 어느 때와 마찬가지로 오늘날 이 질문에 대답하지 않고 있다. 그것은 아마 인간은 결코 확실하게 대답할 수 없고, 오히려 좀 더 나은 질문을 모색할 수 있을 뿐이라는 체념적인 지혜가 필요한 그러한 질문 중 하나이기 때문이다." Hans Kelsen(김선복 역), 정의란 무엇인가(책과 사람들, 2010), 9면.

[3] Hans Welzel(박은정 역), 자연법과 실질적 정의(삼영사, 2001/2005), 44면.

다. '자신의 기능을 가장 잘 수행하는 것'이 '훌륭함(훌륭한 상태, 덕; aretē)'이며,[5] '각자가 자신의 일을 하는 것'이 '올바름(올바른 상태, 정의; dikaiosynē)'이다. 올바름(올바른 상태)에 도달하려면, 제 일을 충실히 하고 남의 일에 참견하지 말아야 한다.[6] 플라톤에게 정의란 계층 간의 올바른 관계로서, 각 계층이 그의 것을 행하는 것이다.[7] 이성, 의지, 욕망이라는 3가지 영혼의 부분에 상응하여 3종류의 시민층인 수호자, 군인, 생산자는 모두 각자가 오직 그의 것만 행해야 한다는 정의법칙의 지배하에 놓인다.[8] 플라톤은 이를 수호하는 부류, 보조하는 부류, 돈벌이를 하는 부류라고 칭하며, 이들 각각이 나라에 있어서 '자신에게 맞는 자신의 일을 함'이 '올바름'(올바른 상태)이라고 말한다.[9] 반면에 '올바르지 못함'은 이들 세 부분간의 일종의 내분이며, 참견과 간섭, 그리고 혼 전체에 대한 어떤 일부의 모반이다.[10] 보조하는 부류가 수호하려고 하거나, 돈벌이를 하는 부류가 전사의 부류에 속하려고 하면 나라는 파멸하게 된다. "나로서는 그 성향상 장인이거나 또는 다른 어떤 돈벌이를 하는 사람이 나중에 부나 다수 또는 힘에 의해 또는 이런 유의 다른 어떤 것에 의해 우쭐해져서는 전사의 부류

---

4) Platon(박종현 역), 국가(서광사, 1997), 276면 이하; 4주덕(四主德) 중 처음 3가지는 영혼의 구성 요소에 상응한다. "플라톤은 감각적 욕구, 의지, 이성과 같은 영혼의 세 가지 기본 능력을 아주 분명하게 구별한다. 이 세 가지 능력에 다음의 세 가지 탁월함이나 덕을 상응한다. 욕구에는 절제가, 의지에는 용기가, 이성에는 통찰이나 지혜가 상응한다. 각각의 기본 능력은 자신의 고유한 과제를 수행하며, 영혼에 올바른 질서를 세우기 위해서는 정의라는 넷째 덕을 필요로 한다. 이때부터 정의는 사주덕(Kardinaltugenden)에 속하며, 이를 중심으로 모든 것이 움직인다." Otfried Höffe(박종대 역), 정의(이제이북스, 2004), 27면.

5) 모든 사물에는 그 종류 나름대로 '훌륭한 상태', 즉 '좋은(agathos=good) 상태'가 있기 때문에, 박종현 교수는 aretē를 '덕(virtue, vertu, Tugend)'으로 번역하지 않고 '훌륭함(훌륭한 상태)'으로 번역한다. 사람의 덕목과 관련된 경우에는 이를 '덕'이라 해도 무방하나, 논의의 보편성을 고려하여 '훌륭함'이라는 번역어를 박종현 교수는 택하였다. Platon(박종현 역), 국가(서광사, 1997), 74면.

6) Platon(박종현 역), 국가(서광사, 1997), 285~286면.
7) Hans Welsel(박은정 역), 자연법과 실질적 정의(삼영사, 2001/2005), 44면.
8) Hans Welsel(박은정 역), 자연법과 실질적 정의(삼영사, 2001/2005), 44면.
9) Platon(박종현 역), 국가(서광사, 1997), 289면.
10) Platon(박종현 역), 국가(서광사, 1997), 309면.

로 이행하려 들거나, 혹은 전사들 중에 어떤 이가, 그럴 자격도 없으면서, 숙의 결정하며 수호하는 부류로 이행하려 든다면, 그리하여 이런 사람들이 서로의 도구와 직분을 교환하게 된다면, 또는 동일한 사람이 이 모든 일을 동시에 하려 든다면, 그런 경우에 내 생각에도 그렇지만, 자네한테도 이들의 이 교환이나 참견이 이 나라에 파멸을 가져다주는 것으로 여겨질 것이라 생각하네."[11]

플라톤은 이데아가 개체로부터 동떨어져 존재한다고 생각했지만, 아리스토텔레스는 이데아가 개체에 내재한다고 생각했다. "이제 세계가 이데아 안에 있는 것이 아니라, 이데아들이 세계 안에 있다. 형상은 그 보편성 그대로 나타나지를 않고 구체적이고, 개별적인 것으로서 실현된다. 아리스토텔레스에게 있어서는 플라톤에게 있어서처럼 제2의 실체가 아니라, 제1의 실체가 세계 안에 널려 있게 된다. 그리고 형상이 그 기능을 다하게 되는 것은 오직 그 형상이 시간과 공간 안에 실재하고 있기 때문이다. 이러한 것이 플라톤의 에이도스와 아리스토텔레스의 에이도스 사이의 차이다."[12] 모든 것은 변화의 과정 속에 있는데, 이때 사물의 형상이 그것의 목적으로 설정했던 것을 실현하게 된다. 이처럼 아리스토텔레스는 (이후 살펴볼) 평균적 정의와 분배적 정의 개념을 통해서도 자신의 정의관을 주장하였지만, '엔텔레케이아' 사상을 통해 자신의 '실체적인' 정의관을 주장하였다. '엔텔레케이아' 사상은 이후 역사적 관념론(헤겔), 역사적 유물론(마르크스)에 영향을 미치면서 역사 속에서 정의가 실현된다는 역사주의의 흐름을 주도하였다.

이후 자연법론자들도 플라톤과 아리스토텔레스처럼 정의를 '실체적인' 개념으로 파악하였으나, 오늘날에는 자연법에 해당하는 정의가 실재한다고 주장하는 목소리는 점점 약해지고 있다. 켈젠(Hans Kelsen)은 절대적 정의에 대해서는 알 수 없고, 상대적 정의에 만족하고 이에 한해 정의가 무엇인지를 말할 수 있다고 보았다.[13] 켈젠에게 정의는 자유의 정의, 평화의 정의, 민주주의의 정의, 관용의 정의이다. 켈젠

---

11) Platon(박종현 역), 국가(서광사, 1997), 288면.
12) Johannes Hirschberger(강성위 역), 서양 철학사-상권·고대와 중세(이문출판사, 1983/2007), 247면.
13) Hans Kelsen(김선복 역), 정의란 무엇인가(책과 사람들, 2010), 52면.

은 상대주의적 가치이론에 기초해 민주주의와 관용의 정의를 근거짓고 있다.[14] 켈젠은 가치충돌의 문제로 나타나는 가치문제는 판단하는 주체에게만 타당하고 이러한 의미에서 상대적이라고 주장한다.[15] 그리고 가치판단은 주관적이어서 매우 상이하고,[16] 많은 개인들의 가치판단이 일치한다는 것은 결코 이 가치판단이 객관적인 의미에서 타당하다는 것을 증명하지 않는다고 주장한다.[17]

절대적 정의, 객관적 정의가 실재한다는 주장이 점점 목소리가 약해지는 반면에, 옳다고 믿는 가치관에 따라 정의를 구성하는 목소리는 점점 강해지고 있다. 최근 우리에게 잘 알려진 샌델(Michael Sandel)은 '정의란 무엇인가'에서 공리주의(행복극대화), 자유지상주의(자유 존중), 공동체주의(미덕 추구)는 서로 다른 각도에서 정의를 바라본다고 말한다.[18] 즉 공리주의에서 구성하는 정의, 자유지상주의에서 구성하는 정의, 평등지향적 자유주의에서 구성하는 정의, 공동체주의에서 구성하는 정의가 각각 다르다.[19] "법효력의 여부를 진리 앞의 오류처럼 명료하게 가려내어 줄 '자연법'의 명백확고한 인식이 불가능하게 된 이후, 또 바로 그 이유로 해서 법효력의 문제는 철

---

14) Hans Kelsen(김선복 역), 정의란 무엇인가(책과 사람들, 2010), 25면, 50면; 최고의 도덕적 이상은 이를 지지하였던 사람들의 비관용에 의해 현저히 손상되었고, 모든 무질서의 기원은 관용이 아니라 비관용이라는 켈젠의 말은 명심할 필요가 분명 있다. Hans Kelsen(김선복 역), 정의란 무엇인가(책과 사람들, 2010), 25면, 50~51면.
15) Hans Kelsen(김선복 역), 정의란 무엇인가(책과 사람들, 2010), 15면.
16) 켈젠은 서로 상반되는 가치판단이 가능하다는 사실은 결코 모든 개인이 자기 자신의 가치체계를 갖는다는 것을 의미하지 않으며, 적극적 가치체계는 고립된 개인의 자의적인 창조가 아니라 언제나 개인들이 각 집단 내에서 - 가정, 씨족, 부족, 카스트, 직업 - 그리고 특정한 경제적 조건 하에서 서로에게 미치는 상호영향의 결과라고 주장한다. Hans Kelsen(김선복 역), 정의란 무엇인가(책과 사람들, 2010), 21면.
17) Hans Kelsen(김선복 역), 정의란 무엇인가(책과 사람들, 2010), 21면.
18) Michael Sandel(이창신 역), 정의란 무엇인가(김영사, 2010), 17면.
19) 이상영/김도균, 법철학(제2판, 한국방송통신대학교 출판부, 2012), 352면 이하는 정의론을 3가지 유형(자유지상주의 정의론, 평등지향적 자유주의 정의론, 공동선으로서 정의론)으로 나누어 설명한다. 공리주의, 자유적 평등주의, 자유지상주의, 마르크시즘, 공동체주의, 시민권이론, 다문화주의, 페미니즘에 대해 잘 정리하고 있는 책으로는 Will Kymlicka(장동진 外 3인 역), 현대 정치철학의 이해(동명사, 2005).

학, 정확히 말해서 법가치철학에로 넘겨진 것이다. 이에 다양한 (가치)철학들이 이의 해명을 위해 동원되었던 것이다."[20] 오늘날은 절대 진리에의 확신이 더 이상 불가능한 시대, 그것은 가치의 시대이다.[21]

2. 아리스토텔레스와 롤스의 정의론

이하에서는 '정의론'에 큰 족적을 남긴 아리스토텔레스(Aristoteles)의 정의론과 롤스(John Rawls)의 정의론에 대해 간략하게 살펴보겠다.

(1) 아리스토텔레스의 정의론

- 평균적 정의와 분배적 정의

아리스토텔레스(Aristoteles)는 '니코마코스 윤리학(Ethica Nicomachea)' 제5권에서 '정의'에 대해 상세하게 다룬다.[22] 여기서 아리스토텔레스는 여러 종류의 정의에 대해 설명하는데, 우선 정의를 '다른 사람들과의 관계에서 완전한 탁월성'으로 정

---

20) 심헌섭, 법철학I(법문사, 1982/1998), 83면.
21) '정의'는 사람의 가슴을 뛰게 만들지만, 막상 '정의가 무엇인가'를 물어보면 선뜻 대답하기가 어렵다. 왜냐하면 정의는 '형식적 개념'이고, 그 내용을 형성하는 것은 '가치'이기 때문이다. 정확히 말하자면 정의의 내용을 이루는 가치가 우리를 격동시킨다. (하지만 실상은 정의의 부재, 정의감의 부재, 나의 삶과 우리의 삶을 이끄는 가치의 존재에 대한 믿음 부족 등이 우리를 지배하고 있지 않는가?)
22) 니코마코스 윤리학 제5권은 11장으로 구성되어 있는데, 각 장의 제목은 제1장 넓은 의미의 정의, 제2장 탁월성의 부분으로서의 정의, 제3장 분배적 정의, 제4장 시정적 정의, 제5장 교환적 정의, 제6장 정치적 정의, 제7장 자연적 정의와 법적 정의, 제8장 정의와 자발성, 제9장 부정의와 자발성의 문제, 제10장 근원적 공정성, 제11장 자발적 부정의의 문제이다.

의한다.[23] 이에 따르면, 정의는 다른 사람과 관계하는 것이며, 탁월성 중에서 정의만이 유일하게 '타인에게 좋은 것', '타인에게 유익한 것'이 된다.[24] 아리스토텔레스는 정의(正義)를 '평균적(平均的) 정의'와 '분배적(分配的) 정의'라는 적극적인 방향으로 정의(定義)내리기도 하지만, 부정적인 방향으로 '부정의'를 살피기도 한다. 아리스토텔레스에 따르면, 부정의는 극단과 관계하는데, 부정의는 지나치거나 모자랄 때 생긴다.[25] "부정의한 행위에서 너무 적게 가지는 것은 부정의를 당하는 것이며, 너무 많이 가지는 것은 부정의를 행하는 것이다."[26] 또한 아리스토텔레스는 부정의와 자발성의 문제를 다루는데, 아리스토텔레스에 따르면 부정의는 자발적인 것이다. "부정의한 행동과 정의로운 행동은 그것이 자발적이었는지, 아니면 비자발적이었는지에 따라 규정된다. 자발적이라면 비난을 받고 그와 동시에 또 부정의한 행동이 된다."[27]

아리스토텔레스는 '형평(에피에이케이아, epieikeia)'에 대해서도 논했다. 형평(衡平)은 '구체적인 사건에서의 정의'를 말하는 것으로, 형평 문제는 일반적인 법률을 그대로 적용하면 오히려 정의에 반하는 경우에 발생한다. 일반적인 내용을 담은 법률이 사건의 구체성을 제대로 고려하지 않는 경우가 있으며, 이 경우 법의 일반성과 사건의 구체성은 충돌한다. 아리스토텔레스는 형평을 '일반규칙이라는 직선자'에 견주어 '구체적 사례의 곡면을 측정하는 자'로 묘사하였다.[28]

이하에서는 아리스토텔레스의 '평균적(平均的) 정의'와 '분배적(分配的) 정의'에 대해 알아보기로 하겠다.[29]

---

23) Aristoteles(이창우, 김재홍, 강상진 역), 니코마코스 윤리학(EJB, 2006), 163면. "이런 이유로 정의는 종종 탁월성 중에서 최고의 것으로 여겨지며, 저녁별이나 샛별도 그렇게 경탄할 만하지는 않다." Aristoteles(이창우, 김재홍, 강상진 역), 니코마코스 윤리학(EJB, 2006), 163면.
24) Aristoteles(이창우, 김재홍, 강상진 역), 니코마코스 윤리학(EJB, 2006), 164면.
25) Aristoteles(이창우, 김재홍, 강상진 역), 니코마코스 윤리학(EJB, 2006), 180면.
26) Aristoteles(이창우, 김재홍, 강상진 역), 니코마코스 윤리학(EJB, 2006), 181면.
27) Aristoteles(이창우, 김재홍, 강상진 역), 니코마코스 윤리학(EJB, 2006), 186면.
28) 이상영/이재승, 법사상사(한국방송통신대학교 출판부, 2005/2008), 43면.
29) "분배적 정의와 평균적 정의는 아리스토텔레스에 앞서 벌써 피타고라스가 구별해 놓은 것이다. 분배적 정의는 명예와 재산을 공동체에 대한 사람들의 기여도와 공헌도에 따라 배당하는 것을

1) 평균적 정의

우선 '평균적 정의(교환적 정의 또는 시정적 정의라고도 한다)'에 대한 살펴보면, '평균적 정의(corrective justice)'는 '산술적 비례'에 따르는 것이며, 정의로운 것은 '어떤 종류의 동등함'을 말한다.[30] "재판관은 마치 한 선분[AB]이 서로 동등하지 않은 부분으로 나뉘었을 때, 더 큰 쪽의 선분[AC]이 절반을 초과하는 길이만큼 [DC]을 떼어 내서 더 작은 쪽의 선분[CB]에 덧붙이듯이 동등성을 회복시킨다. 전체가 둘로 나눠졌을 때, 당사자들이 동등한 몫을 취하게 되면, 그들은 '자신의 몫'을 가졌다고 하는 것이다. 그런데 이 경우 동등함은 더 큰 것과 더 작은 것 사이에 있는 산술적 비례에 따른 중간이다. […] 또 재판관(dikastēs)은 이등분하는 사람(dichastēs)이기 때문이다."[31] "훌륭한 사람이 나쁜 사람에게서 탈취했든 나쁜 사람이 훌륭한 사람에게서 탈취했든 아무 차이가 없으며, 훌륭한 사람이 간통했든 나쁜 사람이 간통했든 그 역시 아무 차이가 없기 때문이다. 오히려 법은, 한 사람이 부정의를 행하고 다른 사람은 부정의를 당한 경우, 또 어떤 사람은 손해를 입히고 다른 사람은 손해를 입은 경우, 그 손해의 차이에만 주목하며 당사자들을 모두 동등한 사람으로 간주한다."[32]

평균적 정의는 자발적인 교섭과 비자발적인 교섭 둘 다 발생하기 때문에, 자발

말한다. 재화와 명예, 특히 공적의 분배에서는 기하학적으로 비례적인 균등이 필요하다. 분배적 정의에 따라 각자는 자신의 몫에 맞는 명예와 부를 누릴 수 있다. 평균적 정의는 사람들이 얻는 이익과 손실을 산술적 비례에 따라 평등하게 나누는 것을 뜻한다. 예를 들면, 교환의 경우에 서로 이득을 평등하게 하며, 불법으로 남에게 입힌 손해를 배상하게 하며, 범죄에 대하여는 같은 값의 보복 처벌을 부과하는 것이 평균적 정의이다. 평균적 정의는 불의를 시정하는데 초점을 두므로 시정적 정의라고도 부른다." Otfried Höffe(박종대 역), 정의(EJB, 2006), 194면 이하(옮긴이 해제).

30) Aristoteles(이창우, 김재홍, 강상진 역), 니코마코스 윤리학(EJB, 2006), 172면.
31) Aristoteles(이창우, 김재홍, 강상진 역), 니코마코스 윤리학(EJB, 2006), 173면; 그리스어에서 '디카이온(dikaion, 정의로운 것)'과 '디카스테스(dichastēs, 이등분하는 사람)'는 비슷한 발음을 갖고 있다.
32) Aristoteles(이창우, 김재홍, 강상진 역), 니코마코스 윤리학(EJB, 2006), 172면.

적인 교섭에 따른 '교환적 정의'가 있고, 비자발적인 교섭에 따른 '시정적 정의'가 있다. "상호 교섭의 일부는 자발적인 것이며, 다른 한 부분은 비자발적인 것이기 때문이다. 자발적인 교섭은 판매, 구매, 대부, 보증, 대여, 공탁, 임대와 같은 것이며(이것들은 이러한 상호교섭의 단초가 자발적인 것이기 때문에 자발적이라고 부른다), 비자발적인 것들 가운데 일부는 절도나 간통, 독살, 뚜쟁이질, 노예 사기, 모반 살인, 위증 같은 은밀한 것들이고, 다른 일부는 폭행, 감금, 살인, 강탈, 신체 절단, 명예 훼손, 모욕처럼 강제적인 것들이다."[33]

2) 분배적 정의

'분배적 정의(distributive justice)'는 재화나 명예를 공동체에 대한 기여도에 따라 배분하는 것으로서, '분배적 정의'가 실현되기 위해서는 '기하학적 비례'가 성립해야 한다. 아리스토텔레스에 따르면, 정의로운 것은 '일종의 비례적인 것(analogon)'으로서 비율들의 동등성이며, 부정의한 것은 비례에 어긋나는 것이다.[34] "정의로운 것 역시 최소한 네 개의 항에서 성립하며 그 비율은 서로 동일하다. 사람들에 있어서나 그 사물에 있어서나 마찬가지 방식으로 나누어지니까. 그러므로 A항이 B항에 대해 가지는 관계를 C항은 D항에 대해 가지며, 상호 교환해서도 그런 관계를 가진다. 즉 A항이 C항에 대해 가지는 관계를 B항이 D항에 대해 가진다. 따라서 전체 [A+C]가 전체 [B+D]에 대해 가지는 관계 역시 동일한 것이다. 분배는 바로 이러한 것을 둘씩 짝짓는 것이며, 이러한 방식으로 조합되기만 하면 정의롭게 짝지어지는 것이다."[35] "A:B=C:D일 때, 사람A+가치C는 사람B+

---

33) Aristoteles(이창우, 김재홍, 강상진 역), 니코마코스 윤리학(EJB, 2006), 167~168면.
34) Aristoteles(이창우, 김재홍, 강상진 역), 니코마코스 윤리학(EJB, 2006), 169~170면; 아리스토텔레스는 그의 책 '정치학'에서도 올바른 배분이란 주어진 사물들의 상대적 가치를 받는 사람들의 상대적 가치에 상응하는 배분이라고 언급하고 있다. Aristoteles(천병희 역), 정치학(숲, 2009), 156면.
35) Aristoteles(이창우, 김재홍, 강상진 역), 니코마코스 윤리학(EJB, 2006), 170면.

가치D와 동일한 비율을 가진다. 부분과 부분이 동일한 비율을 가지는 것처럼, 그렇다면 A+C:B+D=A:B가 성립한다. 따라서 애초의 비율은 분배 후에도 보존된다."[36] A+C, B+D는 A가 C를 얻고 B가 D를 얻은 상태를 말하며, 여기서 분배적 정의는 분배하기 전의 비율이나 분배한 후의 비율이 일치해야 함을 뜻한다.[37]

하지만 '분배적 정의'에서 말하는 가치(axia, 공적)의 내용에 대해 사람들이 말하는 것이 다르다는 점을 인정함으로써, 아리스토텔레스 스스로도 '분배적 정의'의 모호성을 인정하고 있다. "분배에 있어 정의로운 것은 어떤 가치에 따라 이루어져야 한다는 것에 대해서는 모든 사람이 동의하지만, 그럼에도 모든 사람이 동일한 것을 가치로 주장하는 것은 아니다. 민주주의자들은 자유를 가치라고 말하고, 과두정의 지지자들은 부나 좋은 혈통을 가치라고, 또 귀족정체를 주장하는 사람들은 탁월성을 가치라고 말한다."

3) 기준의 모호함

'정의'는 '같은 것은 같게, 다른 것은 다르게' 하는 것을 말하지만, 이 공식에는 두 가지 문제점이 있다. 어떤 것이 같은 것인지 다른 것인지에 대한 명확한 구분이 없다는 것과 '다른 것은 다르게'에서 다르게 하는 기준이 명확하지 않다는 점이다.[38] 후자의 문제점에 대한 한 예를 들어보면 다음과 같다. 형제 A, B, C가 살고 있었는데 A, B는 양을 키워 살았지만 C에게는 키울 양이 없었다. A는 자신의 양 30마리에서 C에게 5마리를 주었고, B는 자신의 양 3마리에서 1마리를 주었다. 8

---

36) Aristoteles(이창우, 김재홍, 강상진 역), 니코마코스 윤리학(EJB, 2006), 170면.
37) Aristoteles(이창우, 김재홍, 강상진 역), 니코마코스 윤리학(EJB, 2006), 169면.
38) "사회가 정의로운지 묻는 것은, 우리가 소중히 여기는 것들, 예를 들면 소득과 부, 의무와 권리, 권력과 기회, 공직과 영광 등을 어떻게 분배하는지 묻는 것이다. 정의로운 사회는 이것들을 올바르게 분배한다. 다시 말해, 각 개인에게 합당한 몫을 나누어준다. 이때 누가, 왜 받을 자격이 있는가를 묻다 보면 문제가 복잡해진다." Michael Sandel(이창신 역), 정의란 무엇인가(김영사, 2010), 33면.

년 뒤 C는 번성하여 양이 132마리가 되었는데(이때 A는 양 50마리를 가지고 있었고, B는 양 10마리를 가지고 있었다), 그만 죽고 말았다. C에게는 A, B 외의 친족이 없었고, C의 양을 A와 B가 어떻게 배분받을지에 대한 법도 있지 않았다.

제1방안은 132마리를 양분하여 똑같이 A에게 66마리, B에게도 66마리를 주는 방법이다.

제2방안은 처음에 준 A의 5마리와 B의 1마리를 돌려 준 후에, 나머지 128마리를 양분하여 A에게 63마리, B에게 63마리를 주는 방법이다. 따라서 A는 68마리(5+63), B는 64마리(1+63)를 갖게 된다.

제3방안은 A와 B가 양을 준 비율에 따라 나누는 방법인데, A는 30마리에서 5마리를 주었음으로 1/6, B는 3마리에서 1마리를 주었음으로 1/3을 주는 것이다. 따라서 1/6:1/3=1:2로 나누면 되며 A는 44마리, B는 88마리를 받게 된다.

제4방안은 132마리에 A와 B가 양을 준 비율을 곱해서 나누는 방법으로, A에게는 132마리의 1/6인 22마리를 먼저 주고, B에게는 132마리의 1/3인 44마리를 먼저 준 다음에, 나머지 66마리를 양분해서 33마리씩 주면 된다. 따라서 A는 55마리(22+33), B는 77마리(44+33)를 얻게 된다.

제5방안은 C가 양을 받은 비율에 따라서 나누는 방법인데, A는 C가 가지고 있던 6마리 중 5마리를 주었고, B는 1마리를 주었으므로 5:1로 나누게 된다. 따라서 A는 110마리(132×5/6), B는 22마리(132×1/6)를 갖게 된다.

제6방안은 132마리의 절반인 66마리는 5:1의 비율로, 나머지 절반은 1/6:1/3=1:2의 비율로 나누는 방법이다. 따라서 A는 55마리(66×5/6)와 22마리(66×1/3)를 합쳐 77마리를, B는 11마리(66×1/6)와 44마리(66×2/3)를 합쳐 55마리를 받게 된다.

제7방안은 A는 30마리에서 5마리를 주어 25마리에서 50마리를 키웠다. 원래 가지고 있던 30마리였다면 60마리를 키웠을 것이고(25:50=30:60) 따라서 10마리(60-10)를 우선 받는다. B는 3마리에서 1마리를 주어 2마리에서 10마리를 키웠다. 원래 가지고 있던 3마리였다면 15마리를 키웠을 것이고(2:10=3:15) 따라서 5마리(15-10)를 우선 받는다. 그리고 나머지 117마리를 양분하여 각각 58마리씩 나누어 준다. 그러면 A는 68마리(10+58)를 얻고, B는 63마리(5+58)를 얻게

된다.[39]

위의 예에서도 잘 알 수 있듯이 '다른 것은 다르게' 나누는 기준을 찾기란 매우 어려움을 알 수 있다. 그럼에도 '다른 것은 다르게' 그 자체는 (분배적 정의가 문제되는 헌재 2001. 6. 28. 99헌바32 결정에서 볼 수 있듯이) 기준으로 작용할 수 있다.

'같은 것은 같게, 다른 것은 다르게' 하는 것을 정의라고 한다면, '부정의'는 '같은 것을 다르게, 다른 것을 같게' 하는 것이라고 말할 수 있겠다. 우리가 살고 있는 현실세계에서 '같은 것을 다르게' 하는 '부정의'가 얼마나 많이 일어나고 있는지 한번 생각해 보라. 수많은 인권 침해가 여기에 해당될 것이다. 하지만 더 큰 문제는 같은 것임에도 다르게 취급되는 '그들'이 엄연히 존재함에도 불구하고 '그들'은 보이지 않는다는 점이다. '그들'은 존재하고 있음에도 존재하지 않는 것처럼 보인다. '그들'은 배제되어 있으며, 이 세상의 규범이 더 이상 보호해주지 않고, 보이지 않는 힘에 의해 공적인 영역에 참여하는 것이 허용되지 않는다.[40]

(2) 롤스의 정의론

- 사회의 기본구조로서 정의

롤스(John Rawls)는 정의의 관점에서 사회의 기본구조(사회의 주요제도가 권리와 의무를 배분하고 사회 협동체로부터 생긴 이익의 분배를 정하는 방식)를 세우고자 하는데,[41] 그에 따르면 사회의 기본구조는 정의의 일차적 주제이다.[42] 부정의를 어떻게 처리할

---

39) Bernd Rüthers, Rechtstheorie(C. H. Beck, 2005), 243면 이하.
40) Slavoj Žižek 인터뷰(인디고 연구소 기획), 불가능한 것의 가능성(궁리, 2012), 110면.
41) John Rawls(황경식 역), 정의론(이학사, 2003), 40면.
42) 이는 다음의 말에서 잘 알 수 있다. "사상체계의 제1덕목이 진리라고 한다면 정의는 사회제도의 제1덕목이다. 이론이 아무리 정치하고 간명하다 할지라도 그것이 진리가 아니라면 배척되거나 수정되어야 하듯이, 법이나 제도가 아무리 효율적이고 정연하다 할지라도 그것이 정당하지 않으면 개선되거나 폐지되어야 한다." John Rawls(황경식 역), 정의론(이학사, 2003), 36면.

것인가에 대해 규제적 원칙을 제공하는 '부분적 준수론(partial compliance theory)'의 중요성을 인정함에도, 자신은 정의로운 사회의 기초를 연구하는 '철저한 준수론(strict compliance theory)'을 따라 현실적인 이론이 아닌 이상적인 이론을 전개한다.

롤스에 따르면, 정의 원칙은 원초적 합의의 대상으로, 개인들이 무지의 베일 뒤에서 맺은 계약의 산물인데, 이는 자신에 대한 모종의 특수한 사실들을 모르는 사람들이 어떤 원칙들에 합의할 것인가를 상상해 보는 것이다.[43] 롤스의 '공정으로서의 정의'의 핵심은 원초적 상황(original position)과 무지의 베일(veil of ignorance)이다. 롤스의 '공정으로서의 정의' 개념은 원초적 입장에서 얻은 기본적 합의가 공정하다는 의미를 담고 있으며,[44] 정의의 원칙을 합의하는 사람들이 공정한 위치에 있다는 전제를 요구한다.[45] 무지의 베일에 의해 특정인이나 특정집단을 유리하게 하는 특수한 우연성의 결과들을 무효화시키는 것이다.[46] 원초적 입장에 있는 자들은 무지의 베일에 의해 합리적으로 행동하며, 더 나아가 그들이 선이라고 생각하는 것(가치관)이 무엇인지도 모른다.[47] 원초적 입장은 순전히 가상적인 상황(hypothetical situation)이며, 반성적 평행상태에서의 숙고한 판단을 가능하게 하는 이상적 상황이다.[48] 모든 이가 무지의 베일 아래 아무도 자신의 특정 조건에 유리한 원칙들을 구상할 수 없는 까닭에, 정의의 원칙들은 공정한 합의나 약정의 결과가 된다.[49]

이로부터 정의의 두 원칙이 채택된다. 롤스의 정의의 두 원칙은 기본적 자유의 원칙(basic liberties principle), 기회균등의 원칙(equal opportunity principle), 차등의

---

43) Stephen Mulhall/Adam swift(김해성, 조영달 역), 자유주의와 공동체주의(한울 아카데미, 2001), 33면, 45면.
44) John Rawls(황경식 역), 정의론(이학사, 2003), 47면, 52면 이하; John Rawls(황경식 역), 정의론 (이학사, 2003), 68면 이하.
45) John Rawls(황경식 역), 정의론(이학사, 2003), 198면.
46) John Rawls(황경식 역), 정의론(이학사, 2003), 195면.
47) John Rawls(황경식 역), 정의론(이학사, 2003), 202면; 이처럼 롤스의 정의론은 좋음에 대한 옳음의 우선성을 주장하는 의무론적인(deontological) 의미를 담고 있다.
48) John Rawls(황경식 역), 정의론(이학사, 2003), 175~176면.
49) John Rawls(황경식 역), 정의론(이학사, 2003), 45면, 46면 이하, 199면.

원칙(difference principle)을 포함하고 있다. "첫째, 각자는 다른 사람들의 유사한 자유의 체계와 양립할 수 있는 평등한 기본적 자유의 가장 광범위한 체계에 대하여 평등한 권리를 가져야 한다. 둘째, 사회적, 경제적 불평등은 다음 두 조건을 만족시켜야만 한다: 첫째, 이들 불평등은 공정한 기회평등의 조건하에서 모든 사람에게 개방된 직위와 직책에 결부되어야 하며, 둘째, 이들 불평등은 사회의 최소 수혜자들에게 최대한의 이익을 가져올 수 있도록 해야 할 것이다."[50]

무지의 베일에 의해 특정인이나 특정집단을 유리하게 하는 특수한 우연성의 결과들을 무효화시킨다.[51] 그의 '공정으로서의 정의' 개념은 원초적 입장에서 얻은 기본적 합의가 공정하다는 의미를 담고 있으며,[52] 정의의 원칙을 합의하는 사람들이 공정한 위치에 있다는 전제를 요구한다.[53] 무지의 베일 없이는 정의의 원칙은 도출될 수 없으며, 이는 특정한 정의관에 대한 만장일치의 선택을 가능하게 한다.[54]

'무지의 베일'과 '원초적 입장'에 기초해서 정의의 원칙을 도출해 내는 작업은 현

---

50) John Rawls(황경식 역), 정의론(이학사, 2003), 105면 이하; John Rawls(장동진 역), 정치적 자유주의(동명사, 1998), 6면. 롤스는 다음과 같이 정의의 두 원칙을 좀 더 쉽게 설명하고 있다. "첫 번째 원칙은 기본적인 권리와 의무의 할당에 있어 평등을 요구하는 것이며, 반면에 두 번째 것은 사회적·경제적 불평등, 예를 들면 재산과 권력의 불평등을 허용하되 그것이 모든 사람, 그 중에서도 특히 사회의 최소수혜자에게 그 불평등을 보상할 만한 이득을 가져오는 경우에만 정당한 것임을 내세우는 것이다. 이러한 원칙들은 소수자의 노고가 전체의 보다 큰 선에 의해 보상된다는 이유로 어떤 제도를 정당화하는 일을 배제한다. 다른 사람의 번영을 위해서 일부가 손해를 입는다는 것은 편리할지는 모르나 정의롭지는 않다. 그러나 불운한 사람의 처지가 그로 인해 더 향상된다면 소수자가 더 큰 이익을 취한다고 해도 부정의한 것은 아니다." John Rawls(황경식 역), 정의론(이학사, 2003), 49면.

51) John Rawls(황경식 역), 정의론(이학사, 2003), 195면.

52) John Rawls(황경식 역), 정의론(이학사, 2003), 47면, 52면 이하; 롤스의 정의론은 좋음에 대한 옳음의 우선성을 주장하는 의무론적인(deontological) 의미를 담고 있다. John Rawls(황경식 역), 정의론(이학사, 2003), 68면 이하.

53) "당사자들 간의 차이점이 그들에게 알려져 있지 않으며 모두가 똑같이 합리적이고 비슷한 처지에 있기 때문에 누구나 동일한 논의를 수긍하게 된다는 점이다. 따라서 우리는 원초적 입장에서의 합의를 아무렇게나 선정된 한 사람의 관점에서 볼 수가 있다." John Rawls(황경식 역), 정의론(이학사, 2003), 198면.

54) John Rawls(황경식 역), 정의론(이학사, 2003), 200면.

실을 규제할 수 있는 '규제적 원리'를 얻을 수 있다는 점에 큰 의미를 지닌다. 실재존재론에 따른 정의의 이데아를 상정하지 않고도 현실의 질서를 비판하고 바른 길을 제시할 수 있는 아르키메데스의 점을 제시할 수 있게 된다.[55] 하지만 정의의 원칙을 만드는 과정에서 현실을 고려하지 않음으로 인해 너무 이상화된 원리가 도출될 수 있다는 위험을 안고 있다. 또한 '규제적 원리'로서 활용될 수 있는 장점이 있지만, 현실을 고려하지 않음으로 인해 실효성이 떨어진다는 단점이 있다. 이는 롤스 자신이 부분적 준수론이 아닌 철저한 준수론을 수립하고자 하였으나 '이론의 이상성' 때문에 부분적 준수론에 그치고 만 셈이다.

롤스는 정의의 원칙을 도출하기 위해서 이상화된 조건을 내세운다. 이기적이면서도 이타적인 인간의 본성을 무지의 베일을 통해 덮어버린다. 원초적 입장에 있는 당사자들은 무지의 베일에 의해 자신의 특정 조건을 알지 못하기 때문에 합리적이고 상호 무관심하게(mutually disinterested) 정의의 원칙을 도출해 낸다.[56] 상호 무관심과 무지의 베일이 결합되면 이타심과 동일한 의도를 성취할 수 있기 때문이다.[57] 이를 위해 이상화의 문제는 정의의 원칙을 도출하기 위해서 롤스 자신이 필연적으로 전제하고 있는 부분이다. 원초적 입장에 있는 자들은 무지의 베일에 의해 합리적으로 행동하며, 더 나아가 그들이 선이라고 생각하는 것(가치관)이 무엇인지도 모른다.[58] 원초적 입장은 순전히 가상적인 상황(hypothetical situation)이며, 반성적 평행상태에서의 숙고한 판단을 가능하게 하는 이상적 상황이다.[59] 이기주의와 이타주의를 뛰어넘는 정의의 원칙 또한 이상화의 산물이며, 이는 롤스 자신이 의도한 바이기도 하다. 다만 그는 정의의 조건을 정당성의 개념이나 도덕성의 의미로부터 도출하려고 하지

---

55) John Rawls(황경식 역), 정의론(이학사, 2003), 352면, 354면.
56) John Rawls(황경식 역), 정의론(이학사, 2003), 48면. "상호 무관심한 합리성이라는 가정은 그래서 다음과 같은 뜻이 된다. 원초적 입장에 있는 사람들은 가능한 한 자신들의 목적 체계를 증진시켜주는 원칙들을 받아들이고자 한다는 것이다. 그들은 이를 위해서 가장 높은 지수의 사회적 기본 가치를 스스로 얻고자 한다." John Rawls(황경식 역), 정의론(이학사, 2003), 205면.
57) John Rawls(황경식 역), 정의론(이학사, 2003), 210면.
58) John Rawls(황경식 역), 정의론(이학사, 2003), 202면.
59) John Rawls(황경식 역), 정의론(이학사, 2003), 175~176면.

않았으며,[60] "형식에 있어서 일반적이고 적용에 있어서 보편적이며 도덕적 인간들의 상충하는 요구의 서열을 정해주는 최종적인 심판"이라는 시각에서 근거지우려고 한다.[61] 이기주의에는 도덕적 힘이 없다는 롤스의 평가는 타당하지만,[62] 원시상태에서의 이기주의를 막기 위해 '특수사정에 대한 지식을 무지의 베일을 통해서 배제하는 것', 무지의 베일을 통해 이기주의를 막는 것이 방법론상으로 타당할지 의문이다. 왜냐하면 이상적인 상황에서 정의의 원칙을 도출하기 위해서 무지의 베일이라는 대전제를 상정하는 것은 정의의 규제적 원리를 도출하는 데에는 절실히 요구되는 것이지만, '현실과 이상의 괴리'를 초래하기 때문이다. 현실과 동떨어진 이상의 원리로 현실을 규제할 수 있다면, 차등의 원리도 정당하지만, '당위는 가능을 전제해야 한다'는 것을 고려한다면 정당하게 보이는 차등의 원리 또한 문제 있는 것으로 드러난다. 현실의 인간은 사실 합리적이지 않을 때가 많고, 자신의 것 때문에 남의 것에도 관심을 가지고 관여하곤 한다. 정의의 원리를 찾는 작업 또한 '인간은 천사도 아니고 악마도 아니며',[63] '비사교적 사교성'을 지니는 현실의 인간에 대한 이해에서 출발해야 할 것이다.

뿐만 아니라 롤스는 정의의 원칙을 도출하기 위해서 우연성과 복잡성을 피하고 있다.[64] "무지의 베일이 필요한 이유는 단지 간명성을 위한 것 이상이다. 우리는 바람직한 해결책을 얻도록 원초적 입장을 규정하고자 한다. 특수 사정에 대한 지식이 허용되면 그 결과는 임의적인 우연성에 의해 왜곡되게 된다."[65] "상호 무관심과 무지

---

60) John Rawls(황경식 역), 정의론(이학사, 2003), 187면, 189면. "하나의 정의관이 원칙들에 대한 자명한 전제나 조건들로부터 연역할 수는 없으며, 오히려 그것의 정당화는 여러 가지 고려 사항의 상호 지지를 통해서 그리고 이러한 것들이 결합하여 하나의 일관된 관점을 이루는 데서 해결될 문제이다." John Rawls(황경식 역), 정의론(이학사, 2003), 57면.
61) John Rawls(황경식 역), 정의론(이학사, 2003), 189면 이하, 193면.
62) John Rawls(황경식 역), 정의론(이학사, 2003), 175면, 188면, 194면.
63) 인간은 악마가 아니면서 천사도 아니라는 '제한된 이타주의'에 대해서는 H. L. A. Hart(오병선 역), 법의 개념(아카넷, 2002), 255면 이하; Hans Welzel(박은정 역), 자연법과 실질적 정의(삼영사, 2001), 199면 이하.
64) John Rawls(황경식 역), 정의론(이학사, 2003), 201~202면.
65) John Rawls(황경식 역), 정의론(이학사, 2003), 201면.

의 베일을 결합하게 되면 단순성, 명료성의 장점을 갖게 되는 동시에 언뜻 보기에는 도덕적으로 보다 매력적인 가정이라 생각되는 결과까지도 보장해준다."[66] 이처럼 롤스는 도덕적으로 보다 매력적인 정의의 원리를 도출하기 위해서 우연성과 복잡성을 일부러 피하고 있다. 하지만 실효성을 갖춘 정의의 원리를 도출하기 위해서는 현실의 우연성과 복잡성을 피해서는 안 된다. 우연성과 복잡성의 회피는 도덕적으로 보다 매력적인 정의의 원리를 도출할 수 있다는 장점을 지니나, 이로 인해 실효성이 없는 이상적인 내용을 담을 수 있게 된다. 롤스는 '무지의 베일'이라는 이상적인 전제로부터 '차등의 원리'라는 이상적인 원리가 도출해 낸다. 사회적·경제적 불평등을 모든 사람에게 이익이 되도록 해야 하며, 사회의 최소수혜자에게 이익이 되지 않는다면 사회적·경제적 불평등을 허용하지 않겠다는 '이상성'이 문제된다. 왜냐하면 현실에서 사회적·경제적 불평등은 사회의 최소수혜자에게 이익이 되는지 여부와 상관없이 더 심화되고 있기 때문이다. 물론 규제적 원리로서 '차등의 원리'가 가지는 중요성을 도외시할 수는 없지만, 현실과 동떨어진 원리여서 현실에 미치는 힘이 그다지 있어 보이지는 않는다. 하지만 롤스의 이론은 권리지향적인 자유주의 내에서 발생한 논쟁, 자유주의자들과 공동체주의자 간의 논쟁을 불러일으키는 촉매제가 될 만큼 큰 영향력을 발휘하였음은 명심해야 할 주지의 사실이다.[67] 마이클 샌델(Michael Sandel)은 다음과 같이 요약하고 있다.

"정치철학을 다룬 저서 중에 지속적인 논쟁을 불러일으킨 작품은 그리 많지 않다. 그러나 존 롤스의 '정의론'이 한 가지도 아니고 세 가지 논쟁을 불러일으켰다는 사실은 그 저작이 얼마나 훌륭한지 알 수 있는 증거가 된다.

도덕철학과 정치철학을 배우는 학생들에게 출발점이 되는 첫 번째 논쟁은 공리주의자들과 권리지향적인 자유주의자들 간의 논쟁이다. 제레미 벤담과 존 스튜어트 밀의 주장대로 정의는 공리에 기반을 두어야 하는가, 아니면 칸트와

---

66) John Rawls(황경식 역), 정의론(이학사, 2003), 210면.
67) 롤스 정의론에 대한 필자의 언급은 '위대한 진리를 비판받기를 바라지 우상화되기를 바라지 않는다'는 의미에서의 문제제기임을 밝히고 싶다.

롤스가 주장하는 것처럼 개개인의 권리를 존중하려면 공리주의적 고려 사항과는 별개인 정의의 근거가 필요한가? 롤스가 '정의론'을 발표하기 전에는 공리주의가 영미의 도덕 및 정치철학계에서 지배적인 의견이었고 그 이후에는 권리지향적인 자유주의가 우세해졌다.

　롤스의 저서가 불을 지핀 두 번째 논쟁은 권리지향적인 자유주의 내에서 발생한 논쟁이다. 만약 개인의 특정한 권리가 너무나도 중요하기 때문에 공공선을 고려하더라도 그러한 권리를 무시할 수 없다면 그 권리는 어떤 권리인지 묻는 일이 남는다. 로버트 노직(Robert Nozick)이나 프리드리히 하이예크(Friedrich Hayek)와 같은 자유지상주의적 자유주의자들은 정부가 기본적인 시민적·정치적 자유를 비롯해 시장경제가 부여한 노동의 대가 또한 존중해야 한다고 주장한다. 따라서 부자들에게 세금을 매겨 가난한 사람들을 돕는 재분배 정책은 인간의 권리를 침해하는 것이다.

　롤스와 같은 평등주의적 자유주의자들은 의견을 달리 한다. 그들은 기본적인 사회·경제적 욕구가 충족되지 않으면 시민적·정치적 자유를 유효하게 행사할 수 없다고 주장한다. 따라서 정부는 모든 사람들에게 교육, 소득, 주택, 의료 등 제대로 된 혜택을 권리로 보장해야 한다. 1970년대에 학계를 달군 자유지상주의자와 평등주의적 자유주의자들 간의 논쟁은 미국 정치학계에서 뉴딜정책 이래로 친숙해진 시장경제 옹호자들과 복지국가 지지자들간의 논쟁과 일치한다.

　롤스의 저서가 유발한 세 번째 논쟁은 자유지상주의자들과 평등주의적 자유주의자들 모두 가졌던 가정을 중심으로 한다. 이 가정은 좋은 삶에 대한 여러 개념들 사이에서 정부가 중립을 지켜야 한다는 생각이다. 권리지향적 자유주의자들은 우리에게 어떤 권리가 있는지에 대해 다양한 설명을 제시하면서도, 인간의 권리를 구체적으로 명시하는 정의가 정당성을 갖추려면 좋은 삶에 대한 특정한 개념에 의존하지 말아야 한다는 데 동의한다. 칸트, 롤스 그리고 오늘날 자유주의자들의 이론에서 중심이 되는 생각은 옳음(권리)이 좋음(선)에 우선한다는 주장으로 요약된다."[68]

II. 평등 위반 심사

헌법재판소는 정의의 핵심인 '평등'을 절대적 평등으로 파악하지 않고 상대적·실질적 평등으로 파악하고 있다. "헌법 제11조 제1항의 평등의 원칙은 결코 일체의 차별적 대우를 부정하는 절대적 평등을 의미하는 것이 아니라 법의 적용이나 입법에 있어서 불합리한 조건에 의한 차별을 하여서는 안 된다는 상대적·실질적 평등을 뜻하는 것이므로 합리적 근거 없이 차별하는 경우에 한하여 평등의 원칙에 반한다(헌재 1999.7.22. 98헌바14 결정)." "합리적 근거 없는 차별이란 정의에 반하는 자의적인 차별을 의미하는 것으로서, 국민의 기본권에 대한 차별적인 대우를 규정하는 입법은 그 목적이 국가안전보장, 질서유지 또는 공공복리를 위하여 필요하고 또 정당한 것이어야 하고, 나아가 그 수단 또는 방법이 위 목적의 실현을 위하여 실질적인 관계가 있어야 할 뿐만 아니라, 그 정도 또한 적정한 것이어야 하며, 이러한 요건을 갖추지 못한 입법은 헌법 제11조 제1항이 예정하고 있는 평등의 원칙에 반하는 위헌입법이라고 할 것이다(헌재 2002. 9. 19. 2000헌바84 결정)."

헌법재판소는 헌법규정에 비추어 나름대로의 구체적인 기준을 만들어 '평등위반 여부'를 심사하고 있다.

---

68) Michael Sandel(안진환·이수경 역), 왜 도덕인가?(한국경제신문, 2010), 217면 이하; 비슷한 내용으로 Michael Sandel(이양수 역), 정의의 한계(멜론, 2012), 372~372면.

1. 비례성 심사

(1) 제대군인 가산점 결정

제대군인 가산점 결정(헌재 1999. 12. 23. 98헌마363 결정)에서는 제대군인이 6급 이하의 공무무원 또는 공·사기업체의 채용시험에 응시한 때에 필기시험의 각 과목별 득점에 과목별 만점의 5% 또는 3%(2년 이상의 복무기간을 마치고 전역한 제대군인: 5%, 2년 미만의 복무기간을 마치고 전역한 제대군인: 3%)를 가산하도록 규정하고 있는 제대군인 가산점제도(제대군인 지원에 관한 법률 제8조 제1항, 제3항, 동법 시행령 제9조)가 여성 및 제대군인이 아닌 남성의 평등권과 공무담임권을 침해하였는지 여부가 문제되었다.

1) 평등위반여부 심사척도

헌법재판소는 제대군인 가산점 결정에서 '평등위반여부 심사척도'를 최초로 다음과 같이 공식화하였다. "평등위반 여부를 심사함에 있어 엄격한 심사척도에 의할 것인지, 완화된 심사척도에 의할 것인지는 입법자에게 인정되는 입법형성권의 정도에 따라 달라질 것이다. 먼저 헌법에서 특별히 평등을 요구하고 있는 경우 엄격한 심사척도가 적용될 수 있다. 헌법이 스스로 차별의 근거로 삼아서는 아니되는 기준을 제시하거나 차별을 특히 금지하고 있는 영역을 제시하고 있다면 그러한 기준을 근거로 한 차별이나 그러한 영역에서의 차별에 대하여 엄격하게 심사하는 것이 정당화된다. 다음으로 차별적 취급으로 인하여 관련 기본권에 대한 중대한 제한을 초래하게 된다면 입법형성권은 축소되어 보다 엄격한 심사척도가 적용되어야 할 것이다." 이에 따르면, 엄격한 심사척도에 의해 평등위반 여부를 심사해야 하는 2가지 경우에 해당하지 않는 경우에는 완화된 심사척도에 의해 평등위반 여부를 심사하게 된다. 엄격한 심사척도에 의해 평등위반 여부를 심사하는 2가지 경우는 ① 헌법에서 특별히 평등을 요구하는 경우(헌법이 스스로 차별의 근거로 삼아서는 아니되는 기준을 제시하는 경우와 헌법이 차별을 특히 금지하고 있는 영역을 제시하고 있는 경우)[69]와 ② 차별적 취급으로 인하여 관련 기본권에 대한 중대한 제한을 초래하는 경우이다.[70]

제대군인 가산점제도는 엄격한 심사척도를 적용하여야 하는 2가지 경우에 모두 해당한다. 헌법 제32조 제4항은 "여자의 근로는 특별한 보호를 받으며, 고용·임금 및 근로조건에 있어서 부당한 차별을 받지 아니한다."고 규정하여 '근로' 내지 '고용'의 영역에 있어서 특별히 남녀평등을 요구하고 있는데, 제대군인 가산점제도는 바로 이 영역에서 남성과 여성을 달리 취급하는 제도이다. 또한 제대군인 가산점제도는 헌법 제25조에 의하여 보장된 공무담임권이라는 기본권의 행사에 중대한 제약을 초래한다(가산점제도가 민간기업에 실시될 경우 헌법 제15조가 보장하는 직업선택의 자유가 문제된다).

---

69) ① 헌법 제11조 제1항 후문 "누구든지 성별·종교 또는 사회적 신분에 의하여 정치적, 경제적, 사회적, 문화적 생활의 모든 영역에 있어서 차별을 받지 아니한다." ② 헌법 제32조 제4항 "여자의 근로는 특별한 보호를 받으며, 고용·임금 또는 근로조건에 있어서 부당한 차별을 받지 아니한다." ③ 헌법 제36조 제1항 "혼인과 가족생활은 개인의 존엄과 양성의 평등을 기초로 성립되고 유지되어야 하며, 국가는 이를 보장한다." ④ 헌법 제11조 제2항 "사회적 특수계급의 제도는 인정되지 아니하며, 어떠한 형태로도 이를 창설할 수 없다." ⑤ 헌법 제20조 제2항 "국교는 인정되지 아니하며, 종교와 정치는 분리된다." ⑥ 헌법 제39조 제2항 "누구든지 병역의무의 이행으로 인하여 불이익한 처우를 받지 아니한다." 정회철, 기본강의 헌법(제5판, 2010), 328면 참조.

70) 헌법재판소는 '국가공무원 7급시험에서의 가산점 부여' 결정(헌재 2003.9.25. 2003헌마30 결정)에서 다음과 같이 판시하였다. "입법자가 설정한 차별이 국민들 간에 단순한 이해관계의 차별을 넘어서 기본권에 관련된 차별을 가져온다면 헌법재판소는 그러한 차별에 대해서는 자의금지 내지 합리성 심사를 넘어서 목적과 수단 간의 엄격한 비례성이 준수되었는지를 심사하여야 할 것이다. […] 헌법재판소는 제대군인 가산점 사건에서 "차별적 취급으로 인하여 관련 기본권에 대한 중대한 제한을 초래하게 된다면 입법형성권은 축소되어 보다 엄격한 심사척도가 적용되어야 할 것이다"고 한 바 있는데, 이러한 판시는 차별적 취급으로 인하여 기본권에 중대한 제한을 초래할수록 보다 엄격한 심사척도가 적용되어야 한다는 취지이며, 기본권에 대한 제한이기는 하나 중대하지 않은 경우에는 엄격한 심사척도가 적용되지 않는다는 취지는 아니라고 볼 것이다."

2) 차별명령규정의 부존재

가산점제도가 헌법에 근거를 둔 제도라면, 즉 헌법에 '차별명령규정'이 있다면, 평등위반여부 심사척도가 달라질 수 있다.[71] 제대군인 가산점 결정에 따르면, 헌법 제39조 제2항("누구든지 병역의무의 이행으로 인하여 불이익한 처우를 받지 아니한다.")과 헌법 제32조 제6항("국가유공자·상이군경 및 전몰군경의 유가족은 법률이 정하는 바에 의하여 우선적으로 근로의 기회를 부여받는다.")이 문제되는데, 두 조항 모두 가산점제도의 헌법상 근거로 볼 수 없다. 헌법 제39조 제2항은 병역의무를 이행한 사람에게 보상조치를 취하거나 특혜를 부여할 의무를 국가에게 지우는 것이 아니라, 법문 그대로 병역의무의 이행을 이유로 불이익한 처우를 하는 것을 금지하고 있는데, 가산점제도는 이러한 헌법 제39조 제2항의 범위를 넘어 제대군인에게 일종의 적극적 보상조치를 취하는 제도라고 할 것이므로 이를 헌법 제39조 제2항에 근거한 제도라고 할 수 없다. 또한 제대군인은 헌법 제32조 제6항이 규정한 '국가유공자·상이군경 및 전몰군경의 유가족'에 해당하지 않기 때문에 헌법 제32조 제6항도 가산점제도의 근거가 될 수 없다. 따라서 제대군인 가산점제도에 헌법적 근거가 없는 이상 평등위반여부 심사기준이 달라질 여지는 없게 된다.

3) 엄격한 심사척도로서의 비례의 원칙

제대군인 가산점 결정은 헌법재판소가 완화된 심사척도로서의 자의금지의 원칙과 엄격한 심사척도로서의 비례의 원칙을 최초로 구별해서 밝혔다는 점에 큰 의미가 있다. 헌법재판소에 따르면, 완화된 심사는 자의금지원칙에 따른 심사, 즉 합리적 이유의 유무를 심사하는 것을 말하며, 엄격한 심사는 자의금지원칙에 따른 심사, 즉 합리적 이유의 유무를 심사하는 것에 그치지 아니하고 비례성원칙에

---

71) 헌재 1999. 12. 23. 98헌마363 결정은 '평등위반 여부'를 구체적으로 심사하기 전에, '차별명령규정'의 존재 여부를 먼저 다루고 있다. 이는 '차별명령규정'이 헌법에 존재하는지 여부에 따라 '평등위반 여부'에 대한 구체적인 심사척도가 달라질 수 있기 때문이다.

따른 심사, 즉 차별취급의 목적과 수단 간에 엄격한 비례관계가 성립하는지를 기준으로 한 심사를 행함을 의미한다.[72] 엄격한 심사척도가 적용되는 2가지 경우는 입법자가 헌법에 차별의 근거로 삼아서는 안 되는 기준을 제시했다는 점(차별금지명령)에서 이러한 헌법적 요청이 준수되는가를 엄격하게 심사해야 하며(그만큼 입법자의 입법형성권이 축소 된다), 차별대우(차별취급)는 보다 특별한 정당성을 필요로 하게 된다.[73]

제대군인 가산점 결정은 엄격한 심사척도인 비례의 원칙을 적용하여 '법익의 균형성'까지 심사하였다. '차별취급의 적합성 여부' 판단에서 제대군인 가산점제도는 우리 법체계내에서 확고히 정립된 여성과 장애인에 대한 차별금지와 보호에 반하는 것으로서 정책수단으로서의 적합성을 상실하였다고 판단하였다. 헌법재판소는 제대군인에 대한 적절한 지원책으로 군복무기간을 호봉산정이나 연금법 적용 등에 적절히 고려하는 것과 제대군인에 대해 여러 가지 사회정책적·재정적 지원을 강구하는 것을 예로 들고 있다.

헌법재판소는 '차별취급의 비례성 여부' 판단에서도 제대군인 가산점제도가 공무원 채용시험의 합격여부에 미치는 효과 등을 통해 차별취급을 통하여 달성하려는 입법목적의 비중에 비해 차별로 인한 불평등의 효과가 극심하여 가산점제도는 차별취급의 비례성을 상실하고 있다고 판단하였다. 헌법재판소는 가산점제도가 추구하는 공익은 입법정책적 법익에 불과한 데 반해, 가산점제도로 인하여 침해되는 것은 헌법이 강도높게 보호하고자 하는 남녀평등, 장애인에 대한 차별금

---

[72] 2001년 '국가유공자와 그 유족' 가산점 결정(헌재 2001. 2. 22. 2000헌마25 결정)은 다음과 같이 언급한다. "평등권의 침해 여부에 대한 심사는 그 심사기준에 따라 자의금지원칙에 의한 심사와 비례의 원칙에 의한 심사로 크게 나누어 볼 수 있다. 자의심사의 경우에는 차별을 정당화하는 합리적인 이유가 있는지만을 심사하기 때문에 그에 해당하는 비교대상간의 사실상의 차이나 입법목적(차별목적)의 발견·확인에 그치는 반면에, 비례심사의 경우에는 단순히 합리적인 이유의 존부문제가 아니라 차별을 정당화하는 이유와 차별간의 상관관계에 대한 심사, 즉 비교대상간의 사실상의 차이의 성질과 비중 또는 입법목적(차별목적)의 비중과 차별의 정도에 적정한 균형관계가 이루어져 있는가를 심사한다."

[73] 정회철, 기본강의 헌법(제5판, 2010), 328면 이하.

지라는 헌법적 가치이므로 법익의 균형성을 현저히 상실한 제도라고 판단하였다.

(2) 2001년 '국가유공자와 그 유족' 가산점 결정

헌법재판소는 2001년 '국가유공자와 그 유족' 가산점 결정(헌재 2001. 2. 22. 2000헌마25 결정)에서 '비례성 심사'를 다시 '엄격한 심사'와 '완화된 심사'로 구분하였다. '비례성 심사'를 해야 하는 경우에도, 헌법에 차별명령규정이 존재하는 경우라면 '보다 완화된 기준에 의한 비례 심사'를 하도록 한 것이다. 즉 헌법에 차별금지명령규정만 존재하면 '엄격한 심사'를, 헌법에 차별금지명령규정 뿐만 아니라 차별명령규정이 함께 존재하는 경우에는 '완화된 심사'를 하게 된다.

이 결정에서는 국가유공자와 그 유족 등 취업보호대상자가 국가기관이 실시하는 채용시험에 응시하는 경우에 필기시험의 각 과목별 득점에 각 과목별 만점의 10%를 가점하도록 한 가산점제도(국가유공자등 예우에 관한 법률 제34조 제1항)가 '국가유공자와 그 유족'이 아닌 자의 평등권과 공무담임권을 침해하는지 여부가 문제되었다.

1) 보다 완화된 기준에 의한 비례성 심사

국가유공자와 그 유족 등에게 가산점을 부여하는 것은 비례의 원칙에 따른 엄격한 심사를 하여야 할 첫번째 경우인 헌법에서 특별히 평등을 요구하고 있는 경우에는 해당하지 않는다. 그러나 국가유공자와 그 유족 등에게 가산점을 부여하는 것은 그 이외의 자들에게는 공무담임권 또는 직업선택의 자유에 대한 중대한 침해를 의미하게 되는 관계에 있기 때문에, 비례의 원칙에 따른 심사를 하여야 할 두 번째 경우인 차별적 취급으로 인하여 관련 기본권에 대한 중대한 제한을 초래하게 되는 경우에는 해당한다.

하지만 헌법 제32조 제6항은 "국가유공자·상이군경 및 전몰군경의 유가족은 법률이 정하는 바에 의하여 우선적으로 근로의 기회를 부여받는다"라고 규정함으로써, 국가유공자와 그 유족 등에 대하여 근로의 기회에 있어서 평등을 요구하는 것이 아니라 오히려 차별대우(우대)를 할 것을 명령하고 있다. 그렇다면 이 사건 가산점제도의 경우와 같이 입법자가 국가유공자와 그 유족 등에 대하여 우선적으로 근로의 기회를 부여하기 위한 입법을 한다고 하여도 이는 헌법에 근거를 둔 것으로서, 이러한 경우에는 입법자는 상당한 정도의 입법형성권을 갖는다고 보아야 하기 때문에, 이에 대하여 비례심사와 같은 엄격심사를 적용하는 것은 적당하지 않은 것으로 볼 여지가 있다. 따라서 자의심사에 그치는 것은 적절치 아니하고 원칙적으로 비례심사를 하여야 할 것이나, 구체적인 비례심사의 과정에서는 헌법에서 '차별명령규정'을 두고 있는 점을 고려하여 '보다 완화된 기준'을 적용한다.[74]

2) '차별대우(차별취급)의 필요성'과 '법익의 균형성' 판단

'보다 완화된 기준을 적용한 비례 심사'는 구체적으로 '차별대우의 필요성'과 '법익의 균형성' 판단에서 나타난다.[75] 원래 '차별대우의 필요성'은 차별이 관련 기본권에 불리한 효과를 미치는 경우에는 차별은 최소한의 부담을 가져오는 수단이어야 한다는 차별효과의 최소침해성을 의미한다.[76] 하지만 이 결정에서는 '차별대우의 필요성'은 헌법 제32조 제6항을 고려하여 다음과 같이 판단되었다. "그러나 헌법 제32조 제6항에서 국가유공자 등의 근로의 기회를 우선적으로 보호한다고 규정함으로써 그 이외의 자의 근로의 기회는 그러한 범위 내에서 제한될 것이 헌법적으로 예정되어 있는 이상 차별대우의 필요성의 요건을 엄격하게 볼 것은 아니므로, 차별대우의 필요성의 요건도 충족되었다고 할 것이다."

---

[74] 헌재 2001년 '국가유공자와 그 유족 가산점' 결정 내용.
[75] "완화된 심사기준이란 과잉금지의 원칙 중 주로 피해의 최소성과 법익의 균형성을 완화한다는 의미이다. 채택된 수단이 반드시 '최소'침해의 것이 아니더라도 입법목적과 '실질적으로 연관'되는 것이면 족하다. 다시 말해 목적달성에 '밀접하게' 연관되어 있거나 목적달성에 '중요한' 것이면 피해의 최소성을 준수한 것이 된다. 그리고 법익의 균형성은 원칙적으로 공익과 사익간의 균형이 심하게 기울여졌거나 명백히 부조화된 경우에만 위배되는 것으로 본다." 정회철, 기본강의 헌법(제5판, 2010), 269면.
[76] 헌재 2001년 '국가유공자와 그 유족 가산점' 결정 내용.

법익의 균형성 심사는 비례의 원칙에 따른 평등심사의 핵심적 부분으로서, 이 사건의 경우와 같이 차별을 정당화하는 이유가 입법자가 차별을 통하여 실현하려는 입법목적에 있는 경우에는 그 입법목적의 비중과 차별대우의 정도가 균형을 이루고 있는지를 심사하는 것이다.[77] 헌법재판소는 '법익의 균형성' 판단에 있어서도 일부 문제점에도 불구하고 헌법 제32조 제6항을 고려하여 '법익의 균형성'을 인정하였다. "공무원 채용시험에 있어 전체 합격자 중 취업보호대상자가 차지하는 비율 등에 비추어 볼 때 전체적으로 입법목적의 비중과 차별대우의 정도가 균형을 이루고 있다고 할 것이므로, 개별적 시험에 있어서 일부 소수직렬의 경우 채용인원이나 시험의 난이도 등에 따라 취업보호대상자 이외의 자가 합격하기 매우 어렵게 되거나 합격 자체가 불가능하게 되는 일이 발생할 수 있다고 하여 이러한 점만으로 그 균형이 깨졌다고 볼 것은 못된다. 무엇보다도 헌법재판소가 위헌으로 선언한 제대군인가산점제도는 헌법이 특히 금지하고 있는 여성차별적인 성격을 띠고 있는데 반하여, 이 사건 가산점제도는 국가유공자 등에게 우선적으로 근로의 기회를 제공할 것을 규정하고 있는 헌법 제32조 제6항에 근거를 두고 있는 제도라는 점을 고려하면, 위와 같은 일부 문제점에도 불구하고 이 사건 가산점제도가 법익균형성을 상실한 제도라고는 볼 수 없다."

(3) 2006년 '국가유공자와 그 유족' 가산점 결정

헌법재판소는 2006년 '국가유공자와 그 유족' 가산점 결정(헌재 2006. 2. 23. 2004헌마675·981·1022 결정)에서 종전 2001년 결정과는 다르게 판시하고 있다. 이 결정에서는 국가유공자와 그 유족 등 취업보호대상자의 득점에 만점의 10%를 가점하도록 한 가산점제도(국가유공자등 예우에 관한 법률 제31조 제1항)가 '국가유공자와 그 유족'이 아닌 자의 평등권과 공무담임권을 침해하는지 여부가 문제되었다.

---

77) 헌재 2001년 '국가유공자와 그 유족 가산점' 결정 내용.

1) 엄격한 기준에 의한 비례성 심사 - 헌법 제32조 제6항 문리해석

2001년 '국가유공자와 그 유족' 가산점 결정에서 헌법재판소는 헌법 제32조 제6항의 "국가유공자·상이군경 및 전몰군경의 유가족은 법률이 정하는 바에 의하여 우선적으로 근로의 기회를 부여받는다"는 규정을 넓게 해석하여, 이 조항이 국가유공자 본인뿐만 아니라 가족들에 대한 취업보호제도(가산점)의 근거가 될 수 있다고 보았다.

그러나 2006년 '국가유공자와 그 유족' 가산점 결정은 가산점의 대상이 되는 국가유공자와 그 가족의 수가 과거에 비하여 비약적으로 증가하고 있는 현실[78]과 취업보호대상자에서 가족이 차지하는 비율[79], 공무원시험의 경쟁이 갈수록 치열해지는 상황을 고려할 때, 위 조항의 폭넓은 해석은 필연적으로 일반 응시자의 공무담임의 기회를 제약하게 되는 결과가 되어 헌법 제32조 제6항을 엄격하게 해석할 필요가 있다고 보았다. 이러한 관점에서 헌법재판소는 헌법 제32조 제6항의 대상자는 조문의 문리해석대로 '국가유공자', '상이군경', 그리고 '전몰군경의 유가족'이라고 보았다.

2001년 '국가유공자와 그 유족' 가산점 결정은 헌법 제32조 제6항을 넓게 해석하여 국가유공자 본인과 그 유족에 대한 가산점제도 모두 헌법 제32조 제6항에

---

[78] "가산점 수혜대상이 되는 취업보호대상자가 1984년 이후 대폭 증가하여 온 것에 더하여, 종전 결정 이후인 2002년에는 광주민주유공자예우에관한법률이, 2004년에는 특수임무수행자지원에관한법률이, 해당자들과 그 유가족에게 가산점 혜택이 주어지고 있다. 또한 2000년부터 보훈대상자(가산점 수혜대상자)가 비약적으로 증가하고 있으며, 이는 보훈대상자가 되는 가족들이 늘어나기 때문이다."

[79] "국가공무원직 7급의 경우, 국가유공자 가산점 수혜자의 합격률이 2002년도에는 전체 합격자의 30.3%(189명), 2003년도 25.1%(159명), 2004년도 34.2%(163명)에 이르고 있으며, 국가공무원직 9급의 경우, 2002년도에는 26.9%(784명), 2003년도 17.6%(331명), 2004년도 15.7%(282명)에 이르고 있다. 한편 2005. 6. 30. 현재 우선적 근로기회를 부여받은 취업보호대상자(가산점 수혜자)는 86,862명인데 이 중 7,013명(8%)만이 국가유공자(상이군경 등 포함) 본인이고, 79,849명(92%)이 그들의 유·가족이며, 그 중 국가유공자의 자녀가 차지하는 비율은 83.7%(72,777명)이다. 이러한 추세는 국가유공자 가산점제도가 오늘날 국가유공자 본인을 위한 것이라기보다는 그 가족을 위한 것으로 변질되고 있는 것을 보여준다."

근거를 두고 있으므로 평등권 침해 여부에 관하여 보다 완화된 기준에 의한 비례성 심사를 하였으나, 2006년 '국가유공자와 그 유족' 가산점 결정은 헌법 제32조 제6항을 좁게 해석하여 국가유공자 본인을 제외한 그 유족에 대한 가산점제도의 경우는 헌법 제32조 제6항에 근거를 두고 있지 않다고 보아 강화된 기준에 의한 비례성 심사를 한 것이다.

이러한 해석에 의할 때 전몰군경의 유가족을 제외한 국가유공자의 가족이 헌법적 근거를 지닌 보호대상에서 제외되지만, 입법자는 위 조항 및 헌법 전문(前文)에 나타난 대한민국의 건국이념 등을 고려하여 취업보호대상자를 국가유공자 등의 가족에까지 넓힐 수 있는 입법정책적 재량을 지니며, 이 사건 조항 역시 그러한 입법재량의 행사에 해당하는 것이다. 그러나 그러한 보호대상의 확대는 어디까지나 법률 차원의 입법정책에 해당하며 명시적 헌법적 근거를 갖는 것은 아니다.[80]

2) 차별목적과 수단 간의 비례성 유무

국가유공자의 유족에 대한 가산점은 가산점의 수혜대상자가 아닌 일반 응시자의 공무담임의 기회를 제약하는 것인 동시에 차별하는 것이 되어 공무담임권의 침해 여부와 평등권 침해 여부가 경합적으로 문제된다.

여기서 공무담임권의 침해 여부는 평등권 침해 여부에서 위헌심사기준에 영향을 미친다. "일반적인 평등원칙 내지 평등권의 침해 여부에 대한 위헌심사기준은 합리적인 근거가 없는 자의적 차별인지 여부이지만, 만일 입법자가 설정한 차별이 기본권의 행사에 있어서의 차별을 가져온다면 그러한 차별은 목적과 수단 간의 엄격한 비례성이 준수되었는지가 심사되어야 하며, 그 경우 불평등대우가 기본권으로 보호된 자유의 행사에 불리한 영향을 미칠수록, 입법자의 형성의 여지에 대해서는 그만큼 더 좁은 한계가 설정되어 보다 엄격한 심사척도가 적용된다 (헌재 2003. 9. 25. 2003헌마30 결정)."

---

80) 헌재 2006년 '국가유공자와 그 유족 가산점' 결정 내용.

국가유공자의 유족에 대한 가산점은 일반 응시자들의 공무담임권을 침해하는 것이기 때문에, 평등권 침해 여부에서는 차별목적과 수단 간에 엄격한 비례성 심사를 하게 된다. 헌법에 차별명령규정이 있는 경우에는 합리적 범위 안에서 능력주의가 제한될 수 있지만, 단지 법률적 차원의 정책적 관점에서 능력주의의 예외를 인정하려면 해당 공익과 일반응시자의 공무담임권의 차별 사이에 엄밀한 법익형량이 이루어져야만 한다.[81]

2006년 '국가유공자와 그 유족' 가산점 결정은 다음과 같이 판시하였다. "헌법재판소는 1999년 제대군인의 가산점제도를 위헌이라고 결정하면서, 제대군인에게 만점의 3%~5%를 가산함으로써 '차별로 인한 불평등의 효과가 극심해서 차별취급의 비례성을 상실하고 있다.'고 판시하였다(헌재 1999. 12. 23. 98헌마363 결정). 이 사건 조항의 경우 역시 명시적인 헌법적 근거 없이 국가유공자의 가족들에게 만점의 10%라는 높은 가산점을 부여하고 있는바, 그러한 가산점 부여 대상자의 광범위성과 가산점 10%의 심각한 영향력과 차별효과를 고려할 때, 그러한 입법정책만으로 헌법상의 공정경쟁의 원리와 기회균등의 원칙을 훼손하는 것은 부적절하며, 국가유공자의 가족의 공직 취업기회를 위하여 매년 수많은 젊은이들에게 불합격이라는 심각한 불이익을 받게 하는 것은 정당화될 수 없다. 이 사건 조항의 차별로 인한 불평등 효과는 입법목적과 달성수단 간의 비례성을 현저히 초과하는 것이다."

---

81) 2006년 '국가유공자와 그 유족' 가산점 결정 내용.

2. 자의성 심사

　헌법재판소 결정례는 완화된 심사척도에 의해 평등위반 여부를 심사하는 경우를 다음과 같이 분류하고 있다: ① 침해적인 법률에 의한 차별의 경우 '강화된 심사척도인 비례의 원칙이 적용되는 2가지'가 아닌 경우와,[82] ② 수익적 내지 시혜적인 법률에 의한 차별이 발생하거나 광범위한 입법형성의 자유영역의 경우.[83]

　자의금지원칙에 의한 심사는 차별을 정당화하는 합리적인 이유가 있는지만을 심사하기 때문에 그에 해당하는 비교대상간의 사실상의 차이나 입법목적(차별목적)을 발견하고 확인하여(헌재 2001. 2. 22. 2000헌마25 결정), 그 차별이 인간의 존엄성 존중이라는 헌법원리에 반하지 아니하면서 정당한 입법목적을 달성하기 위하여 필요하고도 적정한 것인가를 기준으로 판단되어야 한다(헌재 1994. 2. 24. 92헌바43 결정).[84]

---

[82] 예컨대 헌법재판소는 "약사 또는 한약사가 아니면 약국을 개설할 수 없다."고 규정한 약사법 제16조 제1항의 평등권 침해 여부에 대한 2002.9.19. 2000헌바84 결정에서 "이 사건 법률조항은 헌법에서 특별히 평등을 요구하는 부분에 대한 것이 아니고, 직업수행의 자유는 공익을 위하여 상대적으로 넓은 규제가 가능하다고 인정되기 때문에 이 사건 법률조항에 대하여 직업수행의 자유가 일부 제한된다고 하여 관련기본권에 대한 중대한 침해가 있다고 볼 수 없으므로 완화된 심사기준, 즉 차별기준 내지 방법의 합리성여부가 헌법적 정당성여부의 판단기준이 된다."고 판시하였다.

[83] 예컨대 헌법재판소는 2004. 6. 24. 2003헌바111 결정에서 "시혜적인 법률에 있어서는 국민의 권리를 제한하거나 새로운 의무를 부과하는 법률과는 달리 입법자에게 보다 광범위한 입법형성의 자유가 인정된다고 할 것이다. 특례법 제7조(특별채용)는 임용결격 혹은 당연퇴직 공무원에 대하여, 그들이 법적으로는 공무원으로서의 근무경력을 전혀 인정받을 수 없음에도 불구하고, 특별채용의 기회를 부여하는 것으로 기본적으로 수익적 규정에 해당하므로, 동 조항상의 경력과 호봉문제에 대한 심사기준은 합리적 근거 유무에 관한 자의금지 심사라고 할 것이다."라고 판시하였다.

[84] 헌재 2002년 약국 결정 내용.

제6장
법적 안정성

'법적 안정성'은 '법을 통한 안정성(Sicherheit durch das Recht)'과 '법 자체의 안정성(Sicherheit im Recht)'으로 나눌 수 있다.[1] '법을 통한 안정성'은 실정법을 통해 안정적이고 지속적인 사회질서와 평화가 확보되어야 한다는 것을 뜻하며, '법 자체의 안정성'은 법 자체가 지나치게 유동적이지 않고 안정적이어야 한다는 요청으로, 이를 위해서는 법의 실정성, 일반성, 비소급성, 명확성, 정합성, 지속성 등이 요구된다.[2] 양자의 관계를 살펴보면, '법 자체의 안정성'은 '법을 통한 안정성'의 전제조건이라고 할 수 있다. 이는 법제도가 안정적이고 지속적인 사회질서를 확보하는 데 있어서 중심적인 역할을 담당하기 위해서는, 법 자체가 안정되어 있어야 하기 때문이다. 따라서 법의 안정성이 확보되지 않고서는 법을 통한 안정성은 기대하기 어렵다.[3]

---

1) 김영환, 법철학의 근본문제(제3판, 홍문사, 2012), 78면, 86면; 한상수, 로스쿨시대 법학의 기초(제2판, 인제대학교 출판부, 2011), 256면.
2) 한상수, 로스쿨시대 법학의 기초(제2판, 인제대학교 출판부, 2011), 256면, 257면, 261면 이하; "①법조문이 명백해서 법수호자들이 법의 적용여부를 예견할 수 있어야 하며, ②법적용의 한계치를 양적인 개념으로 규정하는 것 등 법의 운영이 손쉬워야 하며, ③현 상태의 법이 지속된다는 신뢰를 가질 수 있도록 법의 내용이 불변해야 한다." 김영환, 법철학의 근본문제(제3판, 홍문사, 2012), 78면.
3) 한상수, 로스쿨시대 법학의 기초(제2판, 인제대학교 출판부, 2011), 256면, 257면.

I. 법을 통한 안정성

1. 홉스의 법사상

(1) 홉스의 정치철학

　토마스 홉스(Thomas Hobbes, 1588~1679)가 1651년에 발표한 '리바이어던'(Leviathan)은 정치철학에 있어 패러다임의 전환을 가져온 저서로서,[4] 아리스토텔레스의 철학에 근거한 정치철학과는 전혀 다른 모습을 보여준다. 이 책에서 홉스는 이전 정치철학의 흐름과 절연하고, 개인주의에 바탕을 둔 계약이론에 의거해서 국가권력을 정당화하는데, 이로 인해 그는 근대 정치철학의 창시자로 간주된다.[5] 정치철학의 새로운 방향을 제시한 '리바이어던'이지만, 이 책은 홉스에게 큰 불행을 가져왔다. 리바이어던이라는 절대군주제를 주장하여 의회파로부터 배척당할 뿐 아니라, 종교에 대한 이단적인 견해를 주장하여 국교회와 왕당파에게도 배척당한다.[6] 또한 군주의 절대권력이 신에 의해 부여된 것이 아니라 사회계약에 기초하고 있다고 주장한 점이 왕당파의 미움을 샀다.[7]

---

4) Wolfgang Kersting(전지선 역), 홉스(인간사랑, 2006), 7면.

5) Wolfgang Kersting(전지선 역), 홉스(인간사랑, 2006), 5면, 7면; "최고의 학식을 자랑하는 저술가들조차 '시민법'(lex civile)과 '시민권'(jus civile)을 같은 것으로 혼동하는 경우가 있는데, 잘못된 일이다. 왜냐하면 '권리'는 '자유', 즉 시민법이 우리들에게 남겨준 자유를 말하는 반면, '시민법'은 '의무'이며, 자연법이 우리에게 부여한 권리를 가져가는 법이기 때문이다. […] '법'(lex)과 '권리'(jus)가 다른 것은 '의무'와 '자유'가 다른 것과 같다." Thomas Hobbes(진석용 역), 리바이어던 1(나남, 2008), 376면.

6) 문지영, 국가를 계약하라 홉스&로크(김영사, 2007/2011), 41면 이하.

7) 문지영, 국가를 계약하라 홉스&로크(김영사, 2007/2011), 53면.

토마스 홉스가 개인주의에 바탕을 둔 사회계약론을 통해 국가권력을 정당화하고, 법실증주의라는 새로운 법사상을 제기할 수 있었던 역사적 배경에는 아리스토텔레스의 목적론적 세계관의 해체가 자리하고 있다. 둔스 스코투스와 윌리엄 오컴에 의해 제기된 주의주의와 유명론, 그리고 인과법칙에 기초한 자연과학의 발전에 의해 아리스토텔레스의 목적론적 세계관은 붕괴되기 시작했다. 홉스는 유명론에 기초하여,[8] 옛날 도덕 철학자들의 책에 나오는 '궁극목적'(finis ultimus)이나 '최고선'(summum bonum) 따위는 없다고 보았다.[9] 대신에 자신의 유물론적 세계관을 등장시켜 욕구, 혐오, 기쁨, 고통, 공포, 희망과 같은 인간의 '정념'(passion)에 주목하였다.[10]

토마스 홉스의 정치철학은 목적론적 세계관을 부정하고 인간의 정념에 기초한다는 점에서 아리스토텔레스 철학과 다를 뿐 아니라, 국가공동체를 구성하는 방식에 있어서도 아리스토텔레스 철학과 차이를 드러낸다. 아리스토텔레스 철학에 따르면, 국가공동체는 정치적 동물이라는 인간의 본성에 의거해 자연적으로 발생하는 것이다. 인간은 정치적 동물이기 때문에, 인간은 태생적으로 정치적 공동체를 구성하고, 공동체에 참여하면서 올바른 삶을 추구하게 된다.[11] 아리스토텔레스의 철학을 부정

---

[8] "이름 중에는 '피터', '존', '이 남자', '이 나무'처럼 오직 하나의 사물에만 '고유하게'(proper) 적용되는 것이 있는가 하면, 인간, 말, 나무 등과 같이 여러 사물들에 대해 '공통으로'(common) 적용되는 것도 있다. 후자는 이름은 하나지만 여러 개체들이 같이 쓰는 이름이다. 그 모든 개념들에 다 같이 적용된다는 점에서 '보편적인 것'이라고 불린다. 세상에는 이름 이외에는 보편적인 것이 없다. 그 이름이 적용되는 대상은 하나하나가 다 개별자로서 하나 뿐인 것이기 때문이다." Thomas Hobbes(진석용 역), 리바이어던 1(나남, 2008), 53면.

[9] Thomas Hobbes(진석용 역), 리바이어던 1(나남, 2008), 137면. '궁극목적'과 '최고선' 등은 아리스토텔레스 이래 토마스 아퀴나스에 이르기까지 서양철학 및 중세신학의 주제였다. Thomas Hobbes(진석용 역), 리바이어던 1(나남, 2008), 137면.

[10] Thomas Hobbes(진석용 역), 리바이어던 1(나남, 2008), 76면 이하; "홉스에 있어서는 운동하는 물질 세계 외에 도덕적 세계가 따로 존재하지 않으며, 도덕적 의무나 객관적으로 인정될 수 있는 계명 같은 것도 존재하지 않는다. 오직 선호하고 추구하는 경향과 회피 및 혐오라는 두 개의 심리적 기본 움직임이 있을 뿐이다. 선이나 악, 추함 등과 같은 개념은 객관적 도덕 의미를 지니는 것이 아니라 어디까지나 주관적 심리에 관한 것이다." Wolfgang Kersting(전지선 역), 홉스(인간사랑, 2006), 88면.

[11] Wolfgang Kersting(전지선 역), 홉스(인간사랑, 2006), 18면, 24면; 문지영, 국가를 계약하라 홉스&로크(김영사, 2007/2011), 53면, 59면.

하는 홉스는 아리스토텔레스와는 아주 다른 방법으로 국가공동체를 구상한다. 홉스에 따르면, 국가공동체는 정치적 동물이라는 인간의 본성에 의거해 자연적으로 발생하는 것이 아니라, 자연상태에서의 인간의 이기적인 본성에 근거하여 인위적으로 만들어지는 것이다.

(2) 자연상태 - 만인의 만인에 대한 전쟁상태

홉스에 따르면 자연상태에서의 인간은 모두 평등하다. 자연은 인간이 육체적, 정신적 능력의 측면에서 평등하도록 창조하였는데,[12] 이러한 '능력의 평등'에서 '희망의 평등'이 생긴다. 즉 누구든지 동일한 수준의 기대와 희망을 품고서 목적을 설정하고, 그 목적을 달성하기 위해 노력한다.[13] 하지만 재화의 한정성 때문에 경쟁은 불가피해지고, 상대방에 대해 적대적 감정을 품고 '자기보존'에 여념이 없게 된다.[14] 자연상태에는 평등상태에서의 경쟁, 불신, 공명심을 제어할 수 있는 장치, 즉 그들 모두를 위압하는 공통의 권력이 없기 때문에, '만인의 만인에 대한 전쟁상태'로 빠져든다.[15] 인간은 인간에 대해 늑대이다(Homo homini lupus). 자연상태의 인간은 공동체 감정

---

12) "자연은 인간이 육체적, 정신적 능력의 측면에서 평등하도록 창조했다. 간혹 육체적 능력이 남보다 더 강한 사람도 있고, 정신적 능력이 남보다 뛰어난 경우도 있지만, 양쪽을 모두 합하여 평가한다면, 인간들 사이에 능력 차이는 거의 없다. 있다고 하더라도 다른 사람보다 더 많은 이익을 주장할 수 있을 만큼 크지는 않다. 왜냐하면 체력이 아무리 약한 사람이라 하더라도 음모를 꾸미거나, 혹은 같은 처지에 있는 약자들끼리 공모하면 아무리 강한 사람이라도 충분히 죽일 수 있기 때문이다." Thomas Hobbes(진석용 역), 리바이어던 1(나남, 2008), 168면.
13) Thomas Hobbes(진석용 역), 리바이어던 1(나남, 2008), 169면.
14) Wolfgang Kersting(전지선 역), 홉스(인간사랑, 2006), 131면 이하; "경쟁(competition), 불신(diffidence), 공명심(glory)은 인간들 사이에 분쟁이 발생하는 세 가지 원인이다. 인간은 경쟁 때문에 이익확보를 위한 약탈자가 되고, 불신 때문에 안전보장을 위한 침략자가 되고, 공명심 때문에 명예수호를 위한 공격자가 되는 것이다." Thomas Hobbes(진석용 역), 리바이어던 1(나남, 2008), 171면.
15) Thomas Hobbes(진석용 역), 리바이어던 1(나남, 2008), 171면.

이 없으며, 사회성을 타고나지 않은 원자적 인간이다.[16] 자연상태는 전쟁상태이며, 법이 없는 상태이기 때문에 인간은 '자기보존'을 추구하게 된다.[17]

홉스는 자연상태, 즉 만인의 만인에 대한 전쟁상태를 다음과 같이 비참하게 그리고 있다. "전쟁상태에서 벌어지는 모든 일은 만인이 만인에 대해 적인 상태, 즉 자기 자신의 힘과 노력 이외에는 어떠한 안전대책도 존재하지 않는 상태에서도 똑같이 발생할 수 있다. 이러한 상태에서는 성과는 불확실하기 때문에 근로의 여지가 없다. 토지의 경작이나, 해상무역, 편리한 건물, 무거운 물건을 운반하는 기계, 지표에 관한 지식, 시간의 계산도 없고, 예술이나 학문도 없으며, 사회도 없다. 끊임없는 공포와 생사의 갈림길에서 인간의 삶은 고독하고, 가난하고, 험악하고, 잔인하고, 그리고 짧다."[18]

홉스는 인간의 정념으로부터 이끌어낸 '자연상태'에 대한 자신의 추론이 전세계에 걸쳐 보편적으로 존재했다고는 생각하지 않았다.[19] 자신의 추론이 경험적으로도 뒷받침될 수 있는지에 대해 몇몇 경험적 증거를 제시하고 있을 뿐이다.[20] 따라서 우

---

16) 문지영, 국가를 계약하라 홉스&로크(김영사, 2007/2011), 64면.

17) "같은 것을 두고 두 사람이 서로 가지려 한다면, 그 둘은 서로 적이 되고, 따라서 상대방을 파괴하거나 굴복시키려 하게 된다. 파괴와 정복을 불가피하게 만드는 경쟁의 주된 목적은 자기보존이다." Thomas Hobbes(진석용 역), 리바이어던 1(나남, 2008), 169면.

18) Thomas Hobbes(진석용 역), 리바이어던 1(나남, 2008), 172면; "만인이 만인에 대하여 전쟁을 하는 상황에서는 그 어떠한 것도 부당한 것이 될 수 없다. 정과 사의 관념, 정의와 불의의 구별이 존재하지 않기 때문이다. 공통의 권력이 없는 곳에는 법이 존재하지 않는다. 법이 없는 곳에는 불의도 존재하지 않는다. 전쟁에서 요구되는 것은 오로지 폭력과 기만뿐이다." "정의, 불의는 사회생활을 하는 인간들과 관계있는 성질일 뿐, 고립적으로 존재하는 인간들과는 아무런 관계가 없다. 또한 그러한 전쟁상태에서는 소유(property)도, 영유(dominion)도, '내 것'과 '네 것'의 구별도 존재하지 않는다. 획득 가능한 모든 것이 자기 것이며, 자기 것으로 유지 가능한 기간 동안 자기 것이다." Thomas Hobbes(진석용 역), 리바이어던 1(나남, 2008), 174면.

19) Thomas Hobbes(진석용 역), 리바이어던 1(나남, 2008), 173면.

20) "아메리카 곳곳에서 많은 야만족들이 오늘날에도 여전히 국가가 없는 상태에서, 앞에서 말한 바와 같은 잔인한 삶을 살고 있다. 기껏해야 몇몇 가족들이 모여 본능적 욕망에 따라 일시적으로 합의를 이루어나갈 뿐이다. 어쨌든, 두려워할 만한 공통의 권력이 존재하지 않는 곳에서 인간의 삶이 어떠할 것인가 하는 것은 평화로운 국가 생활을 하다가 내란에 빠져들곤 했던 인간의 역사를 살펴보는 것으로도 족할 것이다." Thomas Hobbes(진석용 역), 리바이어던 1(나남, 2008), 173면.

리는 홉스의 자연상태가 가상적인 것이지 현실적인 것이 아님을 알 수 있다.[21]

(3) 자연법과 자연권

홉스는 자신의 이론을 구상함에 있어 '자연법과 자연권'을 새롭게 구성하는데, '자기보존'에 대한 인간의 관심에서 자연법과 자연권을 도출한다.[22] 하지만 홉스는 자연법론자가 아니라 법실증주의자임에 유의해야 한다. 홉스도 완전한 자연상태에서의 자연법은 법이라기보다는 오히려 인간으로 하여금 평화와 복종을 지향하게 하는 성질이라고 말하면서, 코먼웰스가 설립되고 나면 그것이 법이 되지만, 코먼웰스가 설립되기 전까지는 아직 법이 아니라고 단언하고 있다.[23] 자연법은 자연상태에서는 무력하며, 자연법은 평화를 유지하기에는 충분하지 않다.[24]

홉스가 주장하는 제1의 자연법은 다음과 같다. "모든 사람은, 달성될 가망이 있는 한, 평화를 얻기 위해 노력해야 한다. 평화를 달성하는 일이 불가능할 경우에는 전쟁에서 승리하기 위한 어떤 수단이라도 사용해도 좋다." 이 원칙의 앞부분은 자연법의 기본을 나타내고 있는 것으로서 '평화를 추구하라'는 것이고, 뒷부분은 자연권의 요지를 나타내고 있는 것으로서 '모든 수단을 동원하여 자신을 방어하라'는 것이다.[25]

---

21) Robert L. Arrington(김성호 역), 서양 윤리학사(서광사, 1998), 257면.
22) Samuel Enoch Stumpf/James Fieser(이광래 역), 소크라테스에서 포스트모더니즘까지(열린책들, 2008), 341면.
23) "완전한 자연상태에서 보면 이러한 자연법은 법이라기보다는 오히려 인간으로 하여금 평화와 복종을 지향하게 하는 성질이다. 코먼웰스가 설립되고 나면 그것이 법이 되지만, 코먼웰스가 설립되기 전까지는 아직 법이 아니다. 코먼웰스가 성립되어야 자연법이 코먼웰스의 명령이 되고, 따라서 시민법이 된다. 사람들로 하여금 이들 법에 복종하도록 만드는 것이 바로 주권자이기 때문이다." Thomas Hobbes(진석용 역), 리바이어던 1(나남, 2008), 350면.
24) Thomas Hobbes(이준호 역), 시민론: 정부와 사회에 관한 기초철학(서광사, 2013), 105~106면.
25) Thomas Hobbes(진석용 역), 리바이어던 1(나남, 2008), 177면.

홉스는 자연권을 (홉스 자신의 방식으로) '모든 사람이 그 자신의 본성, 즉 자신의 생명을 보존하기 위해 자기 뜻대로 힘을 사용할 수 있는 자유, 즉 그 자신의 판단과 이성에 따라 가장 적합한 조치라고 생각되는 어떤 일을 할 수 있는 자유'로 정의한다.[26] 따라서 자신의 생명을 파괴하는 행위나 자신의 생명보존의 수단을 박탈하는 행위는 금지되며, 또한 자신의 생명보존에 가장 적합하다고 생각되는 행위를 포기하는 것이 금지된다.[27]

홉스가 주장하는 제2의 자연법은 평화추구의 의무를 규정한 제1의 자연법으로부터 도출된다. 자기보존에 대한 자연권을 그대로 가지고 있으면 평화추구에 대한 제1의 자연법을 지킬 수 없으므로, 자기보존에 대한 자연권은 포기되어야 한다.[28] "인간은 평화와, 그리고 자기 방어가 보장되는 한, 또한 다른 사람들도 다 같이 그렇게 할 경우, 만물에 대한 이러한 권리를 기꺼이 포기하고, 자신이 타인에게 허락한 만큼의 자유를 타인에 대해 갖는 것으로 만족해야 한다." 모든 사람이 자기 뜻대로 무엇이든지 할 수 있는 그런 권리를 보유하는 한, 모든 인간은 전쟁상태에 놓이게 되기 때문이다. 그러나 자기는 그러한 권리를 포기할 의사는 있지만, 다른 사람들은 그러한 권리를 포기할 의사가 없는 경우에는, 어느 누구도 자신의 권리를 포기할 이유가 없다.[29]

인간이 본래부터 가지고 있는 자기보존의 자연권을 타인에게 양도하지 않고 자기가 계속 가지고 있는 경우에는, 만인에 대한 만인의 투쟁상태를 종식시키지 못한다. 제1의 자연법(평화를 추구하라)과 제2의 자연법(자연권을 포기하라)은 자기보존의 자연권을 타인에게 양도할 것을 명하는데, 이로부터 제3의 자연법이 생겨난다. "신의계약을 맺었으면 지켜야 한다."[30]

---

26) Thomas Hobbes(진석용 역), 리바이어던 1(나남, 2008), 176면.
27) Thomas Hobbes(진석용 역), 리바이어던 1(나남, 2008), 176면.
28) Thomas Hobbes(이준호 역), 시민론: 정부와 사회에 관한 기초철학(서광사, 2013), 51면.
29) Thomas Hobbes(진석용 역), 리바이어던 1(나남, 2008), 177~178면.
30) Thomas Hobbes(진석용 역), 리바이어던 1(나남, 2008), 194면; Robert L. Arrington(김성호 역), 서양 윤리학사(서광사, 1998), 264면 이하.

(4) 신의계약

1) 권리 양도와 주권 설립의 계약

인류의 평화를 위해서는 자연상태의 모든 인간은 자기보존의 자연권을 타인에게 양도하는 방식으로 포기해야 한다. 모든 사람이 판관(判官)인 자연상태에서는 평화를 유지할 수 없고,[31] 소수의 사람이 판관인 사회상태에서야 비로소 평화를 유지할 수 있다. 그래서 홉스는 '영원불멸의 하나님'(immortal God)의 가호 아래, 인간에게 평화와 방위를 보장하는 '지상의 신'(mortal god)인 리바이어던, 코먼웰스를 탄생시켰다.[32] 홉스는 정의의 본질은 유효한 계약을 지키는 데 있으며, 계약의 유효성은 그 계약의 이행을 충분히 강제할 수 있는 사회적 권력의 수립과 더불어 시작되며, 그때 비로소 소유권도 발생한다고 보았다.[33] 홉스에 따르면, 자연상태 하의 인간들은 '코먼웰스'라는 인공 인간을 만들고, 자신의 자연권을 양도한다. "나는 스스로를 다스리는 권리를 이 사람 혹은 이 합의체에 완전히 양도할 것을 승인한다. 단 그대도 그대의 권리를 양도하여 그의 활동을 승인한다는 조건 아래."[34] 이는 자연상태를 통제할 수 있는 주권자(sovereign)를 세우고, 그에게 모든

---

[31] Thomas Hobbes(진석용 역), 리바이어던 1(나남, 2008), 190면.

[32] Thomas Hobbes(진석용 역), 리바이어던 1(나남, 2008), 232면.

[33] Thomas Hobbes(진석용 역), 리바이어던 1(나남, 2008), 195~196면; "정의와 불의의 개념이 존재하기에 앞서, 먼저 어떤 강제적 힘이 존재해야 한다. 이 강제력이 하는 일은 신의계약을 이행하지 않았을 때 얻을 수 있는 이익보다는 더 큰 처벌의 공포를 통하여 신의계약 당사자 쌍방이 각각의 채무를 이행하도록 평등하게 강제하고, 그들이 보편적 권리를 포기한 대가로 상호계약에 의해 소유권을 확보할 수 있도록 보장하는 것이다. 이런 일을 가능하게 하는 힘은 코먼웰스가 수립되기 전까지는 존재하지 않는다." Thomas Hobbes(진석용 역), 리바이어던 1(나남, 2008), 194~195면.

[34] Thomas Hobbes(진석용 역), 리바이어던 1(나남, 2008), 232면; "계약자 쌍방이 계약의 내용을 현재 이행하지 않은 상태에서 상호신뢰를 바탕으로 한 신의계약이 자연상태, 즉 만인에 대한 만인의 전쟁상태에서 체결되었다면, 어느 모로 보나 이 계약은 무효이다. 그러나 그들 쌍방에 대하여 약정된 채무를 이행하도록 강제할 수 있는 충분한 권리와 힘을 가진 공통의 권력이 존재한

권력과 힘을 양도하여 그로 하여금 주권적 권력(sovereign power)을 행사하게 하는 주권 설립의 계약이다.[35] 이제 권리의 양도를 통해서 권리를 포기한 자는 권리를 양도받은 자의 권리행사를 방해하지 않을 의무가 있다. 만일 권리를 포기한 자가 권리를 양도받은 자의 권리행사를 방해한다면 이는 불의이며, 권리침해에 해당한다.[36] 코먼웰스를 설립한 이상, 신의계약에 의해 주권자의 행위와 판단을 자기 자신의 것으로 인정할 의무가 있다.[37] 주권의 설립에 의해, 모든 백성은 주권자의 모든 행위와 모든 판단의 본인이 된다.[38] 주권자에 대한 백성의 동의는 다음과 같은 말에 포함되어 있다. "나는 주권자의 모든 행위에 권위를 부여한다, 혹은 나 자신의 행위로 간주한다."[39]

홉스는 신의계약에 의해 세워지는 주권자의 권리를 막강한 것으로 묘사하고 있다. 주권자는 신민의 평화와 안전을 위하여 편리하다고 생각하는 대로 힘과 수단을 사용할 수 있다. 주권자가 어떤 행동을 하든지 백성 중 어느 누구에게도 권리침해가 되지 않으며, 또한 백성들로부터 불의를 저질렀다는 비난을 받을 이유가 없으며, 주권을 가진 자는 백성에 의해서 처형되거나, 또는 어떠한 방식으로든 처벌될 수 없고, 책이 출판되기 전에 그 내용에 대해 검열하는 일을 누구에게 맡

다면, 그 계약은 무효가 아니다. 자연상태, 즉 모든 사람이 평등하고, 각자가 품게 된 공포심의 정당성에 관한 판단도 각자가 하게 되는 자연상태에서는 그러한 강제적 힘을 기대할 수 없다. 강제적 힘에 대한 공포가 없으면 말로 이루어진 약정은 인간의 야심, 탐욕, 분노 및 다른 정념을 이겨내지 못한다. 따라서 채무의 선이행자는 상대방이 나중에 이행할 것이라는 보증을 받을 수가 없다. 이러한 보증이 없는 상태에서 채무를 먼저 이행하는 것은 자기 자신을 적에게 넘겨주는 것과 다를 바가 없다." Thomas Hobbes(진석용 역), 리바이어던 1(나남, 2008), 186면. "그러나 사회상태에서는 그런 걱정을 할 이유가 없다. 사회상태에서는 반신의행위를 하는 자를 규제하는 권력이 존재하기 때문에 어느 일방에게 채무의 선이행이 의무화된 신의계약 같은 것이 유효하게 성립할 수 있다." Thomas Hobbes(진석용 역), 리바이어던 1(나남, 2008), 187면.

35) Thomas Hobbes(진석용 역), 리바이어던 1(나남, 2008), 222면, 232면.
36) Thomas Hobbes(진석용 역), 리바이어던 1(나남, 2008), 179~180면.
37) Thomas Hobbes(진석용 역), 리바이어던 1(나남, 2008), 235면.
38) Thomas Hobbes(진석용 역), 리바이어던 1(나남, 2008), 239면.
39) Thomas Hobbes(진석용 역), 리바이어던 1(나남, 2008), 290면.

길 것인가에 대한 판단 등도 모두 주권자에게 속하며, 백성 각자가 동료 백성의 간섭을 받지 아니하고 누릴 수 있는 재산이 무엇이며, 할 수 있는 활동이 무엇인지에 대한 규칙을 제정할 수 있는 권한도 주권자에게 있다(그 규칙이 바로 사람들이 '소유권'이라고 부르는 것이다). 또한 주권자는 사법권을 가지며, 다른 민족 혹은 다른 코먼웰스와 전쟁 또는 강화할 권리가 있고, 평시와 전시를 막론하고 모든 고문관, 장관, 행정관, 관리를 선임할 권리를 가지고, 법을 제정하여 재산이나 영작으로 상을 수여하거나, 신체형, 재산형, 작위의 박탈 등으로 처벌할 권리가 있다.[40]

2) 신의계약 - 저항권?

홉스는 계약과 신의계약을 구별하면서, 인간과 코먼웰스 간의 계약을 신의계약(covenant)이라고 칭한다. "권리를 서로 양도하는 것을 계약(contract)이라고 한다. 사물에 대한 권리를 양도하는 것과, 사물 그 자체를 양도 및 교부, 즉 인도하는 것은 서로 다른 것이다. […] 또한 계약당사자 중 일방이 약정된 물품을 상대방에게 인도하고, 상대방의 채무는 일정 기간이 지난 후의 특정 시점에 이행하도록, 신뢰하고 기다릴 수도 있다. 이러한 종류의 계약은 채무를 먼저 이행한 선이행자의 입장에서 보면 약정(pact), 또는 신의계약에 해당한다."[41] 인간과 코먼웰스 간의 신의계약에서 자연권의 양도(또는 포기)는 현재 이루어지는 반면(그 결과 주권이 성립한다), 주권으로부터의 보호는 현재로부터 미래에 이르기까지 계속되는 이른바 '약속'의 성격을 띤다.[42] 인민의 평화와 안전이야말로 리바이어던의 설립 목적이다.[43] 복종의 목적은 보호를 얻는 데 있다.[44] 자연상태의 인간과 리바이어던 상호

---

40) Thomas Hobbes(진석용 역), 리바이어던 1(나남, 2008), 239면 이하.
41) Thomas Hobbes(진석용 역), 리바이어던 1(나남, 2008), 181면.
42) '리바이어던'의 역자인 진석용 교수는 이러한 권리양도의 시차를 반영하기 위해 홉스가 'contract'(계약)가 아닌 'covenant'(신의계약)라는 단어를 선택한 것으로 보인다고 말한다. Thomas Hobbes(진석용 역), 리바이어던 1(나남, 2008), 180~181면(역자 각주).
43) Thomas Hobbes(진석용 역), 리바이어던 1(나남, 2008), 251면; 홉스는 통치자를 리바이어던(Leviathan)에 비유했는데, 이 용어는 '욥기' 제41장에서 가져온 것이다 [Thomas Hobbes(진

간의 신의계약의 사슬은 그 자체로는 약하다. 그럼에도 이 사슬이 끊어지지 않는 이유는 끊기가 어려워서가 아니라 사슬을 끊었을 때 생기는 위험 때문이다.[45] 이 사슬이 끊어지는 경우가 있는데 이는 주권자가 더 이상 백성을 보호할 수 없어 백성에게 자연보존의 자연적 권리가 발동하는 때이다. "주권자에 대한 백성의 의무는, 백성을 보호할 수 있는 권력이 주권자의 손에서 지속되는 한, 그리고 오직 지속되는 동안에만 계속되는 것으로 생각된다. 인간에게는 달리 아무도 보호해줄 자가 없는 경우에는 자기보존의 자연적 권리가 있고, 이 권리는 어떤 신의계약으로도 양도할 수 없기 때문이다. […] 복종의 목적은 보호를 얻는 데 있다."[46]

(5) 실정법(시민법)을 통한 법적 안정성 보장

'법적 안정성'은 무엇보다도 홉스 법사상의 핵심을 이룬다. 홉스는 무엇보다도 '실정법을 통한 법적 안정성'을 매우 중요시하게 생각하였다. 홉스는 '자연법의 실재존

석용 역), 리바이어던1(나남, 2008), 412면]. 우리나라 성경 욥기 41장에는 '리워야단'으로 표현되어 있다. "세상에는 그것과 비할 것이 없으니 그것은 두려움이 없는 것으로 지음 받았구나. 그것은 모든 높은 자를 내려다보며 모든 교만한 자들에게 군림하는 왕이니라."(제41장 33절, 34절)

44) Thomas Hobbes(진석용 역), 리바이어던1(나남, 2008), 294면.
45) Thomas Hobbes(진석용 역), 리바이어던1(나남, 2008), 282면.
46) Thomas Hobbes(진석용 역), 리바이어던1(나남, 2008), 294면; "자신의 권리를 포기하는 행위는 자발적 행위인데, 모든 자발적 행위는 '자신의 이익'을 목적으로 한다. 그러므로 어떤 서약과 어떤 표시에 의해서도 결코 폐기 혹은 양도된 것으로 볼 수 없는 권리들이 존재한다. 첫째, 폭력적 공격으로 생명을 빼앗으려는 자들에 대하여 저항할 권리는 누구라도 포기할 수 없다." Thomas Hobbes(진석용 역), 리바이어던1(나남, 2008), 180면. "자기보존 및 자기보호가 모든 권리포기 행위의 목적이기 때문에, 폭력에 대한 저항의 포기를 약속하는 신의계약은 무효로서 어떠한 권리 이전도 없으며, 또한 어떠한 채무도 발생하지 않는다." Thomas Hobbes(진석용 역), 리바이어던1(나남, 2008), 190면. "신민은 부패한 재판관에게 자신들이 대항할 권리를 가져야 한다." Thomas Hobbes(이준호 역), 시민론: 정부와 사회에 관한 기초철학(서광사, 2013), 233면.

재론'에서 주장하는 '객관적으로 타당한 질서'가 어느 일방만이 주장하는 것이며, '자연법의 강한 인지주의'에서는 자신들만이 그 질서를 인식할 수 있다고 주장하는 독단에 빠져, 서로가 서로를 죽이는 종교전쟁을 낳았다는 점을 인식했다. 홉스에 따르면, 자연법은 현실을 구속하는 힘이 없으며, 실정법의 효력을 오히려 약화시킨다. "모든 선험적 자연법론은 현실의 질서를 바로잡을 수 없었을 뿐만 아니라, 기존의 실정 질서들의 구속력을 상대화시킴으로써 오히려 더 파괴시켰다. 홉스는 법은 인간의 생활설계의 유일한 가치라고 생각했다. 그리고 이 가치는 단순한 이념적, 비현실적 질서일 수는 없으며, 현실을 형성하는 힘을 가질 때에만 그 가치적 성격을 갖는다고 믿었다. 가장 이상적인 질서가 만인의 만인에 대해 투쟁을 극복할 힘을 가지지 못한다면 무가치하며, 반면 아주 불완전한 긴급질서라도 적어도 자연상태의 혼란을 극복하고 현실적인 질서를 복구한다면 이는 바로 현존재를 보장해 주는 질서로서 핵심적인 법가치를 지닌다. 홉스의 자연법을 떠받치고 있는 사상은 현실을 형성하는 질서라는 법적 안정성의 사상, 즉 법 안에서 그리고 법을 통한 안정이라는 사상이다."[47] 선과 악, 정의와 불의를 결정하는 것은 진리가 아니라 주권자의 의지이다.[48] "진리가 아니라 권위가 법을 만든다(Non veritas sed auctoritas facit legem)." 코먼웰스 이외에는 어느 누구도 법을 제정할 수 없다.[49] 아무리 자연적으로 합리적인 것이라 할지라도 주권자의 권력에 의해서만 법이 된다.[50] 법은 '명령'인데, 명령은 명령을 내리는 자의 의지가 음성이나 문서 및 기타 충분한 증거에 의해 선언되거나 명시된 것이다.[51] 홉스는 시민법을 '모든 백성들이 선악의 구별, 즉 무엇이 규칙에 위배되고 무엇이 규칙에 위배되지 않는가를 구별하는 데 사용할 수 있도록 말·문서 기타 의지를 나타내기

---

47) Hans Welzel(박은정 역), 자연법과 실질적 정의(삼영사, 2001/2005), 170면.
48) "모든 법률은 성문법이건 불문법이건 그 권한과 효력이 코먼웰스의 의지에서, 즉 그 대표자의 의지에서 생겨난다. 군주정의 경우에는 군주의 의지에서, 다른 코먼웰스의 경우에는 주권을 지닌 합의체의 의지에서 생겨난다." Thomas Hobbes(진석용 역), 리바이어던 1(나남, 2008), 352면.
49) Thomas Hobbes(진석용 역), 리바이어던 1(나남, 2008), 348면.
50) Thomas Hobbes(진석용 역), 리바이어던 1(나남, 2008), 361면.
51) Thomas Hobbes(진석용 역), 리바이어던 1(나남, 2008), 348면, 354면.

에 충분한 표지를 통해 코먼웰스가 명령한 규칙들'이라고 정의내린다.[52]

2. 관련 판례

(1) 검찰의 5·18 불기소처분

서울지방검찰청과 국방부 검찰부는 1995년 7월 18일에 발표한 '5·18 관련 사건 수사 결과 발표문'에서 '성공한 내란은 처벌할 수 없다', 완성된 사실의 규범적 효력을 주장하는 사실의 규범력(normative Kraft des Faktischen), 실효적인 법질서, '법적 안정성'의 요구를 이유로 구체적으로 내란죄 등에 해당하는 여부를 판단하지 않고 형식판단 우선법리에 따라 전원 공소권 없음 결정을 하였다.

"정치적 변혁 과정에서 새로운 정권과 헌법질서를 창출하기에 이른 일련의 행위들이 사법 심사의 대상이 되는지 여부에 대해서는 아직 사법부에서 판

---

[52] Thomas Hobbes(진석용 역), 리바이어던 1(나남, 2008), 348면; "홉스는 정치철학 역사상 최초의 실정법주의자였다. 실정법의 저편이나 실정법의 이면은 그에게 결코 존재하지 않는다. 물리주의(Physikalismus)는 자연과 하늘을 모두 공허하게 만들었다. 홉스에 있어 영원한 공정성의 규범은 더 이상 별들 사이에 존재하지 않으며, 공정성 규범의 도구화에 의해 이성도 더 이상 구속력을 갖는 입법의 주체가 되지 않는다. 국가 외에는 어떤 입법기관도 있을 수 없으며, 오직 국가가 정한 법만이 그 효력범위에서 무엇이 정당하고 정당하지 않는가를 결정한다. 이것이 바로 국가 외에는 어떤 입법기관도 있을 수 없으며, 오직 국가가 정한 법만이 그 효력범위에서 무엇이 정당하고 정당하지 않는가를 결정한다. 이것이 바로 그 유명한 홉스의 법률 - 실증적 공식이다: Non veritas sed auctoritas facit legem - 진리가 아니라 국가라는 입법주체가 무엇을 법으로 인정할 것인지 규정한다. 법률적 구속력이 갖는 효력은 그것이 자연법 및 이성법적 규범과 일치하는가의 여부에 달려 있는 것이 아니라 입법자가 정한 효력범위 속에서만 타당성을 얻으며, 결과적으로 기타 모든 법률의 내용적 특징과 무관하게 된다." Wolfgang Kersting(전지선 역), 홉스(인간사랑, 2006), 153~154면.

단된 사례가 없으나, 정치적 변혁의 주도 세력이 새로운 정권 창출에 성공하여 국민적 정치적 심판을 받아 새로운 헌정질서를 수립해 나간 경우에는,
- 새로운 정권이 출범한 현실을 인정하고, 그 정권 형성의 기초가 된 사실행위에 대하여 사실적 규범력을 인정하여 사후에 법적 인증을 하여야 한다거나 (...),
- 정치적 변혁이 성공하여 새 질서가 실효적으로 되면 새 질서가 법률질서로 되며, 이는 근본 규범의 변동으로 새로운 정부가 법 정립의 권위로 인정되는 데 따른 것으로, 만약 정치적 변혁이 실패하여 새 질서가 실효적이 되지 못한 때에는 헌법 정립이 되지 못하고 일련의 행위는 범법 행위를 구성한다거나 (...)
- 재래의 실정법 질서가 무너지고 새로운 법질서가 수립된 경우에는 법적 안정성의 요구에서 이러한 사태가 법의 기초가 되어 법적 효력을 인정받게 된다는 등의 이유로,
- 무너진 구(舊) 헌정 질서에 근거하여 새로운 정권과 헌법 질서를 창출하기 위한 행위들이 법적 효력을 다투거나 법적 책임을 물을 수 없으며, 결국 사법 심사가 불가능하다는 견해가 유력함.

- 이와 같은 헌정 질서의 연속성과 관련된 일련의 정치적 사건에 대하여 사법 기관이 사법 심사의 일환으로 그 위헌 여부를 판단할 경우, 자칫 새 정권 출범 이후 새 헌법이나 법률에 의하여 실효성을 부여받아 유지되어 온 헌정 질서와 법질서의 단절을 초래하여 정치적·사회적·법률적으로 중대한 혼란을 야기할 수 있을 뿐만 아니라,
- 새 정권 출범이후 국민투표 또는 대통령 선거 등 여러 차례의 국민적 심판과정을 통하여 형성된, 주권자인 국민의 정치적 결단과 결정을 사후에 사법적으로 번복하는 부당한 결과를 야기할 수 있으므로,
- 새 정권이 출범하여 새로운 헌법질서가 실효화된 이 사건의 경우, 피의자들이 정권 창출 과정에서 취한 일련의 조치나 행위는 앞서 본 바와 같은 이유로 사법심사가 배제된다고 보는 것이 상당함."[53]

(2) 헌법재판소법 제47조 제2항 위헌소원(헌재 2008. 9. 25. 2006헌바108 결정)

이 결정에서는 형벌법규 이외의 법률 또는 법률조항에 대한 위헌결정에 대하여 소급효를 인정하지 아니하는 헌법재판소법 제47조 제2항 본문이 위헌인지 여부가 문제되었다. 다수의견은 헌재 1993. 5. 13. 92헌가10 등 결정에서 이 사건 법률조항이 헌법에 위반되지 아니하였고, 이러한 선례를 변경하여야 할 사정변경이나 필요성이 있다고 인정되지 아니하므로, 이 사건에서도 그대로 유지하기로 한다고 판시하였다. 헌재 1993. 5. 13. 92헌가10 등 결정의 판시 이유의 요지는 다음과 같다. "헌법재판소에 의하여 위헌으로 선고된 법률 또는 법률의 조항이 제정 당시로 소급하여 효력을 상실하는가 아니면 장래에 향하여 효력을 상실하는가의 문제는 특단의 사정이 없는 한 헌법적합성의 문제라기보다는 입법자가 법적 안정성과 개인의 권리구제 등 제반이익을 비교형량하여 가면서 결정할 입법정책의 문제인 것으로 보인다. 우리의 입법자는 법 제47조 제2항 본문의 규정을 통하여 형벌법규를 제외하고는 법적 안정성을 더 높이 평가하는 방안을 선택하였는바, 이에 의하여 구체적 타당성이나 평등의 원칙이 완벽하게 실현되지 않는다고 하더라도 헌법상 법치주의의 원칙의 파생인 법적 안정성 내지 신뢰보호의 원칙에 의하여 이러한 선택은 정당화된다 할 것이고, 특단의 사정이 없는 한 이로써 헌법이 침해되는 것은 아니라 할 것이다."

반면에 조대현 재판관 1인의 헌법불합치의견은 헌법재판소법 제47조 제2항은 위헌법률에 의하여 형성된 법률관계의 법적안정성을 보호할 필요가 있는지 여부를 불문하고 위헌결정의 소급효를 제한하고 있는 점에서, 위헌법률심판제도에 의하여 헌법의 최고규범력을 확보하려는 헌법의 취지에 온전히 부합한다고 보기 어렵다고 보았다. "헌법의 최고규범성과 위헌법률심판제도의 취지에 비추어 보면, 헌법재판소가 헌법에 위반된다고 선언한 법률은 특별한 사정이 없는 한 그것이 제정된 때부터 헌법의 최고규범력에 저촉되어 효력을 가질 수 없다고 봄이 마땅하다. 헌법재판소법 제

---

53) '5·18 관련 사건 수사 결과 발표문'의 전문은 박은정/한인섭 엮음, 5·18, 법적 책임과 정치적 책임(이화여자대학교 출판부, 1995), 225면 이하에 수록되어 있다.

47조 제2항을 문리적으로 해석하면, 위헌법률은 소급적으로 실효되는 것이 아니라 원칙적으로 위헌이라고 결정된 날 이후에만 효력을 상실하고, 형벌법규만 예외적으로 소급적으로 효력을 상실한다는 취지라고 해석되는데, 이는 헌법이 위헌법률심판제도를 마련하여 헌법의 최고 규범력을 확보하려는 취지에 부합된다고 보기 어렵다. 따라서 이 사건 법률조항은 위헌법률에 의거하여 형성된 법적안정성을 보호할 필요성이 헌법의 최고규범력을 확보하야 한다는 요청보다 더 큰 지 여부를 묻지 않고 위헌법률의 소급적 실효를 부정함으로써 위헌법률심판제도를 마련하여 헌법의 최고규범력을 확보하려는 헌법의 취지에 부합되지 아니한다고 선언하고, 위헌법률의 효력이 소급적으로 실효되는 경우와 그렇지 않은 경우를 헌법의 취지에 맞게 다시 획정하는 개선입법을 촉구함이 상당하다고 할 것이다."

II. 법 자체의 안정성

'법 자체의 안정성'과 밀접하게 관련되어 있는 법원칙은 '명확성의 원칙'과 '신뢰보호의 원칙'이다. 법규정이 불명확하면 법집행당국의 자의적인 법집행이 있을 수 있으므로 법적 안정성을 해할 가능성이 생기고, 개정 전 법률을 신뢰하고 이에 기초해서 법률행위를 한 경우에 법률이 개정되었다고 하여 그 신뢰를 보호하지 않는다면 신뢰를 기초로 한 법률행위가 만든 법적 안정성을 해치는 것이 된다. 따라서 '법 자체의 안정성'을 보장하기 위해서는 법률의 표지들이 가능한 한 확정되고 자의 없이 확인될 수 있는 것이어야 하고(명확성의 원칙), 너무 쉽게 법을 변경할 수 있는 것이 아니어야 하고, 법이 바뀌더라도 일정한 경우에는 이전 법률에 대한 신뢰는 보호해 주어야 한다(신뢰보호의 원칙).[54]

1. 명확성의 원칙

명확성의 원칙은 모든 법률에 동일하게 적용되지 않는다. 형법에 가장 강하게 적용되고, 기본권이나 권리를 제한하는 법규범에 강하게 적용된다. 사회의 다양한 현상에 법규범이 대처하기 위해서는 어느 정도 탄력적인 법조문이 필요한 것도 사실이다. 정당한 해석에 의해 법조문의 불명확성이 해소된다면 이는 명확성의 원칙에 반하는 것이 아니다. 따라서 명확성의 정도는 어떤 법률에 있는 법조문인지와 해석에 의해

---

54) 김영환 교수는 '명확성으로서 법적 안정성'에 대한 사례로 헌법재판소 2002. 7. 18. 2000헌바57 결정을 들고 있고, '신뢰보호로서의 법적 안정성'에 대한 사례로 헌법재판소 2006. 3. 30. 2005헌마598 결정을 들고 있다. 김영환, 법철학의 근본문제(제3판, 홍문사, 2012), 72면 이하.

불명확성이 해소될 수 있는지 여부에 따라 달라진다.

    헌법재판소는 부담적 성격을 가지는 법조문과 수익적 성격을 가지는 법조문을 나누어 명확성의 원칙을 살피고 있다. 헌법재판소는 '명확성의 정도'에 대해 다음과 같이 판시하였다. "명확성의 원칙은 법치국가원리의 한 표현으로서 기본권을 제한하는 법규범의 내용은 명확하여야 한다는 헌법상의 원칙이다. 법규범의 의미내용이 불확실하면 법적 안정성과 예측가능성을 확보할 수 없고, 법집행 당국의 자의적인 법해석과 집행을 가능하게 한다는 것을 그 근거로 한다(헌재 1990. 4. 2. 89헌가113; 1996. 8. 29. 94헌바15; 2001. 10. 25. 2001헌바9). 즉, 법률은 명확한 용어로 규정함으로써 적용대상자에게 그 규제내용을 미리 알 수 있도록 공정한 고지를 하여 장래의 행동지침을 주어야 차별적이거나 자의적인 법해석을 예방할 수 있는 것인데, 법규범의 의미내용으로부터 무엇이 금지되는 행위이고 무엇이 허용되는 행위인지를 국민이 알 수 없다면, 법적 안정성과 예측가능성은 확보될 수 없게 될 것이고, 법집행 당국에 의한 자의적 집행이 가능하게 될 것이다(헌재 1992. 4. 28. 90헌바27; 1998. 4. 30 95헌가16; 2000. 2. 24. 98헌바37). 명확성의 원칙에서 명확성의 정도는 모든 법률에 있어서 동일한 정도로 요구되는 것은 아니고, 개개의 법률이나 법조항의 성격에 따라 요구되는 정도에 차이가 있을 수 있으며, 각각의 구성요건의 특수성과 그러한 법률이 제정되게 된 배경이나 상황에 따라 달라질 수 있다고 할 것이다. 일반론으로는 어떠한 규정이 부담적 성격을 가지는 경우에는 수익적 성격을 가지는 경우에 비하여 명확성의 원칙이 더욱 엄격하게 요구되고, 죄형법정주의가 지배하는 형사관련 법률에서는 명확성의 정도가 강화되어 더 엄격한 기준이 적용되지만, 일반적인 법률에서는 명확성의 정도가 그리 강하게 요구되지 않기 때문에 상대적으로 완화된 기준이 적용된다(헌재 2000. 2. 24. 98헌바37)."[55]

    헌법재판소는 법률 해석과 관련하여 명확성의 원칙을 살폈다. 이에 따르면, 불확정개념을 사용한 법규범이라고 하더라도 법률해석을 통하여 행정청과 법원의 자의적인 적용을 배제할 수 있다면 명확성의 원칙에 반하지 않는다. "어떠한 법규범이 명확

---

55) 헌재 2002.7.18. 2000헌바57 결정

한지 여부를 판단하는 기준은 명확성원칙의 근거와 관련하여 찾을 수 있다. 명확성원칙은 법규범의 의미내용이 불확실하면 법적 안정성과 예측가능성을 확보할 수 없고 법집행 당국의 자의적인 법해석과 집행을 가능하게 한다는 것을 그 근거로 하므로(헌재 2002. 7. 18. 2000헌바57), 당해 법규범이 수범자에게 법규의 의미내용을 알 수 있도록 공정한 고지를 하여 예측가능성을 주고 있는지 여부 및 당해 법규범이 법을 해석·집행하는 기관에게 충분한 의미내용을 규율하여 자의적인 법해석이나 법집행이 배제되는지 여부, 다시 말하면 예측가능성 및 자의적 법집행 배제가 확보되는지 여부에 따라 명확성원칙에 위반되는지 여부를 판단할 수 있다. 법규범이 불확정개념을 사용하는 경우라도 법률해석을 통하여 행정청과 법원의 자의적인 적용을 배제하는 합리적이고 객관적인 기준을 얻는 것이 가능한 경우(헌재 2004. 7. 15. 2003헌바35 등), 즉 자의를 허용하지 않는 통상의 합리적 해석방법에 의하더라도 그 의미내용을 알 수 있는 경우(헌재 2002. 4. 25. 2001헌바26, 헌재 2002. 6. 24. 2004헌바16)는 명확성원칙에 반하지 아니한다. 법규범의 의미내용은 법규범의 문언뿐만 아니라 입법목적이나 입법취지, 입법연혁, 그리고 법규범의 체계적 구조 등을 종합적으로 고려하는 해석방법에 의하여 구체화하게 된다. 그러므로 이 사건 법률조항들이 명확성원칙에 위반되는지 여부는 위와 같은 해석방법에 의하여 이 사건 법률조항들의 의미내용을 합리적으로 파악할 수 있는 해석기준을 얻을 수 있는지 여부에 달려 있다."[56]

2. 신뢰보호 원칙

'신뢰보호 원칙'에 대해서는 구 병역법 제71조 제1항 단서 위헌소원(헌재 2002. 11. 28. 2002헌바45 결정)이 가장 잘 정리하고 있다. 이 결정문의 내용을 토대로 '신뢰보호 원칙'에 대해 살펴보겠다.

---

56) 헌재 2005.6.30. 2002헌바83 결정

(1) '법적 안정성'과의 관련성

신뢰보호의 원칙은 헌법상 법치국가의 원칙으로부터 도출되는데(헌재 1995. 10. 26. 94헌바12 결정), 그 내용은 법률의 제정이나 개정시 구법질서에 대한 당사자의 신뢰가 합리적이고도 정당하며 법률의 제정이나 개정으로 야기되는 당사자의 손해가 극심하여 새로운 입법으로 달성하고자 하는 공익적 목적이 그러한 당사자의 신뢰의 파괴를 정당화할 수 없다면, 그러한 새로운 입법은 신뢰보호의 원칙상 허용될 수 없다는 것이다. 일반적으로 국민이 어떤 법률이나 제도가 장래에도 그대로 존속될 것이라는 합리적인 신뢰를 바탕으로 하여 일정한 법적 지위를 형성한 경우, 국가는 그와 같은 법적 지위와 관련된 법규나 제도의 개폐에 있어서 법치국가의 원칙에 따라 국민의 신뢰를 최대한 보호하여 법적 안정성을 도모하여야 한다(헌재 1997. 11. 27. 97헌바10; 2001. 9. 27. 2000헌마152 결정).

신뢰보호의 원칙은 법률개정의 경우에는 구법질서에 대한 당사자의 신뢰가 문제되지만, 법률제정의 경우에는 '입법부작위에 의해 야기된 당사자의 신뢰'가 문제된다. 예컨대 헌법재판소는 여객자동차운수사업법 제73조의 2 등 위헌확인(헌재 2001. 6. 28. 2001헌마132 결정)에서 '입법부작위에 의해 야기된 당사자의 신뢰'를 다루고 있다.

청구인들이 이 사건 법률조항의 입법이 있기까지 관할관청의 묵인 하에 그동안 무상셔틀버스를 규제 없이 운행해 왔다 하더라도 이는 법규의 미비로 인하여 누려왔던 반사적 이익에 불과하다고 할 것이고, 설사 그렇지 않다 하더라도 청구인들이 갖고 있는 셔틀버스운행에 대한 신뢰보호와 이 사건 법률조항의 입법으로 새로이 달성하려는 공익목적과를 비교·형량할 때 공익의 우월성을 인정할 수 있으므로, 사회환경이나 경제여건의 변화에 따라 구법질서가 더 이상 적절하지 아니하다는 입법자의 정책적인 판단에 의한 이 사건 법률조항의 입법으로 말미암아 청구인들이 구법질서에서 누리던 신뢰가 손상되었다 하더라도 이를 일컬어 헌법적 한계를 넘는 위헌적인 공권력행사라고는 평가할 수 없다.

여객자동차운수사업법은 여객운송사업의 공공성 때문에 여객자동차운송사업을 하고자 하는 자에 대한 면허기준, 운임·요금의 신고 등 엄격한 규제를 가하고 있고,

나아가 운임이나 운행노선을 변경하고자 하는 경우에도 사업의 유형에 따라 중앙정부 내지는 시·도지사와의 협의와 조정을 반드시 거치도록 규정하고 있다. 이에 비하여 청구인들과 같은 백화점이나 대형 할인점 등은 그 기본적인 업태가 '상품의 판매'이지 '고객의 운송'이 아니다. 백화점 등의 무분별한 셔틀버스의 운행으로 말미암아 위와 같이 공공성을 띤 여객운송사업체의 경영에 타격을 줌으로써 건전한 여객운송질서의 확립에 장애를 불러 왔고, 셔틀버스의 운행횟수·노선수·운행거리 등의 제한을 내용으로 하는 자율감축노력은 대도시와 중소도시의 교통환경의 차이, 백화점 등 상호간 또는 기타 유통업체간의 무한경쟁의 특성상 성공하지 못하였다.[57]

(2) 이익형량의 구조

사회환경이나 경제여건의 변화에 따른 필요성에 의하여 법률은 신축적으로 변할 수밖에 없고, 변경된 새로운 법질서와 기존의 법질서 사이에는 이해관계의 상충이 불가피하다. 따라서 국민이 가지는 모든 기대 내지 신뢰가 헌법상 권리로서 보호될 것은 아니고, 신뢰의 근거 및 종류, 상실된 이익의 중요성, 침해의 방법 등에 의하여 개정된 법규·제도의 존속에 대한 개인의 신뢰가 합리적이어서 권리로서 보호할 필요성이 인정되어야 한다(헌재 2002. 2. 28. 99헌바4 결정). 그러므로 이러한 신뢰보호원칙의 위반 여부를 판단하기 위해서는, 한편으로는 침해받은 신뢰이익의 보호가치, 침해의 중한 정도, 신뢰가 손상된 정도, 신뢰침해의 방법 등과 다른 한편으로는 새로운 입법

---

[57] 반면에 권성, 김효종, 김경일, 주선회 재판관은 위헌의견에서 셔틀버스의 운행은 사회적 유해성이 없는 행위로서 자유롭게 보장되어야 하는 기본권 행사의 일환이므로 원칙적으로 허용되어야 하는 것이고, 운송사업자의 보호를 위하여 규제할 필요가 있는 구체적 유형이나 범위를 선별하여 그 경우에만 개별적으로 규제하는 입법방식을 취하는 것이 헌법이 요구하는 기본권제한입법의 체계와 방식에 부합한다. 그런데 이 사건 법률조항은 원칙적·망라적으로 모든 셔틀버스의 운행을 금지하면서 극히 협소한 예외사항만을 인정하고 있으므로, 이와 같이 거꾸로 된 규제방식은 필연적으로 규제의 필요성이 인정되지 않는 행위 즉 운송사업자의 경영에 그다지 불이익을 초래하지 않을 셔틀버스의 운행까지 광범위하게 금지하는 결과를 초래하게 되어 과잉금지라는 비례성의 원칙에 어긋난다는 견해를 밝힌다.

을 통해 실현하고자 하는 공익적 목적을 종합적으로 비교·형량하여 판단하여야 한다(헌재 1995. 10. 26. 94헌바12; 헌재 1998. 11. 26. 97헌바58; 헌재 1999. 7. 22. 97헌바76 결정).

1) 개인의 신뢰이익의 보호가치

국가가 입법행위를 통하여 개인에게 신뢰의 근거를 제공한 경우, 입법자가 자신의 종전 입법행위에 의하여 어느 정도로 구속을 받는지 여부, 다시 말하면 법률의 존속에 대한 개인의 신뢰가 어느 정도로 보호되는지 여부에 대한 주요한 판단기준으로 '법령개정의 예측성'과 '국가에 의해 유인된 신뢰의 행사여부'이다.

개인의 신뢰이익에 대한 보호가치는 법령개정의 예측성에 좌우되는데, 법적 상태의 존속에 대한 개인의 신뢰는 그가 어느 정도로 법적 상태의 변화를 예측할 수 있는지, 혹은 예측하였어야 하는지 여부에 따라 상이한 강도를 가진다.

또한 개인의 신뢰이익에 대한 보호가치는 ① 법령에 따른 개인의 행위가 국가에 의하여 일정방향으로 유인된 신뢰의 행사인지, ② 아니면 단지 법률이 부여한 기회를 활용한 것으로서 원칙적으로 사적 위험부담의 범위에 속하는 것인지 여부에 따라 달라진다. 만일 법률에 따른 개인의 행위가 단지 법률이 반사적으로 부여하는 기회의 활용을 넘어서 국가에 의하여 일정 방향으로 유인된 것이라면 특별히 보호가치가 있는 신뢰이익이 인정될 수 있고, 원칙적으로 개인의 신뢰보호가 국가의 법률개정이익에 우선된다고 볼 여지가 있다(헌재 2002. 11. 28. 2002헌바45 결정).

① **구 병역법 제71조 제1항 단서 위헌소원**(헌재 2002. 11. 28. 2002헌바45 결정)

의무사관후보생의 병적에서 제외된 사람의 징집면제연령을 31세에서 36세로 상향조정한 구 병역법 제71조 제1항 단서가 소급입법금지원칙, 신뢰보호원칙 및 평등원칙에 위반되는지 여부가 문제되었다. 여기서는 신뢰보호원칙 위반 여부만을 다룬다. 청구인의 신뢰보호원칙 위반의 주장논거는 1983년 법률에 따라서 의무사관후보생 병적에 편입된 청구인에게 이 사건 법률조항을 적용하는 것은 청구인의 기존 법질서에 대한 헌법적 신뢰를 침해한다는 것이다.

▶ **법령개정의 예측성**: 법적 상태의 존속에 대한 개인의 신뢰는 그가 어느 정도로 법적 상태의 변화를 예측할 수 있는지, 혹은 예측하였어야 하는지 여부에 따라 상이한 강도를 가진다.

그런데 일반적으로 법률은 현실상황의 변화나 입법정책의 변경 등으로 언제라도 개정될 수 있는 것이기 때문에, 원칙적으로 이에 관한 법률의 개정은 예측할 수 있다고 보아야 한다. 따라서 청구인과 같이 의과대학에 입학하여 의무사관 후보생 병적에 편입된 사람이 그 당시 법률규정에 따른 징집면제연령에 대하여 가지고 있던 기대와 신뢰가 절대적인 것이라고는 볼 수 없다.

특히, 이 사건 법률조항은 직접적인 병력형성에 관한 영역으로서, 입법자가 급변하는 정세에 따라 탄력적으로 그 징집대상자의 범위를 결정함으로써 적정한 군사력을 유지하여야 하는 강력한 공익상 필요가 있기 때문에, 이에 관한 입법자의 입법형성권의 범위가 매우 넓다는 점은 위에서 살펴본 바와 같다. 따라서 국민들은 이러한 영역에 관한 법률이 제반 사정에 따라 언제든지 변경될 수 있다는 것을 충분히 예측할 수 있다고 보아야 한다.

▶ **유인된 신뢰의 행사여부**: 개인의 신뢰이익에 대한 보호가치는 ① 법령에 따른 개인의 행위가 국가에 의하여 일정방향으로 유인된 신뢰의 행사인지, ② 아니면 단지 법률이 부여한 기회를 활용한 것으로서 원칙적으로 사적 위험부담의 범위에 속하는 것인지 여부에 따라 달라진다. 만일 법률에 따른 개인의 행위가 단지 법률이 반사적으로 부여하는 기회의 활용을 넘어서 국가에 의하여 일정 방향으로 유인된 것이라면 특별히 보호가치가 있는 신뢰이익이 인정될 수 있고, 원칙적으로 개인의 신뢰보호가 국가의 법률개정이익에 우선된다고 볼 여지가 있다.

그런데 이 사건 법률조항의 경우 국가가 입법을 통하여 개인의 행위를 일정방향으로 유도하였다고 볼 수는 없고, 따라서 청구인의 징집면제연령에 관한 기대 또는 신뢰는 단지 법률이 부여한 기회를 활용한 것으로서 원칙적으로 사적 위험부담의 범위에 속하는 것이다.

② 사법시험법시행령 제4조 제3항 등 위헌확인(헌재 2007. 4. 26. 2003헌마947; 2004헌마4·156·352·1009; 2005헌마414·1009·1263 결정)

청구인들은 자신들이 공부해 오던 제2외국어 과목으로 사법시험을 볼 수 없게 됨으로써 자신들이 제2외국어 과목으로써 사법시험을 볼 수 있으리라는 신뢰가 훼손되었다고 주장한다. 살피건대, 개인의 신뢰이익에 대한 보호가치는 ① 법령에 따른 개인의 행위가 국가에 의하여 일정방향으로 유인된 신뢰의 행사인지, ② 아니면 단지 법률이 부여한 기회를 활용한 것으로서 원칙적으로 사적 위험부담의 범위에 속하는 것인지 여부에 따라 달라진다. 만일 법률에 따른 개인의 행위가 단지 법률이 반사적으로 부여하는 기회의 활용을 넘어서 국가에 의하여 일정 방향으로 유인된 것이라면 특별히 보호가치가 있는 신뢰이익이 인정될 수 있고, 원칙적으로 개인의 신뢰보호가 국가의 법률개정이익에 우선된다고 볼 여지가 있다(헌재 2002. 11. 28. 2002헌바45 결정). 그런데, 이 사건의 경우 국가가 기존의 사법시험제도를 통하여 오래도록 제2외국어를 시험과목으로 삼아 옴으로써 청구인들이 제2외국어 과목을 자신의 사법시험과목으로 선택하여 집중적으로 공부한 경우가 적지 아니할 것이므로 국가가 개인의 행위를 일정방향으로 유도하였다고 볼 수 있을 것이어서 청구인들이 가지고 있었던 시험과목에 관한 기대 또는 신뢰는 이를 보호해야 할 필요가 큰 경우에 속한다 할 것이다.

그러나 법적 상태의 존속에 대한 개인의 신뢰는 그가 어느 정도로 법적 상태의 변화를 예측할 수 있는지, 혹은 예측하였어야 하는지 여부에 따라서도 영향을 받을 수 있는데(헌재 2002. 11. 28. 2002헌바45 결정), 청구인들과 같이 사법시험을 준비하는 자로서는 사회의 변화에 따라 시험과목이 달라질 수 있음을 받아들여야 할 것이고, 자신이 공부해 오던 과목으로 계속하여 응시할 수 있다는 기대와 신뢰가 절대적인 것이라고 볼 수는 없다.

③ 자원의절약과재활용촉진에관한법률시행령 제5조 등 위헌확인(헌재 2007. 2. 22. 2003헌마428·600 결정)

청구인들 중 이 사건 시행규칙 개정 후 그 시행 전에 식품접객업 영업신고를 하고 영업을 시작한 청구인들은 위 시행규칙의 개정사실을 알고서 위와 같이 식품접객업에 종사하게 되었다는 점에서 합성수지 도시락 용기 규제와 관련하여 헌법적 보호의 대상이 될 만한 신뢰가 존재한다거나 신뢰보호의 필요성이 있다고 할 수 없다.

한편 시행규칙 개정 이전에 사업자등록을 하고 영업을 시작한 청구인들은 일응 구 시행규칙에 의하여 배달 등의 경우에 합성수지 도시락 용기를 사용할 수 있는 것으로 신뢰하였다고 할 수 있으나, 이 사건 심판대상의 입법연혁과 관련 법령의 내용을 살펴보면, 1995년부터 도시락제조업자의 합성수지 도시락 용기의 사용이 금지되었고, 1999년에는 식품제조·가공업, 즉석판매제조·가공업에서 도시락에 사용되는 1회용 합성수지 용기의 사용억제를 하였고, 이후 도시락업자들이 식품접객업으로 영업신고를 한 후 도시락영업을 함으로써 위 제한을 회피하자 2002. 12. 30. 시행규칙을 개정하여 2003. 7. 1.부터 배달되는 경우에도 위 용기의 사용을 금지하는 등 합성수지 도시락 용기의 사용제한이 확대되어 왔던 점을 알 수 있고, 또한 청구인들 대부분은 ○○도시락의 각 가맹점주들로서 주로 도시락을 판매하는 자들인바, 식품접객업 이외의 경쟁 도시락 업종에서는 이미 합성수지 도시락 용기의 사용이 금지되어 있다는 사정을 충분히 알았을 것으로 보이는 점 등을 고려하면, 위 청구인들은 배달 등의 경우에 예외를 인정한 종전의 시행규칙 조항이 향후 개정될 것이라고 충분히 예상할 수 있었다고 할 것이어서 위 청구인들의 신뢰는 존재하지 않거나 존재한다고 하더라도 매우 미약하여 헌법적 보호의 대상이 될 만한 현저한 신뢰라고 보기 어렵고 그 신뢰보호의 필요성도 인정하기 어렵다고 할 것이다.

2) 경과규정

일반적으로 신뢰보호의 구체적 실현수단으로 사용되는 경과규정에는 ① 기존 법률이 적용되던 사람들에게 신법 대신 구법을 적용하도록 하는 방식과, ② 적응보조규정을 두는 방식 등이 있다. 신뢰이익의 보호가치가 크다면 비교적 오랜 기간의 경과규정을 두어야 개인의 신뢰이익을 침해하는 일이 없게 된다. 따라서 신뢰이익의 보호를 충분히 고려한 경과조치의 존재는 신뢰보호원칙 위배 여부를 판단하는 중요한 지표가 된다.

① 사법시험법시행령 제4조 제3항 등 위헌확인(헌재 2007. 4. 26. 2003헌마947; 2004헌마4·156·352·1009; 2005헌마414·1009·1263 결정)

    시행령이 2001. 3. 31. 제정되어 시행됨에도 불구하고 사법시험 제1차 시험의 어학과목 변경에 관한 부분은 약 2년 9개월의 유예기간을 두고 2004. 1. 1.부터 시행하도록 하는 경과규정을 두고 있는바(부칙 제1조), 위 유예기간은 사법시험 응시자들이 변화된 상황에 적응할 수 있는 상당한 기간으로 판단된다. 이에 비하여 '법조계의 국제화, 개방화에 대비한 법조인의 국제화 촉진 및 국제적 법률문제에 대한 실무능력 향상'이라는 입법목적 내지 공익은 청구인들의 불이익에 비하여 훨씬 크다 할 것이므로 사법시험 제1차 시험의 어학과목 변경에 따른 사법시험 준비자의 신뢰이익이 헌법상 용인될 수 없을 정도로 침해되었다고는 판단되지 아니한다.

    변호사자격시험이자 판사, 검사 등 법조직역의 공무담임의 전제가 된다는 점에서 공무원임용시험으로서의 성격도 있는 종전 사법시험제도의 실시 이래 장기간 학력제한을 하지 않았다는 점에서 상당히 보호가치 있는 신뢰가 형성되었다고 볼 수 있으나, 법학과목이수제도에 의한 응시자격제한은 법학교육과 연계시켜 법조인을 선발함으로써 대학교육을 정상화함과 아울러 국가인력자원의 효율적 배분을 도모하고자 하는 공익이 그 제한으로 침해받은 이익의 가치와 신뢰의 손상된 정도에 비추어 보다 우월하다고 할 것이고, 위에서 본 바와 같이 응시자격 구비를 위한 상당한 대상조치가 마련되어 있으며, 법학과목이수제도의 시행까지 5년의 유예기간을 둔 점을 종합해 볼 때, 법학과목이수관련 법령이 신뢰보호원칙에 위반된다고 보기 어렵다.

② 자원의절약과재활용촉진에관한법률시행령 제5조 등 위헌확인(헌재 2007. 2. 22. 2003헌마428·600 결정)

    합성수지 폐기물이나 1회용품의 발생량을 줄이는 것은 지속적으로 추구할 필요가 있는 국가의 정책이고, 그 맥락에서 합성수지 도시락 용기의 사용금지는 우선적으로 합성수지 폐기물량을 원천적으로 감소하게 하는 직접적인 효과가 있고 그 결과 합성수지의 매립·소각에 따른 환경 문제도 줄게 하는 환경개선과 국민건강 증진 효과를 가져올 수 있어 그 공익적 가치가 매우 크다. 그리고 이 사건 심판대상 조항은 청구인들에게 합성수지 도시락 용기의 사용을 금지하는 것일 뿐 대체용기의 사용에 의한 도시락 영업이 가능하도록 하였고, 시행규칙의 개정 후 시행일까지 6개월의 적응기간을 둠으로써 식품접객업으로 도시락 영업을 하는 자들의 피해를 최소화하고 그 신뢰를 보호하는 방법도 취하고 있다. 따라서 청구인들이 주장하는 것과 같은 신뢰 내지 신뢰이익이 존재한다고 하더라도 앞에서 본 바와 같은 이유로 구 시행규칙의 존속에 대한 신뢰의 보호가치는 크다고 할 수 없고, 이러한 신뢰이익의 침해를 위 공익과 비교·형량하여 보더라도 위 공익이 더욱 중요하다고 할 것이고 그 신뢰를 보호할 수단도 갖추고 있는 이상 이 사건 심판대상 조항은 신뢰보호의 원칙에 위배되지 않는다.

③ **세무사법 부칙 제3조 위헌확인**(헌재 2001. 9. 27. 2000헌마152 결정)

이 결정에서는 국세관련 경력공무원에 대하여 세무사자격을 부여하지 않도록 개정된 세무사법 제3조가 직업선택의 자유를 침해하는지 여부와, 1년의 경과규정을 두어 기존 국세관련 경력공무원 중 일부에게만 구법 규정을 적용하여 세무사자격이 부여되도록 규정한 세무사법 부칙 제3조가 신뢰이익을 침해하는 것으로서 헌법에 위반되는지 여부와, 세무사법 부칙 제3조가 평등의 원칙에 위반되는지 여부가 문제되었다.

1. 직업선택의 자유는 특정인에게 배타적·우월적인 직업선택권이나 독점적인 직업활동의 자유까지 보장하는 것은 아니므로, 국세관련 경력공무원에 대한 세무사자격의 부여 여부는 정책적 판단에 따라 결정될 입법정책의 과제이다. 따라서 자격제도를 시행함에 있어서 자격요건의 구체적인 내용은 업무의 내용과 제반 여건 등을 종합적으로 고려하여 입법자가 결정할 사항이다. 다만 그것이 재량의 범위를 넘어 명백히 불합리한 경우에만 비로소 위헌의 문제가 생길 수 있는바, 국세관련 경력공무원에 대하여 세무사자격을 부여하지 않도록 개정된 세무사법 제3조는 그 목적의 정당성이 인정되고, 그 내용이나 방법에 있어서 합리성을 결여한 것

도 아니다. 따라서 위 법률조항이 청구인들의 직업선택의 자유를 침해하는 것은 아니다.

2. 가. 청구인들의 세무사자격 부여에 대한 신뢰는 보호할 필요성이 있는 합리적이고도 정당한 신뢰라 할 것이고, 개정법 제3조 등의 개정으로 말미암아 청구인들이 입게 된 불이익의 정도, 즉 신뢰이익의 침해정도는 중대하다고 아니할 수 없는 반면, 청구인들의 신뢰이익을 침해함으로써 일반응시자와의 형평을 제고한다는 공익은 위와 같은 신뢰이익 제한을 헌법적으로 정당화할 만한 사유라고 보기 어렵다. 그러므로 기존 국세관련 경력공무원 중 일부에게만 구법 규정을 적용하여 세무사자격이 부여되도록 규정한 위 세무사법 부칙 제3항은 충분한 공익적 목적이 인정되지 아니함에도 청구인들의 기대가치 내지 신뢰이익을 과도하게 침해한 것으로서 헌법에 위반된다.

나. 또한 2000. 12. 31. 현재 자격부여요건을 충족한 자와 그렇지 못한 청구인들 사이에는 단지 근무기간에 있어서의 양적인 차이만 존재할 뿐, 본질적인 차이는 없고, 세무사자격 부여제도의 폐지와 관련된 조항의 시행일만을 2001. 1. 1.로 늦추어 1년의 유예기간을 두고 있는 것 자체가 합리적 근거 없는 자의적 조치이므로, 위 부칙조항은 합리적인 이유 없이, 자의적으로 설정된 기준을 토대로 위 부칙조항의 적용대상자와 청구인들을 차별취급하는 것으로서 평등의 원칙에도 위반된다.

다수의견에 대해 김영일, 김효종 재판관은 반대의견을 내었다. 국세관련 경력공무원에 대한 세무사자격 부여제도는 합리적이거나 합목적적인 제도라고 할 수 없고, 구법 규정에 의한 세무사자격의 부여는 헌법상 기본권에 기초한 권리가 아니어서 입법정책의 변화에 따라 언제든지 변경될 수 있는 것이다. 또 특정 공무원들에 대한 특혜를 배제하는 시대적 추세에 비추어 볼 때 청구인들의 신뢰는 헌법적으로 보호할 가치가 있는 신뢰에 해당한다고 보기 어렵다. 더욱이 개정법은 청구인들에 대하여 일정한 경력요건을 갖춘 경우 세무사자격시험에 있어 시험과목의 상당부분을 면제함으로써 청구인들에 대한 신뢰이익의 침해정도는 필요최소한도에 그치고 있어서 공익상 요청과 균형을 이룬 것으로 비례의 원칙에 어긋나지 않는다고 판단된다. 따라서 위 부칙조항은 청구인들의 신뢰이익을 침해하는 것이라 할 수 없다.

　개정법률의 시행일을 정하는 것은 원칙적으로 입법자의 재량에 맡겨진 사항으로서 그에 대하여는 입법형성권이 인정된다. 그러므로 위 법률조항에 대하여 1년의 길지 않은 유예기간을 두어 시행일을 정한 것은 개정법의 입법목적을 가급적 빨리 달성하기 위한 고려에서 내려진 입법적 결단으로 인정되고, 한편 그 시행일 전에 자격부여요건을 충족한 경우라면, 구법 규정에 의하여 세무사자격이 이미 확정적으로 부여된 것이므로, 이를 기준으로 구법 규정의 적용 여부를 구분하는 것이 반드시 근거가 없는 것은 아니다. 따라서 위 부칙조항의 구분이 반드시 자의적인 것으로서 재량의 범위를 넘어 불합리하다고 할 수는 없으므로 평등의 원칙에 위반되지 아니한다.

III. 정의와 법적 안정성의 충돌

1. 정의 vs. 법적 안정성(신뢰보호)

정의와 법적 안정성이 충돌하는 대표적인 경우는 '5·18 민주화운동 등에 관한 특별법 제2조 결정'(헌재 1996.2.16. 96헌가2·헌바7·헌바13 결정)이다.[58] 특별법 제2조의 위헌 여부를 다루기 위해서는 특별법 제2조가 공소시효정지 사유의 하나를 규정한 것에 지나지 않는 '확인적 법률'인지 아니면 사후에 새로운 공소시효의 정지사유를 규정한 '형성적 법률'인지를 먼저 확인해야 한다. 왜냐하면 확인적 법률인 경우에는 당연한 것을 규정한 것에 지나지 않아 위헌성 여부를 심사할 필요가 없으며, '형성적 법률'인 경우에는 소급입법을 제정한 것이 되어 비로소 위헌성 여부가 문제되기 때문이다. 특별법 제2조가 '확인적 법률'일 경우에는 기존의 법률관계에 아무런 영향을 미치는 것이 아님은 물론 법원의 재판권을 제한하는 것도 아니어서 처음부터 소급입법이나 사법권의 침해 등 헌법적인 문제가 생길 여지가 없게 된다.

특별법 제2조가 확인적 법률이라면 헌법재판소는 더 이상 심판할 이유가 없다. 하지만 소급입법을 제정한 '형성적 법률'일 경우에는 헌법재판소는 그 위헌성 여부를 심판해야 한다. 헌법재판소는 공소시효가 완성된 경우(특별법 제2조가 진정소급효를 갖는 경우)와 공소시효가 완성되지 않은 경우(특별법 제2조가 부진정소급효를 갖는 경우)를 다시 분리하여 '특별법 제2조가 법적 안정성과 신뢰보호의 원칙을 포함하는 법치주

---

[58] 5·18민주화운동 등에 관한 특별법 제2조(공소시효의 정지) ① 1979년 12월 12일과 1980년 5월 18일을 전후하여 발생한 헌정질서파괴범죄의공소시효등에관한특별법 제2조의 헌정질서파괴범죄행위에 대하여 국가의 소추권행사에 장애사유가 존재한 기간은 공소시효의 진행이 정지된 것으로 본다.
② 제1항에서 "국가의 소추권행사에 장애사유가 존재한 기간"이라 함은 당해 범죄행위의 종료일부터 1993년 2월 24일까지의 기간을 말한다.

의 정신을 위반하는가'를 심사하고 있다. 이는 법치국가적 요청으로서의 법적 안정성과 신뢰보호원칙은 무엇보다도 바로 소급효력을 갖는 법률에 대하여 민감하게 대립할 수밖에 없고, 구체적으로는 어떤 법률이 이미 종료된 사실관계에 예상치 못했던 불리한 결과를 가져오게 하는 경우인가 아니면 현재 진행 중이나 아직 종료되지 않은 사실관계에 작용하는 경우인가에 따라 헌법적 의미를 달리하기 때문이다.

(1) 특별법 제2조가 위헌법률심판 대상이 되는가?(심판대상의 문제)

1) 개별사건법률

헌법재판소는 특별법 제2조가 '확인적 법률'인지 '형성적 법률'인지를 다루기 전에, 특별법 제2조가 '개별사건법률'이기 때문에 위헌은 아닌지를 먼저 다룬다. 헌법재판소는 특정규범이 개별사건법률에 해당한다 하여 곧바로 위헌을 뜻하는 것은 아니며, 차별적 규율이 합리적인 이유로 정당화될 수 있는 경우에는 합헌적일 수 있다고 보았다. 개별사건법률의 위헌 여부는, 그 형식만으로 가려지는 것이 아니라, 나아가 평등의 원칙이 추구하는 실질적 내용이 정당한지 아닌지를 따져야 비로소 가려진다는 것이다. 이른바 12·12 및 5·18 사건의 경우 그 이전에 있었던 다른 헌정질서파괴범과 비교해보면, 공소시효의 완성 여부에 관한 논의가 아직 진행 중이고, 집권과정에서의 불법적 요소나 올바른 헌정사의 정립을 위한 과거청산의 요청에 미루어볼 때 비록 특별법이 개별적 사건법률이라고 하더라도 입법을 정당화할 수 있는 공익이 인정될 수 있다고 판단하여, 특별법 제2조는 개별사건법률에 내재된 불평등요소를 정당화할 수 있는 합리적인 이유가 있으므로 헌법에 위반되지 않는다고 판시하였다.

2) 확인적 법률 vs. 형성적 법률

재판관 3인(김진우, 이재화, 조승형)은 특별법 제2조가 법 및 법집행의 왜곡에 따르는 소추의 장애사유가 존재하여 일정 범위의 헌정질서파괴행위자들에 대한 검찰의 소추권행사가 불가능하였으므로 당연히 공소시효의 진행이 정지된 것으로 보아야 한다는 법리를 확인한 '확인적 법률'에 불과하므로 소급입법에 해당하지 않는다고 보았다.[59]

반면에 재판관 2인(김문희, 황도연)은 특별법 제2조가 공소시효가 정지되는 것으로 규정한 전 기간, 모든 피의자에 대하여 이 법률조항으로 말미암아 비로소 공소시효의 진행이 정지되는 것으로 보아, 특별법 제2조는 소급적 효력을 가진 형성적 법률이어서 당연히 위헌 여부의 문제가 제기될 수밖에 없다고 보았다.

재판관 4인(김용준, 정경식, 고중석, 신창언)은 원래 공소시효제도는 헌법이 마련하고 있는 제도가 아니라 법률이 규정하고 있는 제도이므로, 그 제도의 구체적인 적용은 사실의 인정과 법률의 해석에 관련된 문제로서 기본적으로 법원의 전속적인 권한에 속하는 사항이며, 헌법재판소가 관여할 사항이 아니라고 본다. 헌법재판소로서는 특별법 제2조가 '확인적 법률'인지의 여부에 관하여는 법률을 해석·적용하는 법원의 판단에 맡기고, 만일 법원이 이 점에 관하여 소극적인 견해를 취하여 이 법률조항이 사후에 공소시효의 정지사유를 새롭게 규정한 형성적 법률이라고 해석하는 경우에는, 이 법률조항이 소급입법에 해당하여 헌법에 위반되는 여부가 문제로 제기될 수 있으므로, 헌법재판소로서는 이와 같은 헌법적인 문제에 대하여 판단하지 아니할 수 없다고 보았다.

---

[59] 공소시효제도의 본질, 소추권행사의 장애와 공소시효의 정지에 관한 입법례(독일, 프랑스, 국제연합의 예)와 판례, 헌정질서파괴범에 의한 국가권력의 장악과 소추장애사유("공소시효란 본래 소추가능기간을 의미하므로 그 기간 동안 정상적인 소추권의 행사가 가능할 것을 전제로 하는 것이며, 공소시효제도의 근본적인 존재이유가 오랜 동안 소추권행사를 게을리 한 것은 국가 측의 잘못이라고 할 것인데 그로 인한 불이익을 오로지 범인에게만 감수하라고 하는 것은 부당하다는 데 있으므로, 공소시효는 소추기관이 유효하게 공소권을 행사할 수 있었음에도 불구하고 이를 행사하지 아니한 채 시효기간을 경과하였을 것을 요건으로 한다고 볼 것이다. 따라서 공소시효는 소추기관이 유효하게 공소권을 행사하는데 법적·제도적 장애가 없을 때에만 진행할 수 있다고 해석하여야 한다.")를 근거로 들고 있다.

(2) 특별법 제2조의 위헌성을 무엇으로 심판할 것인가?(심판기준의 문제)

1) 헌법조항으로 심판할 수 없음

헌법 제13조 제1항 전단("모든 국민은 행위시의 법률에 의하여 범죄를 구성하지 않는 행위로 소추되지 아니하며")은 '범죄를 구성하지 않는 행위'라고 표현함으로써 절대적 소급효금지의 대상은 '범죄구성요건'과 관련된 것임을 밝히고 있다. 헌법이 위 조항에서 비록 범죄구성요건만을 언급하고 있으나, 책임없는 형벌을 금하고 행위의 불법과 행위자의 책임은 형벌과 적정한 비례관계를 유지하여야 한다는 적법절차의 원칙과 법치주의원칙에서 파생되는 책임원칙에 따라 범죄구성요건과 형벌은 불가분의 내적인 연관관계에 있기 때문에, 결국 죄형법정주의는 이 두 가지 요소로 구성되는 '가벌성'을 그 내용으로 하는 것이다.

헌법이 규정한 형벌불소급의 원칙은 '행위의 가벌성'에 관한 것이기 때문에 소추가능성에만 연관될 뿐, 가벌성에는 영향을 미치지 않는 공소시효에 관한 규정은 원칙적으로 그 효력범위에 포함되지 않는다. 따라서 헌법 제12조 제1항 및 제13조 제1항에 규정한 죄형법정주의의 파생원칙인 형벌불소급의 원칙에 언제나 위배되는 것으로 단정할 수 없다.

2) 법적 안정성과 신뢰보호원칙을 포함하는 법치주의의 원칙에 따른 기준에 따라 심판함

공소시효제도가 헌법 제12조 제1항 및 제13조 제1항에 정한 죄형법정주의의 보호범위에 바로 속하지 않는다면, 소급입법의 헌법적 한계는 법적 안정성과 신뢰보호원칙을 포함하는 법치주의의 원칙에 따른 기준으로 판단하여야 한다.

법적 안정성은 객관적 요소로서 법질서의 신뢰성, 항구성, 법적 투명성과 법적 평화를 의미하고, 이와 내적인 상호연관관계에 있는 법적 안정성의 주관적 측면은 한번 제정된 법규범은 원칙적으로 존속력을 갖고 자신의 행위기준으로 작용하리라는 개인의 신뢰원칙이다.

법적 안정성과 신뢰보호원칙에 있어서 특히 중요한 것은 시간적인 요소이다. 특정한 법률에 의하여 발생한 법률관계는 그 법에 따라 파악되고 판단되어야 하고, 개인은 과거의 사실관계가 그 뒤에 생긴 새로운 법률의 기준에 따라 판단되지 않는다는 것을 믿을 수 있어야 한다. 그러므로 법치국가적 요청으로서의 법적 안정성과 신뢰보호원칙은 무엇보다도 바로 소급효력을 갖는 법률에 대하여 민감하게 대립할 수밖에 없고, 구체적으로는 어떤 법률이 이미 종료된 사실관계에 예상치 못했던 불리한 결과를 가져오게 하는 경우인가 아니면 현재 진행중이나 아직 종료되지 않은 사실관계에 작용하는 경우인가에 따라 헌법적 의미를 달리하게 된다.

구체적 범죄행위에 관한 공소시효의 완성 여부 및 그 완성시점 등은 당해 사건을 재판하는 법원이 이를 판단할 성질의 것이지 헌법재판소가 판단할 수 있는 사항이 아니다. 그러므로 헌법재판소로서는 당해 사건을 재판하는 법원에 의하여 특별법 시행당시 공소시효가 완성된 것인지의 여부가 아직 확정되지 아니한 터이므로 위 두 가지 경우를 가정하여 판단하였다.

가) 공소시효가 완성되지 않았다고 보는 경우(특별법 제2조가 부진정소급효를 갖는 경우)

형벌규정에 관한 법률 이외의 법률은 부진정소급효를 갖는 경우에는 원칙적으로 허용되는데, 이는 아직 공소시효가 완성되지 않은 이상 예상된 시기에 이르러 반드시 시효가 완성되리라는 것에 대한 보장이 없는 불확실한 기대일 뿐이므로 공소시효에 의하여 보호될 수 있는 신뢰보호이익은 상대적으로 미약하기 때문이다. 단지 소급효를 요구하는 공익상의 사유와 신뢰보호의 요청 사이의 교량과정에서 신뢰보호의 관점이 입법자의 형성권에 제한을 가할 뿐인데, 개인의 신뢰보호이익이 공익에 우선하는 경우에는 소급효를 갖는 법률은 헌법상 정당화될 수 없다.

특별법 제2조는 집권과정에서의 헌정질서파괴범죄를 범한 자들을 응징하여 정의를 회복해야 한다는 중대한 공익이 있는 반면에, 신뢰보호이익은 공소시효가 완성되지 않은 경우에는 매우 미약하므로 헌법상 정당화될 수 없다.

나) 공소시효가 완성되었다고 보는 경우(특별법 제2조가 진정소급효를 갖는 경우)

재판관 4인(김진우, 이재화, 조승형, 정경식)의 합헌의견은 부진정소급입법은 원칙적으로 허용되고 예외적으로 금지되지만, 진정소급입법은 그 반대여서 원칙적으로는 금지되나 예외적으로 허용된다는 견해를 피력한다. 즉 기존의 법에 의하여 형성되어 이미 굳어진 개인의 법적 지위를 사후입법을 통하여 박탈하는 것 등을 내용으로 하는 진정소급입법은 개인의 신뢰보호와 법적 안정성을 내용으로 하는 법치국가원리에 의하여 헌법적으로 허용되지 않는 것이 원칙이지만, 특단의 사정이 있는 경우, 즉 기존의 법을 변경하여야 할 공익적 필요는 심히 중대한 반면에 그 법적 지위에 대한 개인의 신뢰를 보호하여야 할 필요가 상대적으로 정당화될 수 없는 경우에는 예외적으로 허용될 수 있다. 그러한 진정소급입법이 허용되는 예외적인 경우로는 구법에 의하여 보장된 국민의 법적 지위에 대한 신뢰가 보호할 만한 가치가 없거나 지극히 적은 경우와 소급입법을 통하여 달성하려는 공익이 매우 중대하여 예외적으로 구법에 의한 법적 상태의 존속을 요구하는 국민의 신뢰보호이익에 비하여 현저히 우선하는 경우로 크게 나누어 볼 수 있다.

4인의 합헌의견은 이 사건 반란행위자들 및 내란행위자들의 군사반란죄나 내란죄의 공소시효완성으로 인한 법적 지위에 대한 신뢰이익이 보호받을 가치가 별로 크지 않음에 비하여('매우 미약하다'고 평가하였다), 이 사건 반란행위 및 내란행위자가 국민에게 끼친 고통과 해악은 크고('너무도 심대하다'고 표현하였다), 특별법 제2조가 행위자들의 신뢰이익이나 법적 안정성을 물리치고도 남을 만큼 월등히 중대한 공익을 추구하고 있다고 평가하였다('매우 중대하다'고 평가하였다). 또한 우리 헌정사에 공소시효에 관한 진정소급입법을 단 한번 예외적으로 허용한다면 바로 이러한 경우에 허용해야 한다고 보았다.

반면에 재판관 5인(김용준, 김문희, 황도연, 고중석, 신창언)의 한정위헌의견에 따르면, 특별법 제2조 헌법 제12조 제1항 후단 및 제13조 제1항 전단에 정한 죄형법정주의의 직접적인 적용을 받는 영역은 아니지만, 개인의 인권보장을 위한 기본장치로서 피의자의 처지를 대변하는 신뢰보호원칙이나 법적 안정성의 측면에서 보면, 형벌을 사후적으로 가능하게 하는 새로운 범죄구성요건의 제정이나, 공소시효가 이미 완성되어 소추할 수 없는 상태에 이른 뒤에 뒤늦게 소추가 가능하도록 하는 새로운 법률을 제정하는 것은 결과적으로 형벌에 미치는 사실적 영향에서는 차이가 없어 실질에 있어서는 마찬가지이다.

따라서 5인의 한정위헌의견은 비록 공소시효에 관한 것이라 하더라도 공소시효가 이미 완성된 경우에 그 뒤 다시 소추할 수 있도록 법률로써 규정하는 것은 헌법 제12조 제1항 후단의 적법절차의 원칙과 제13조 제1항의 형벌불소급의 원칙 정신에 비추어 헌법적으로 받아들일 수 없는 위헌적인 것이라 아니할 수 없다고 보았다. 공소시효규정은 시간의 경과로 인하여 발생하는 새로운 사실관계를 법적으로 존중하는 인권보장을 위한 장치로서 실질적 정의에 기여하고 있으며, 헌정질서파괴범죄를 범한 자들을 엄벌하여야 할 당위성이 아무리 크다 하더라도 그것 역시 헌법의 테두리 안에서 적법절차의 원리에 따라 이루어져야 마땅하기 때문이다.[60]

2. 헌법의 최고규범력 vs. 법적 안정성(신뢰보호)

헌법재판소법 제47조 제2항 결정(헌재 2008. 9. 25. 2006헌바108 결정)에서는 형벌법규 이외의 법률 또는 법률조항에 대한 위헌결정에 대하여 소급효를 인정하지 아니하는 헌법재판소법 제47조 제2항 본문이 위헌인지 여부가 문제되었다. 다수의견은 헌재 1993. 5. 13. 92헌가10 결정에서 이 사건 법률조항이 헌법에 위반되지 아니하였고, 이러한 선례를 변경하여야 할 사정변경이나 필요성이 있다고 인정되지 아니하므로, 이 사건에서도 그대로 유지하기로 한다고 판시하였다. 1993. 5. 13. 92헌가10 결정의 판시 이유의 요지는 다음과 같다. "헌법재판소에 의하여 위헌으로 선고된 법

---

[60] 하지만 5인의 한정위헌의견에도 불구하고, 헌법재판소법 제23조 제2항 제1호에 정한 위헌결정의 정족수에 이르지 못하여 합헌으로 선고할 수밖에 없었다.

률 또는 법률의 조항이 제정 당시로 소급하여 효력을 상실하는가 아니면 장래에 향하여 효력을 상실하는가의 문제는 특단의 사정이 없는 한 헌법적합성의 문제라기보다는 입법자가 법적 안정성과 개인의 권리구제 등 제반이익을 비교형량하여 가면서 결정할 입법정책의 문제인 것으로 보인다. 우리의 입법자는 법 제47조 제2항 본문의 규정을 통하여 형벌법규를 제외하고는 법적 안정성을 더 높이 평가하는 방안을 선택하였는바, 이에 의하여 구체적 타당성이나 평등의 원칙이 완벽하게 실현되지 않는다고 하더라도 헌법상 법치주의의 원칙의 파생인 법적 안정성 내지 신뢰보호의 원칙에 의하여 이러한 선택은 정당화된다 할 것이고, 특단의 사정이 없는 한 이로써 헌법이 침해되는 것은 아니라 할 것이다.

그렇지만 효력이 다양할 수밖에 없는 위헌결정의 특수성 때문에 예외적으로 부분적인 소급효의 인정을 부인해서는 안 될 것이다. 첫째, 구체적 규범통제 실효성의 보장의 견지에서 법원의 제청·헌법소원 청구 등을 통하여 헌법재판소에 법률의 위헌결정을 위한 계기를 부여한 당해 사건, 위헌결정이 있기 전에 이와 동종의 위헌 여부에 관하여 헌법재판소에 위헌제청을 하였거나 법원에 위헌제청신청을 한 경우의 당해 사건, 그리고 따로 위헌제청신청을 아니하였지만 당해 법률 또는 법률의 조항이 재판의 전제가 되어 법원에 계속중인 사건에 대하여는 소급효를 인정하여야 할 것이다. 둘째, 당사자의 권리구제를 위한 구체적 타당성의 요청이 현저한 반면에 소급효를 인정하여도 법적 안정성을 침해할 우려가 없고 나아가 구법에 의하여 형성된 기득권자의 이득이 해쳐질 사안이 아닌 경우로서 소급효의 부인이 오히려 정의와 평등 등 헌법적 이념에 심히 배치되는 때에도 소급효를 인정할 수 있다. 어떤 사안이 후자와 같은 테두리에 들어가는가에 관하여는 본래적으로 규범통제를 담당하는 헌법재판소가 위헌선언을 하면서 직접 그 결정주문에서 밝혀야 할 것이나, 직접 밝힌 바 없으면 그와 같은 경우에 해당하는가의 여부는 일반법원이 구체적 사건에서 해당법률의 연혁·성질·보호법익 등을 검토하고 제반이익을 형량해서 합리적·합목적적으로 정하여 대처할 수밖에 없을 것으로 본다."

반면에 조대현 재판관의 헌법불합치의견은 이 사건 법률조항(헌법재판소법 제47조 제2항 본문)은 위헌법률에 의하여 형성된 법률관계의 법적안정성을 보호할 필요가 있는지 여부를 불문하고 위헌결정의 소급효를 제한하고 있는 점에서, 위헌법률심판제도에 의하여 헌법의 최고규범력을 확보하려는 헌법의 취지에 온전히 부합한다고 보기 어렵다고 보았다. "헌법의 최고규범성과 위헌법률심판제도의 취지에 비추어 보면, 헌법재판소가 헌법에 위반된다고 선언한 법률은 특별한 사정이 없는 한 그것이 제정된 때부터 헌법의 최고규범력에 저촉되어 효력을 가질 수 없다고 봄이 마땅하다. 헌법재판소법 제47조 제2항을 문리적으로 해석하면, 위헌법률은 소급적으로 실효되는 것이 아니라 원칙적으로 위헌이라고 결정된 날 이후에만 효력을 상실하고, 형벌법규만 예외적으로 소급적으로 효력을 상실한다는 취지라고 해석되는데, 이는 헌법이 위헌법률심판제도를 마련하여 헌법의 최고규범력을 확보하려는 취지에 부합된다고 보기 어렵다. 따라서 이 사건 법률조항은 위헌법률에 의거하여 형성된 법적안정성을 보호할 필요성이 헌법의 최고규범력을 확보하야 한다는 요청보다 더 큰 지 여부를 묻지 않고 위헌법률의 소급적 실효를 부정함으로써 위헌법률심판제도를 마련하여 헌법의 최고규범력을 확보하려는 헌법의 취지에 부합되지 아니한다고 선언하고, 위헌법률의 효력이 소급적으로 실효되는 경우와 그렇지 않은 경우를 헌법의 취지에 맞게 다시 획정하는 개선입법을 촉구함이 상당하다고 할 것이다."

3. 평등 vs. 신뢰보호

'국립사범대학졸업자중교원미임용자임용등에관한특별법 결정'(헌재 2006. 3. 30. 2005헌마598 결정)의 쟁점은 이 사건 법률규정이 교육공무원을 선발하는 중등교원 임용시험에서 미임용등록자를 위한 별도의 특별정원을 마련하고, 미임용등록자에게 교원자격증의 표시과목을 변경할 수 있도록 부전공과정을 개설해준 것이 한정된 교육공무원직을 두고 경쟁관계에 있는 청구인들의 평등권, 공무담임권을 침해하는지 여부 및 이 사건 법률규정이 학생들의 양질의 교육을 받을 권리, 학부모의 자녀교육권을 침해했는지 여부이다.

(1) 평등권 침해 여부

이 사건 법률규정은 교육공무원의 임용을 원하는 미임용등록자에게는 중등교원 임용시험에 있어서 특별정원을 마련해 주고, 사범대학 재학생 내지 현직 교원이 아닌 사범대학 졸업자에 불과함에도 교원자격증 표시과목을 변경할 수 있는 부전공과정을 별도로 마련해 주는 혜택을 줌과 동시에 교육공무원 임용에서 경쟁관계에 있는 그 밖의 다른 응시자격자들에게는 그러한 혜택을 주지 아니한 결과로, 미임용등록자가 아닌 다른 응시자격자들의 교육공무원 임용의 기회를 상대적으로 제한하는 불이익을 줌으로써 두 집단을 차별하고 있다. 이는 미임용등록자가 아닌 그 밖의 응시자격자들에게는 공무담임권에 대한 중대한 제한을 초래하게 되는 관계에 있기 때문에, 이러한 경우 비례의 원칙에 따른 심사를 하여 평등권 침해 여부를 판단하여야 한다.

(2) 목적의 정당성 심사 - 미임용자들의 신뢰 보호

이 사건 법률규정의 목적은 미임용자들의 신뢰를 보호하는 것이다. 이와 같은 목적이 헌법적으로 정당한가 하는 문제가 있을 수 있다.

살피건대, 미임용자들은 위헌결정이 있기 이전의 구 교육공무원법 제11조 제1항이 유효한 것으로 믿고 국·공립사범대학을 졸업하면 교육공무원인 중등교원으로 무시험 우선 채용될 수 있을 것을 신뢰하여 우수한 대학입학고사 성적에도 불구하고 다른 대학에의 진학 기회를 포기하고 중등교원이 되기 위하여 국·공립 사범대학에의 진학을 선택하고 학업을 수행하여 졸업한 후 시·도 교육위원회별로 작성한 교사임용후보자명부에 등재되어 임용이 예정되어 있었던 자들이다. 이러한 미임용자들의 결정과 행위는 국가의 입법행위에 의하여 일정한 방향으로 유인된 신뢰의 행사라고 평가될 수 있으므로, 이들은 구 교육공무원법 제11조 제1항의 존속에 대한 주관적 신뢰이익을 갖는다 할 것이다. 비록 우리 재판소의 결정에 의하여 구 교육공무원법 제11조 제1항이 위헌으로 선언되었으나, 우리 헌법재판소법 제47조 제2항은 장래효의 원칙을 규정함으로써 위헌법률이 당연히 무효인 것이 아니라 위헌결정으로 장래 효력을 상실하도록 되어 있어 헌법재판소에 의한 위헌확인시까지는 유효한 신뢰의 근거로 작용할 수 있다.

그러나 이러한 신뢰이익은 위헌적 법률의 존속에 관한 것에 불과하여 위헌적인 상태를 제거해야 할 법치국가적 공익과 비교형량해 보면 공익이 신뢰이익에 대하여 원칙적인 우위를 차지하기 때문에 합헌적인 법률에 기초한 신뢰이익과 동일한 정도의 보호, 즉 '헌법에서 유래하는 국가의 보호의무'까지는 요청할 수는 없다. 즉 미용자들이, 위헌적 법률에 기초한 신뢰이익이 보호되지 않는다는 이유를 들어 교육공무원의 공개전형을 통한 선발을 규정한 현행 교육공무원법을 위헌이라고 하거나, 위헌적 법률에 기초한 신뢰이익을 보장하기 위한 법률을 제정하지 않은 부작위를 위헌이라고 주장할 수는 없는 것이다.

입법자가 위와 같은 사정들을 참작하여, 입법정책적 차원에서 구제조치를 마련한 이 사건 법률규정이 헌법재판소의 위헌결정에 정면으로 위반되는 것이라고 볼 여지는 없다. 왜냐하면, 위헌결정은 국·공립 사범대학 졸업자들을 중등교원으로 무시험 우선채용 하는 것이 평등원칙에 반하여 위헌임을 선언한 것인데 반하여, 특별정원 및 부전공과정 제도는 위헌선언된 구 교육공무원법의 입장으로 회귀하여 미임용자들을 전부 중등교원으로 무시험 우선채용하자는 것이 아니라 신뢰이익을 입법적으로 보호하는 차원에서 중등교원임용시험을 치르되 다만 한시적이고 제한적인 경쟁을 거쳐 중등교원이 될 수 있는 기회를 제공한 것에 불과한 것이기 때문이다. 그러므로 미임용자 중의 일부를 구제하기 위해 입법된 이 사건 법률규정의 목적은 정당하다 할 것이다.

이에 대해 조대현 재판관은 반대의견을 내었다. 조대현 재판관의 의견은 다음과 같다.

> 우선임용제도 자체가 헌법질서에 반한다는 헌법재판소의 결정이 내려진 이상, 우선임용에 대한 기대나 신뢰는 위헌인 법률에 의하여 얻게 된 것에 불과하여 더 이상 보호할 가치가 없게 되는 것이고 이 사건 법률의 입법목적을 정당화시키는 사유로 삼을 수 없다. […] 그리고 우선채용규정에 대한 위헌결정의 취지는 국립 사범대학 등 출신자를 우선채용하는 것이 그 밖의 다른 경쟁자

들에 비하여 불합리하게 우대하는 것으로서 헌법의 평등원칙에 위반된다는 것이므로, 다시 미임용자들에 대하여 교사 임용에 관하여 남다른 특혜를 주는 것은 그러한 특혜를 정당화할 만한 특별한 사정이 없는 한 위헌결정의 기속력에 반하는 것이다. […] 그리고 이 사건 법률(특히 제4조, 제5조)의 입법목적이 합리적인 정당성을 가진다고 보기 어렵다. 1990. 10. 8. 전에 국립 교원양성기관을 졸업하였다고 하여 15년이 지난 뒤에 일반적인 공개경쟁을 거치게 하지 않고 그들만을 대상으로 하여 특별한 채용시험을 실시하고 특별정원을 배정하여 임용하는 것이 과연 합리적인 것인가? 헌법재판소가 1995. 5. 25. 선고 90헌마196 결정과 2004. 9. 23. 선고 2004헌마192 결정을 통하여 "미임용자들이 우선채용규정에 의하여 가지고 있었던 교사우선임용의 기대는 1990. 10. 8. 이후 더 이상 권리로서 주장할 수 없다"라고 두 차례나 밝혔음에도 불구하고, 미임용자들에게 특혜를 베푸는 법률을 다시 만드는 이유가 무엇인지 납득하기 어렵다. 미임용자들이 강력하게 청원하였다는 사실만으로는 이 사건 법률을 정당화하기 어렵다.

다수의견은 우리 헌법재판소법 제47조 제2항은 장래효의 원칙을 규정함으로써 위헌법률이 당연히 무효인 것이 아니라 위헌결정으로 장래 효력을 상실하도록 되어 있어 헌법재판소에 의한 위헌확인시까지는 유효한 신뢰의 근거로 작용할 수 있다고 보았다. 반면에 조대현 재판관은 [헌법재판소법 제47조 제2항 결정(헌재 2008. 9. 25. 2006헌바108 결정) 1인의 반대의견에서 본 것처럼] 헌법재판소법 제47조 제2항 위헌소원(헌재 2008. 9. 25. 2006헌바108 결정)에서 헌법재판소가 헌법에 위반된다고 선언한 법률은 특별한 사정이 없는 한 그것이 제정된 때부터 헌법의 최고규범력에 저촉되어 효력을 가질 수 없다고 봄이 마땅하다고 판단하였다. 따라서 조대현 재판관은 우선임용제도 자체가 헌법질서에 반한다는 헌법재판소의 결정이 내려진 이상, 우선임용에 대한 기대나 신뢰는 위헌인 법률에 의하여 얻게 된 것에 불과하여 더 이상 보호할 가치가 없다고 판단하였다.

즉 다수의견은 위헌결정의 소급효를 부정하는 '폐지무효설'에 입각하여 위헌 법률에 대한 신뢰 보호를 인정하는데 반해서, 조대현 재판관의 의견은 위헌결정의 소급효를 인정하는 '당연무효설'을 토대로 위헌법률에 대한 신뢰 보호를 인정하지 않게 된다.

제7장
소득과 부의 재분배

보수주의자는 진보주의가 '소득과 부의 재분배'를 확대함으로써 가진 자의 재산권을 침해한다고 주장하는 반면에, 진보주의자는 보수주의가 '소득과 부의 재분배'를 축소함으로써 사회적 약자를 도외시한다고 주장한다. 자유지상주의자, 평등지향적 자유주의자, 공동체주의자 또한 '소득과 부의 재분배'의 정당성에 대해 각각 다른 시각을 보인다.

필자는 이 장에서 (자유지상주의, 평등지향적 자유주의, 공동체주의를 중심으로) '소득과 부의 재분배'의 정당성 논의를 살피는 가운데, 필자의 견해를 제시하였다. 적정한 '소득과 부의 재분배'는 사회적 약자에게 상실된 자유권을 회복시키며, 개인의 자기실현의 전제조건을 충족시킨다는 점에서 정당화된다. '소득과 부의 재분배'의 정당화는 국가에게 법적·실제적 가능성을 감안하여 가능한 최대한의 수준에서 복지정책을 실현할 의무를 부과하는 '원칙으로서의 사회권'과 실현가능한 최소한의 기준은 지체없이 충족시킬 의무를 부과하는 '규칙으로서의 사회권'이라는 사회권의 특징과 밀접하게 연결되어 있다.

Ⅰ. 주요입장들

1. 자유지상주의의 입장

자유지상주의자들은 현대 국가가 실시하는 정책과 법 가운데 소득과 부의 재분배, 도덕법, 온정주의를 반대한다.[1] 자유지상주의자들은 최소국가 내지 작은 정부를 지향하는데, 예컨대 대표적인 자유지상주의자인 노직(Nobert Nozick)에 따르면, 강압, 절도, 사기로부터의 보호, 계약 집행 등이라는 좁은 기능들에 제한된 최소 국가(minimal state)만이 정당화되며, 그 이상의 포괄적 국가(extensive state)는 특정의 것들을 하도록 강제하지 않을 개인의 권리를 침해하게 된다.[2] 따라서 일부 시민들로 하여금 다른 사람들을 돕게 할 목적으로, 또는 국가가 시민들 자신의 선과 보호를 위해 특정 행위를 금지할 의도로 강제적인 수단을 사용하면 안 된다.[3] 대신에 '트리클다운이론'(trickle-down, 적하(滴下)효과, 하방침투효과, 낙수(落水)효과 등으로 번역되는데, '넘쳐흐르는 물이 바닥을 적신다'는 뜻이다)을 주장하는데, 이는 정부가 투자 증대를 통해 대기업과 부유층의 부를 먼저 늘려주면 중소기업과 소비자에게 혜택이 돌아감은 물론, 이것이 결국 총체적인 국가의 경기를 자극해 경제발전과 국민복지가 향상된다는 이론이다. 즉 부자를 더 부유하게 하면 그 부가 저절로 빈자에게도 미친다는 것이다.

---

1) Michael Sandel(이창신 역), 정의란 무엇인가(김영사, 2010), 89면 이하.
2) Robert Nozick(남경희 역), 아나키에서 유토피아로(문학과지성사, 2005), 11면; 노직(Robert Nozick)은 그의 책 '아나키에서 유토피아로'(Anarchy, State and Utopia) 제1부에서 최소국가(minimal state)를 정당화하며, 제2부에서는 더 이상의 포괄적 국가(extensive state)는 정당화될 수 없다고 주장한다(14면).
3) Robert Nozick(남경희 역), 아나키에서 유토피아로(문학과지성사, 2005), 11면.

자유지상주의자들은 '소득과 부의 재분배'는 다음의 두 가지 관점에서 정당화될 수 없다고 주장한다. 첫째는 소득을 가진 자들의 재원을 통해 빈곤한 자를 돕는 것이 그들의 재산권을 빼앗는 것인지 여부에 관한 것이다. 배분적 정의에서 문제되는 것이 공적이나 기여에 따라 다른 것을 다르게 대우하는 것임에 반해, 누진세와 같은 '소득과 부의 재분배'는 소득을 가져다가 재분배의 수단으로 삼는다는 점에서 그 목적이 숭고하다 할지라도 재산권을 침해한 것이 아닌가 하는 의문을 제기한다. 둘째는 재분배정책이 과연 실효성있게 집행되는지, 그 과정에 부정과 비리 때문에 의도는 좋지만 결과는 별반 차이가 없거나 더 나쁘게 되는 것이 아닌가 하는 것이다.[4]

먼저 자유지상주의자들은 자유지상주의의 가치와 이론에 기초해 '소득과 부의 재분배'를 위해 국가가 적극적으로 개입하는 것을 반대한다. 자유지상주의의 가치를 이루는 핵심은 '자기소유' 개념이다. "내가 나를 소유한다면, 나는 내 노동도 소유해야 한다(다른 누군가 내게 노동을 명한다면, 그 사람은 내 주인이며 나는 노예가 된다). 내가 내 노동을 소유한다면, 내게는 그 열매를 가질 자격이 있어야 한다(누군가 내 수입을 가질 자격이 있다면, 그 사람은 내 노동을 소유하고 따라서 나를 소유할 것이다). 자유지상주의자들은 과세(내 수입을 가져가는 행위)에서, 강제 노동(내 노동을 가져가는 행위)과 노예제(나는 나를 소유한다는 사실을 부정하는 행위)에서, 도덕적 연속성을 발견한다."[5] 노직은 (노동가치설의 주창자이기도 한) 로크(John Locke)의 견해를 빌어, 소득과 부의 재분배는 노동이 가져다 준 소유의 권리를 침해한다고 주장한다.[6] 로크에 따르면, 자연의 사물들은 공유로 주어지지만, 인간은 (그 자신의 주인으로서, 곧 그 자신의 인신, 행위 및 노동의 소유주로서) 그 자신 안에 소유권의 주된 기초가 되는 것을 지니고 있다. 따라서 발명과 기예를 통해서 삶의 편익을 개선했을 때, 그가 자신을 부양하고 편리하게 하

---

4) "하나는 규범적이고 윤리적인 것으로서, 평등을 촉진하기 위한 국가 개입이 정당화되느냐는 것이고, 다른 하나는 실증적이고 과학적인 것으로서, 이를 위해 실제로 취해진 조치들은 어떠한 결과를 낳았는가 하는 것이다." Milton Friedman(심준보, 변동열 역), 자본주의와 자유(청어람미디어, 2011), 252면.
5) Michael Sandel(이창신 역), 정의란 무엇인가(김영사, 2010), 96면.
6) "정부는 납세자들을 완전히 소유하려 들지는 않지만, 부분적으로 엄연히 소유하려 든다는 게 노직의 주장이다." Michael Sandel(이창신 역), 정의란 무엇인가(김영사, 2010), 97면.

기 위해서 사용한 것의 대부분을 차지하는 것은 전적으로 그의 것이며 다른 사람과의 공유물이 아니다.[7] 태초에는 누구든 공유물이던 것에 기꺼이 노동을 지출하면 어디에서나 노동이 그것에 소유권을 부여하는 것이다.[8]

또한 노직은 소득과 부의 재분배를 그의 '소유권이론(entitlement theory)'을 통해 반박한다. 그에 따르면 소득과 부의 재분배는 개인의 소유권을 침해하는 것이 된다. 그에 따르면, '소유물에서의 정의의 원리'는 '취득에서의 정의의 원리'와 '이전에서의 정의의 원리' 2가지이며, 어느 누구도 양 원리의 반복적 적용에 의하지 않고서는 그 소유물에 대한 소유 권리가 없다. 노직은 다음의 귀납적 정의가 소유물에서의 정의의 주제를 모두 포함한다고 밝힌다.

1. 취득에서의 정의의 원리에 따라 소유물을 취득한 자는 그 소유물에 대한 소유 권리가 있다.
2. 이전에서의 정의의 원리에 따라 소유물을, 이 소유물에 대한 소유 권리가 있는 자로부터 취득한 자는 그 소유물에 대한 소유 권리가 있다.
3. 어느 누구도 1과 2의 (반복적) 적용에 의하지 않고서는 그 소유물에 대한 소유 권리가 없다.[9]

다른 한편으로는 소득과 부의 재분배를 위한 국가의 개입이 실질적으로는 부정적인 결과를 낳는다는 점에서 '소득과 부의 재분배'를 반대한다. 프리드먼(Milton Friedman)은 정부가 가장 폭넓게 사용해온 방법 중의 하나인 누진세와 상속세가 일부 사람들에게 줄 것을 다른 사람들에게 빼앗아서 주기 위해 강제력을 동원하는 것이며, 개인의 자유와 정면으로 모순되는 것이라는 점 외에도,[10] 재분배정책이 소기의 목적을 달성하지 못하고 역효과를 낸다는 점을 들어 재분배정책의 정당화 근거를 찾

---

7) John Locke(강정인, 문지영 역), 통치론(까치, 2007), 49면.
8) John Locke(강정인, 문지영 역), 통치론(까치, 2007), 49면.
9) Robert Nozick(남경희 역), 아나키에서 유토피아로(문학과지성사, 2005), 193면.
10) Milton Friedman(심준보, 변동열 역), 자본주의와 자유(청어람미디어, 2011), 270면.

기 어렵다고 본다.[11] 그 첫째 이유는 조세부담이 타인에게 전가되는 통상적인 조세귀착의 효과 때문인데, 이는 높은 조세가 부과되는 활동(높은 위험과 비금전적 불이익을 수반하는 활동)으로 진입하는 것을 방해함으로써, 그러한 활동에서의 수익을 오히려 늘려주는 결과를 낳는다.[12] 둘째 이유는 누진세와 상속세가 조세를 회피하려는 입법 등의 규정들(여기에는 정률감모상각, 국·공채 이자에 대한 세금공제, 자본이득·소요경비계정, 여타의 간접지급 방법 등에 대한 특별 우대 조치, 통상소득의 자본이익 전환 등이 있다), 소위 법적인 '개구멍'을 만들어내도록 자극한다는 점이다. 이로 인해 실효세율은 명목세율보다 훨씬 낮아졌고, 아마도 더욱 심각하게는 조세의 부담이 변덕스러워지고 불평등해진다.[13] "만약 현재의 높은 누진세율이 가져오는 세수가 낮다면 그 제도의 재분배 효과도 낮을 것이다. 그렇다고 그로 인한 피해가 없다는 의미는 아니다. 오히려 그 반대. 세수가 그토록 낮은 이유는 부분적으로 이 나라의 가장 유능한 사람들 중 일부가 세금을 줄이기 위한 방법을 강구하는 데 그들의 정력을 쏟기 때문이며, 다른 많은 사람들이 조세효과에 신경을 써가며 자신들의 활동을 계획하기 때문이다. 이것은 모두 순전한 낭비다. 그럼으로써 우리가 무엇을 얻을 수 있을까? 기껏해야 국가가 소득을 재분배하고 있다는 일부 사람들의 만족감뿐이다. 그리고 이 만족감조차도 누진세율 세제의 실제 효과에 대한 무지에 바탕을 둔 것으로서, 그 사실이 밝혀지면 분명 없어질 것이다."[14] 프리드먼은 자신이 생각하는 최선의 개인소득세제는 면세점 이상의 소득에 대해 일률적인 비율로 부과하는 세금(flat-rate tax)인데, 과세대상을 더 포괄한다면 더욱 공평해질 것이며, 자원 낭비도 줄어들 것이라고 주장한다.[15]

---

11) Milton Friedman(심준보, 변동열 역), 자본주의와 자유(청어람미디어, 2011), 266~267면.
12) Milton Friedman(심준보, 변동열 역), 자본주의와 자유(청어람미디어, 2011), 267면.
13) Milton Friedman(심준보, 변동열 역), 자본주의와 자유(청어람미디어, 2011), 267~268면.
14) Milton Friedman(심준보, 변동열 역), 자본주의와 자유(청어람미디어, 2011), 272면.
15) Milton Friedman(심준보, 변동열 역), 자본주의와 자유(청어람미디어, 2011), 270면; "현재 우리(미국의 경우를 말함)의 소득세율은 20퍼센트에서 91퍼센트에 이르는데, 미혼 납세자를 기준으로 1만 8,000달러, 소득세 신고를 공동으로 하는 기혼 납세자를 기준으로 3만 6,000달러를 초과하는 소득에 대해 최고 50퍼센트에 이르는 세율이 적용된다. 그러나 현재 신고되고 정

2. 평등지향적 자유주의의 입장

대표적인 평등지향적 자유주의자인 롤스(John Rawls)의 정의 원칙(기본적 자유의 원칙, 기회균등의 원칙/차등의 원칙에) 따르면,[16] 일단 중요한 자유가 적절히 보장되고 난 다음에는, 공동체의 정치적 합의는 가장 빈곤한 계층이 최대한 부유해지게 만드는 것을 목표로 삼아야 한다.[17] 롤스의 이론은 '평등지향적 자유주의'라 할 수 있는 두 가지 요소를 모두 지니고 있는데, 하나는 시민적 자유에 대한 통상적인 자유주의적 지지가 배어 있는 개인의 자유에 대한 신념이며, 다른 하나는 기회균등 그리고 시장보다 좀더 평등주의적인 재분배에 대한 믿음으로 이는 재분배적 복지국가의 지지로 이어진다.[18] 롤스의 평등지향적 자유주의는 어떤 특정한 선관을 가정하지 않고, 어떤 특정 동기 부여 이론에 의존하지도 않는 일련의 규제적 원리를 도출하는 것으로서, 선의 개념은 다양하다는 것, 유일무이하게 지배적인 인간목적은 없다는 것, 인간은 목표가 주어지기보다는 선택하는 존재라는 것, 그러므로 질서 정연한 사회는 어떤 목적이든 사람들이 정의로운 약정에 따라 다양한 목표를 자유롭게 추구할 수 있다는 견해와 연계되어 있다.[19]

의된 과세소득, 즉 면세점을 초과하며 현재 인정되는 온갖 공제를 거치고 남은 소득에 대하여 23.5%라는 단일세율만 적용해도 현재의 높은 누진세율만큼의 세수를 가져올 것이다." Milton Friedman(심준보, 변동열 역), 자본주의와 자유(청어람미디어, 2011), 271면.

16) John Rawls(황경식 역), 정의론(이학사, 2003), 105면 이하.
17) Ronald Dworkin(홍한별 역), 민주주의는 가능한가(문학과 지성사, 2012), 139면.
18) Stephen Mulhall/Adam swift(김해성, 조영달 역), 자유주의와 공동체주의(한울 아카데미, 2001), 15면.
19) Michael Sandel(이양수 역), 정의의 한계(멜론, 2012), 257면; "샌델에 따르면, 자유주의와 사회 계약의 결합은 우연이 아니다. 사회 계약의 특별한 위상은 절차의 공정성과 결과의 공정성을 담보하기 때문이다. 사회 계약은 자유주의의 핵심 논증인 절차의 우선성을 성립시키는 계기가 된다. 이 같은 절차 때문에 책무나 의무가 성립될 수 있다. 거꾸로 말해 이런 공정한 절차가 없으면 의무나 책무는 존재할 수 없다. 왜 롤스는 원초적 입장을 서술할 때 '무지의 베일'이라는 단서 조항을 굳이 달아야 하는가? 원초적 입장을 성립시키는 절차가 공정하다는 것, 더 나아가 선택 상황이 공정하므로 그 절차의 결과 또한 공정함을 보증하기 위한 것이다." Michael Sandel(이양수 역), 정의의 한계(멜론, 2012), 282면.

롤스의 이론에 대한 자유지상주의자인 노직의 반박은 롤스의 재분배적 측면이 개인의 재산권과 소유권에 대한 침해를 수반한다는 것이며, '소득과 부의 재분배' 규범과 정책은 개인의 재능을 그런 재능을 갖지 못한 다른 사람들의 목적을 위한 수단으로 사용하는, 강제노동에 비유되는 조세체계를 상정하기 때문에 개인과 그들의 자유를 진지하게 고려하지 않는다는 것이다.[20] 또 다른 한편에서는 롤스의 이론이 원초적 합의의 결과로서 '소득과 부의 재분배'를 정당화하고 있지만, 롤스의 이론은 무지의 베일을 두른 채 원초적 상황에서 이루어지는 원초적 계약이 비현실적이라는 비판을 받으며, 따라서 롤스의 '공정으로서의 정의'는 '규제적 원칙'에 만족해야 한다는 비판이 제기된다.[21]

드워킨(Ronald Dworkin)은 자유(liberty)와 평등(equality)이라는 가치가 각각 다른 가치의 희생을 전제로 충족되는 것인지, 아니면 동시에 충족될 수 있는 것인지 질문을 던졌다. 그의 정치철학에는 기본적으로 자유와 평등은 서로 대립되는 가치가 아니라 동시에 달성해야 하는 가치라는 점이 깔려 있다. 자유주의는 자유 뿐만 아니라 평등을 중요시하기에, 그가 보기에 아무런 규제도 받지 않는 시장지상주의는 자유주의가 아니다.[22]

드워킨은 정치공동체의 형성에 있어 '동등한 존중과 배려'(equal respect and concern)를 강조했다. "평등한 배려(equal concern)는 정치 공동체의 최고의 덕목이며, 그것이 없는 정부는 오직 독재일 뿐이다. 그리고 한 국가의 재산이 매우 불평등하게 분배되어 있을 때(현재 가장 풍요로운 국가들에서도 부의 분배는 불평등하다) 그 국가의 평등한 배려를 의심하게 된다. 왜냐하면 재산의 분배는 법적 질서의 산물이기 때문이

---

20) Stephen Mulhall/Adam swift(김해성, 조영달 역), 자유주의와 공동체주의(한울 아카데미, 2001), 16면.
21) 하지만 롤스의 이론은 너무나도 큰 영향력을 미쳤다. 롤스의 '정의론'은 세 가지 논쟁을 불러 일으켰는데, 공리주의자들과 권리지향적인 자유주의자들 간의 논쟁, 권리지향적인 자유주의 내에서 발생한 논쟁, 자유주의자들과 공동체주의자 간의 논쟁이 바로 그것이다. 이에 대해서는 Michael Sandel(안진환, 이수경 역), 왜 도덕인가?(한국경제신문, 2010), 217면 이하; Michael Sandel(이양수 역), 정의의 한계(멜론, 2012), 372~372면.
22) 드워킨과의 대화(김비환 外 5인), 자유주의의 가치들(아카넷, 2011), 24면.

다. 한 시민의 재산은 그가 속한 공동체가 어떤 법을 제정하느냐에 따라 상당 부분 달라진다. 그 법에는 소유, 절도, 계약, 그리고 불법행위를 다스리는 법뿐만 아니라 복지법, 세법, 노동법, 시민권법, 환경규제법, 그리고 다른 모든 실제적인 것들에 대한 법들이 포함되어 있다."[23]

'동등한 존중과 배려'를 실천하기 위해 드워킨은 보험기획(the insurance scheme)에 기초해 '자원평등론'을 주장했다.[24] 드워킨은 어떤 공동체의 경제체계가 시민들에게 자신의 가치에 따라 삶을 기획할 동등한 기회를 진정으로 제공해야 그 공동체가 시민들에게 동등한 관심을 보인다는 가정 아래 조세에 관한 이론을 세웠다.[25] 드워킨은 롤스의 '사회계약 은유'에 대비해 자신의 이론을 '보험 은유'라고 표현했다.

3. 공동체주의의 입장

개인을 자율적 존재로 파악하는 자유주의에 따르면, 개인들이 자신들의 선관(善觀, conception of the good)을 스스로 형성하고 추구할 수 있다(개인의 자율성 테제). 개인의 자율성을 신뢰하므로, 자아는 공동체에 앞서고, 목적에 앞서고, 좋음(선함)에 앞선다. 따라서 국가는 특정한 선관을 개인에게 강요하여서는 안 된다(국가의 중립성 테제).[26] 이는 자유지상주의와 의무론적 자유주의 모두에 해당하는 것으로, 정의

---

23) Ronald Dworkin(염수균 역), 자유주의적 평등(한길사, 2005), 49~50면.
24) Will Kymlicka(장동진 外 3인 역), 현대 정치철학의 이해(동명사, 2005), 104면 이하.
25) Ronald Dworkin(홍한별 역), 민주주의는 가능한가(문학과 지성사, 2012), 145면 이하.
26) 자유주의의 '개인의 자율성 테제'와 '국가의 중립성 테제'에 대한 비판적 입장은 Michael Sandel(김선욱 外 5인 역), 공동체주의와 공동선(철학과 현실사, 2008)에 담긴 제1강연 '자유주의와 무연고적 자아'에 잘 나와 있다. 마이클 샌델이 이 책의 서문에 남긴 말이 필자에게 인상적이다. "전통과 공동체, 권위를 중요시하는 한국 사회에서는 자유주의적 개인주의가 기운을 북돋우는 것이요, 힘을 주는 해방적 이상이요, 진보적 개혁을 위한 유망한 자원이라는 것을 나는 깨달았다. 자유주의적 정치철학에 대한 내 자신의 도전은, 자유주의적 개인주의가 너무나 친숙해

는 좋은 삶에 대한 특정한 개념과는 상관없이 자유지상주의와 의무론적 자유주의가 상정하는 옳음의 문제로 결정된다(좋음에 대한 옳음의 우선성 테제, the priority of the right over the good). 자유주의에 따르면, 옳음은 좋음과 엄격하게 구분되고, 옳음은 좋음과 별개로 도출된다는 의미에서 옳음은 좋음에 우선하며, 따라서 국가는 좋음에 대해 중립을 지켜야 한다.

자유지상주의와 의무론적 자유주의는 '옳음'의 문제를 '좋음'의 문제와는 별개로 구성한다는 점에서는 견해가 일치하나, (앞에서 살핀 것처럼) 자유지상주의와 의무론적 자유주의가 각각 구성하는 옳음으로서의 정의는 너무나도 상이하다. 이는 자유지상주의자들은 자유시장이 본질적으로 정의롭다고 주장하는 반면에, 의무론적 자유주의는 자유시장이 필수적이고 중요하기는 하지만 정의롭지는 않다고 주장하기 때문이다.[27] 양자는 복지국가와 이를 위해 요구되는 과세의 정당성 문제를 중심으로 극명하게 대립한다.

'소득과 부의 재분배와 관련하여' 공동체주의가 반박하는 것은 의무론적 자유주의의 입장이 아니라 자유지상주의의 입장이다.[28] 자유지상주의는 모두가 공유하는 선은 근거가 매우 박약하며, 현대사회처럼 다원화된 사회에서는 공공선에 대한 합의가 가능하지 않다고 본다. 하지만 자유지상주의에 따라 공공선에 기초한 법규범과 정책을 포기할 경우, 시장의 효율성에 모든 것을 맡기게 되어 공익을 제대로 실현할 수 없다는 문제가 발생할 여지가 생긴다. 자유지상주의는 시장의 효율성을 너무 믿는

서, 대부분의 공적 담론에서 지배적 힘을 가진 정통적인, 그리고 인식하지 못하는 사이에 이루어지는 출발점으로 역할을 하게 된 사회에서 형성된 것이다. 미국의 정치 토론에서 주된 대안은 자유 시장(예컨대 경제학자 밀턴 프리드만과 자유방임적 철학자 로버트 노직이 주장한), 방임적 자유주의 그리고 개인의 권리와 좋은 삶에 대한 중립성의 존중을 전제로 한 복지 국가에 의해 시장의 힘이 길들여지는 (존 롤스에 의해 가장 잘 설명된) 좀더 평등주의적인 자유주의다. 과도한 개인주의와 소비주의에 이미 둘러싸인 사회를 배경으로, 공동체와 연대 그리고 시민의 참여를 더욱 강하게 강조하는 공공 철학은, 좀더 민주적인 공적 삶을 위한 최상의 희망인 것 같았다."

27) Will Kymlicka(장동진 外 3인 역), 현대 정치철학의 이해(동명사, 2005), 145면.
28) 공동체주의는 자유지상주의와 의무론적 자유주의 모두에 반대하는데, 이는 좋은 삶을 규정하는 문제에 대해서는 개인의 선택에 맡기고 정부가 중립을 지켜야 하며, 따라서 옳음의 문제는 좋은 (선한) 삶에 대한 특정한 개념에 의존하지 않아야 한다는 자유주의의 주장에 반대하기 때문이다.

나머지 사회적 약자를 배려하는 정치의 중요성을 놓치고 있다. "문제가 되는 것은 이처럼 필연적인 시장 중심적 불평등이 자신의 영역을 넘어서, 민주주의의 시민권, 교육, 보건의료, 혹은 공적 명예 같은 것들처럼, 지불할 수 있는 능력에 준거하지 아니하고 재화들이 분배되어야 하는 다른 정의의 영역을 오염시키는 것이다."[29]

반면에 공동체주의자들은 자유주의에 따라 국가중립성이 강화된다면 복지국가에 의해 요구되는 희생을 시민들이 받아들이도록 하는 공동선의 공유기반을 약화시킬 것이라고 비판한다.[30] 공동체주의자가 보기에, 자유주의의 문제는 '개인주의'에 대한 자유주의의 강조에 있으며, 따라서 자유주의적인 '권리의 정치(politics of rights)' 대신 '공공선의 정치(politics of the common good)'가 필요하다고 본다.[31]

공동체주의에 따르면, 공공선의 회복을 위해서는 국가가 공공선을 강제할 수 있는 법적 기반이 필요한데, 이러한 이유로 법과 공동체주의는 연결된다. 더구나 공동체주의자들에 따르면, 자유주의는 '신자유주의'의 위협을 막을 만큼 강하지 않다. 자

---

[29] Will Kymlicka(장동진 外 3인 역), 현대 정치철학의 이해(동명사, 2005), 277면; '시장의 도덕적 한계'에 대한 샌델의 저술은 Michael Sandel(안기순 역), 돈으로 살 수 없는 것들 (와이즈베리, 2012); "각 나라의 정부는 공익(공공선, common good)이라는 이상을 법제화하는 데 점점 더 미적거리는 태도를 보이고 있다. 자유주의자들이 주장하듯 모두가 공유하는 선은 근거가 박약한 개념인 까닭이다. 그만큼 우리의 차이는 엄청나다. 결국 개인들에게 스스로 선택할 수 있는 최대한의 자유를 주는 게 최선의 길이고, 각자의 라이프스타일에 따라 사고 싶은 것을 마음껏 살 수 있는 규제 없는 시장이야말로 그 길에 이르는 최고의 수단이 되고 말았다." Jonathan Sacks(임재서 역), 차이의 존중(말글빛냄, 2007), 32면. "많은 사람들은 다원적이고 다문화적으로 변한 사회에서 더 이상 공공선에 대한 합의가 가능하다고 생각하지 않는다. 어떤 이들은 한 걸음 더 나아가서 정부는 '선'에 대한 공동의 결정을 내릴 권리가 없다고 주장했다. 그런 결정은 이제 개인의 선택과 양심에 맡겨야 한다는 것이다. 이로써 국가와 시장이라는 가장 영향력이 큰 두 제도(행위자)는 결정 과정에서 차지하는 윤리적인 차원을 효과적으로 배제했다." Jonathan Sacks(임재서 역), 차이의 존중(말글빛냄, 2007), 68~69면.

[30] 장동진, 현대자유주의 정치철학의 이해(동명사, 2001), 177면; 자유주의와 공동체주의에 대해서는 Stephen Mulhall/Adam swift(김해성, 조영달 역), 자유주의와 공동체주의(한울 아카데미, 2001); Will Kymlicka(장동진 外 3인 역), 현대 정치철학의 이해(동명사, 2005) 등 참조. 자유주의와 대립하는 공동체주의에 대해서는 Michael Sandel(이양수 역), 정의의 한계(멜론, 2012); Michael Sandel(김선욱 外 5인 역), 공동체주의와 공동선(철학과 현실사, 2008); 박호성, 공동체론(효형출판, 2009) 등 참조.

[31] Will Kymlicka(장동진 外 3인 역), 현대 정치철학의 이해(동명사, 2005), 298면.

유주의에 기초한 시장의 광범위한 지배를 인정하게 되면 공공선은 위축될 수밖에 없다.[32] 하지만 이러한 주장에는 여전히 '개인의 자유'가 침해될 여지가 있다는 비판의 목소리가 크며, 공공선의 실체가 여전히 모호하다는 비판이 제기된다.[33]

---

[32] 인간은 자유롭고 자신의 의지에 따라 선택할 수 있는 존재이다. 이런 의미에서 '자유주의'는 커다란 영향력을 미친다. 하지만 세계화의 흐름과 그 안에서 지배적인 영향력을 미치는 '신자유주의'는 자유주의라는 이름을 달고 있지만 "자유의 적"으로 전락했다. 신자유주의 하에서 인간은 더 이상 자유로운 존재가 아니고 자신의 의지에 따라 선택할 수도 없게 되었다. 세계화와 신자유주의의 거대한 흐름을 거부하려는 사람들은 '공동체주의'에 주목하고 있다. 세계화에 대응하여 사람들이 자신들의 정체감을 형성하는 데 점차 민족 국가 외에 '세계시민'으로서의 정체성을 갖는지가 문제된다['세계시민주의'에 대한 자세한 언급은 Kwame Anthony Appiah(실천철학연구회 역), 세계시민주의(바이북스, 2009) 참조]. 하지만 세계는 '하나의 공동체'라고 하기에는 너무 복잡하고 기능적으로 분화되어 있다. '세계시민주의'라는 하나의 공동체의식이 형성 중에 있지만, 아직 완성되지는 않았다. (私見에 따르면) 세계화는 자본의 세계화일 뿐, 우리는 여전히 지역공동체에 살고 있다. 세계화는 소수의 사람에게만 도래했고, 대다수의 사람들에게는 여전히 먼 이야기이다; "세계화의 개념을 인류의 삶의 방식의 향상이나 통일이라는 관점과 연관시키려 한다면, 그 경우 간과하게 되는 것은 세계화가 전지구적 상층부의 현상일 뿐이라는 사실입니다. 인터넷이 그 대표적인 예입니다. 인터넷을 사용할 수 있는 사람들이 현재 얼마나 됩니까? 전 인류의 1%에 불과합니다!(Claus Offe)" Armin Pongs 엮음(김희봉, 이흥균 역), 당신은 어떤 세계에 살고 있는가? 1편(한울, 2003), 217면; 반면에 세계화가 공동체 소속감을 약화시킴으로써, 행복감 역시 떨어졌다는 비판이 강력하게 제기된다[Joseph E. stiglitz, Amartya Sen, Jean-Paul Fitoussi(박형준 역), GDP는 틀렸다(동녘, 2011) 30~31면]. 세계시민으로 생각하는 것이야말로 '공공적인' 것이고[가라타니 고진(송태욱 역), 윤리21(사회평론, 2010), 81면], 국가라는 법치의 통제를 벗어난 오늘날의 시장에 법치성을 확보할 수 있는 것은 세계정부 밖에 없지만[노무현, 진보의 미래(동녘, 2009), 279면], 세계시민이나 세계정부는 아직 도래하지 않은 미래의 일이다.

[33] "공동체와 공동선의 강조는 자칫 개별적 자유와 자율성을 부정하는, 그리하여 또다시 차이를 억누르는 동질적인 사회구상으로 이어질 수 있다. 소수자의 은폐된 권리를 실현시키기 위한 실질적인 힘과 정당화근거로서 공동체와 공동선은, 현대사회의 다층적인 차이의 문제를 단순화 내지 획일화할 위험성을 지닌다." 이상돈, 공익소송론(세창출판사, 2007), 28면.

II. '자유권의 회복'과 '자기실현의 전제조건 충족'

필자는 적정한 '소득과 부의 재분배'는 사회적 약자에게 상실된 자유권을 회복시키며, '개인의 자기실현의 전제조건'을 충족시킨다는 점에서 정당화된다고 본다. 적정한 '소득과 부의 재분배'의 정당화는 '규칙으로서의 사회권'과 '원칙으로서의 사회권'과 밀접하게 연관되어 있다. '상실된 자유권의 회복'과 '개인의 자기실현의 전제조건 충족' 중에서 '규칙으로서의 사회권'과 관계되는 것은 '상실된 자유권의 회복'이며, '원칙으로서의 사회권'과 관계되는 것은 '개인의 자기실현의 전제조건 실현'이다.

'규칙으로서의 사회권'은 국가가 복지정책을 실현함에 있어서 실현가능한 최소한의 기준을 지체 없이 충족시킬 의무를 국가에게 부과하는 반면에, '원칙으로서의 사회권'은 법적·실제적 가능성을 감안하여 가능한 최대한의 수준에서 실현할 의무를 부과한다.

1. '상실된 자유권'의 회복

목적이 아무리 고귀하다 할지라도 '소득과 부의 재분배'가 재산권을 과도하게 박탈하거나, 제대로 효과를 발휘하지 못하고 역효과가 발휘된다면 '소득과 부의 재분배'는 정당화될 수 없다. 그런 의미에서 자유지상주의의 논거는 타당한 면이 있지만, 재산권 침해의 측면과 역효과의 측면 만을 너무 강조한 것이 아닌가 생각된다. '또 다른' '자유지상주의자'는 다음과 같이 항변할지 모른다. "자유지상주의자들은 빈곤한 자의 자유는 생각하지 않는가?"라고.

하지만 '소득과 부의 재분배'가 야기하는 재산권 침해가 공익을 위해서 적정한 수준에서 이루어지고, 효과 또한 발휘하는 것으로 증명된다면, '소득과 부의 재분배'는 정당화될 것이다. 이 때 사회적 수단을 통해서 상실된 자유권을 회복시킨다는 점을 제대로 인식한다면, '소득과 부의 재분배'의 정당화에 더 가까이 가게 된다.[34]

우선 빈곤이 물질적인 가난을 넘어 빈곤자의 '자유'와 '자존'을 해치는 문제라는 점을 인식할 필요가 있다. 빈곤은 빈곤자의 인간존엄을 위태롭게 한다. 빈곤은 그들의 생존을 어렵게 할 뿐 아니라, 자유를 유명무실하게 하기 때문에 가난한 사람들은 자유조차 제대로 누릴 수가 없다.[35] "가난한 사람들의 관점으로 볼 때, 삶의 불행과 악조건은 단순히 물질적인 가난 이상의 것이었다. 그것은 좀 더 복합적이며 복잡하게

---

[34] "사회권이 부담하는 부담이 과도하지 않다 하더라도, 여전히 개인에게 부담을 부과하는 것 자체가 잘못된 것이라는 견해가 있을 수 있다. 자유지상주의자들(libertarians)은 사회권이 허용될 수 없는 과세를 요구하므로 받아들일 수 없다고 생각한다. 이러한 견해는 두 가지 근거에서 취약하다. 첫째, 세금은 납세자의 도덕적 의무를 이행하기 위하여 사용될 때 허용된다. 모든 개인이 가지고 있는 자선적 원조 의무 보다 더 효과적으로 원조를 실행하는, 정부과 조직한 인도주의적 원조 체제를 지원하기 위하여 세금이 사용되는 것이 허용되는 것처럼. 둘째, 재산권이 너무도 중요하여 결코 다른 권리를 충족시키는 요건에 양보할 수 없다고 믿지 않으면서도, 우리는 재산권의 중요성을 인정할 수 있다." James W. Nickel(조국 역), 인권의 좌표(명인문화사, 2010), 205면.

[35] 전세계 인구의 거의 절반에 해당하는 30억의 인구는 하루에 2달러 미만의 수입으로 살아가고 있다[Anthony Giddens(김미숙, 김용학, 박길성, 송호근, 신광영, 유홍준, 정성호 역), 현대사회학(제4판, 을유문화사, 2003), 55면]. 세계은행은 1.25 달러 이하로 하루 생계를 이어가는 계층을 '극빈곤층'으로, 2달러 이하로 하루 생계를 이어가는 계층을 '빈곤층'으로 분류하는데, 이러한 세계은행의 분류법에 따르면 10억 명은 극빈곤층에 속하고[싱어(Peter Singer)에 따르면 그 수는 10억이 아니라 14억 명이다. Peter Singer(함규진 역), 물에 빠진 아이 구하기 - 어떻게 세상의 절반을 가난으로부터 구할 것인가(산책자, 2009), 25면], 20억 명은 빈곤층에 속한다[Irene Khan(우진하 역), 들리지 않는 진실(바오밥, 2009), 19면]. 그리고 그 중 많은 수의 사람이 기아나 만성적인 영양실조에 허덕이고 있고, 일부는 죽어가고 있다. 유엔식량농업기구(FAO)에 따르면, 1999년 한 해 동안 3천만 명 이상이 '심각한 기아상태'에 있으며, '만성적인 영양실조'에 허덕이는 사람들의 숫자까지 합치면 기아 인구는 8억 2,800만 명 정도가 된다[Jean Ziegler(유영미 역), 왜 세계의 절반은 굶주리는가?(갈라파고스, 2007), 31면]. 그리고 전세계적으로 해마다 8백 만명 이상의 사람들이 다름 아닌 빈곤이라는 이유 때문에 죽어가고 있다[Jeffrey D. Sachs(김현구 역), 빈곤의 종말(21세기북스, 2009), 14면]. 이들 30억 인구는 전세계 인구의 절반을 차지하고 있음에도 불구하고, 전세계 부의 1퍼센트만을 나눠 갖고 있다. 반면에 전세계 인구의 상위 10퍼센트는 전체 부의 85퍼센트를 가지고 있으며, 이중 2퍼센트에 속하는 사람들이 전체 부의 절반을 차지하고 있다. 하위 50퍼센트-부 1퍼센트, 상위 10퍼센트-부 85퍼센트, 상위 2퍼센트-부 50퍼센트의 조합이 현재 지구 인구와 부의 비율 조합이다.

얽힌 문제이다. 이로 인해 행동과 선택의 자유를 박탈당했다는 무력감이 발생하고 지속된다."[36] 빈곤은 무력감의 문제이며, 빈곤의 퇴치는 그들의 자존감을 회복하는 문제이다. "쓰레기통을 뒤지려면 우선 나 자신으로부터 수치심을 떨쳐내야 한다."[37]

의문시해야 할 것은 빈곤의 문제가 사회적 기본권(사회권)의 문제라는 인식이다. 우리는 종종 빈곤 문제를 '사회적 기본권'의 문제로 사고하는 실수를 범한다. 빈곤을 '사회적 기본권'의 문제로 파악하는 사고의 이면에는 자유권과 사회권을 구분하는 이분법이 자리잡고 있다.[38] 진정한 문제는 '프로그램화된' 사회적 기본권으로는 빈곤 문제를 해결할 수 없을 뿐 아니라, 그 핵심을 건드리지도 못한다는 점에 있다. 빈곤의 문제는 '사회적 기본권'의 영역에서 다루기보다는, '자유권적 기본권'의 영역에서 다루는 것이 바람직하다. 빈곤은 인권의 문제이며, 빈곤의 퇴치는 그들의 자유권을 회복하는 문제이다. 다만 빈곤의 문제는 소득과 부의 재분배 정책과 같은 '사회적 수단'을 통해 해결해야 하는 특수한 문제인 것이다. 사회적, 경제적 권리가 뒷받침되지 않으면 자유권이 제대로 기능할 수 없다. 따라서 빈곤으로 인한 자유권 상실을 사회적, 경제적 수단을 통해 이를 회복시켜야 한다. 이는 '사회적, 경제적 수단의 효율성' 차원에서만 논의되어서는 안 되고, '상실된 자유권의 회복'이라는 차원도 중요한 요소로 고려해야 한다.

---

36) Irene Khan(우진하 역), 들리지 않는 진실(바오밥, 2009), 30면; 유누스(Muhammad Yunus)에 따르면, 가난으로 인해 사람들이 자신들의 운명을 통제하는 시늉조차 할 수 없기에 궁극적으로 인권유린으로 이어지게 된다[Irene Khan(우진하 역), 들리지 않는 진실(바오밥, 2009), 29면].

37) Jean Ziegler(양영란 역), 탐욕의 시대-누가 세계를 더 가난하게 만드는가?(갈라파고스, 2008), 9면.

38) 유엔 사무총장(1997~2006)이었던 코피 아난(Kofi Annan)은 다음과 같이 말한다. "기본적인 자유의 보장은 가난한 사람들에게 제 목소리를 낼 수 있게 만들어 그들 스스로 미래를 결정할 수 있는 힘을 줍니다. 우리는 이를 통해 음식, 주거와 같은 기본적인 필요가 곧 인권이며, 그것은 시장의 힘만으로는 해결될 수 없음을 알 수 있습니다. 이것은 경제적 사회적 권리에 맞서는 시민적 정치적 권리라는 '냉전 시대의 이분법'을 던져버리라고 요구하는 주장입니다." Irene Khan(우진하 역), 들리지 않는 진실(바오밥, 2009), 9면; 시민적·정치적 권리와 경제적·사회적 권리의 이분법에 대한 반대로는 Fredman(조효제 역), 인권의 대전환(교양인, 2009), 181면 이하.

2. 개인의 자기실현의 전제조건 충족

필자는 자유주의 내에서도 공익에 기초한 법규범과 정책이 정당화될 수 있는 (롤스의 이상적인 이론구성과는 다른) 현실적인 이론구성이 절실히 필요하다고 생각한다. 예컨대 킴리카(Will Kymlicka)는 지역 차원일지라도 공유된 선관(善觀)이 존재하는지에 대해 의구심을 표하면서, 공동의 국민 정체성의 기반은 공유된 선관이라기보다는, 공동의 영토를 공유하고 공동의 과거를 소유하며 공동의 미래를 공유하는 사회에 대한 보다 엷으면서 넓은 세대통합적인 소속감이라고 주장한다. 킴리카는 이를 통해 특정 종교나 생활 방식에 기반한 두터운(thick) 국민 정체성이 아닌 지역적이지 않으면서 공유된 선관에 기반하지 않은 연대성의 원천으로서 엷은(thin) 공동의 국민정체성을 주장한다.[39] 이는 자유주의가 받아들일 수 있는 엷은 선 개념에 해당되며, (더 논란의 여지가 있고 널리 공유되지도 않는) 공동체주의가 주장하는 두터운 선 개념(thick conception of the good)의 단점을 피할 수 있게 한다.[40]

필자는 형식적 인륜성(formale Sittlichkeit) 개념이 의무론적 자유주의와 공동체주의의 접점이 되지 않을까 생각해 본다. 이는 형식적 인륜성 개념이 의무론적 자유주의의 단점과 공동체주의의 단점을 극복할 수 있기 때문이다. 의무론적 자유주의는 '소득과 부의 재분배'를 원초적 합의의 결과로 정당화하여 현실에서 있지도 않은 계약에 기초해 정의원칙을 산출한다는 단점이 있다. 반면에 공동체주의는 추구하는 공공선의 실체가 모호하며, 개인의 자유 특히 소수자의 자유를 침해할 위험이 있다. 호네트(Axel Honneth)가 말하는 '형식적 인륜성'은 구체적 전통 공동체의 윤리적 관습을 형성하는 실체적인 가치관의 표현이 아니며, 개인의 자기실현에 필연적인 전제조건으로 작용하는 상호주관적 조건 전체를 말한다. 호네트에 따르면, 규범적 개념으로 발전시킨 인정이론의 단초는 칸트적 도덕이론과 공동체주의적 윤리론의 중간에 자리 잡으며, 전자와 인정이론이 공유하는 것은 가능한 보편적인 규범들에 대한 관심이며,

---

39) Will Kymlicka(장동진 外 3인 역), 현대 정치철학의 이해(동명사, 2005), 368면 이하.
40) '자유주의 사회와 덕윤리의 수용'에 대해서는 황경식, 덕윤리의 현대적 의의(아카넷, 2012), 73면 이하.

후자와 공유하는 것은 인간의 자기실현(Selbstverwirklichung)이라는 목표이다.[41] 필자는 개인이 자기실현을 할 수 있는 전제조건을 법규범과 정책을 통해 마련하는 것이 (공공선의 관점이 아니라) 공익의 관점에서 정당화된다고 본다.[42] 개인의 자기실현은 '자유주의'의 핵심이지만, 개인의 자기실현을 위한 최소한의 전제조건을 충족하는 것은 '엷은(thin)' '공동체주의'와 연관된다.[43] 하지만 국가가 개인이 자기실현할 수 있는 전제조건을 법규범과 정책을 통해 보장하는 것이 '세계화'와 관련하여 점점 더 실현하기 어려운 과제가 되고 있다는 점을 유념할 필요가 있다. "가장 커다란 문제는 세계화라고 봅니다. 규모가 큰 나라는 비효율성을 상당히 감당할 수 있습니다. 하지만 세계화가 진행되면 그럴 여유가 사라지지요. 세계화가 확대되면서 불가피하게 불평

---

[41] Axel Honneth(문성훈, 이현재 역), 인정투쟁-사회적 갈등의 도덕적 형식론(동녘, 1996), 280면 이하; 드워킨(Ronald Dworkin)은 인간 존엄의 두 가지 원칙을 주장한다("이 두 가지 원칙, 곧 모든 인간의 삶에는 본질적인 잠재 가치가 있다는 첫번째 원칙과 누구나 그 가치를 자기 삶에서 실현할 책임이 있다는 두번째 원칙이 결합하여 인간 존엄의 토대와 조건을 정의한다. 그래서 나는 이 둘을 존엄의 원칙 혹은 조건이라고 칭한다."). 드워킨은 과세의 정당성을 국가가 인간 존엄의 두 번째 원칙, 즉 각 시민에게 자기 삶의 가치를 스스로 확인하고 실현할 책임이 있다는 원칙을 존중해야 한다는 점에서 도출하고 있다[Ronald Dworkin(홍한별 역), 민주주의는 가능한가(문학과 지성사, 2012), 23면, 138면].

[42] 라즈(Joseph Raz)에 따르면, 사람들은 국가가 인간에게 소중한 자율성을 위한 조건을 형성해 줄 때에만 온전하게 자율적일 수 있으며, 따라서 국가는 개인의 자율을 증진할 의무가 있고 자율성을 위한 제반 조건을 마련해줄 필요가 생긴다. 국가의 적극적 의무를 옹호하는 라즈의 견해는 그가 대단히 독특하게 해석하는 '해악 원칙(harm principle)'에 기대고 있다. 라즈는 '해악'이라는 개념 속에, 국가의 부작위, 또는 자율성을 위한 제반 조건을 갖추지 못한 사람들에게 그러한 조건을 제공해주지 못하는 것도 포함된다고 본다[Sandra Fredman(조효제 역), 인권의 대전환(교양인, 2009), 104면 이하].

[43] "저자들(Stephen Mulhall/Adam swift)의 논의를 따라가다보면, 자유주의와 공동체주의는 그 차이에도 불구하고 어느 한쪽만을 택해야 하는 것이 아니라 상호보완적인 관계에 있다는 생각을 하게 된다. 다만 양자를 단순하게 절충하는 것은 불가능하고 또 피해야 할 것이며, 그리하여 공동체주의의 요청을 기꺼이 수용하는 자유주의가 그 대안으로 제시되고 있는데, 저자들은 이를 공동체주의적 자유주의(줄여서 공동체 자유주의)라 부른다. 공동체 자유주의는 개인의 자유와 권리를 더욱 신장하고 삶을 풍요롭게 하기 위해 국가가 각종 제도와 정책을 통해 이를 권장할 것을 요구한다." Stephen Mulhall/Adam swift(김해성, 조영달 역), 자유주의와 공동체주의(한울아카데미, 2001), 8면(옮긴이 서문).

등과 불안도 증가하고 있습니다."[44] 이는 세계화에 따른 국민국가의 위기와 밀접하게 관련되어 있다.[45]

---

[44] Karen Ilse Horn(안기순, 김미란, 최다인 역), 지식의 탄생[노벨 경제학상 수상자 10인과의 인터뷰](와이즈베리, 2012), 90면.

[45] 세계화에 따른 국민국가의 위기와 복지국가의 위기에 대해 사회과학자들은 다음과 같이 말한다(아래의 내용은 Armin Pongs 엮음(김희봉, 이홍균 역), 당신은 어떤 세계에 살고 있는가? 1편(한울, 2003)과 Armin Pongs 엮음(윤도현 역), 당신은 어떤 세계에 살고 있는가? 2편(한울, 2010)에 있는 내용이다). "국민국가는 삶의 큰 문제를 다루기에는 너무 작고 삶의 작은 문제를 다루기에는 너무 크다(Daniel Bell, 1편 38면)." "정책과 국가는 전지구적 연결에 직면하여, 그로 말미암아 발생하는 과제와 문제들에 의해 과부하 상태가 된다. 이것이 바로 고전적인 정치의 종말인 것이다(Helmut Willke, 1편 275면)." "우리가 분명히 알아두어야 할 것은 국가 개입적 사회, 복지국가는 19세기 후반부에 분명하게 정의되었던 사회공동체를 만들었다는 것입니다. 그 국가의 형태는 초기 자본주의가 만들어놓았던 파괴와 빈곤에 대한 대응이었습니다. 지체부자유자와 노인, 질환자에 대한 강제적 연대공동체가 만들어졌는데, 그것은 국가의 강제 의료보험체계의 형태로 개인이 담당할 수 없는 위험을 조직화하는 것이었습니다. 오늘날 우리들은 큰 문제에 봉착하고 있습니다. 국민국가적 경제와 지역적으로 규정된 연대공동체가 지구화의 역동성에 의해서 해체되고 있는 것이 그것입니다. 정치와 국민국가는 점차 사회공동체를 위한 규제적인 행동을 점점 더 할 수 없게 되어가고 있습니다. 왜냐하면 다른 형태의 공동체가 이러한 일을 맡아야 하거나 고유한 개인적인 연대공동체로 정의되어야 합니다(Helmut Willke, 1편 289~290면)." "국민국가적 경계의 해체에 대한 반응으로서 복지국가의 파괴가 그것입니다. 복지국가는 이제 더 이상 유지되기 어렵습니다. 거대한 통치집단으로서 국가들이 서로 경쟁을 하고 있었던 구도는 전지구화의 역동성에 의해 대체되었습니다. 이러한 상황은 복지국가에 수정을 가하고 있습니다(Helmut Willke, 1편 291면)." "오늘날 큰 문제는 광범위한 복지국가의 집행을 충당해야 하는 재정문제입니다. [...] 그러나 한 가지 분명한 사실이 있는데, 그것은 어느 정도 세계화와 직접적으로 관련이 있습니다. 그 사실은 복지국가를 유지하기에는 너무 많은 비용이 들기 때문에 불가피하게 단계적으로 감축한다는 것입니다(Amitai Etzioni, 2편 60면)." "세계화의 결과 중의 하나는 국민국가가 그 실체와 주권을 상당부분 포기하게 된다는 것입니다(Anthony Giddens, 2편 83면)." "또 한 가지 예견할 수 있는 것은 불평등이 더욱 확대되고 생활이 더 불안해질 것이라는 사실입니다. 왜냐하면 국민국가적 복지국가는 국제적, 유럽차원의 시장경쟁으로 인한 부정적 영향을 더 이상 완화시켜주기 힘들기 때문입니다(Karl Ulrich Mayer, 2편 255면)."

3. '규칙'으로서의 사회권과 '원칙'으로서의 사회권

많은 사람들이 사회권 개념을 프로그램화된 권리라고 비판한다. 하지만 사회권은 결코 프로그램화된 권리가 아니며, 국가에게 적극적인 의무를 부과하는 구체적인 권리이다. 다만 '규칙'으로서의 성격을 띠는 '자유권'에 비해, 사회권은 '원칙'으로서의 성격을 더 띤다. 이 때 '원칙'이라는 것은 법적·실제적 가능성을 감안하여 가능한 최대한의 수준에서 실현해야 할 규범을 뜻한다.[46] 하지만 사회권은 '최적화요청' 이외의 플러스 요소가 더 있다. 이는 사회권이 실현가능한 최소한의 기준을 지체 없이 충족시킬 의무를 국가에게 부과시킨다는 점이다.[47] 이처럼 사회권은 '원칙'으로서의 특징 뿐만 아니라 '규칙'으로서의 특징을 가지고 있다. 여기서 원칙은 최적화명령(Optimierungsgebot)을 뜻하고, 규칙은 최종명령(definitives Gebot)을 뜻한다.

사회권을 '생계'로 국한시키는 사람들이 있는 반면에, 사회권에 '생계' 뿐만 아니라 '건강', '교육'을 포함하는 사람들이 있다.[48] '생계'라는 최소한의 기준으로 사회권

---

[46] "이 부분에서 나는 적극적 의무가 과연 진정으로 규범적인 개념이 될 수 있을 만큼 충분히 확정적인(determinate) 개념인가 하는 의문을 검토할 것이다. 나는 여기서 적극적 의무 이론이 불확정성(indeterminacy)에 기반하고 있다는 비판을 역비판하면서, 독일의 헌법학자 알렉시가 발전시킨 원칙들에서 도출된 개념을 활용할 때 적극적 의무를 가장 잘 이해할 수 있다고 주장하려고 한다. 원칙이라는 것은, 법적, 실제적 가능성을 감안하여, 가능한 최대한의 수준에서 실현해야 할 규범을 말한다. 원칙은, 설령 특정한 상황에서는 다른 원칙에 밀리는 경우가 있더라도, 원래의 '자명한 구속력(prima facie binding force)'을 상실하지는 않는다. 그러므로 여기서 문제의 핵심은 불확정성의 문제를 둘러싼 논란이 아니라, 우선 순위의 문제이다." Sandra Fredman(조효제 역), 인권의 대전환(교양인, 2009), 180면.

[47] "사회권은 장기간에 걸쳐 그 권리를 완전히 실현할 수 있도록 노력하는 한편, 실현가능한 최소한의 기준을 지체 없이 충족시킬 의무를 부과함으로써 더욱 강화될 수 있다." James W. Nickel(조국 역), 인권의 좌표(명인문화사, 2010), 209면. "국제사회권규약과 사회권위원회를 관장하는 국제연합 위원회는, 최소한의 기준을 충족시키기 위한 선의(good faith)의, 그리고 측정가능한(measurable) 노력을 행한다는 보충적 개념을 도입하여 점진적 구현에 관한 몇몇 문제를 해결하려고 시도하였다. 국제사회권규약이 점진적 실현을 규정하고 가용 자원의 한계로 인한 제한을 인정하면서도, 동 규약은 또한 즉각적 효과가 있는 다양한 의무를 부과한다." James W. Nickel(조국 역), 인권의 좌표(명인문화사, 2010), 208면.

[48] 사회권을 바라보는 모델에는 '사회권 배제 모델', '사회권 최소 모델', '기본권 필요 보장 모

을 설정하는 것은 그 권리를 빈곤국에서 실현하는 가망이 있도록 만들 뿐 아니라, 사회권이 실현가능성 심사에 통과되는 것을 보다 용이하게 하는 장점이 있다.[49] 반면에 생계 뿐만 아니라 '건강', '교육'에까지 사회권을 확장하는 견해는 현실의 여러 제약에도 불구하고 이렇게 하는 것이 최소한의 인간다운 삶을 영위할 수 있는 기본능력의 보장이며, 최소한의 정의영역에 속한다고 주장한다.[50]

생각건대 빈곤은 생계뿐만 아니라 의료 및 교육과도 밀접한 관련이 있다. 빈곤은 생계의 곤란을 야기할 뿐만 아니라 적절한 의료의 지원 및 교육을 받을 기회를 박탈하기 때문이다. 따라서 실현가능한 최소한의 기준을 지체 없이 충족시킬 의무를 국가에게 부과하는 '규칙'으로서 사회권은 생계의 문제에만 국한될 것이 아니라 의료 및 교육의 문제에까지 확대된다. 다만 '규칙'으로서 사회권은 실현가능한 최소한의 기준을 지체 없이 충족시킬 의무를 부과시킨다는 점에서 '의료 및 교육'에서도 실현가

델', '기본능력 보장 모델'이 있다. 이에 대해서는 이상영·김도균, 법철학(한국방송통신대학교, 2012), 283면 이하. "자유권적 인권이론은 사회권을 인권목록에서 제외하거나 아니면 사회권을 인정하더라도 매우 협소한 의미로 파악한다. 따라서 자유권적 인권이론은 사회권을 인권에서 배제하는 '배제 모델'과 사회권을 인정하기는 하되 매우 최소한도로 파악하고자 하는 '최소 모델'로 좀 더 세분화해 볼 수 있을 것이다. 이와 대비해서, 사회권적 인권이론은 사회권을 인권으로 포용하려는 '포용 모델'을 기본으로 한다. 이 '포용 모델'은 인권목록에 사회권의 내용과 범위를 어느 정도까지 포함시킬 것인가를 놓고 다시 '기본적 필요 보장 모델'과 '기본능력 보장 모델'로 구분할 수 있다." 이상영/김도균, 법철학(한국방송통신대학교, 2012), 283면.

49) James W. Nickel(조국 역), 인권의 좌표(명인문화사, 2010), 193면.
50) 예컨대 아마티아 센(Amartya Sen)의 '기본능력 보장 모델'은 빈곤이라는 것을 단순히 기본적 재화의 부족으로 보지 않고, '인간으로서의 기본적인 능력이 박탈된 상태'로 본다[이상영·김도균, 법철학(한국방송통신대학교, 2012), 292면]. 센은 그의 책 'Development as Freedom'에서 '역량(capability) 이론'을 통해 '주체 행위로서 자유(freedom as agency)'라는 적극적 개념을 발전시킨다; 자유는 자기가 소중하게 여기는 어떤 존재가 될 수 있는 능력, 또는 자기가 소중하게 여기는 어떤 일을 행할 수 있는 능력을 말한다[Sandra Fredman(조효제 역), 인권의 대전환(교양인, 2009), 67면, 81면]. 센에 따르면, '빈곤'은 '기본적 역량의 박탈'이며, 빈곤 자체가 '반자유'이고, 개인들의 역량을 증진시키기 위해 국가가 적극적 행동을 취하는 것이 필요하다[Sandra Fredman(조효제 역), 인권의 대전환(교양인, 2009), 82면 이하]. 역량이라는 개념적 장치를 인권법의 심장부에 이식한 사람은 마사 너스봄(Martha Nussbaum)이며, 이는 국가에게 역량의 하한선(threshold)을 보장해줄 적극적 의무를 부과한다[Sandra Fredman(조효제 역), 인권의 대전환(교양인, 2009), 83면].

능한 최소한의 기준이 그 내용이 될 것이다. 정리하면, '규칙'으로서 사회권의 내용은 '빈곤에 따른 생계 곤란' 뿐만 아니라 의료 및 교육에서 실현가능한 최소한의 것이 된다. 이에 따르면, 사회권을 '생계'로 국한시키는 견해는 사회권의 '규칙'으로서의 성격을 강조하나, 의료 및 교육에서 최소한의 기준 또한 사회권의 규칙에 해당된다는 점과 사회권에는 '원칙'으로서의 성격도 있다는 점을 도외시하는 단점이 있다.

III. 종합부동산세 결정

어떤 구체적인 재분배규범(정책)의 정당성은 보수주의나 진보주의의 가치 혹은 자유주의나 공동체주의의 가치에 전적으로 의지해 확인되는 것이 아니라, (과세되는 자의) 재산권 침해 - (재분배받는 자의) 상실된 자유권의 회복 - 재분배의 실질적 효과의 삼각 구조 하에서 살펴보아야 한다는 점이다. 또한 특정 과세규범(정책)의 정당성 판단에는 '어떤' 특수성이 존재하기도 한다. 예컨대 헌법재판소는 '종합부동산세 결정'(헌재 2008. 11. 13. 2006헌바112, 2007헌바71. 88. 94, 2008헌바3. 62, 2008헌가12 결정)에서 종합부동산세의 과세방법을 '인별 합산'이 아니라 '세대별 합산'으로 규정한 종합부동산세법의 '세대별 합산 과세' 규정이 헌법 제36조 제1항을 침해하는지 여부와 종합부동산세 부과로 인해 납세의무자의 재산권이 침해되는지 여부 등을 다루었다. 종합부동산세 결정은 종합부동산세가 재산권을 침해하는지 여부도 일부 다루었지만, 그보다는 헌법 제36조 제1항에 비추어 종합부동산세가 혼인한 자 또는 가족과 함께 세대를 구성한 자를 독신자, 사실혼 관계의 부부 등에 비해 불리하게 차별 취급하므로 혼인한 부부과 혼인하였다는 이유로 혼인하지 않은 자보다 더 많은 조세부담을 하여 소득을 재분배하도록 강요받는 것은 부당하지 않는가를 다루었다는 점에 특징이 있다.[51]

1. 가구별 합산과세의 헌법 제36조 제1항 위반 여부: 위헌 결정

(1) 비례의 원칙에 의한 심사

종합부동산세 결정의 여러 쟁점 가운데 최대 핵심은 '세대별 합산 과세'가 헌법 제36조 제1항에 위배되느냐 여부이다.[52] 헌법재판소는 비례의 원칙에 의한 심사를 하는데, 이는 헌법 제36조 제1항이 '차별금지 명령'으로서 헌법 제11조 제1항의 평등원칙과 결합하여 혼인과 가족을 부당한 차별로부터 보호하고자 하는 목적을 지니고 있다는 점 때문이다. 헌법 제36조 제1항은 "혼인과 가족생활은 개인의 존엄과 양성의 평등을 기초로 성립되고 유지되어야 하며, 국가는 이를 보장한다."고 규정하여 혼인과 가족생활에 불이익을 주지 않을 것을 명하고 있고, 이는 적극적으로 적절한 조치를 통하여 혼인과 가족을 지원하고 제3자에 의한 침해로부터 혼인과 가족을 보호해야 할 국가의 과제와, 소극적으로 불이익을 야기하는 제한 조치를 통하여 혼인과 가족생활을 차별하는 것을 금지해야 할 국가의 의무를 포함하는 것이다. 이러한 헌법원리로부터 도출되는 차별금지의 명령은 헌법 제11조 제1항의 평등원칙과 결합하여 혼인과 가족을 부당한 차별로부터 보호하고자 하는 목적을 지니고 있고, 따라서 특정한 조세 법률조항이 혼인이나 가족생활을 근거로 부부 등 가족이 있는 자를

---

51) 헌법재판소는 종합부동산세 결정에서 자산소득에 대하여 부부간 합산과세를 규정한 소득세법 제61조에 대한 위헌결정(헌재 2002. 8. 29. 2001헌바82 결정)을 그 근거로 인용하고 있다. 소득세법 제61조에 대한 위헌결정은 헌법 제36조 제1항을 근거로 하여, 자산소득이 있는 모든 납세의무자 중에서 혼인한 부부과 혼인하였다는 이유만으로 혼인하지 않은 자산소득자보다 더 많은 조세부담을 하여 소득을 재분배하도록 강요받는 것은 부당하다고 판시하였다.

52) 종부세 과세 대상은 6억인데(당시 6억원 초과 주택은 28만 6000세대, 여러 주택을 가진 사람을 합치면 37만 8000명), 부부 공동 명의로 바꿔 놓으면 현행법상 공시가격 12억까지는 종부세를 내지 않아도 된다. 종부세 과세 대상을 9억원 이상으로 올리면 총 주택 가격이 18억 이하인 세대는 과세 대상에서 빠지게 된다. 이는 기존 종부세 대상의 90% 가량이 납세 대상에서 제외되며, 납부 세액도 대폭 줄게 됨을 의미하고, 부동산 보유세 강화라는 종부세의 애초 도입 취지는 사라지게 된다.

혼인하지 아니한 자 등에 비하여 차별 취급하는 것이라면 비례의 원칙에 의한 심사에 의하여 정당화되지 않는 한 헌법 제36조 제1항에 위반된다 할 것이다. 이는 단지 차별의 합리적인 이유의 유무만을 확인하는 정도를 넘어, 차별의 이유와 차별의 내용 사이에 적정한 비례적 균형관계가 이루어져 있는지에 대해서도 심사하여야 한다는 것을 의미하고, 위와 같은 헌법원리는 조세 관련 법령에서 과세단위를 정하는 것이 입법자의 입법형성의 재량에 속하는 정책적 문제라고 하더라도 그 한계로서 적용되는 것이다."

(2) 구체적 판단

헌법재판소는 '세대별 합산 과세'가 조세회피를 방지하고자 하는 것으로 그 입법목적의 정당성은 수긍할 수 있지만(입법목적의 정당성 인정), 가족 간의 증여를 통해 재산의 소유 형태를 형성한다고 해서 모두 조세 회피의 목적이 있었다고 단정할 수 없다고 보았다(차별 취급의 적합성 부정). 부동산실명법 상의 명의신탁 무효 조항이나 과징금 부과 조항, 상속세 및 증여세법상의 증여 추정규정 등에 의해서도 조세회피의 방지라는 입법목적을 충분히 달성할 수 있어 종합부동산세가 반드시 필요한 수단이 아니며, 종합부동산세가 혼인한 자 또는 가족과 함께 세대를 구성한 자를 독신자, 사실혼 관계의 부부 등에 비해 불리하게 차별 취급하므로 헌법에 어긋난다고 판시하였고(차별 취급의 필요성 부정),[53] 세대별 합산규정으로 인한 조세부담의 증가라는 불이익은 이를 통하여 달성하고자 하는 조세회피의 방지 등 공익에 비하여 훨씬 크고, 조세회피의 방지와 경제생활 단위별 과세의 실현 및 부동산 가격의 안정이라는 공익은 입법정책상의 법익인데 반해 혼인과 가족생활의 보호는 헌법적 가치라는 것을 고려할 때 법익균형성도 인정하기 어렵다고 보았다(법익균형성 인정).

---

53) 또한 우리 민법은 부부별산제를 채택하고 있고 배우자를 제외한 가족의 재산까지 공유로 추정할 근거규정이 없고, 공유재산이라고 하여 세대별로 합산하여 과세할 당위성도 없다고 보았다.

따라서 이 사건 세대별 합산규정은 혼인한 자 또는 가족과 함께 세대를 구성한 자를 비례의 원칙에 반하여 개인별로 과세되는 독신자, 사실혼 관계의 부부, 세대원이 아닌 주택 등의 소유자 등에 비하여 불리하게 차별하여 취급하고 있으므로, 헌법 제36조 제1항에 위반된다고 판시하였다.

2. 재산권 침해 여부: 헌법불합치 결정
- 주거 목적의 1주택 장기 보유자에 대한 종합부동산세 과세

헌법재판소는 종합부동산세 부과가 납세의무자의 재산권을 침해하였는지 여부에 대해 '과잉금지의 원칙'의 위배 여부를 살피는데, 종합부동산세의 입법목적의 정당성과 방법의 적절성을 수긍하였지만, 침해의 최소성과 법익의 균형성을 부정하였다. '침해의 최소성 및 법익의 균형성' 판단에서 헌법재판소는 주거 목적의 1주택 장기 보유자나[54] 주택 외에 별다른 수입이 없는 사람[55]에게 누진세율을 적용해 종부세를

---

54) "주거 목적으로 한 채의 주택을 일정한 기간 이상 보유하는 자의 경우는, 주택을 단지 생활의 필수 불가결한 터전으로 삼아 거주하는 동안 자신의 의사와 는 무관한 사회·경제적인 요인으로 주택가격이 상승함에 따라 과세기준 가액 이상의 주택을 보유하게 되었을 뿐, 투기적이거나 투자의 동기에서 당해 주택을 보유하게 되었다고 보기 어려워 주택가격의 상승에 어떠한 영향을 미친다고 볼 수 없을 뿐만 아니라, 주택가격의 상승으로 인하여 자산가치가 증가하는 때에도 이는 명목상·계산상의 것에 지나지 아니하고, 따라서 그 보유기간이 상당한 기간을 지나 장기화되면 될수록 과도한 보유 및 투기적 수요 등의 억제를 통한 주택가격의 안정이라는 정책의 집행이 필요한 대상으로서의 성격이 점차 희박해지거나 소멸된다 할 것이다."

55) "주거 목적으로 한 채의 주택만을 보유하고 있는 자로서, 그 보유기간이 이에 미치지 않는다 하더라도 과세 대상 주택 이외에 별다른 재산이나 수입이 없어 조세지불 능력이 낮거나 사실상 거의 없는 자 등의 경우에도 투기적인 목적으로 당해 주택을 보유하게 되었다고 단정하기 어려울 뿐만 아니라, 주택 가격의 상승으로 인한 자산가치의 증가분은 명목상·계산상인 것에 지나지 아니하는 경우가 대부분이어서 그 가격 상승이 실질적인 조세지불 능력의 증가로 이어지지 아니하고, 더욱이 외국에 비하여 가처분 소득 대비 주택가격이 매우 높은 우리의 실정까지 감안하면, 이들에 대해서까지 부동산 시장에서의 주택가격 상승분을 매년 그대로 반영하여 획일적으로 주

부과하는 것은 주택보유의 정황을 고려하지 아니하여 예외조항이나 조정장치를 두지 않고 다른 일반 주택 보유자와 동일하게 일률적으로 취급하는 것은 '과도한 재산권 침해'라며 헌법불합치 결정을 내린다.

　헌법재판소는 종부세의 세율이 지나치게 높다거나, 이중 과세이자 미실현 이득 과세이며, 평등권을 침해한다는 위헌론자들의 주장을 받아들이지는 않고, 종부세의 세부담은 과도하지 않고, 이중과세나 미실현 이득과세가 아니며, 원본잠식 문제도 위헌 사유가 아니고, 평등권과 거주이전의 자유, 생존권을 침해하지 않는다고 보았다. 그러나 종부세의 가구별 합산 과세와 1주택 장기 보유자 등에 대한 과세 조항이 헌법에 어긋난다는 결정을 내린 것만으로도 종부세는 알맹이가 빠진 빈껍데기가 되었다. 즉 일부 중요한 쟁점 사안에 대해 위헌 또는 헌법불합치 결정을 내리면서도 제도의 자체에 대해서는 합헌으로 규정하는 어정쩡한 입장을 취한 것이다.[56]

택 가액을 기준으로 종합부동산세를 부과하는 것은, 사실상 과세대상인 주택의 처분을 강요하는 것에 다를 바 없어 주택이 개인의 주거로서 가지는 특수한 의미에 비추어 지나치게 가혹한 결과를 초래할 수 있다 할 것이다."

56) 한편 조대현 재판관과 김종대 재판관은 소수의견에서 합헌의견을 낸다. 조대현 재판관에 따르면, 세대별 합산과세제도는 세대원들의 소유명의 분산을 통한 조세회피행위를 방지해 종부세 부담의 실질적 공평을 도모하려는 것이므로 합헌이다. 또한 김종대 재판관에 따르면, 주택은 그 소유권이야 개인별로 귀속되겠지만 그 사용은 세대를 이루어 사는 가족들의 공동주거로 쓰이는 특성이 있으며, 따라서 과세단위에 관한 논리상의 결함도 없고, 1주택 보유자에 대한 과세예외조항에 관해서도 입법재량의 한계를 일탈했다고 보기 어렵다.

Ⅳ. 의료보험 결정과 요양기관 강제지정제 결정

1. 의료보험

(헌법재판소 결정문에 나와 있는 자료에 따르면) 1963년 의료보험법이 최초로 제정되었으나 시행되지 못하였고, 1977년 제정된 의료보험법에 근거하여 500인 이상 사업장 근로자를 대상으로 처음으로 직장의료보험이 시행되었으며, 1979년 공무원 및 사립학교교직원에 의료보험이 확대실시된 후, 1988년 농어촌지역 의료보험이 실시되었고, 1989년 의료보험이 도시지역 자영업자에 확대실시됨으로써 의료보험제도를 실시한 지 불과 10여 년 만에 전 국민에 대한 의료보장이 실현되었다. 1977년 의료보험의 시행 당시, 피보험자의 강제가입과 소득수준에 따른 보험료의 차등부과, 균등한 보험급여, 법률에 의한 보험료의 강제징수를 특징으로 하는 사회보험방식을 채택하면서, 한편으로는 국가의 재정수준이 빈약하여 전 국민에 대한 의료보험을 감당할 수 없었기 때문에, 우선 지불능력이 있는 집단인 임금근로자, 공무원, 사립학교교직원부터 의료보험제도를 실시하여 차츰 농어촌 주민, 도시 자영업자 등 전 국민으로 의료보험의 대상자를 확대하였다.[57]

우리나라의 의료보험체계는 '사회보험'과 '당연 요양기관제'를 토대로 한다. 피보

---

57) "1997. 12. 31. 제정되어 1998. 10. 1.부터 시행된 '국민의료보험법'에 의하여 공무원및사립학교교직원 의료보험관리공단과 227개의 지역조합이 조직상 통합되어 '국민의료보험관리공단'이 단일보험자로서 전 국민의 60%에 해당하는 2800만 명의 공무원·교직원 피보험자와 지역 피보험자의 의료보험을 관리하게 되었다. 그 후 1999. 2. 8. 제정되어 2000. 7. 1.부터 시행된 '국민건강보험법'에 의하여 직장조합까지 완전히 통합됨으로써 '국민건강보험공단'을 단일보험자로 하는 의료보험체계가 형성되었다. 2000. 7. 1. 국민건강보험법이 시행되기 전까지, 직장가입자에게는 '의료보험법'이, 공무원·교직원 및 지역 피보험자에게는 '국민의료보험법'이 각각 적용되었다가, '국민건강보험법'의 시행과 더불어 '의료보험법'과 '국민의료보험법'은 폐지되었다."

험자는 보험자(국민건강보험공단)에 소득대비 4~5%에 해당하는 보험료를 내며, 보험료에 대한 반대급부인 보험급여를 진료비로 받는데, 보험급여율(진료비 중 보험자가 부담하는 비율)이 50~60%에 달한다. 따라서 진료비에서 본인부담비율은 40~50%가 된다. 반면에 캐나다, 영국, 프랑스 등 서구의 일부 국가의 경우에는 보험료가 유럽국가의 경우 소득대비 20% 이상이고, 보험급여율이 대부분 100%이어서 본인부담비율이 없는 것과 비교된다. 양자를 통해 보험료, 보험급여, 본인부담금의 상관관계를 살펴보면, 우리나라는 '낮은 보험료-낮은 보험급여-높은 본인부담금'의 구조이고, 캐나다, 영국, 프랑스는 '높은 보험료-높은 보험급여-낮은 본인부담금'의 구조임을 알 수 있다. 과연 '적절한 보험료-적절한 보험급여-적절한 본인부담금' 구조는 어떻게 실현되는 것일까?

한편 '당연 요양기관제'는 공공의료기관 수가 절대적으로 부족한 우리나라의 현실에서 비롯되었는데, 우리나라의 경우 의료기관 수 기준 8.8%, 병상 수 기준 15.5%이다(현재는 더 낮아졌다). 이는 외국의 경우와 확연하게 비교되는데, 병상 수를 기준으로 볼 때 캐나다 99.4%, 핀란드 96.6%, 영국 95.8%, 프랑스 64.8%, 독일 48.5%, 호주 43.2%, 일본 35.8%, 미국 33.2%이다.

2. 건강보험 가입강제와 보험료의 차등부과

- 국민건강보험법 제62조 제3항 등 위헌확인(헌재 2003. 10. 30. 2000헌마801 결정)

이 결정에서는 국민에게 건강보험에의 가입의무를 강제로 부과하고 경제적 능력에 따른 보험료를 납부하도록 하는 국민건강보험법 제5조, 제31조 제1항, 제2항, 제62조 제1항, 제3항, 제4항이 헌법상의 행복추구권과 재산권을 침해하는지 여부가 문제되었다. 이 결정은 사회보험방식을 채택함으로써 국가가 국민을 강제로 보험에 가입시키고 경제적 능력에 따른 보험료를 징수하는 제도가 헌법적으로 정당화되는 것인가를 살폈다. 사회보험은 사회정책을 위한 보험으로서 국가가 사회정책을 시행하기 위해서 사회연대성에 기반하여 만든 사회경제제도이다. 이러한 의미에서 사회보장기본법 제3조 제2호에 의하면, 사회보험은 국민에게 발생하는 사회적 위험을 보험방식에 의하여 대처함으로써 국민건강과 소득을 보장하는 제도를 의미한다. 구체적으로 살펴보면 사회보험은 국민을 대상으로 질병·사망·노령·실업 기타 신체장애 등으로 인하여 활동 능력의 상실과 소득의 감소가 발생하였을 때에 보험방식에 의하여 그것을 보장하는 제도라고 할 수 있다.[58] 이와 같이 사회보험은 운영과 방법론에서 보험기술과 보험원리를 따르고 있다는 점에서 공공부조와 상이하다. 사회보험은 사회의 연대성과 강제성이 적용되며, 사보험과는 다른 주요한 특성을 다음과 같이 갖고 있다.[59]

---

[58] "사회보험에서 다루는 보험사고로는 업무상의 재해, 질병, 분만, 폐질(장애), 사망, 유족, 노령 및 실업 등이 있으며, 이러한 보험사고는 몇 가지 부문으로 나뉘어 사회보험의 형태를 이루게 된다. 즉 업무상의 재해에 대해서는 산업재해보상보험, 질병과 부상에 대해서는 건강보험 또는 질병보험, 폐질·사망·노령 등에 대해서는 연금보험, 그리고 실업에 대해서는 고용보험제도가 있으며 이를 4대 사회보험이라 한다."(국민건강보험공단 홈페이지에서 발췌함)

[59] 국민건강보험공단 홈페이지에서 발췌함. "의료보험의 형태는 사회보험과 사보험으로 구분되는데, 사보험에서는 보험가입의 여부가 계약자유의 원리에 따라 당사자간의 자유로운 의사결정에 의하여 이루어지며, 보험법적 관계가 민법상의 계약에 의하여 성립되는 반면, 사회보험에서는 법이 정하는 요건을 충족시키는 국민에게 가입의무가 부과됨으로써 사회보험에의 가입이 법적으로 강제되며, 이로써 보험법적 관계가 당사자의 의사와 관계없이 법률에 의하여 성립한다. 사회보험에서는 보험가입의무가 인정되면서 보험료납부의무가 발생하고, 동시에 보험법적 보호관계가 성립하며, 피보험자는 사회적 위험의 발생시 법에 규정된 급여청구권을 가진다. 사보험에서는 상업적·경제적 관점이 보험재정운영의 결정적인 기준이 되지만, 사회보험에서는 사회정책적 관점이 우선하기 때문에, 사회보험의 이러한 성격은 특히 보험료의 산정에 있어서 뚜렷하게 표현된다. 보험료의 산정에 있어서 사보험에서는 성별, 연령, 가입연령, 건강상태 등의 피보험자 개인이 지니는 보험위험, 즉 위험발생의 정도나 개연성에 따라 보험료가 산정되지만, 사회보험에서의 보험료는 피보험자의 경제적 능력, 즉 소득에 비례하여 정해진다. 즉 사보험의 보험료는 보험료와 보험급여간의 보험수리적인 개인별 등가원칙에 의하여 산정되는 반면, 사회보험의 목적은 사회연대의 원칙을 기반으로 하여 경제적인 약자에게도 기본적인 사회보험의 급여를 주고자 하는 것이므로, 보험료의 산정에 있어서 개인별 등가의 원칙이 철저히 적용되지 아니한다. 사회보험의 목적은 국민 개개인에게 절실히 필요한 의료보험을 제공하고 보험가입자간의 소득재분배 효과를 거두고자 하는 것이며, 이러한 목적은 동일위험집단에 속한 구성원에게 법률로써 가입을 강제하고 소득재분배를 하기에 적합한 방식으로 보험료를 부과함으로써 달성될 수 있는 것이다."

"국가가 의료보장제도를 시행함에 있어 사회보험방식과 조세방식 중 어떠한 방식을 선택할 것인가는 입법자의 재량권에 속하는 문제라 하겠으나, 국가가 사회보험방식을 선택하고 그 목적을 위하여 설립한 공법인인 건강보험공단에 가입하여 경제적 능력에 따라 부과되는 보험료를 납부할 의무를 국민에게 부과하려면, 이로 인한 국민의 기본권에 대한 제한이 정당화되어야 한다.

이러한 의무의 부과는 행복추구권으로부터 파생하는 일반적 행동의 자유의 하나인 공법상의 단체에 강제로 가입하지 아니할 자유와 정당한 사유 없는 금전의 납부를 강제당하지 않을 권리인 재산권에 대한 제한이 되는바, 이러한 기본권에 대한 제한이 과잉금지의 원칙에 위배되지 않고 합헌적이라고 인정되려면 국가가 건강보험공단을 통하여 이행하고자 하는 공적 과제가 헌법적으로 정당하고, 공단에의 강제가입 및 경제력에 따른 보험료의 부과가 공적 과제의 달성을 위하여 필요한 것이며, 이로 인한 기본권의 침해는 필요한 최소한도에 그쳐야 하고, 달성하는 공익이 침해되는 사익보다 커야 할 것이다.[60)]

의료에 관한 사회보험의 필요성: 사회·경제적 관점에서 볼 때 보건의료는 일반의 재화·용역과는 구분되는 특징들을 갖고 있는바, 그 중 하나는 개인의 의료수요는 예상할 수 없으며 실제 의료수요가 발생할 때 그 소요비용은 개인이 감당하기 어려운 경우가 많다는 점이다. 따라서 개인적으로 의료문제에 대처하는 것이 어려운 데 반하여, 집단적으로는 통계적 기법에 의하여 어느 정도 비용의 예상이 가능하므로 건강보험이란 제도를 만들어 이에 대처하게 된 것이다.

그런데 경쟁적 의료보험시장에서 보험회사들은 의료비의 예상지출수준에 상응하는 의료보험료를 부과하므로 그러한 시장에서 보험료는 개인의 소득수준과는 무관하게 위험속성에 따라 변화하게 된다. 이에 따라 상대적으로 질병발생위험이 높거나 소득수준이 낮은 사람들은 사적 의료보험에 가입하는 것이 매우 어렵거나 불가능하게 되고, 건강한 자들과 상대적으로 부유한 자들은 빈곤하고 질병위험이 높은 집단과 함께 보험에 가입하는 것을 회피하려 할 것이므로 건강보험은 고소득층과 상대적으로

---

60) 이하의 내용은 헌재 2003년 '건강보험 가입강제와 보험료의 강제부과' 결정 내용임을 밝힙니다.

건강한 사람들만을 위한 것이 되고 말 염려가 있다.

역사적으로도 사회보험 실시 이전단계에서는 각국에서 의료보험의 가입을 대상자의 자유의사에 맡기는 임의형 의료보험을 실시했는데, 저소득계층은 피보험대상에서 제외되게 되고, 질병위험이 큰 사람일수록 의료보험의 가입가능성이 커짐으로 인하여 보험의 적용인구가 질병위험이 큰 대상자로만 구성되며, 위험분산효과를 가져올 만큼의 충분한 적용인구의 뒷받침이 없어 보험재정에 어려움이 초래되는 등으로 결국 전국민의료보험을 달성하기가 거의 불가능하였던 점을 보여주고 있다.

이러한 문제점을 극복하고 모든 국민에게 경쟁적 시장이 제공할 수 없는 건강보험을 제공하고 보험가입자간의 소득재분배효과를 얻기 위하여 정부가 사회보험의 형태로 건강보험을 실시하게 된 것이다.

강제가입 및 보험료차등부과의 필요성: 사회보험으로서의 건강보험은 그 본질상 강제적 요소가 수반될 수밖에 없다. 보험가입자로서는 그가 지불하는 보험료가 예상 의료비용을 초과하는 경우 가입을 하지 않으려 할 것이고, 보험자로서는 질병위험도가 높아 예상의료비용이 보험료를 초과하는 경우 피보험자의 가입을 거부하려 할 것이나, 이런 경우에도 강제로 가입하도록 하여 원칙적으로 전국민을 포괄적 적용대상으로 하여야만 소득수준이나 질병위험도에 관계없이 모든 국민에게 의료보장을 제공하고자 하는 그 본래의 기능을 다할 수 있기 때문이다. 또한 사회보험에서는 경제적인 약자에게도 기본적인 사회보험의 급여를 주고자 하는 것이 목적이기 때문에 가입의 강제 이외에 보험료의 산정에 있어서도 피보험자 개인이 지니는 위험발생의 정도나 개연성이 아닌 피보험자의 경제적 능력(소득)에 비례하여 보험료를 정함으로써 어느 정도 피보험자간의 소득재분배효과도 낳게 된다.

즉, 사회보험의 목적은 국민 개개인에게 절실히 필요한 의료보험을 제공하고 보험가입자간의 소득재분배효과를 거두고자 하는 것이며, 이러한 목적은 동일위험집단에 속한 구성원에게 법률로써 가입을 강제하고 소득재분배를 하기에 적합한 방식으로 보험료를 부과함으로써 달성될 수 있는 것이다(헌재 2000. 6. 29. 99헌마289 결정).

결국 건강보험은 사적인 자율영역에 맡겨 질 수 있는 성격의 문제가 아니라 경제적인 약자에게도 기본적인 의료서비스를 제공하기 위한 국가의 사회보장·사회복지 증진의무의 일부로서 공공복리를 위한 것이다. 그러므로 국가가 보험자인 국민건강보험공단의 설립을 통하여 달성하고자 하는 과제는 헌법상 정당하며, 소득재분배와 위험분산의 효과를 거두려는 사회보험의 목표는 임의가입의 형식으로 운영하는 한 달성하기 어렵고 법률로써 가입을 강제하고 소득수준에 따라 차등을 둔 보험료를 부과함으로써만 이루어질 수 있는 것이어서, 국민에게 보험가입의무를 강제로 부과하고 경제적 능력에 따른 보험료를 납부하도록 하는 것은 건강보험의 목적을 달성하기 위하여 적합하고도 반드시 필요한 조치라는 점에서 이로 인한 기본권의 제한은 부득이한 것이고, 가입강제와 보험료의 차등부과로 인하여 달성되는 공익은 그로 인하여 침해되는 사익에 비하여 월등히 크다고 할 수 있으므로 일반적 행동의 자유권으로서의 보험에 가입하지 않을 자유와 재산권에 대한 제한은 정당화된다고 하겠다.

또한 입법자는 건강보험관리체계에 관한 광범위한 입법형성권을 가지므로 건강보험제도를 운영함에 있어 종전과 같이 개별의료보험조합의 형태로 운영할 것인지 아니면 통합된 건강보험공단의 형태로 운영할 것인지를 정책적 관점에서 결정할 수 있는 것이므로 어떠한 건강보험조합에 가입할 것인지의 선택권을 부여하지 않고 단일한 건강보험공단에 가입하도록 하였다 하여 헌법에 위반되는 것이라 할 수 없다.

그렇다면 건강보험에의 강제가입과 보험료의 징수에 관하여 규정한 법 제5조 제1항, 제62조 제1항·제3항·제4항은 과잉금지의 원칙에 위배하여 헌법상의 행복추구권, 재산권 등을 침해하는 것이라고 볼 수 없다."

이 외에도 직장가입자와 지역가입자의 '보험료부담의 평등'이 보장되는지에 대해 다루었다.[61] "헌법상의 평등원칙에서 파생하는 부담평등의 원칙은 건강보험료를 부과하는 경우에도 준수되어야 한다. 다만, 사회보험법상의 보험료부과에 있어서의 평등원칙의 요청은 특별히 경제적 능력(소득)에 따른 부담의 원칙이 강조된다는 점에 특징이 있다. 직장가입자와 지역가입자의 평등한 보험료의 부담을 위해서는 보험료를 산정함에 있어 양자에게 동일한 기준을 적용하는 것이 바람직하겠으나, 그렇게 할 수 없는 이유는 직장가입자와 지역가입자 사이에는 소득파악률, 소득신고의 방법, 소

---

[61] 의료보험통합이 직장·지역가입자간의 '보험료부담의 평등'을 보장할 수 있는지에 대해서는 헌법재판소 2000. 6. 29. 99헌마289 결정(국민건강보험법 제33조 제2항 등 위헌확인)에서 최초로 다루었다.

득결정방법, 보험료부과대상소득의 발생시점 등에서 근본적인 차이가 있기 때문이다. 특히 직장가입자의 소득은 거의 전부 파악되는 데 반하여, 지역가입자의 소득은 일부분밖에 파악되지 않는다는 점에서 현저한 차이가 있다.

이처럼 소득파악률과 소득형태에서 현저한 차이가 있는 직장가입자와 지역가입자의 보험료부담의 형평을 보장하기 위하여 입법자는 직장가입자의 경우에는 표준보수월액을, 지역가입자의 경우에는 부과표준소득을 기준으로 보험료를 산정하도록 규정하는 한편, 직장근로자의 경우에는 소득만을 기준으로 하고, 소득 파악이 어려운 지역가입자의 경우에는 소득뿐만 아니라 재산, 생활수준, 직업, 경제활동참가율 등 다양한 변수를 참작한 추정소득을 기준으로 하도록 하였다.

그러므로 위와 같은 내용들을 규정한 법 제62조 제3항·제4항, 제63조 제1항·제4항, 제64조 제1항은 경제적 능력에 따른 부담의 원칙에 입각하고 있는 것이고, 지역가입자와 직장가입자의 본질적인 차이를 고려하여 그에 상응하게 보험료의 산정을 달리 하도록 한 것으로서 청구인들의 헌법상의 평등권을 침해하는 것이라 할 수 없다."

3. 요양기관 강제지정제 결정

- 구 의료보험법 제32조 제1항 등 위헌소원, 국민건강보험법 제40조 제1항 위헌확인
  (헌재 2002. 10. 31. 99헌바76, 2000헌마505 결정)

이 결정에서는 요양기관 강제지정제를 규정하고 있는 의료보험법 제32조 제1항과 당연요양기관제를 규정하고 있는 국민건강보험법 제40조 제1항의 위헌성이 문제되었다. 구 의료보험법 제32조에 의하면, 보험자단체가 직접 운영하는 의료기관이 아닌 다른 의료기관 및 약국에 대해서는 보험자 또는 보험자단체가 요양기관으로서 지정하도록 하면서(제1항), 지정을 받은 의료기관 및 약국은 정당한 이유없이 요양기관으로서의 지정을 거부하지 못하도록 규정하고 있다(제5항). 이에 대하여, 국민건

강보험공단을 단일보험자로 하여 전 국민을 대상으로 의료보험을 실시하는 국민건강보험법은, 법 시행령 제21조에 규정된 예외를 제하고는 모든 의료기관, 약국, 보건소 등을 '요양기관'으로 간주하여 요양기관이 요양급여를 행하도록 하고(제40조 제1항), 요양기관은 정당한 이유없이 요양급여를 거부하지 못하도록 규정하고 있다(제40조 제4항). 따라서 두 제도는 모두 의료기관의 의사와 관계없이 국가에 의하여 강제로 요양기관으로서 지정된다는 점에서 궁극적으로 강제지정제를 의미하며, 단지 그 지정이 보험자의 지정행위에 의하여 이루어지느냐 아니면 법률에 의하여 직접 이루어지느냐의 점에 차이가 있을 뿐이다. 헌법재판소는 '요양기관 강제지정제' 및 '당연 요양기관제' 모두 국가에 의한 강제지정이라는 점에서 헌법적 관점상 그 구분의 실익이 없으므로, 양자를 구분하여 판단하지 아니하고, '요양기관 강제지정제'로 통합하여 그 위헌성을 살폈다.[62]

(1) 요양기관 강제지정제의 입법목적

우리 의료보험제도는 법률에 자격이 정해진 자가 보험료를 낼 것을 전제로 하여 보험급여를 하는 사회보험방식을 택하고 있다. 소득재분배와 위험분산의 효과를 거두려는 사회보험의 목표는 임의가입의 형식으로 운영하는 한 달성하기 어려우므로, 피보험자에게 가입의무를 강제로 부과하는 것은 의료보험의 목적을 달성하기 위하여 적합하고도 필요한 조치로써, 이로 인한 피보험자의 기본권에 대한 제한은 원칙적으로 정당화된다.

그런데 우리 의료보험제도는 피보험자인 국민뿐이 아니라 의료공급자도 또한 의료보험체계에 강제로 동원하고 있다. 사회보험의 강제성은 피보험자의 강제가입에 관한 것이므로, 요양기관의 '강제지정제'는 사회보험의 본질적 구성요소에 포함되는 것은 아니다. 사회보험방식을 취하는 선진 외국의 의료보장 운영실태를 살펴보더라

---

[62] 이하의 내용은 헌재 2002년 '요양기관 강제지정제 결정' 내용입니다.

도, 요양기관을 강제로 지정하는 제도를 취하고 있는 국가는 없는 것으로 보이며, 모든 국가가 보험자 또는 국가와의 계약을 통하여 보험의(保險醫)를 확보하고 있다.

현행 의료보험제도가 요양기관 강제지정제를 택하고 있는 것은, 우리나라의 의료기관의 대부분이 공공의료기관이 아니라 민간소유이기 때문에 의료보험을 시행함에 있어서 민간의료기관에 대한 의존도가 매우 높다는 특수한 상황에 기인하는 것으로 보인다. 국가가 의료보장의무를 이행하기 위해서는 국민에게 질병·부상에 대하여 적정한 요양급여를 행해야 하며, 이를 위해서는 요양급여를 제공할 수 있는 적정수의 의료기관과 약국을 확보해야 한다. 더욱이 의료보험이 전 국민에게로 확대됨에 따라 의료급여를 제공하는 의료기관의 안정적인 확보를 통하여 의료보험 수급질서가 보장되어야 하는데, 이러한 상황에서 민간의료기관의 전반적인 참여없이는 의료보장체계가 사실상 실현될 수 없는 것이다. 따라서 이 사건 '요양기관 강제지정제'의 목적은 법률에 의하여 모든 의료기관을 국민건강보험체계에 강제로 편입시킴으로써 요양급여에 필요한 의료기관을 확보하고 이를 통하여 피보험자인 전 국민의 의료보험수급권을 보장하고자 하는 것이다.

(2) 다수의견

1) 직업행사의 자유 제한

의료기관을 요양기관으로서 강제로 지정하는 '강제지정제'는 의료인이라는 직업의 선택을 금지하거나 직업에의 접근 자체를 봉쇄하는 규정이 아니라 의료인이라는 직업을 구체적으로 행사하는 방법을 제한하는 규정이다. 즉 의료법에 의하여 의료기관의 개설이 허용되고 이로써 의료인으로서의 직업선택은 허용되지만, 일단 의료인이 된 후에는 보험의로서 국가가 정한 바에 따라 의료보험환자를 진료해야 하는 것 외에는 달리 직업을 행사할 수 있는 방법이 없는 것이다. 따라서 '강제지정제'는 직업의 자유 중 '직업행사의 자유'를 제한하는 규정이다.

직업의 자유도 다른 기본권과 마찬가지로 절대적으로 보호되는 것이 아니라,

공익상의 이유로 제한될 수 있음은 물론이다. 직업선택의 자유와 직업행사의 자유는 기본권주체에 대한 그 제한의 효과가 다르기 때문에 제한에 있어서 적용되는 기준도 다르며, 특히 직업행사의 자유에 대한 제한은 인격발현에 대한 침해의 효과가 일반적으로 직업선택 그 자체에 대한 제한에 비하여 적기 때문에, 그에 대한 제한은 보다 폭넓게 허용된다고 할 수 있다. 그러나 이 경우에도 개인의 자유가 공익실현을 위해서 과도하게 제한되어서는 아니되며 개인의 기본권은 꼭 필요한 경우에 한하여 필요한 만큼만 제한되어야 한다는 비례의 원칙(헌법 제37조 제2항)을 준수해야 한다.

2) 입법자의 예측판단에 대한 헌법재판소의 심사기준

법률이 개인의 핵심적 자유영역(생명권, 신체의 자유, 직업선택의 자유 등)을 침해하는 경우 이러한 자유에 대한 보호는 더욱 강화되어야 하므로, 입법자는 입법의 동기가 된 구체적 위험이나 공익의 존재 및 법률에 의하여 입법목적이 달성될 수 있다는 구체적 인과관계를 헌법재판소가 납득하게끔 소명·입증해야 할 책임을 진다고 할 것이다. 반면에, 개인이 기본권의 행사를 통하여 일반적으로 타인과 사회적 연관관계에 놓여지는 경제적 활동을 규제하는 사회·경제정책적 법률을 제정함에 있어서는 입법자에게 보다 광범위한 형성권이 인정되므로, 이 경우 입법자의 예측판단이나 평가가 명백히 반박될 수 있는가 아니면 현저하게 잘못되었는가 하는 것만을 심사하는 것이 타당하다고 본다. 이러한 한계까지는 입법자가 무엇을 공익으로 보는가, 공익을 어떠한 방법으로 실현하려고 하는가는 입법자의 형성권에 맡겨져야 한다.

이 사건으로 돌아와 보건대, 비록 강제지정제에 의하여 의료인의 직업활동이 포괄적으로 제한을 받는다 하더라도 강제지정제에 의하여 제한되는 기본권은 '직업선택의 자유'가 아닌 '직업행사의 자유'이다. 직업선택의 자유는 개인의 인격발현과 개성신장의 불가결한 요소이므로, 그 제한은 개인의 개성신장의 길을 처음부터 막는 것을 의미하고, 이로써 개인의 핵심적 자유영역에 대한 침해를 의미하지만, 일단 선택한 직업의 행사방법을 제한하는 경우에는 개성신장에 대한 침해의 정도가 상대적으로 적어 핵심적 자유영역에 대한 침해로 볼 것은 아니다.

뿐만 아니라 직업활동이 사회전반에 대하여 가지는 의미에 따라 직업의 자유에 대한 제한이 허용되는 정도가 달라진다. 이는 개인의 직업활동 또는 사회적·경제적 활동 등이 타인의 자유영역과 접촉하고 충돌할수록 입법자가 타인과 공동체의 이익을 위하여 개인의 자유를 제한하는 것을 보다 수인해야 함을 의미한다. 이 사건의 경우, 의료인은 의료공급자로서의 기능을 담당하고 있고, 의료소비자인 전국민의 생명권과 건강권의 실질적 보장이 의료기관의 의료행위에 의존하고 있으므로, '의료행위'의 사회적 기능이나 사회적 연관성의 비중은 매우 크다고 할 수 있다. 이러한 관점에서 볼 때, '국가가 계약지정제를 택하더라도 입법목적을 똑같이 효율적으로 달성할 수 있기 때문에 강제지정제를 택한 것은 최소침해의 원칙에 반하는가'에 대한 판단은 '입법자의 판단이 현저하게 잘못되었는가'하는 명백성의 통제에 그치는 것이 타당하다고 본다.

3) 피해의 최소성 심사

의료보험을 사회보험의 형태로 실시한다고 하더라도 제3자인 의료기관에게 직업수행에 대한 과도한 제한을 부과함으로써 일방적인 희생을 강요할 수는 없기 때문이다. 이러한 관점에서 볼 때, 요양기관 강제지정제가 입법목적을 달성할 수 있는 유효한 수단 중에서 가장 국민의 기본권을 적게 침해하는 수단에 해당하는가 하는 문제는 다음과 같은 몇 가지 헌법적 의문을 제기한다.

가) 계약지정제가 아니라 강제지정제를 택한 것의 최소침해성 위반여부

보험의를 민간의료기관과의 자유계약에 의하여 확보하기 위해서는 국가가 직접 운영하거나 영향력을 행사할 수 있는 공공의료기관이 충분히 확보되어 민간의료기관에 대한 의존도가 낮아야 하는데, 우리의 경우 공공의료기관이 차지하는 비중이 2000년 현재 의료기관수를 기준으로 8.8%, 병상수를 기준으로 15.5%에 불과하여(1차 의료기관중 간호사만 배치되어 있는 보건진료소와 조산소를 제외할 때 공공부문은 겨우 4.5%) 다른 의료선진국과 비교할 때 매우 빈약한 수준이므로(병상수 기준, 미국 33.2%, 일본 35.8%, 호주 43.2%, 독일 48.5%, 프랑스 64.8%, 영국 95.8%, 핀란드 96.6%, 캐나다 99.4%), 민간의료기관을 보험의로 강제지정하지 않고서는 보험의의 안정적인 확보가 불가능하다는 예측도 또한 가능하다. 게다가 현재 보험환자에 대한 보험급여율(진료비 중 보험자가 부담해 주는 비율)이 약 50~60%에 불과하기 때문에(서구에서는 대부분 100%), 환자 본인이 별도로 부담해야 하는 본인부담금의 비율이 높아서 결국 보험의 적용을 받는 것과 받지 않는 것 사이에 본인이 실질적으로 부담하는 진료비의 차이가 적어서 소위 '일반 진료'를 받고자 하는 환자의 층이 상당히 존재하며, 이는 곧 건강보험체계 외에 의료서비스 시장이 상당한 규모로 잠재해 있다는 것을 의미하기 때문에, 강제지정제를 폐지하는 경우 의료인이 보험의(保險醫)로 지정되는 것을 회피하고 일반의(一般醫)로 전환하려는 중요한 동인이 될 수 있다는 예측도 가능하다. 이러한 견해에 의한다면, 공공의료기관이 충분히 확보되어(적어도 현재의 3배 이상) 민간의료기관에 대한 의존도가 현저히 낮아지거나 또는 환자에 대한 보험급여율이 어느 수준까지 높아짐으로써(적어도 80~90% 이상) 민간의료기관의 자발적인 참여를 유도할 수 있는 여건이 형성된 다음에야 비로소 민간의료기관과의 자유계약에 의한 지정이 가능하고 이로써 강제지정제가 폐지될 수 있다는 것이다.

    이 사건의 경우, 입법자는 우리 현실에서 요양기관의 지정을 계약제로 하는 경우 보험의의 확보가 곤란하여 전 국민에 대한 균등하고 원활한 의료공급을 보장하기 어렵고, 특히 보험의로 구성되는 이익단체가 의료보험수가의 인상 등 그들의 특수이익을 관철하기 위하여 보험자와의 계약체결을 거부하는 등 국민의 의료보험수급권을 위태롭게 하는 집단행동이 나타날 수 있기 때문에, 현재의 상황에서는 계약지정제보다는 강제지정제가 의료보장체계의 기능을 확보하는 데 필요하다고 판단한 것으로 보인다.

    입법자의 이러한 판단은 첫째, 사회보험의 일환인 의료보험의 시행은 인간의 존엄성실현과 인간다운 생활의 보장을 위하여 헌법상 부여된 국가의 사회보장의무의 일환으로서 이를 위한 모든 현실적 여건이 성숙될 때까지 미루어질 수 없는 중요한 과제라는 규범적 인식, 둘째, 우리의 의료기관 중 공공의료기관이 약 10여

%에 불과하기 때문에 민간의료기관을 의료보험체계에 강제로 동원하는 것이 의료보험의 시행을 위해서는 불가피다는 현실적 인식에 기초하고 있는 것으로 보인다. 더욱이 국가는 이미 1977년 계약지정제를 일시적으로 도입한 바 있는데, 그 당시 지역적·진료부문별 의료공백이 크게 발생하였으며 지정수가제 등을 이유로 다수의 의료인이 요양기관으로의 지정을 거부하는 등 부정적인 경험을 하였는바, 이러한 '현실화 된' 우려가 강제지정제로 전환하는 직접적인 계기로서, 그리고 현재의 상황이 당시의 상황과 근본적으로 달라진 것이 없다는 판단이 제도 유지의 근거로 각 작용한 것으로 보인다. 계약지정제를 택하더라도 적정수가의 보장, 보험의에 대한 조세감면혜택, 의료시설의 지원 및 공공기관의 확충 등을 통하여 의료인에게 유인책을 제공함으로써 건강보험체계로부터 의료인의 이탈을 방지하여 충분한 보험의를 확보할 수 있다는 주장이 있으나, 공공의료기관의 확충은 단시일 내에 이루어질 수 있는 것이 아니라 국가재정, 인력공급 등의 이유로 장기간을 요하는 것이며, 그 외의 유인정책의 경우 어느 정도로 강제지정제란 수단을 대체할 수 있는지 그 효과가 불확실하다.

이러한 관점 등을 고려할 때, 입법자가 계약지정제를 취하는 경우 의료보장이란 공익을 실현할 수 없다는 현실 판단이 잘못되었다고 할 수 없으므로, 강제지정제를 택한 것은 최소침해의 원칙에 위반되지 않는다.

나) 강제지정제를 택하면서 예외를 두지 않은 것의 최소침해성 위반여부

현재의 강제지정제는 요양기관으로 지정된 모든 의료기관을 통하여 피보험자인 전 국민에게 저렴한 가격으로 동일한 수준의 의료행위를 제공할 수 있다는 장점을 가지고 있다. 그러나 한편으로는 의료행위의 질이 규격화·평준화되는 점이 있고 상대적으로 저가의 보험수가로 인하여 의료기관이 한정된 시간에 많은 환자를 진료해야 한다는 점, 의료인의 개인적 욕구에 부합하는 의료시설의 투자를 망설이게 하거나 의료기법의 개발에 장애적 요소로 작용한다는 점 등을 부인할 수 없으며, 이러한 것이 다양한 질의 의료행위나 의료발전, 새로운 치료기법의 개발을 저해할 수 있다는 부정적인 측면도 있다.

그러나 일정 비율의 의료기관에게 일반의로서 진료할 수 있는 예외를 허용한다면, 의료공급시장의 자유경쟁에서 살아 남기 힘든 의료기관은 건강보험에 편입되기를 원할 것이고, 시설투자나 진료기법, 의료인의 능력·경력 등으로 보아 보다 양질의 의료행위를 제공할 수 있는 경쟁력있는 의료기관이나 의료인은 요양기관으로서의 지정에서 벗어나 일반의로서 활동하게 되리라는 점이 쉽게 예상된다. 이렇게 되면 보험진료는 결국 2류 진료로 전락하고, 그 결과 다수의 국민이 보험진료보다는 많게는 서너배가 넘는 고액의 진료비를 지불해야 하는 일반진료를 선호하게 되고, 이는 중산층 이상의 건강보험의 탈퇴요구와 맞물려 자칫 의료보험체계 전반이 흔들릴 위험이 있다.

이미 우리 사회의 사교육영역에서 병리적 현상으로 자리잡은 과외교습의 과열경쟁도 이러한 위험성을 시사하고 있다. 자녀의 장래를 위해서는 노력과 금전적 지출을 마다하지 않는 우리 풍토에서, 가족의 건강과 질병퇴치를 위해서는 경제적으로 무리를 해서라도 보다 양질의 의료행위를 제공하는 의료기관을 찾아 나서리라는 것은 어렵지 않게 예상할 수 있다. 부모의 자유영역에 속하는 사교육과는 달리, 국가가 국민의 건강을 보호하고 이를 위하여 국민에게 적정한 의료급여를 보장해야 하는 사회국가적 의무를 지고 있다는 점을 고려할 때, 일정 비율의 의료기관에게 의료보험제도 밖에서 활동할 수 있도록 허용하는 것은 의료서비스의 양분화를 초래하여 의료보장체계의 기초가 무너질 위험을 안고 있다.

따라서 강제지정제의 예외를 허용한다면, 의료보장체계의 원활한 기능확보가 보장될 수 없다는 판단이 가능하고, 입법자의 이러한 예측이 명백히 잘못되었다고 할 수 없으므로, 강제지정제에 대한 예외를 허용하지 않은 것은 최소침해의 원칙에 위반되지 않는다.

다) 강제지정제가 입법목적을 저해하지 않는 범위 내에서 의료기관의 직업행사의 자유를 배려하는가의 여부

위와 같은 이유로 국가가 강제지정에 대한 예외를 의료인에게 허용할 수 없다고 판단한다면, 강제지정제로 인하여 발생하는 직업행사의 자유에 대한 다양한 제약은 강제지정제 하에서도 의료행위를 통하여 각자의 직업관·가치관을 실현하고 관철할 수 있는 가능성을 의료인에게 개방함으로써 완화되어야 한다.

　살피건대, 요양급여비용의 산정제도가 의료행위의 질과 설비투자의 정도를 상당한 부분 반영하고 있고 의료보험법과 국민건강보험법은 의료행위를 비급여대상으로 제공할 수 있는 가능성을 인정하고 있는 바, 현재의 의료보험수가제도에 미흡한 점이 있다 하더라도, 요양기관 강제지정제도 하에서도 의료인이 의료행위를 통하여 개인의 직업관을 실현하고 인격을 발현할 수 있는 여지를 어느 정도 가지고 있다고 할 것이다. 그렇다면 이 사건 강제지정제는 의료인의 직업의 자유에 대한 포괄적인 제한에도 불구하고 강제지정제의 범주 내에서 가능하면 직업행사의 자유를 고려하고 존중하는 여러 규정을 갖추고 있으므로, 강제지정제는 최소침해의 원칙에 위배되지 아니한다.

(3) 소수의견(한대현, 권성 재판관)

1) 직업선택의 자유 제한

　다수의견은 직업의 자유를 직업선택의 자유와 직업수행의 자유로 구분한 뒤 직업수행의 자유에 대하여는 공익을 위하여 직업선택의 자유보다 더 광범위한 제한이 가능하다고 하면서 요양기관 강제지정제는 의사의 직업수행의 자유를 사회보험이라는 공익을 위하여 합리적으로 제한하는 정도에 불과하여 합헌이라는 결론을 내리고 있다. 그러나 직업선택의 자유와 직업수행의 자유는 따로 존재하는 별개의 것이 아니라, 하나의 대상이 분석 각도의 차이에 따라 별개로 이름을 얻은 것이어서 원래 불가분의 관계에 있고 따라서 직업수행의 자유라고 하더라도 그것이 제한되는 방식과 정도에 따라서는 그 직업의 선택을 무의미하게 하여 그 직업의 본질을 해치는 경우가 있게 되고 이렇게 되면 그 제한은 위헌이 되는 것이다. 다수의견이 강제지정제의 단점에 대한 설명에서 이를 일부 인정하고 있는 바와 마찬가지로 의사가 요양기관 강제지정제 때문에 법이 정한 일정한 방법과 절차에 따라 치료를 하게 마련이고 자기의 배우고 연구하고 익힌 바에 따라 소신껏 치료를 하기 어렵다면 의사라는 직업의 보람과 본질은 결정적으로 훼손된다.

2) 수단의 적정성을 결함

요양기관 강제지정제는 첫째로 자유와 창의를 존중하고 이로써 문화의 발전을 지향하는 우리 헌법의 이념에 비추어 그 채택이 주저되는 수단이고 둘째로 획일적 통제제도의 비효율성에 비추어 그 제도의 장기적 성과가 상대적으로 의심되는 수단이라 할 것이다. 이와 같은 의심은 요양기관 강제지정제가 기본권 제한의 입법으로서 갖추어야 할 수단의 적정성을 결한다는 결론을 짓게 하며, 따라서 헌법상의 과잉금지의 원칙에 어긋남으로써 의사의 직업의 자유를 침해하므로 위헌이라고 생각한다.

가) 문화국가 원리에 반함

헌법은 한 사회가 지향하는 문화의 틀을 법률적으로 구성하여 놓은 것이므로 어떤 제도가 이 틀에 맞지 않는다면 이 제도는 위헌이 된다고 할 것인데, 다수의견이 지칭하는 소위 요양기관 강제지정제(당연 요양기관제를 포함한다)는 우리 헌법이 지향하는 문화의 틀에 어긋나서 위헌이라고 생각한다.

우리 헌법은 자유와 창의를 존중하고 이로써 삶의 질이 계속 향상되는 문화사회를 지향한다. 의료는 인류문화의 중요한 한 요소로서 학문과 기술의 결합체인데 학문과 기술은 그 속성상 자고로 통제와 답습 속에서는 그 생명을 유지, 발전시켜 나가는 것이 불가능한 영역이다. 요양기관 강제지정제가 의료에 대한 국가의 획일적 통제시스템임을 부정할 수 없는 이상, 그리고 의료가 학문과 기술의 결합체임을 역시 부정할 수 없는 이상, 이 제도는, 모든 국민에게 적은 비용으로 양질의 의료를 제공한다는 훌륭한 목표에도 불구하고, 뒤에 보는 바와 같이 그 채택한 바의 수단이 자유와 창의에 역행하고 이로써 문화의 발전에 장애가 되어 위헌의 판정을 받지 않을 수 없다.

나) 획일적 통제제도의 비효율성

요양기관 강제지정제는 일의 순서에서 문제가 생긴 것이다. 순서를 그릇친 문제는 다음 두가지에서 연유한다. 하나는 획일적 통제제도의 성공가능성에 대한 과신이고 다른 하나는 인간의 이기적 습성에 대한 무시(無視)이다. 이러한 과신과 무시에서 출발하는 모든 제도는 장기적으로 볼 때 모두 소기의 성과를 거두지 못하였음을 역사는 보여주고 있다. 요양기관 강제지정제도는 장기적으로 볼 때, 계획경제의 전철이 보여주듯, 제대로 소기의 성과를 지속적으로 과연 거둘 것인지 의심스럽다.

통제를 하는 국가기관이 신과 같은 무오류의 존재라고 하더라도 자유와 창의의 위축이라는 측면에서 오히려 문제를 제기할 수 있을 터인데 항차 실제로 통제권을 행사하는 기구가 국가의 일상적 관료라고 한다면 문제는 자못 심각하게 된다. 요양기관 강제지정제가 관료제도와 결합하게 되면 관료제도의 속성상 그 관리기구는 점점 방대하여지고 그 권한은 점점 더 커지며 그 비용은 날로 늘어나는 폐단을 일으키기 쉬워서 양질의 의료를 합리적으로 분배하는 데 기여한다는 본래의 과제는 뒷전으로 밀려나고 의료의 측면에서 보면 부수적이라고 할 인사, 조직, 처우, 노사 등의 문제 처리에 영일이 없게 된다.

한가지만 예를 들어본다면 다수의견이 설명하고 있는 바와 같이 현재의 의료보험수가제도는, 의료행위의 내용과 양에 따라 진료비가 정하여지는 진료행위별 수가제를 바탕으로 하여 진료행위를 약 3,500여 가지로 세분하여 각각의 금액을 합산하여 진료비를 결정하고 있는데, 진료행위별 수가제라는 것은, 진료에 사용된 약값 또는 재료비를 별도로 산정하고 의료인이 제공한 진료행위 하나하나마다 일정한 값을 정하여 의료비를 지급토록 하는 제도이므로 이에 따라 우리나라의 의료보험수가는 요양급여에 소요되는 시간·노력 등 업무량, 인력·시설·장비 등 자원의 양과 요양급여의 위험도를 고려하여 산정된다.

이와 같은 복잡한 과정이 관료제도에 의지하여 시행되면서는 불가피하게 앞에서 본 바와 같이 인사, 조직, 처우, 노사 등의 문제 때문에 본래의 일이 제대로 수행되기 어려운 폐단이 생기게 되는 것이다.

그밖에 요양기관을 제1차, 제2차, 제3차 의료기관 및 특수의료기관으로, 또는 일반요양기관과 종합전문요양기관 내지 전문요양기관으로 구분하는 일, 이에 따라 요양급여의 비용을 달리 하는 일, 요양기관의 시설·장비·인력 및 진료과목 등의 차이를 고려하여 의료급여의 비용을 달리 산정하도록 하는 일, 요양급여의 방법·절차·범위·상한 등 요양급여의 기준을 보건복지부장관이 정하는 일, 보험급여를 받을 수 없는 비급여대상을 정하고 구체적인 진료가 여기에 해당하는지 여부를 심사하는 일, 새로운 의료기술의 신속한 반영체계를 만드는 일 등의 복잡한 일이 비전문가일 수도 있는 관료 내지 유사관료에 의하여 어느정도나 정확하고 신속하고 발전적으로 처리될 수 있는지 하는 점에 대하여도 역시 유의하여야 할 것이다. 소위 시장경제의 자율적 매카니즘이 여러 분야에서 채택되고 있는 이유를 생각하여 보아야 할 것이다.

뿐만 아니라 모든 통제시스템은 한편으로는 통제권을 행사하는 측의 부패만연을 걱정하여야 되고 다른 한편에서는 통제를 받는 측의 안일과 나태를 걱정하여야 하며 또다른 한편에서는 수혜자측의 과잉수혜를 걱정하여야 하는 3중의 폐단을 지닌다. 요양기관 강제지정제도에 대하여도 역시 유사한 문제에 대한 고려가 필요하다.

다수의견은 계약지정제를 채택하게 되면 충분한 숫자의 보험의를 확보할 수 없어 의료보험의 기능을 보장할 수 없다고 한다. 이러한 단정은 실증적 근거가 없고 설사 근거가 있다 하여도 그 책임의 소재에 대하여는 이견이 있는 것이지만, 여기서는 그 근거 없음이나 책임의 소재를 굳이 따질 필요가 없다고 생각한다. 왜냐하면 위와 같은 단정은, 의료보험이 채택할 수 있는 방법이 강제지정제와 계약지정제의 두가지 길밖에 없다는 것을 묵시적으로 전제하고 있는데 실제로는 그렇지 않고 다른 제3의 길도 있고 그 제3의 길이 더욱 효과적이라고 생각하기 때문이다. 한가지 예를 든다면, 그것은 바로 공공의료시설의 확충이다. 국가, 지방자치단체 또는 자선기구 등이 적정한 수의 공공의료시설을 설치하고 여기서 적은 비용으로 양질의 의료를 제공하도록 한다면 강제지정제의 폐단을 피할 수 있는 것이다. 다수의견도 이를 인정하면서 현실에 있어서는 우리나라에 공공의료시설이 태부족이므로 이 방법에 의할 수는 없고 우선은 강제지정제의 채택이 선행되어야 한다는 것이다. 즉, 충분한 숫자의 공공의료시설이 확보될 때까지는 강제지정제를 채택하고 장차 공공의료시설이 충분히 확보되면 그때 가서 계약지정제를 채택하면 된다는 것이다. 그러나 이것은 일의 순서가 잘못된 것이다. 먼저 공공의료시설의 확충에 힘을 쏟아야 하고 그러면서 단계적으로 그 정도에 맞추어 의료보험의 범위를 점차 확대하였어야 할 것이다.

제8장
법적 도덕주의

이 장에서는 '법적 도덕주의(legal moralism)'에 대해 다룬다. '법적 도덕주의'는 '해악원칙(harm principle)'과 비교하면서 살펴보아야 한다. '해악원칙'에 따르면, 타인에 대한 해악이 있는 경우에만 개인의 자유에 대한 제한이 가능하기 때문에 법적 개입은 해악이 있는 경우로 제한한다. 반면에 '법적 도덕주의'는 해악이 없음에도 불구하고 도덕의 이름으로 개인의 자유를 제한하는 법적 규율이 가능하다는 입장이다.

필자는 '법적 도덕주의'에 찬성하는 입장과 반대하는 입장을 간략하게 알아본 후, 이를 헌법재판소 간통죄 결정을 통해 살폈다. 최근에 헌법재판소는 2015년 2월 26일 결정을 통해 형법 제241조 간통죄 조항을 위헌선언하였다. 필자는 '2015년 결정'이 아닌 '2008년 결정'을 주된 텍스트로 삼았는데, 여기에는 법철학과 관련된 여러 문제가 담겨져 있기 때문이다.[1]

---

1) 고봉진, 형법 제241조의 위헌성에 대한 私見, 한국형법학의 전망 – 심온김일수교수정년기념논문집(문형사, 2011), 291면 이하.

I. '도덕의 법적 강제'의 정당성에 대한 물음

'해악원칙(harm principle)'은 인간의 행위 중에 허용되어야 할 것과 허용되어서는 안 될 것을 구분하는 도덕적 기준으로 제시된다. 뿐만 아니라 '해악원칙'은 그 기준의 명확함 때문에(다른 기준에 비해 더 명확하다) 법규범으로 금지해야 할 것과 금지되어서는 안 될 것을 구분하는 법적 기준으로 애용된다. 이는 법규범이 강제규범으로 인간의 행위를 구속하고, 금지규범의 경우 대체로 인간에게 강력한 제재를 수반하기 때문이다. '해악원칙'은 "나의 자유의 끝은 타인의 코끝"이라는 생각을 잘 말해준다는 점에서 탁월하다. 타인에게 해악을 끼친다면 나의 자유가 제한되지만, 타인에게 해악을 끼치지 않는 범위 내에서는 나의 자유는 무제한이다. 밀(John Stuart Mill)은 하트(H. L. A. Hart)가 '유명한 문장'이라고 칭한 '자유론'(On Liberty)의 구절에서 다음과 같이 말한다.[2]

"이 논문의 목적은 강제와 통제의 방법으로써 - 사용 수단이 형사적 처벌의 형태인 물리적 힘이거나 공공 여론의 도덕적 강제이거나 간에 - 사회가 개인을 대하는 방도를 절대적으로 규정짓는 자격을 갖추게 될 대단히 간단한 한 원칙을 주장하려는 것이다. 그 원칙은 인류가 개인적으로나 집단적으로 어느 한 개인의 자유에 정당하게 간섭을 하는 유일한 목적은 자기방어라는 것이다. 권력이 문명 사회의 한 구성원에게 본인의 의사에 반해서 정당한 제재를 가할 수 있는 유일한 목적은 타인에게 가해지는 해악을 방지하는 것이다. 그 사람 자신의 행복이, 물리적이든 도덕적이든 간에, 다른 개인의 자유에 간섭하는 것을 정당화하는 충분한 조건이 아니다. 그렇게 행하는 것이 자신에게 유리하다든지, 그것을 자신을 더욱 행복하게 만들 것이라든지, 다른 사람의

---

[2] 이 문장은 하트는 그의 책 'Law, Liberty and Morality'(Stanford University Press, 1963) 4면에서 지적하고 있다. Martin P. Golding(장영민 역), 법철학(세창출판사, 2004/2008), 110~111면.

의견에 의하면 그렇게 하는 것이 현명하거나 심지어 정당하다고 한다든지 하는 등의 이유로 인해서, 다른 행동을 하거나 자제하는 것을 강제하는 것이 정당화될 수는 없다. 이러한 것들은 그 사람을 충고하고, 이해시키고, 설득하고, 간청하는 좋은 이유들이지만, 그 사람에게 강제력을 행사하고, 불이행시에 해악을 가져다줄 이유는 못 된다. 그 물리적 강제력을 정당화하기 위해서는, 그가 행하지 못하도록 제지당하는 행위가 타인에게 해악을 조장할 것이라는 사실이 예측되어야만 한다. 어떤 개인의 행위 중에서 사회에 책임을 져야 할 유일한 부분은 타인과 연계되어 있는 부분이다. 단순히 자신에게만 연관된 부분에 한해서, 개인의 독립성은 절대적이다. 개인은 자기 자신에 대해서, 즉 자신의 육체와 정신에 대해서 주권자이다."[3]

법과 도덕을 엄격하게 구분하려는 입장에서는 법을 통해 도덕을 권장하거나 강제하는 것에 대해 반대한다. 대표적으로 자유지상주의자들이 이러한 입장을 대변한다. "자유지상주의자들은 법이라는 강압적인 힘을 이용해 미덕을 권장하거나 다수의 도덕적 신념을 표현하는 행위에 반대한다. 매춘은 많은 사람에게 도덕적으로 못마땅한 행위이지만, 그렇다고 성인들의 합의로 이루어지는 매춘을 법으로 금지하는 것은 옳지 않다. 사회 구성원들 다수가 동성애에 반대할지라도 게이나 레즈비언에게서 성 상대자를 고를 권리를 법으로 박탈하는 것은 옳지 않다."[4] 영국의 울펜든 보고서(Wolfenden Report) 또한 동의하는 성인들 사이의 사적인 동성애 관행을 더 이상 범죄로 삼지 말 것을 권고하면서, 법을 통해 도덕을 강제하는 것에 반대하는 입장을 취하고 있다. "우리가 아는 것처럼 이 영역에서 그것(법)의 기능은 공공질서와 품위를 보존하고, 시민들에게 위해를 가하고 피해를 입히는 것으로부터 보호하고, 다른 사람에 의해 이용을 당하거나 피해를 입지 않도록 충분한 안전장치를 제공하는 것이다. […] 우리의 견해로는 시민들의 사적인 삶에 개입하거나 특정한 유형의 행위를 강요

---

[3] John Stuart Mill(김형철 역), 자유론(서광사, 1992/2009), 29~30면; 밀은 자신의 논문이 사회가 개인에 대하여 정당하게 행사할 수 있는 공권력의 성질과 한계에 관한 것이라고 밝히면서, 이 문제가 별로 제기되어 본 적이 없지만, 현시대의 실제적 논쟁에 심대한 영향력을 행사하여 조만간에 미래의 주요한 문제로 부각될 공산이 크다고 말한다. John Stuart Mill(김형철 역), 자유론(서광사, 1992/2009), 17면.

[4] Michael Sandel, 정의란 무엇인가(김영사, 2010), 90면.

하고자 하는 것은 법의 기능이 아니며, 우리가 개괄한 목적들을 실현시키기 위해 필요한 것을 넘어선다. 요약해 간단하게 말하자면, 법이 관여하지 않는 사적인 도덕과 부도덕의 영역은 남아 있어야 한다."[5]

반면에 법과 도덕을 엄격하게 구분하지 않고 도덕의 법적 강제에 찬성하는 입장에서는 법적 도덕주의(legal moralism), 즉 법은 행위가 '그 자체' 부도덕하기 때문에 금지할 수 있다는 입장이다. 법적 도덕주의에 따르면, 해악이 없음에도 불구하고 법으로 간섭해야 하는 경우가 있다. 하지만 법으로 간섭해야 하는 도덕의 범위를 명확히 정할 수 없다는 단점과, 많은 경우 도덕을 보호하기 위해서 개인의 자유를 침해한다는 단점이 있다.

법적 도덕주의를 반대하는 입장은 '해악원칙(harm principle)'을 주장하며, 해악이 없다면 개인의 자유를 보장되어야 하며, 만약에 해악이 없음에도 불구하고 법을 통해 도덕을 강제한다면 이는 개인의 자유를 침해하는 것이 되어 법의 정당성을 확보할 수 없다고 주장한다. 반면에 법적 도덕주의를 찬성하는 입장은 해악이 없음에도 법으로 도덕을 강제하는 것을 정당화할 수 있게 되나, 그 정당성에는 의문이 제기된다. 이는 해악원칙이 법적 도덕주의나 법적 후견주의에 비해 근대의 자유주의 이념에 부합하고, 개인주의 사회에 보다 적합하며, 사회의 개방성에 기여하기 때문이다.[6]

II. 간통죄 결정

헌법재판소는 형법 제241조 '간통죄' 조항에 대해 위헌결정을 내리기 전까지 4차

---

5) Report of the Committee on Homosexual Offences and Prostitution, 9~10면, 24면. [Ronald Dworkin(염수균 역), 법과 권리(한길사, 2010), 456면에서 재인용함]
6) 이상영/김도균, 법철학(제2판, 한국방송통신대학교 출판부, 2012), 202면.

례의 합헌결정을 하였다.[7] 그 중 1990년, 1993년, 2001년 판결은 합헌의견이 다수인 반면에,[8] 2008년 판결은 위헌의견이 다수라는 점에 특색이 있다.[9]

---

[7] 김일수 교수는 초대 헌법재판소장 조규광 재판관으로부터 제2대 헌법재판소장 윤영철 재판장을 너머서 제3대 헌법재판소장 이강국 재판장에 이르기까지 20여년 가까이 4번의 간통죄 위헌 여부에 대한 헌재 결정이 그 논증구조의 근본적인 틀에서 그 골격을 그대로 유지하고 있다고 평가한다. 위헌론에 입각한 반대의견은 주로 "성적 자기결정권의 침해, 사생활은폐권에 대한 침해, 과잉금지원칙에 위배됨"을 위헌의 논거로 제시하고 있지만, 합헌론을 견지한 다수의견은 "선량한 성도덕과 일부일처주의 혼인제도의 유지 및 가정생활의 보호를 위해서나 부부간의 성적 성실의무의 수호를 위하여 그리고 간통으로 인한 사회적 해악의 사전예방을 위해서 간통행위의 처벌은 불가피"하며, "간통죄가 사회상황, 국민의식의 변화에 따라 그 규범력이 약화되었음에도 불구하고 아직은 반사회성을 띠고 있으므로 헌법위반이 아니다"라는 것이다. 김일수, 간통죄 존폐논의에 비추어 본 헌재의 형법질서관, 헌법논총 제19집(헌법재판소, 2008), 283면.

[8] 그 중 1993년 판결은 1990년 판결 이후 임명된 재판관 1인이 다수의견의 보충의견에 가담한 것 외에 1990년 판결의 판시를 그대로 유지하였다. 다음 표는 1990년 판결과 2001년 판결을 (2008년 판결문에 나오는 '헌법재판의 선례' 부분을 참조하여) 정리한 내용이다.

	다수의견(합헌의견)	소수의견(위헌의견)
1990년 판결	합헌의견(6인)은 형법 제241조 간통죄 규정은 헌법 제10조의 개인의 인격권·행복추구권의 전제가 되는 자기운명결정권에 포함된 성적 자기결정권을 제한하지만, 선량한 성도덕과 일부일처주의 혼인제도의 유지 및 가족생활의 보장을 위해서나 부부간의 성적 성실의무의 수호를 위해서, 그리고 간통으로 야기되는 사회적 해악의 사전예방을 위하여 간통행위를 규제하는 것은 불가피하고, 그러한 행위를 한 자를 2년 이하의 징역에 처하는 것은 성적 자기결정권에 대한 필요최소한의 제한으로서 자유와 권리의 본질적 내용을 침해한 것이 아니라고 보았다.	2인의 위헌의견(한병채·이시윤)은 간통죄 자체의 존폐는 입법정책의 문제이지만, 형법 제241조에 징역형만 둔 것(징역형 일원주의)은 필요한 정도를 넘어선 과도한 처벌로서 기본권 최소침해의 원칙에 반하고 간통죄를 통하여 보호하려는 공공의 이익과 제한되는 기본권 사이에 적절한 균형이 이루어졌다고 보기 어렵다고 보았다. 1인의 위헌의견(김양균)은 간통의 형사처벌이 국민의 사생활은폐권을 희생시킬만큼 성질서 유지에 기여한다거나 범죄의 예방기능을 다하고 있다고 믿기 어렵고 제도외적 남용으로 인한 역기능이 크다는 점에서 헌법에 반하며, 범죄화가 합헌이라고 하더라도 그에 대한 자유형은 과잉금지원칙에 반한다고 보았다.
2001년 판결	합헌의견(8인)은 1990년 결정의 판시를 그대로 유지하면서 입법자의 간통죄의 폐지 여부에 대한 진지한 접근을 요구하였다.	1인의 위헌의견(권성)은 간통은 성적 성실의무를 위반하는 계약위반행위이므로 그에 대한 책임수궁은 계약법의 일반원리에 따라야 하고 윤리적 비난과 도덕적 회오의 대상이 될지언정 형사처벌의 문제는 아니라는 입장에서 간통의 형사처벌은 인간의 존엄성을 보장하도록 한 헌법 제10조에 위반된다고 보았다.

[9] 위헌의견이 다수이지만(위헌의견 4인, 헌법불합치의견 1인, 합헌의견 4인), 법률의 위헌선언에 필요한 정족수 6인에 미달하여 합헌결정이 났다.

2015년 2월 26일 헌법재판소 결정에서 형법 제241조 간통죄 조항은 7(위헌):2(합헌)로 위헌선언되었다.[10] 재판관 5인(박한철, 이진성, 김창종, 서기석, 조용호)은 위헌의견은 다음과 같다.[11]

"사회 구조 및 결혼과 성에 관한 국민의 의식이 변화되고, 성적 자기결정권을 보다 중요시하는 인식이 확산됨에 따라 간통행위를 국가가 형벌로 다스리는 것이 적정한지에 대해서는 이제 더 이상 국민의 인식이 일치한다고 보기 어렵고, 비록 비도덕적인 행위라 할지라도 본질적으로 개인의 사생활에 속하고 사회에 끼치는 해악이 그다지 크지 않거나 구체적 법익에 대한 명백한 침해가 없는 경우에는 국가권력이 개입해서는 안 된다는 것이 현대 형법의 추세여서 전세계적으로 간통죄는 폐지되고 있다. 또한 간통죄의 보호법익인 혼인과 가정의 유지는 당사자의 자유로운 의지와 애정에 맡겨야지, 형벌을 통하여 타율적으로 강제될 수 없는 것이며, 현재 간통으로 처벌되는 비율이 매우 낮고, 간통행위에 대한 사회적 비난 역시 상당한 수준으로 낮아져 간통죄는 행위규제 규범으로서 기능을 잃어가고, 형사정책상 일반예방 및 특별예방의 효과를 거

---

10) 헌재 2015. 2. 26. 2009헌바17·205,2010헌바194, 2011헌바4,2012헌바57·255·411,2013헌바139·161·267·276·342·365,2014헌바53·464,2011헌가31,2014헌가4(병합) 결정

11) 반면에 재판관 2인(이정미, 안창호)은 합헌의견을 피력하였다. "간통은 일부일처제에 기초한 혼인이라는 사회적 제도를 훼손하고 가족공동체의 유지·보호에 파괴적인 영향을 미치는 행위라는 점에서 개인의 성적 자기결정권의 보호영역에 포함되어 있다고 보기 어렵다. 배우자 있는 자의 간통 및 그에 동조한 상간자의 행위는 단순한 윤리적·도덕적 차원의 문제를 넘어서 사회질서를 해치고 타인의 권리를 침해하는 것이라고 보는 우리 사회의 법의식은 여전히 유효하다. 특히 간통죄의 폐지는 우리 사회 전반에서 성도덕 의식의 하향화를 가져오고 성도덕의 문란을 초래할 수 있으며, 그 결과 혼인과 가족 공동체의 해체를 촉진시킬 수 있다는 점에서, 간통죄를 형사처벌하도록 한 입법자의 판단이 자의적인 것이라고 보기는 어렵다. 부부공동생활이 파탄되어 회복될 수 없을 정도의 상태에 이르러 더 이상 배우자에 대한 성적 성실의무를 부담한다고 볼 수 없는 경우에는 간통행위가 사회윤리 내지 사회상규에 위배되지 아니하는 행위로서 위법성이 조각될 여지가 있으므로 과잉처벌의 문제는 발생하지 않을 수 있다. 심판대상조항은 징역형만을 규정하고 있으나 법정형의 상한 자체가 높지 않아 지나치게 과중한 형벌을 규정하고 있다고 볼 수 없고, 벌금형에 의할 경우 간통행위자에 대하여 위하력을 가지기 어려우므로 형벌체계상 균형에 반하는 것이라고 할 수도 없다."

두기도 어렵게 되었다. 부부 간 정조의무 및 여성 배우자의 보호는 간통한 배우자를 상대로 한 재판상 이혼 청구, 손해배상청구 등 민사상의 제도에 의해 보다 효과적으로 달성될 수 있고, 오히려 간통죄가 유책의 정도가 훨씬 큰 배우자의 이혼수단으로 이용되거나 일시 탈선한 가정주부 등을 공갈하는 수단으로 악용되고 있기도 하다. 결국 심판대상조항은 과잉금지원칙에 위배하여 국민의 성적 자기결정권 및 사생활의 비밀과 자유를 침해하는 것으로서 헌법에 위반된다."

재판관 1인(김이수)의 위헌의견과 재판관 1인(강일원)의 위헌의견은 다음과 같다.

"간통죄의 본질은 자유로운 의사에 기하여 혼인이라는 사회제도를 선택한 자가 의도적으로 배우자에 대한 성적 성실의무를 위배하는 성적 배임행위를 저지른 데 있다. 혼인생활을 영위하고 있는 간통행위자 및 배우자 있는 상간자에 대한 형사처벌은 부부 간의 성적 성실의무에 기초한 혼인제도에 내포되어 있는 사회윤리적 기본질서를 최소한도로 보호하려는 정당한 목적 하에 이루어지는 것으로서 개인의 성적 자기결정권에 대한 과도한 제한이라고 하기 어렵다. 그러나 사실상 혼인관계의 회복이 불가능한 파탄상태로 인해 배우자에 대한 성적 성실의무를 더 이상 부담하지 아니하는 간통행위자나 미혼인 상간자의 상간행위 같이 비난가능성 내지 반사회성이 없는 경우도 있다. 그럼에도 불구하고, 심판대상조항이 일률적으로 모든 간통행위자 및 상간자를 형사처벌하도록 규정한 것은 개인의 성적 자기결정권을 과도하게 제한하는 국가형벌권의 과잉행사로서 헌법에 위반된다." (김이수)

"간통 및 상간행위가 내밀한 사생활의 영역에 속하는 것이라고 해도 이에 대한 법적 규제를 할 필요성은 인정되고, 그에 대한 규제의 정도는 원칙적으로 입법자가 결정할 사항이므로, 입법자가 간통행위를 예방하기 위하여 형벌이라는 제재수단을 도입한 것이 그 자체로 헌법에 위반된다고 볼 수는 없다." (강일원)

여기서는 2015년 결정보다는 2008년 결정(헌재 2008. 10. 30. 2007헌가17·21, 2008헌가7·26, 2008헌바21·47 결정)을 통해 간통죄의 쟁점을 살펴보려 한다. 무엇보다도 송두환 재판관의 의견을 살펴야 하고, 이와 비슷한 주장을 펼치는 김일수 교수의 견해를 논할 필요가 있기 때문이다.

1. 2가지 주요 쟁점

형법 제241조 간통죄 조항의 위헌여부를 심사함에 있어 2가지 주요 쟁점은 '간통죄를 형벌로 규율하는 것이 정당한가에 대한 심사'와 '형법 제241조에 징역형만을 규정한 것이 책임과 형벌 간 비례원칙에 위배되지 않는가에 대한 심사'이다. 간단하게 말하면 '형벌에 의한 제재'와 '징역형 일원주의'가 정당한가에 대한 심사이다.

헌법재판소는 이 2가지 중요 쟁점을 '기본권 제한의 정당성(과잉금지원칙에 의한 심사)'으로 다루는데, 구체적으로는 개인의 성적 자기결정권을 전제로 하고(간통행위자의 성적 자기결정권에 의문을 제기하지 않고) 비례성심사를 통해 형법 제241조가 개인의 성적 자기결정권에 대한 정당한 제한인지 여부를 살핀다.

(1) 간통죄를 형벌로 규율하는 것이 정당한가?

1) 헌법재판소의 견해대립

2008년 결정은 3인(이강국, 이공현, 조대현)의 합헌의견과 1인(민형기)의 합헌의견, 3인(김종대, 이동흡, 목영준)의 위헌의견, 1인(송두환)의 위헌의견, 1인(김희옥)의 헌법불합치의견, 총 5개의 세부의견으로 구분된다. 이 중 '간통죄를 형벌로 규율하는 것이 정당한가'를 두고 대립각을 세우는 의견은 3인(이강국, 이공현, 조대현)의 합헌의견과 3인(김종대, 이동흡, 목영준)의 위헌의견이다.

3인의 합헌의견과 3인의 위헌의견은 개인의 '성적 자기결정권'을 인정하는 점에서는 견해가 일치하나, '성적 자기결정권'을 형법 제241조에 의해 제한하는 것이 과잉금지원칙에 반하는지 여부에 대해서는 견해가 불일치한다.

a) 3인(이강국, 이공현, 조대현)의 합헌의견

3인의 합헌의견은 형법 제241조가 과잉금지원칙에 위배하여 개인의 성적 자기결정권과 사생활의 비밀과 자유를 침해한다고 보기 어렵다고 판시하였다. 그 근거로는 '전통과 문화에 기반을 둔 사회제도로서의 혼인관계, 전래적 전통윤리로서 혼인한 남녀의 정절관념, 우리 사회의 도덕기준으로 정립되어 있는 일부일처제의 유지와 부부간의 성에 대한 성실의무'라는 논거를 들고 있다.

국가와 사회의 기초가 되는 가족생활의 초석을 이루고 있는 혼인관계는 개인의 의사나 욕구만으로 형성되는 것은 아니고, 전통과 문화에 기반을 둔 하나의 소중한 사회제도로서의 성격 역시 가진다. 그런데 배우자 있는 자의 간통은 자유로운 의사에 기하여 스스로 형성한 혼인관계에서 비롯된 성적 성실의무를 위배하는 행위로서 단순한 혼인계약의 위배를 넘어 부부사이의 근본적인 신뢰를 무너뜨린다. 간통 및 상간행위는 혼인관계의 파탄을 야기하고, 혼인관계를 파탄시키는 정도에 이르지 아니하는 때에도 근대 혼인제도의 근간을 이루는 일부일처주의에 대한 중대한 위협이 되며, 배우자와 가족구성원의 유기 등 사회문제를 야기한다. 간통 및 상간행위가 우리 사회가 요구하는 건전한 성도덕에 반함은 두말할 필요도 없다.

3인의 합헌의견은 1990년 판결(6인의 다수의견)에서도 확인할 수 있는데, 그 중요한 문장은 다음과 같다.

> "배우자 있는 자가 배우자 아닌 제3자와 성관계를 맺는 것은 선량한 성도덕이나, 일부일처주의의 혼인제도에 반할 뿐더러, 혼인으로 인하여 배우자에게 지고 있는 성적 성실의무를 위반하는 것이 되어 혼인의 순결을 해치고 있는 것이다. 그리하여 간통행위는 국가사회의 기초인 가정의 화합을 파괴하고 배우자와 가족의 유

기, 혼외자녀문제, 이혼 등 사회에 여러 가지 해악을 초래하게 되는 것이 엄연한 현실이다. 그러므로 선량한 성도덕과 일부일처주의 혼인제도의 유지 및 가족생활의 보장을 위하여서나 부부간의 성적 성실의무의 수호를 위하여, 그리고 간통으로 인하여 야기되는 사회적 해악의 사전예방을 위하여서는 배우자 있는 자의 간통행위를 규제하는 것은 불가피한 것이며, 그러한 행위를 한 자를 2년 이하의 징역에 처할 수 있도록 규정한 형법 제241조의 규정은 성적 자기결정권에 대한 필요 및 최소한의 제한으로서 자유와 권리의 본질적 내용을 저해하는 것이라고 할 수 없다."

법과 도덕의 관계에서도 간통죄는 법이 개입할 수 없거나, 법적 규제가 효과를 발휘할 수 없는 순수한 윤리와 도덕적 차원의 문제가 아니라고 판단하고 있다.

"간통 및 상간행위가 개인의 성적 자기결정으로서 내밀한 사생활의 영역에 속하는 것이라 하더라도 성적 욕구나 사랑의 감정이 내심에 머무른 단계를 떠나 외부에 행위로 표출되어 혼인관계에 파괴적인 영향을 미치게 된 때에는 법이 개입할 수 없거나, 법적 규제가 효과를 발휘할 수 없는 순수한 윤리와 도덕적 차원의 문제만은 아니다. 따라서 이 사건 법률조항이 개인의 사회의 자율적 윤리의식의 제고를 촉구하는데 그치지 아니하고 형벌의 제재를 동원한 행위금지를 선택한 것은 입법 목적 달성에 기여할 수 있는 수단으로서 적절하다."

b) 3인(김종대, 이동흡, 목영준)의 위헌의견

3인의 위헌의견은 형법 제241조가 간통행위를 형사처벌함으로써 개인의 성적 자기결정권과 사생활의 비밀과 자유를 제한하는 것은 헌법상 과잉금지의 원칙에 위반하여 위헌이라고 판단한다. 이에 따르면, 일부일처제에 터잡은 혼인제도를 보호하고 부부간 성적 성실의무를 지키려는 입법목적을 달성하기 위하여 간통행위를 형사처벌하는 것은 그 수단에 있어 적절하지 않고, 그로 인한 기본권의 제한이 필요최소한에 그치지 않는다. 그 이유로는 첫째, 배우자 있는 자의 간통은 '성과 사랑은 법으로 통제할 사항이 아니라 사적인 문제라는 '국민 일반의 법감정의 변화'를 들고 있다.

"최근의 우리 사회는 급속한 개인주의적·성개방적인 사고의 확산에 따라 성(性)과 사랑은 법으로 통제할 사항이 아닌 사적인 문제라는 인식이 커지고 있다. 또한 오늘날 성도덕과 가족이라는 법익보다 성적 자기결정권이라는 개인적 법익이 더 중요시되는 사회로 변해가고 있다. 성의 개방풍조는 막을 수 없는 사회변화이고 이젠 그것을 용인할 수밖에 없게 된 것이다. 이러한 사회환경의 변화로 간통죄의 존립기반이 이제 완전히 붕괴되었다고까지 단언하기는 어렵다고 할지라도, 적어도 그 존립기반이 더 이상 지탱할 수 없을 정도로 근본적인 동요를 하고 있음은 부인하기 어렵다."

둘째, '형사처벌의 적정성'이 문제되는데, 위헌의견이 생각하는 '법과 도덕의 관계'를 여기서 알 수 있다.

"우리의 생활영역에는 법률이 직접 규율할 영역도 있지만 도덕율에 맡겨두어야 할 영역도 있다. 법률은 도덕의 최소한이라 하듯이 법률규범도 그보다 상층규범에 속하는 도덕규범에 맡겨두어야 할 영역까지 함부로 침범해서는 안된다. 법률이 도덕의 영역을 침범하면 그 사회는 법률만능에 빠져서 품격있는 사회발전을 기약할 수 없게 되는 것이다. [...] 성도덕에 맡겨 사회 스스로 자율적으로 질서를 잡아야 할 내밀한 성생활의 영역을 형사처벌의 대상으로 삼아 국가가 간섭하는 것은, 국가가 사생활의 비밀과 자유를 침해하는 것이고, 성적 자기결정권의 내용인 성행위 여부와 상대방 결정권을 지나치게 제한하는 것이다."[12]

---

12) 그 외에도 도덕율에 반하더라도 본질적으로 개인의 사생활에 속하고 사해유해성이 없거나 법익에 대한 명백한 침해가 없는 경우에는 국가권력이 개입해서는 안된다는 비범죄화 경향이 현대형법의 추세이며, 세계적으로도 간통죄를 폐지해 가는 추세에 있어 대부분의 국가들이 1970년 이전에 간통죄를 폐지하였으며, 간통죄 처벌에 관한 우리나라 검찰과 법원의 처리경향도 과거에 비해 많이 완화되었음을 언급하고 있다.

셋째, '형사처벌의 실효성'이 문제되는데, 간통죄 법률조항이 일부일처제 및 가정질서 보호에 전혀 도움이 되지 않는다는 점,[13] 부부간의 성적 성실의무는 개인과 사회의 자율적인 윤리의식, 그리고 배우자의 애정과 신의에 기초해서 자율적으로 준수되어야 실효성있게 보장되는 것이지, 형벌로 그 생성과 유지를 강요해 봐야 실효성이 없다는 점, 간통죄의 존재가 여성 배우자를 보호하는 기능이 상당 부분 상실되었다는 점[14]을 들어 형사처벌의 실효성을 문제삼는다.

2) 김일수 교수의 견해

김일수 교수는 간통죄 폐지론의 논거를 반박하는 형식을 통해 간통죄 존치론을 펼친다. 간통죄 폐지론자의 논거는 간통죄가 공공의 질서와 무관한 사적인 성질서를 보호대상으로 삼으며, 반사회성이 없고 반윤리성만 있는 행위를 규율대상으로 삼는 일종의 법적 도덕주의(legal moralism)의 산물이라는 것이다. 이에 대해 김일수 교수는 간통죄가 보호법익없는 범죄도 아니고, 피해자없는 범죄도 아니며, 사회윤리적 기본질서의 테두리 안에서 형법과 도덕은 부분적으로 중첩하는데 간통죄 규정은 이에 해당한다는 주장을 펼친다.[15] 우선 간통죄는 부부간 성적 성실의무 및 제도로서의 혼인과 가정을 보호법익으로 하기 때문에 보호법익없는 범죄라고 할 수 없다.[16] 또한 간통죄는 개인적 법익의 성격을 지니는 부부간 성적 성실의무의 경우 피해자는 간통자의 배우자이고, 사회적 법익의 성격을 띠는

---

[13] 고소권의 발동으로 기존의 가정은 이미 파탄을 맞게 되고, 설사 나중에 고소가 취소된다고 하더라도 부부감정이 원상태로 회복되기를 기대하기 어렵다는 이유 등을 들고 있다.

[14] 과거에는 간통죄의 존재가 남성들로 하여금 간통행위에 이르지 않도록 심리적 억제작용을 하였고, 나아가 여성 배우자가 간통고소를 취소하여 주는 조건으로 남성 배우자로부터 위자료나 재산분할을 받을 수 있었는데, 오늘날 우리 시대의 법적, 사회적, 경제적 변화는 간통죄의 이러한 존재이유를 상당 부분 상실하도록 하였다는 이유를 든다.

[15] 김일수, 간통죄 존폐논의에 비추어 본 헌재의 형법질서관, 헌법논총 제19집(헌법재판소, 2008), 296면.

[16] 김일수, 위의 글, 295면.

제도로서의 혼인과 가정의 경우 피해자는 법공동체의 구성원 전부이기 때문에 피해자없는 범죄도 아니다. 뿐만 아니라 간통죄 처벌규정은 사회윤리적 기본질서의 틀 안에서 일종의 도덕형성력을 지닌 죄형법규에 해당한다. 그것은 숭고한 사적 성윤리를 보호하는 것이 아니라 배우자 쌍방간의 성적 성실의무와 혼인 및 가족제도가 내포하고 있는 사회윤리적 기본질서를 보호하려는 것이다.[17] 김일수 교수에 따르면, 형법과 도덕은 그 효력과 제재에서는 형식적 차이가 있지만, 내용적으로는 서로 밀접한 연관성을 갖는다는 입장(절충설)이 오늘날의 문제해결에 합리적인 의견으로 보이며, 이에 따라 형법규범은 종교적·도덕적 근본규범과 일치하거나 전혀 무관한 것이 아니라 사회윤리적 기본질서의 테두리 안에서 양자는 부분적으로 중첩한다. 사회윤리적 기본질서의 테두리 내에서 형법과 도덕이 중첩한다면 형법의 개입을 자제한 이유가 없다고 보며, 이 중첩부문에서 형법규범은 일종의 도덕형성력(sittenbildende Kraft)을 갖게 된다.[18]

간통죄 위헌론이 문제시하는 '형사처벌의 적정성'에 대해 김일수 교수는 간통죄가 실질적 의미의 범죄, 즉 사회유해적 법익침해행위인지 여부를 묻는다. 간통죄 폐지론은 간통이 단순한 남녀간의 애정문제로서, 은폐되어야 할 사생활영역에 속할 뿐이라고 하고, 간통죄 위헌론은 간통은 단지 민법상 계약위반에 지나지 않는다고 한다. 하지만 김일수 교수에 따르면, 간통이 사생활 보호영역에 속한다는 생각은 극단적인 개인주의적 자유주의를 전제하지 않고는 정당성을 획득하기 어려우며, 간통은 단순한 부도덕행위나 불륜행위가 아니라 인륜성의 기초로서 진화해 온 결혼이라는 법제도를 훼손한 사회적 불법행위로서 실질적 의미의 범죄, 즉 사회유해적 법익침해행위가 된다. 또한 사생활은폐권이야말로 지식의 간계를 통해 간통행위의 사회유해성과 실질적 범죄성을 은폐하려는 일부 이데올로기적 운동가들의 책략에 불과해 보인다.[19] 뿐만 아니라 김일수 교수에 따르면, 간통이 민

---

17) 김일수, 위의 글, 297면.
18) 김일수, 위의 글, 296면.
19) 김일수, 위의 글, 304면.

법적 영역에서 해결할 행위기대실추의 문제라는 생각도 간통의 사회적·규범적 이해의 부족에 기인하는 것으로 보이며, 이혼제도에 의한 혼인의 해소가 간통해위로 야기된 법익공동체의 법익질서교란을 진정시키기에 충분하다는 주장은 현실에 입각하여 검증된 판단이 아니라 이데올로기적 성격을 띠고 있을 뿐이다.[20]

간통죄 위헌론이 문제시하는 '형사처벌의 실효성'에 대해 김일수 교수는 간통죄 처벌이 혼인과 가정의 건강성 유지에 실효성 있는 도구인지 여부를 묻고 있다. 간통죄 위헌론은 간통죄처벌은 발생한 간통사실을 되돌려 놓을 수도 없고, 혼인생활 유지에도 전혀 도움을 주지 못하며, 또한 간통행위 이전에도 심리적 사전 억제수단이 되지 못하고, 부부간 성적 성실의무는 자율적인 윤리의식의 대상이지 형벌로써 다스릴 대상이 아니라는 등의 이유로, 혼인제도와 가정질서 보호에 적절하고 실효성있는 수단이 못된다고 주장한다. 하지만 김일수 교수에 따르면, 간통죄가 가지는 사회통합적인 적극적 일반예방의 관점에서 간통죄규정의 규범내면화를 통한 규범안정 기능을 무시할 수 없다. 간통제 규정의 실효성은 순기능적으로 볼 때 이 처벌규정 없이도 결혼과 가정의 건강성이 부부·가족 구성원들의 자기책임과 공동책임에 의해 자연적으로 지켜질 만큼 사회적으로 성숙될 때에 종식될 것이지, 그렇지 않은 현재로서는 간통금지에 관한 형법규범의 현존만큼 명징한 수단이 없어 보이며, 이 점에서 볼 때 형법상 간통 금지규범은 아직까지 그 효용성을 상실했다고 단정하기 어렵다.[21]

---

20) 김일수, 위의 글, 304~305면.
21) 김일수, 위의 글, 306~307면. 또한 부부간 성적 성실의무가 자율적인 윤리의식 내지 배우자의 애정과 신의에 의해 준수될 사항이므로, 간통은 민사법상 책임의 대상이지 형사법적 책임의 대상이 아니라는 논지로 그 처벌의 실효성을 다투는 것에 대해, 김일수 교수는 사법상의 계약도 재산에 관한 것이건 인격에 관한 것이건, 중요한 법익성을 띠는 한, 형법적 규율의 대상이 된다고 주장한다. 김일수, 위의 글, 306면.

(2) 형법 제241조에 징역형만을 규정한 것이 정당한가?

1) 헌법재판소의 의견대립

형법 제241조 제1항은 "배우자있는 자가 간통한 때에는 2년 이하의 징역에 처한다. 그와 상간한 자도 같다"라고 규정하여 징역형 일원주의(자유형 일원주의)를 취하고 있다. 이에 '형법 제241조에 징역형만을 규정한 것이 정당한가'를 두고 대립각을 세우는 의견은 3인(이강국, 이공현, 조대현)의 합헌의견과 1인(김희옥)의 헌법불합치의견/1인(송두환)의 위헌의견이다. 1인(김희옥)의 헌법불합치의견/1인(송두환)의 위헌의견에 따르면, 형법 제241조 간통죄 조항의 위헌성은 간통행위의 처벌을 규정한 것 자체에 있는 것이 아니라, 반사회성이 약하여 형벌에까지 이르지 않아도 될 행위까지 국가형벌권 행사의 대상행위로 형사벌의 처벌범위에 포함되도록 규정한 점에 있다(김희옥의 헌법불합치의견). 따라서 형법 제241조 간통죄 조항이 간통 및 상간행위에 대하여 선택의 여지없이 반드시 징역형으로만 응징하도록 규정하고 있는 것은 형벌의 본질상 인정되는 응보적 성격을 지나치게 강조하여 행위자의 책임에 상응하는 형벌을 부과하기 어렵게 하는 것으로 균형감각을 잃은 것이다(송두환의 위헌의견).

a) 3인(이강국, 이공현, 조대현)의 합헌의견

3인의 합헌의견에 따르면, 간통죄를 형벌로 규율하는 것이 정당할 뿐 아니라, 간통죄를 징역형으로만 규율하는 것도 정당하다. 3인의 합헌의견에 따르면, 간통죄를 '형벌'을 규정한 것 뿐만 아니라,[22] 법정형의 종류와 범위의 선택의 문제는

---

[22] "비형벌적 제재나 가족법적 규율이 아닌 '형벌'의 제재를 규정한 것이 지나친 것인지 문제될 수 있으나, 어떠한 행위를 불법이며 범죄라 하여 국가가 형벌권을 행사하여 이를 규제할 것인지의 문제는 인간과 인간, 인간과 사회와의 상호관계를 함수로 하여 시간과 공간에 따라 그 결과를 달리할 수밖에 없는 것이고, 결국은 그 사회의 시대적인 상황·사회구성원들의 의식 등에 의하여

입법권자의 입법재량 내지 형성의 자유에 속한다.[23] 3인의 합헌의견이 드는 '징역형 일원주의'가 합헌인 이유는 다음과 같다.

이 사건 법률조항은 징역형만을 규정하고 있으나, 2년 이하의 징역에 처하도록 하여 법정형의 상한 자체가 높지 않을 뿐만 아니라, 비교적 죄질이 가벼운 간통행위에 대하여는 선고유예까지 선고할 수 있으므로 행위의 개별성에 맞추어 책임에 알맞은 형벌을 선고할 수 없도록 하는 지나치게 과중한 형벌을 규정하고 있다고 볼 수 없다.

또한 간통 및 상간행위는 일단 소추가 된 때에는 행위태양에 관계없이 필연적으로 가족의 해체로 인한 사회적 문제를 야기한다는 점에서 다른 성풍속에 관한 죄와는 다른 법익침해가 문제되고, 경미한 벌금형은 기존의 혼인관계의 해소에 따른 부양이나 손해배상의 책임을 피하고자 하는 간통행위자에 대하여는 위하력을 가지기 어렵다는 점 등을 고려할 때 입법자가 이 사건 법률조항에 대하여 형법상 다른 성풍속에 관한 죄와 달리 벌금형을 규정하지 아니한 것이 형벌체계상의 균형에 반하는 것이라 할 수도 없다.

b) 1인(김희옥)의 헌법불합치의견과 1인(송두환)의 위헌의견

1인(김희옥)의 헌법불합치의견과 1인(송두환)의 위헌의견에 따르면, 형법 제241조가 징역형만을 둔 것은 구체적 사안의 개별성과 특수성을 고려할 수 있는 가능성을 배제 또는 제한하고 있으므로 책임과 형벌 사이의 비례원칙에 반한다. 형법 제241조는 형벌부과의 목적 달성을 위하여 구체적 행위태양의 개별성과 특수성을 고려할 수 있는 가능성을 일체 배제한 상태에서 이를 전혀 고려하지 아니

결정될 수밖에 없으며, 기본적으로 입법권자의 의지 즉 입법정책의 문제로서 입법권자의 입법형성의 자유에 속한다(헌재 2001. 10. 25. 2000헌바60 결정)."

[23] "법정형의 종류와 범위의 선택의 문제는 그 범죄의 죄질과 보호법익에 대한 고려뿐만 아니라 우리의 역사와 문화, 입법당시의 시대적 상황, 국민일반의 가치관 내지 법감정 그리고 범죄예방을 위한 형사정책적 측면 등 여러 가지 요소를 종합적으로 고려하여 입법자가 결정할 사항으로서 역시 입법재량 내지 형성의 자유가 인정되어야 할 분야이다(헌재 1992. 4. 28. 90헌바24 결정)."

한 채, 간통 및 상간행위의 위와 같은 모든 태양의 행위에 대하여 일률적으로 처벌하도록 규정한 것은 법치국가적 한계를 넘어 국가형벌권을 행사토록 한 것으로 헌법에 합치되지 아니한다.

"형법 제241조가 규정하는 간통행위의 태양은 매우 광범위하고 다양하여 이를 모든 행위에 대하여 위 기본권(개인의 성적 자기결정권과 사생활의 비밀과 자유)이 제한되어 위헌이거나 또는 합헌이라고 할 수는 없다고 본다. 즉 이 사건 법률조항이 처벌하는 간통 및 상간행위에는 부부관계가 법률상·사실상 유지되고 있음에도 불구하고 부부간의 성적 성실의무나 신의를 저버린 채 가족 등의 만류에도 불구하고 행하는 간통에서 사실상 혼인관계가 파탄에 이르렀으나 미처 법률상 이혼이 이루어지지 아니한 상태에서 새로운 정인(情人)을 만나게 됨에 따라 이루어지는 간통, 지속적으로 단일한 사람을 상대로 이루어짐으로써 반문화적인 첩제도와 같은 사실상의 중혼적 간통에서부터 행위자가 일부일처의 법적 혼인상태의 유지를 원하는 상태에서 일시적으로 행하여지는 1회적 간통, 상간자가 기혼인 경우에서부터 상간자가 미혼인 경우 등에 이르기까지 행위자의 의사나 가정생활의 상태, 행위의 상대방, 행위의 횟수 및 방법 등에 따라 매우 다양한 유형이 포함되며, 개별적 행위유형에 따라 그 반사회성의 유무, 비난 가능성의 유무·정도가 현저하게 다르다.

위와 같은 간통 및 상간행위의 유형 중에는 현재 우리 사회가 요구하는 선량한 성도덕과 가정의 기초가 되는 제도로서의 일부일처주의 혼인제도의 유지 및 가족생활의 보장, 부부간의 성적 성실의무의 수호라는 관점에서 단순히 도덕률이나 민사적 제재 등 다른 제재의 영역에 맡기기 어려운 부분이 존재하고, 그와 같은 행위의 처벌은 국가형벌권의 행사에 관한 입법재량의 범위 내에 있다고 할 것이지만, 장기간 생활을 공동으로 영위하지 아니하는 등 사실상 혼인이 파탄되고 부부간 성적 성실의무가 더 이상 존재한다고 보기 어려운 상태에서 행한 간통이나 단순한 1회성 행위 등과 같이 일부일처주의 혼인제도나 가족생활을 저해하는 바 없고 선량한 성도덕에 반한다고 보기 어려워 반사회성이 극히 약한 경우까지 처벌하는 것은 불필요하거나 과도한 형벌로서 국가형벌권의 과잉행사에 해당하며, 개인의 성적 자기결정과 사생활의 비밀·자유에 관한 국가형벌권의 과잉행사에 해당한다고 본다. 즉 이러한 경우는 형벌의 필요성 요건을 갖추지 못하여 민사적 제재 등 다른 수단으로도 충분히 그 제재가 가능하다고 할 것이다."

(김희옥의 헌법불합치의견)

"간통 및 상간행위에는 행위의 태양에 따라 죄질이 현저하게 다른 수많은 경우가 존재한다. 예컨대 우연한 기회의 일회적, 찰나적 일탈이 있을 수 있는 반면, 상당한 기간에 걸쳐 배우자에 대한 유기를 수반하는 지속적, 반복적인 범행도 있을 수 있다. 또한 법적으로나 사실상으로나 혼인관계를 유지하는 가운데 간통을 저지른 자와 상대방의 혼인관계가 사실상 파탄에 이른 것으로 믿고 상간한 미혼의 행위자의 경우는 그 법적 책임성이 질적으로 다르다고 평가하여야 할 것이다. 이렇듯 구체적 사례 여하에 따라 책임의 편차가 매우 넓을 것이라는 것은 일반적으로 충분히 예측 가능한 것이다.

그럼에도 불구하고 이 사건 법률조항이 간통 및 상간행위에 대하여 선택의 여지없이 반드시 징역형으로만 응징하도록 규정하고 있는 것은, 형법의 본질상 인정되는 응보적 성격을 지나치게 과장하여 행위자의 책임에 상응하는 형벌을 부과하기 어렵게 하는 것으로 균형감각을 잃은 것이다.

이와 같이 이 사건 법률조항이 법정형을 징역형만으로 한정하고 있는 것은 실무상 수사 및 재판의 과정에서 구체적 사례 여하에 따른 적절한 법운용을 어렵게 하고, 판결 선고 단계에서 법관의 양형재량권을 제한하고 있다.

또한, 현실적으로 구속에 대한 공포감을 이용하여 협박 또는 과도한 위자료를 지급받는 수단으로 악용되는 등 제도의 본지에 벗어난 남용 사례가 발생하는 것도 이와 같이 법정형을 오로지 징역형만으로 한정하고 있는 것에서 기인하는 바가 크다고 보인다."

(송두환의 위헌의견)

2) 김일수 교수의 견해

김일수 교수는 비교법적 관점에서 볼 때 간통죄 법정형의 단순비교로는 우리나라 형법이 훨씬 높지만, 혼인과 가정의 건강성 보호를 위한 그 밖의 다른 법제도적 장치가 전무한 우리형법의 형편과 처지에서는 2년 이하의 단일 법정형이 합리적 근거없이 과도한 처벌을 꾀한 것이라고 단정하기는 곤란하다는 입장을 취한다.[24] 김일수 교수에 따르면, 한국형법에서 혼인과 가정을 보호하기 위한 죄형법규로 간통죄가 유일하며, 반면에 스위스형법은 1989년 간통죄 규정을 폐지했고, 오스트리아형법은 1996년 간통죄 규정을 폐지했지만, 아직도 여전히 혼인과 가정의 건강성 보호를 위해 중혼과 근친상간을 자유형만으로써 처벌할 범죄행위로 설정하여 형법적으로 금지하고 있고, 이혼 후라도 부양의무있는 귀책당사자가 그 의무이행을 게을리했을 때 자유형 또는 재산형으로 처벌하는 규정을 두고 있으며, 이같은 범법행위는 우리나라 간통죄보다 법정형이 높다.[25]

다른 한편으로 김일수 교수는 개정의 필요성이 전혀 없는 것은 아니라고 하면서, 간통죄의 법정형을 현행 2년보다 보다 완화하고 벌금형의 선택이 가능하도록 개정하는 것이 어떤지 다시 검토할 필요가 있다고 주장한다.[26] 또한 부부의 별거상태가 1년을 넘는 경우에는 간통고소권을 제한하는 조치를 고려해 볼 것(폐지되기 전 오스트리아 형법 제194조 제2항)과, 유죄판결이 확정된 경우라도 간통피해자인 배우자가 가해자인 배우자와 다시 혼인생활을 다시 하겠다는 의사를 표시한 때 또는 피해자인 배우자가 사망한 때에는 형의 집행을 정지하는 제도(폐지되기 전 오스트리아 형법 제194조 제3항과 스위스 형법 제214조 제5항)도 입법론적으로 고려해 볼만하다고 주장한다. 그 밖에도 간통죄의 처벌대상을 '공공연히', '지속적으로', 또는 '부부처럼 동거중인 상태에서' 행하는 간통행위에만 제한하자는 주장(차용

---

24) 김일수, 위의 글, 298면.
25) 김일수, 위의 글, 298면.
26) 김일수 교수는 보다 더 현명한 형사정책적 대안들이 마련되어야 할 필요성까지 부인하는 것은 아님을 밝힌다. 예컨대 1992년 국회에 제출되었던 정부의 형법개정안은 간통죄의 법정형을 1년 이하의 징역 또는 500만원 이하의 벌금형으로 규정하고 있었는데, 이에 대해 외국의 입법례와 비교하여 혼인과 가정의 건강성 보호에 미온적인 대처라는 비판의 여지는 있으나, 당시 일부 폐지론자들의 강력한 요구를 완화시키는 절충의 산물이었음을 지적하고 있다. 김일수, 위의 글, 299면.

석)도 경청해 볼 만 하다고 주장한다.[27] 그렇지만 김일수 교수는 간통죄의 법정형을 현행 2년보다 보다 완화하고 벌금형의 선택이 가능하도록 개정하는 등의 형사정책적 대안들은 입법론의 대상일 뿐이며, 현행 간통죄 죄형법규가 위헌이라든가 헌법불합치라는 결론에 이른 판단은 너무 성급한 것이 아닌지 의문을 표시한다. 해석적용자가 해결해야 할 과제를 단지 입법자의 무지나 과용으로만 돌리는 시각이 반드시 옳은 것인지는 앞으로의 헌법재판에서 정책적으로 짚고 넘어가야 할 사항임을 지적한다.[28]

3. 1가지 의문점

'형법 제241조는 개인의 성적 자기결정권에 대한 정당한 제한인가'에 대한 여러 의견은 간통행위자에게도 성적 자기결정권이 인정된다는 것을 전제로, 이에 대한 제한을 형벌로 하는 것이 정당한가 여부를 따지고 있다. 즉 '성적 자기결정권'이 형법 제241조 '간통죄' 조항에 의해 제한되는 기본권이라는 점에 대해서는 견해가 일치하고, 이를 전제로 과잉금지원칙(비례원칙) 위배여부를 다룬다. 반면에 간통행위자에게 성적 자기결정권이 과연 인정할 수 있을지는 큰 의문이라는 점에서 이를 문제시하는 견해가 2008년 결정에 등장하였는데, 송두환 재판관의 의견이 바로 그것이다. 송두환 재판관을 제외한 8인의 의견과 1인(송두환)의 위헌의견은 '성적 자기결정권이 형법 제241조 간통죄 조항에 의해 제한되는 기본권인가'를 두고 대립각을 세운다.

---

27) 김일수, 위의 글, 309면 이하.
28) 김일수, 위의 글, 311면.

(1) 개인의 성적 자기결정권

송두환 재판관을 제외한 8인의 의견은 개인의 성적 자기결정권은 형법 제241조 '간통죄' 조항에 의해 제한되는 기본권이며, 이를 전제로 하여 과잉금지원칙(비례원칙) 위배여부를 다투고 있다. 대표적으로 3인(이강국, 이공현, 조대현)의 합헌의견은 개인의 '성적 자기결정권'을 인정하는데, 1990년 판결을 따라 그 근거를 헌법 제10조(개인의 인격권·행복추구권)에서 이끌어내었다(개인의 성적 자기결정권 → 개인의 자기운명결정권 → 개인의 인격권·행복추구권).

헌법 제10조는 "모든 국민은 인간으로서의 존엄과 가치를 가지며, 행복을 추구할 권리를 가진다. 국가는 개인이 가지는 불가침의 기본적 인권을 확인하고 이를 보장할 의무를 진다."라고 규정하여 개인의 인격권과 행복추구권을 보장하고 있다. 개인의 인격권·행복추구권에는 개인의 자기운명결정권이 전제되는 것이며, 이 자기운명결정권에는 성행위 여부 및 그 상대방을 결정할 수 있는 성적 자기결정권이 또한 포함되어 있으며 간통죄의 규정이 개인의 성적 자기결정권을 제한하는 것임은 틀림없다(헌재 1990. 9. 10. 89헌마82 결정).[29]

반면에 송두환 재판관은 (헌법 제10조가 규정하는 개인의 인격권과 행복추구권에는 개인의 자기운명결정권이 내포되어 있고, 이 자기운명결정권에는 성행위의 여부 및 그 상대방을 선택할 수 있는 성적 자기결정권이 포함되어 있음은 틀림없으나) '성적 자기결정권'을 형법 제241조에 의하여 제한되는 주된 기본권으로 삼는 것에 대해 반대하고, 이를 전제로 과잉금지원칙 위배 여부를 심사하는 것에 의문을 표한다. 그는 개인의 성적 자기결정권이 배우자 있는 자의 간통행위 및 그 상대방의 상간행위까지 보호하는 것인지에 대해 의문을 제기한다. 왜냐하면 개인의 자기결정권은 원하는 것은 언제든, 무엇이든 할 수 있다는 의미에서의 무제한적 자유가 아니고, 타인과의 공존을 부정하는 자기결정은 사회적 존재로서 자신의 인격을 발현시키고 자아를 실현하기 위한 자기결정권

---

29) 나아가 1990년 판결을 따라 형법 제241조는 개인의 성생활이라는 내밀한 사적 생활영역에서의 행위를 제한하므로 우리 헌법 제17조가 보장하는 사생활의 비밀과 자유 역시 제한하는 것으로 보았다.

의 순수한 보호영역을 벗어나며, 이는 성적 자기결정권에 있어서도 마찬가지이기 때문이다.

성적 공동생활을 포함한 공동의 삶의 목적과 가치를 실현하기 위하여 일부일처제에 기초한 혼인이라는 사회적 제도를 선택하는 자기결단을 한 자가 배우자에 대한 성적 성실의무에 위배하여 간통행위로 나아가거나 또는 그러한 점을 알면서 상간하는 것은 간통행위자의 배우자 및 사회적·법적 제도로서의 혼인을 보호하는 공동체에 대한 관계에서 타인과의 공존을 부정하는 것이라는 점에서 '성적 자기결정권'에 포섭될 수 없다고 볼 것이다. 따라서 개인의 성적 자기결정권이라는 개념은 일반적인 성폭력범죄, 성희롱 등의 문제 및 배우자 상호간에 있어서도 일방통행적인 성관계는 허용될 수 없다는 등의 문제에 관련하여서는 핵심적 개념이 될 것이지만, 배우자의 고소를 전제로 간통행위를 처벌함으로 인하여 침해되는 주된 기본권으로 삼는 것은 적절하다고 보기 어렵다.

(2) 김일수 교수의 견해

송두환 재판관과 마찬가지로 김일수 교수도 형법 제241조 '간통죄'의 위헌 여부를 다루는 데 있어 개인의 '성적 자기결정권'을 주요논거로 하는 것이 과연 타당한가에 대해 의문을 제기하면서, 송두환 재판관 이외의 재판관들의 '성적 자기결정권 논리'에 반대한다. 그에 따르면, 헌법재판소의 다수의견은 결혼제도의 성격과 의미를 도외시한 채, 본래 성범죄피해자가 향유해야 할 성적 자기결정권의 논리를 비약을 통해 간통죄 행위자에게 승인한 것이다.[30] 그러면서 송두환 재판관의 견해를 헌법재판소가 '성적 자기결정권 논리'에 대해 20여년 견지해왔던 관념을 뿌리치고, 새로운 근거지움을 시도한 최초의 견해라고 평가한다.[31] 김일수 교수에 따르면, '성적 자기결

---

30) 김일수, 위의 글, 291면.
31) 김일수, 위의 글, 289면.

정권'을 보호법익으로 삼는 범죄는 강간·강제추행 등과 같은 성범죄이며, 간통은 전통적으로 혼인과 가정을 보호하는 죄형법규로서 성적 자기결정권, 즉 성적 자유를 보호법익으로 삼는 성범죄와 성격을 달리 한다.[32] 또한 비교법적으로도 강간·강제추행을 성풍속에 대한 죄로 다루는 입법례는 있으나(오스트리아, 스위스 등), 간통죄의 보호법익을 성적 자기결정권으로 다루는 입법례나 형법이론은 발견하기 어렵다.[33] 김일수 교수는 우리나라의 간통죄 위헌논의에서 성적 자기결정권이 주요 논거로 자주 떠오르는 것은 '지평의 혼동'이며, 그 혼동은 '자기결정이라는 법철학의 핵심문제에 대한 선이해의 부족'에 기인하는 것으로 보인다고 평가한다.[34]

인간학적 관점에서 자기결정은 인간이 다른 생물에 비하여 특별히 빼어나게 갖고 있는 능력으로서 자신에게 영향력을 미치는 본능적 충동을 억제하고 의미내용과 가치 그리고 당위규범에 맞추어 자신의 결정을 내릴 수 있는 능력이라고 말한다. 이 관점에 따르면 의미내용과 가치 및 당위규범에 반하고 의무위반적인 행동은 자기결정이 아니라 도리어 자기결정에 대한 거역이라는 것이다. 〔…〕 개인이 사회생활에서 법규범의 당위요청을 자신의 가치체험을 통해 주관적으로 의식함으로써 그 규범의 의미가 내면화된 이상 그 위반에 대한 제재는 자기책임 부담의 원리로 귀결된다. 자기결정의 의미를 이렇게 이해할 때 간통죄 처벌이 성적 자기결정권의 침해라는 논지는 이해가 가지 않는 대목이다. 결혼이 자기결정의 산물이기 때문이다.[35] 이처럼 결혼은 자기책임이 뒤따르는 자기결정의 산물일 뿐 아니라, 김일수 교수에 따르면, 결혼은 단순히 의사주의에 입각한 당사자간의 사법상 계약이 아니라 사회체계로 편입하는 전인격적인 연합과 연대로서,[36] 제도(institution), 전통(tradition), 문화(culture)의 의미를 지니며 '신성성'과 '존엄성'이 부여되는 것이기도 하다.[37] 그런 의미에서 간통죄

---

32) 김일수, 위의 글, 286면.
33) 김일수, 위의 글, 286면.
34) 김일수, 위의 글, 286면.
35) 김일수, 위의 글, 287~288면.
36) 김일수, 위의 글, 294면.
37) 김일수, 위의 글, 293면.

는 개인의 성적 성실의무에 대한 죄로서의 성격뿐만 아니라 제도로서 혼인에 대한 죄로서의 성격도 지닌다.[38]

4. 私見

이제까지 형법 제241조 간통죄 조항의 위헌여부에 대한 2008년 헌법재판소의 견해 대립과 김일수 교수의 견해를 살펴보았다. 이제부터는 형법 제241조 간통죄 조항의 위헌여부에 대한 필자의 의견을 덧붙이고자 한다.

(1) 헌법재판소의 '성적 자기결정권' 논리와 심사구조에 대한 의문

1) 헌법재판소의 '성적 자기결정권' 논리에 대한 의문

송두환 재판관과 김일수 교수는 모두 '개인의 성적 자기결정권'을 형법 제241조에 의하여 제한되는 주된 기본권으로 삼는 것에 대해 반대한다. 부부로서 연을 맺는 자기결정권의 행사를 통해 결혼한 사람에게 배우자 外의 자와의 성적 관계(간통을 포함한 성적 관계)를 가질 자기결정권, 즉 성적 자기결정권을 인정하는 것이 타당할까? 배우자 외의 자와 성적 관계를 과연 '성적 자기결정권'이라는 규범적 권리의 행사로 인정할 수 있을지는 의문이다. 배우자 외의 자와의 성적 관계는 숨길 일이지 이를 권리(기본권)로 인정할 수는 없다.

그 이유는 김일수 교수의 의견처럼 첫째, 혼인이라는 자기결정에는 '성적 성실의무'라는 자기책임이 늘 뒤따르기 때문이다. 혼인을 통해 '성적 성실의무'가 발

---

38) 김일수, 위의 글, 288면.

생하며, 이는 '성적 자기결정권'에 앞선다. 혼인한 자는 '성적 성실의무'를 성실히 수행해야 할 자기책임이 발생하며, (많은 경우 이러한 자기책임이 사실상 이행되지 않는다 하더라도) 혼인관계가 사실상 붕괴되지 않는 한 자기책임은 사라지지 않는다. 혼인이라는 자기결정은 '성적 성실의무'에 대한 자기책임을 수행하겠다는 자기결정을 포함한다. 개인의 성적 자기결정권은 혼인이라는 또 다른 자기결정권의 행사에 의해 후퇴한다. 둘째, 배우자 외의 자와의 성적 관계(간통을 포함한 성적 관계)를 가질 '성적 자기결정권'을 인정하게 되면 '혼인'이라는 제도는 공식적으로 무너지게 된다. 셋째, '성적 자기결정권 침해'가 문제되는 경우는 범죄행위자가 아닌 범죄피해자의 경우이다. 즉 강간·강제추행 등과 같은 성범죄에서 범죄행위자가 아닌 범죄피해자의 성적 자기결정권 침해가 직접적으로 문제되는 것이다.

2) 헌법재판소의 심사구조에 대한 의문

헌법재판소의 성적 자기결정권 논리에 대한 의문은 헌법재판소의 심사구조에 대한 의문으로 이어진다. 헌법재판소는 법규범의 위헌여부에 대한 심사기준을 헌법조문, 특히 기본권조항에서 찾는다. 헌법재판소는 위헌법률심사에서 법률에 의해 제한되는 기본권이 무엇인지를 먼저 확정한 후, 그 기본권을 법률로 제한하는 것이 과잉금지원칙(비례원칙)에 반하지 않는가를 살피는 방법을 주로 취한다. 헌법재판소의 이러한 접근방식은 형법 제241조 '간통죄' 조항의 위헌여부에 대한 헌법재판소의 2008년 판결에도 그대로 적용되고 있다. 즉 (앞에서 살펴본 바와 같이) 송두환 재판관을 제외한 8인의 재판관은 형법 제241조에 의하여 제한되는 기본권으로 '성적 자기결정권'과 '사생활의 비밀과 자유'를 들고, 이를 전제로 과잉금지원칙(비례원칙) 위배 여부를 심사한다.[39]

---

39) 전자에 대해서는 송두환 재판관을 제외한 8인의 재판관의 견해가 일치하지만, 후자에 대해서는 3인의 합헌의견(이강국, 이공현, 조대현의 합헌의견)과 1인의 별개의 합헌의견(민형기의 별개의 합헌의견)은 과잉금지원칙에 반하지 않는다고 판시하는 반면에, 3인의 위헌의견(김종대, 이동흡, 목영준의 위헌의견)과 1인의 헌법불합치의견(김희옥의 헌법불합치의견)은 과잉금지원칙에 반한다고 판시한다.

하지만 '개인의 성적 자기결정권'을 형법 제241조에 의하여 제한되는 주된 기본권으로 삼는 것에 반대하는 입장에 따르면, '개인의 성적 자기결정권'을 형법 제241에 의하여 제한되는 주된 기본권으로 삼고, 이를 전제로 과잉금지원칙 위배 여부를 심사하는 헌법재판소의 심사구조는 문제가 있어 보인다. '개인의 성적 자기결정권'을 전제로 하여 이에 대한 제한이 과잉금지원칙에 위배되지 않는가 여부를 따짐에 있어 간통죄를 형벌로 규율하는 것이 정당한지 그리고 징역형 일원주의로 규율하는 것이 정당한지를 고찰할 것은 아니다. 왜냐하면 김일수 교수의 의견이나 송두환 재판관의 의견처럼 '성적 자기결정권'은 형법 제241조에 의하여 제한되는 주된 기본권이 아니기 때문이다. 따라서 '개인의 성적 자기결정권'을 전제하지 않은 채 간통죄를 형벌로 규율하는 것이 정당한지 그리고 징역형 일원주의로 규율하는 것이 정당한지가 직접 다루어야 한다.[40]

(2) 간통의 유형화

1) 혼인관계를 지속할 의사가 없고 이혼의사의 명백한 합치가 있는 경우

대법원 판결은 "당사자가 더 이상 혼인관계를 지속할 의사가 없고 이혼의사의 명백한 합치가 있는 경우에는 비록 법률적으로는 혼인관계가 존속한다 하더라도 상대방의 간통에 대한 사전 동의라고 할 수 있는 종용에 관한 의사표시가 그 합의 속에 포함되어 있는 것으로 보아야 하는바, 일방 또는 쌍방이 제기한 이혼소송 계속중 위자료, 재산분할 등에 관하여는 의견차이가 있었지만 각자 이혼의사를 명백히 진술하였다면 적어도 이혼에 대해서는 명백한 합의가 있었다고 봄이 상당하다(大判 2008. 7. 10. 2008도3588)"고 판시하고 있다. 부부 일방의 '성적 자기결정권'은 인정되지 않지만, 상대방의 간통에 대한 종용 의사표시로 간주되는 이혼

---

[40] 이런 시각에서 본다면, '간통죄의 위헌여부'를 헌법재판소(사법부)에서 판단하기보다는 국회(입법부)에서 형법의 개정작업을 통해 판단하는 것이 더 나을 것 같다.

에 대한 합의가 부부 사이에 있다면, 이때에는 부부 일방의 '성적 자기결정권'은 다시 살아난다고 볼 여지가 있다. 그렇다면 부부 사이에 이혼에 대한 합의는 없다 하더라도 애정과 신의가 깨져버려 사실상 남남이 되어버린 상태에서 배우자 아닌 다른 사람을 사랑하여 성관계를 맺었다면 이를 형법 제241조의 처벌대상인 간통으로 평가할 수 있을까? 이 경우 원나잇 스탠드(one night stand)를 했다면 이를 형법 제241조의 처벌대상인 간통으로 평가할 수 있을까?[41] 필자는 아니라고 생각하는데, 사실상 이혼상태의 경우에도 법적으로 보호해야 할 '혼인'은 더 이상 있지 않고, 배우자에게 '성적 성실의무'를 질 것을 요구할 수 없기 때문이다.

필자는 '제도로서의 혼인'을 보호하기 위해 부부 일방의 '성적 자기결정권'을 인정하지 않는 것에는 찬성하지만, '제도로서의 혼인'을 보호하기 위해 위에서 언급한 경우까지 간통을 형벌로 처벌하는 것은 반대한다. 사실상 이혼상태에 있으면서도 제도로서의 혼인을 보호하기 위해 간통죄로 처벌하는 경우라면, 간통죄에 대한 2001년 결정(헌재 2001. 10. 25. 2000헌바60 결정)에서 권성 재판관의 반대의견에 필자는 수긍이 간다. 권성 재판관은 간통에 대한 형사처벌 전반이 그렇다고 보았지만, 필자는 사실상 이혼상태에 있으면서도 제도로서의 혼인을 보호하기 위해 간통죄로 처벌하는 경우를 상정하였다.

간통에 대한 형사처벌은 이미 애정과 신의가 깨어진 상대 배우자만을 사랑하도록 국가가 강제하는 것이 되는데 이것은 헌법 제10조가 보장하는 당사자의 인격적 자주성, 즉 성적 자기결정권을 박탈하여 성적인 예속을 강제하는 것이므로 인간의 존엄성을 침해하는 위헌규정이다.

물론 법원은 이 문제를 대법원(大判 2008. 7. 10. 2008도3588)처럼 해석을 통해

---

41) 간통의 유형화 작업에서 또 다른 축은 간통이 애정에서 비롯된 것인지 그렇지 않은 것인지가 될 수 있다. 부부간에 애정이 없는 결혼을 하였거나 애정이 식어서 결혼생활을 지속할 수 없게 되어 부부 불화로 별거를 반복하면서도 어느 일방의 반대나 기타의 사정에 의하여 법률상의 이혼절차를 필하지 못한 상태에서 사랑하는 사람과의 간통이 전자의 예이고, 출장중 또는 취중 우발적인 외도가 후자의 예이다. 그리고 상간자(相姦者)의 경우에는 유부남이나 유부녀를 진실로 사랑하여 그 때문에 결국 간통에 이르게 된 것이 전자의 예이고, 윤락행위가 후자의 예이다(헌재 1990. 9. 10. 89헌마82 결정에서 김양균 재판관의 의견).

해결하려 하지만, 필자의 소견에는 입법으로 해결하는 것이 타당해 보인다. 입법을 통해 형법 제241조 간통죄 규정으로 처벌하는 간통의 정의에서 '이미 애정과 신의가 깨어진 상대 배우자만을 사랑하도록 강제하는 경우'는 제외하는 입법형식을 취할 필요가 있다. 이는 필자가 생각하기에 간통을 형벌로 벌하는 이유는 '제도로서의 혼인'을 깨뜨렸기 때문이 아니라, '혼인으로 맺어진 배우자와의 특별한 관계'를 간통으로 저버렸고, 배우자와 가족에 씻을 수 없는 고통을 안겨주었기 때문이다.

2) 간통행위 이전에 이미 부부 사이의 애정과 신의가 깨어져 있는 경우

당사자가 더 이상 혼인관계를 지속할 의사가 없고 이혼의사의 명백한 합치가 있는 경우는 아니지만 간통행위 이전에 이미 부부 사이의 애정과 신의가 깨어져 있는 상태에서 간통행위를 한 경우라면 형법 제241조의 처벌대상인 간통으로 평가할 수 있을까?

간통죄의 일반예방효과를 통해 '제도상의 혼인'이나 이미 깨어진 부부사이를 보호하는 것이 타당한지는 필자에게 의문이다. 이미 깨어진 부부 사이에 법이 개입하여 허울뿐인 혼인을 유지시키는 것이 무슨 의미가 있을까? 이미 깨어진 부부관계의 경우에 성적 자기결정권을 정당하게 행사할 수는 없지만 그렇다고 해서 '성적 성실의무'에 구속될 수도 없을 것 같다. 뿐만 아니라 간통죄 처벌을 통해서는 혼인과 가족이 보호되지 않는다. 왜냐하면 간통죄가 없었더라면 일시 탈선하였더라도 회개하고 반성하여 재결합·재출발의 여지와 가능성이 있는데 형벌권의 발동으로 서로가 원수처럼 여기게 될 우려가 있고 마음에 깊은 상처만 남기게 되기 때문이다.[42]

그렇기에 간통행위 이전에 이미 부부 사이의 애정과 신의가 깨어져 있는 경우라면 형벌을 통한 접근보다는 민사제재를 통한 접근이 더 타당하지 않을까 생각

---

42) 헌재 1990. 9. 10. 89헌마82 결정에서 김양균 재판관의 의견.

된다. 최소한 이 경우에 '징역형 일원주의'는 문제가 있어 보인다. 형법 제241조 간통죄 조항이 당사자가 더 이상 혼인관계를 지속할 의사가 없고 이혼의사의 명백한 합치가 있는 경우, 그 정도는 아니지만 간통행위 이전에 이미 부부 사이의 애정과 신의가 깨어져 있는 경우, 간통행위에 의해 비로소 부부 사이의 애정과 신의가 깨진 경우, 그 외에 여러 구체적 행위태양의 개별성과 특수성을 다 포섭하는 경우라면 징역형 일원주의는 문제가 된다. 책임과 형벌 간 비례원칙은 죄질과 책임에 상응하는 형벌이 상응해야 하는 '평균적 정의'가 적용되는 영역이기 때문이다.[43] 헌법재판소는 2003. 11. 27. 2002헌바24 결정에서 다음과 같이 판시하였는데, 이에 따르면 입법자에게는 입법재량권이 인정되지만 이는 절대적인 것이 아니며, 자의금지원칙(비례 원칙)의 제한을 받게 된다.

"법정형의 종류와 범위를 정할 때는 헌법 제37조 제2항이 규정하고 있는 과잉입법금지의 원칙에 따라 형벌개별화 원칙이 적용될 수 있는 범위의 법정형을 설정하여 실질적 법치국가의 원리를 구현하도록 하여야 하며, 형벌이 죄질과 책임에 상응하도록 적절한 비례성을 지켜야 한다. 그러므로 그 입법취지에서 보아 중벌주의로 대처할 필요성이 인정되는 경우라 하더라도 범죄의 실태와 죄질의 경중, 이에 대한 행위자의 책임, 처벌규정의 보호법익 및 형벌의 범죄예방효과 등에 비추어 전체 형벌체계상 지나치게 가혹한 것이어서, 그러한 유형의 범죄에 대한 형벌 본래의 기능과 목적을 달성함에 있어 필요한 정도를 현저히 일탈함으로써 입법재량권이 헌법규정이나 헌법상의 제원리에 반하여 자의적으로 행사된 것으로 평가되는 경우에는 이와 같은 법정형을 규정한 법률조항은 헌법에 반하다고 보아야 한다."

---

43) 김영환, 법철학의 근본문제(홍문사, 제3판, 2008), 60면 이하.

(3) 가치와 형법

김일수 교수에 따르면, 혼인은 당사자간의 사법상 계약이 아니라 사회체계로 편입하는 전인격적인 연합과 연대로서, 제도, 전통, 문화의 의미를 지니며 '신성성'과 '존엄성'이 부여되는 것이다.[44] 반면에 인간사회가 남성중심의 부계혈통주의로 발전하면서 부계혈통의 진정성을 담보하기 위한 방편으로 일부일처제를 채택하였고, 이러한 일부일처제 아래서의 부부관계는 한편으로 당사자 상호간 혼인의사의 합치라는 계약에 기초를 두고 있지만, 다른 한편으로 상호간의 신뢰와 애정에 바탕을 두고 있다는 견해도 있다.[45]

김일수 교수에 따르면, 간통은 단순한 부도덕행위나 불륜행위가 아니라 인륜성의 기초로서 진화해 온 결혼이라는 법제도를 훼손한 사회적 불법행위로서 실질적 의미의 범죄, 즉 사회유해적 법익침해행위가 된다.[46] 반면에 간통의 본질은 부부 간의 성적 성실의무위반이자 정조의무위반이지만, 정조의무는 민법상 계약관계의 본질적 속성을 지니기 때문에, 정조의무위반은 민법상 성적 성실의무를 위반하는 계약위반 행위라는 차원을 벗어나기 힘들고, 따라서 계약위반에 대한 책임은 계약법의 일반원리에 따라 계약의 해소와 손해배상 등에 의한 해결에 그쳐야 한다는 견해도 있다.[47]

김일수 교수에 따르면, 간통은 전통적으로 혼인과 가정을 보호하는 죄형법규로서 성적 자기결정권, 즉 성적 자유를 보호법익으로 삼는 성범죄인 강간·강제추행 등과 성격을 달리할 뿐 아니라,[48] 결혼 자체가 자기책임이 뒤따르는 자기결정이기 때문에 성범죄피해자가 향유해야 할 성적 자기결정권의 논리를 비약을 통해 간통죄 행위자에게 승인할 수 없다.[49] 반면에 한편으로 강간죄나 강제추행죄 뿐만 아니라 성폭력

---

44) 김일수, 위의 글, 293~294면.

45) 허일태, 간통죄의 위헌성 - 헌재(2001. 10. 25. 2000헌바60 전원재판부)의 결정문을 중심으로-, 저스티스 통권 제104호, 132면.

46) 김일수, 위의 글, 303면 이하.

47) 허일태, 간통죄의 위헌성 - 헌재(2001. 10. 25. 2000헌바60 전원재판부)의 결정문을 중심으로-, 저스티스 통권 제104호, 132면.

48) 김일수, 위의 글, 286면.

에 관한 특별형법을 통해 성적 자기결정권은 형법상 절대적으로 보호해야 할 불가피한 보호법익이라고 하면서, 다른 한편으로 간통죄를 존치함으로써 성적 자기결정권이 말살되는 행위를 보호하고 장려해서는 안 된다는 견해도 있다.[50]

양 견해를 대비해 보면, 혼인, 간통, 성적 자기결정권에 대한 견해가 매우 다르다는 것을 확인할 수 있다. 혼인과 성적 자기결정권을 어떻게 보는가에 따라 간통과 그에 대한 법적 대응 또한 달라지는 것을 확인할 수 있다. 예컨대 혼인의 성격을 어떻게 보는가에 따라 성적 성실의무의 중요성도 달라지고, 간통에 대한 법적 대응도 달라진다.

이처럼 간통죄를 형벌로 규율하는 것이 정당한가에 대한 결론은 혼인과 성적 자기결정권에 대한 우리의 가치관에 따라 달라진다.[51] 간통죄 판결에서 공동체주의와 자유주의의 대립을 확인할 수 있으며,[52] '가치관 내지 선관(善觀)의 대립'이 드러난다. 간통죄 폐지에 대한 여론조사에서는 간통죄 폐지에 반대하는 사람 수가 폐지 찬성보다 훨씬 많았는데,[53] 이는 필자가 보기에 어떤 선관은 옳고 어떤 선관은 그르다고 판단

---

49) 김일수, 위의 글, 291면.

50) 허일태, 간통죄의 위헌성 - 헌재(2001. 10. 25. 2000헌바60 전원재판부)의 결정문을 중심으로-, 저스티스 통권 제104호, 131면.

51) 라드브루흐(Gustav Radbruch)에 따르면, 가치판단은 인식의 문제가 아니라 오직 고백의 대상이 될 뿐이다. "가치로운 것, 정당한 것, 그리고 우리들이 추구하는 최상의 목적에 대한 인식은 우리에게 허락되어 있지 않다. 우리는 다만 가치롭다고 여겨지는 것, 혹은 여겨질 수 있는 것을 경험할 뿐이며, 그리고는 선택해야만 할 뿐이다."

52) 2008년 결정에서 3인의 합헌의견은 공동체주의의 입장을, 3인의 위헌의견은 자유주의의 입장을 대변하고 있다는 주장으로는 신동룡, 법담론에 있어서 자유주의와 공동체주의, 법철학연구 제13권 제3호, 2010, 71면 이하; 김정호 교수는 선량한 성도덕, 일부일처주의 그리고 부부간의 성적 성실의무에 합당한 성관계가 성적 자기결정권의 본질적인 내용이며, 따라서 공동체적 목적이 개인의 권리에 내재적이라는 논증이 성립한다고 하면서, 1990년 판결에 나타난 6인의 다수의견이 강한 공동체주의를 옹호한다고 평가한다. 나아가 6인의 다수의견에는 개인의 권리를 규제하는 아버지(Pater)로서의 국가가 전면에 등장한다고 평가한다. 김정호, 헌법판례에 나타난 법적 논증의 구조적·비판적 분석, 법철학연구 제4권 제2호(한국법철학회, 2001), 308면 이하.

53) 여론조사 전문기관 리얼미터(대표 이택수)가 2009년 12월 4일에 전국 19세 이상 성인남녀를 대상으로 간통죄 형사처벌에 대한 찬반 의견을 조사한 결과, 형사처벌에 찬성하는 의견은 64.1%, 형사처벌에 반대하는 의견은 30.6%로 나왔다.

하는 객관적인 기준이 있어서 그렇다기보다는, 혼인이나 가족에 가치를 두고 성적 자유를 혼인이나 가족과 관련해서는 제한하려는 국민의 가치관(의식)에서 비롯된 것이 아닌가 싶다. 반면에 서양 국가들이 간통죄를 폐지한 이유는 서구 사회가 개인의 성적 자유권을 인정하는 쪽으로 가치관이 대폭 변화되었기 때문일 것이다. 필자의 소견에 따르면, 혼인과 가족은 보호되어야 하며 개인의 성적 자기결정권은 결혼이라는 울타리 내에서는 인정될 수 없다는 사고가 여전히 우리의 사고를 지배한다면 간통죄는 여전히 유효한 규범으로 존재할 수 있다. 다만 시간이 흘러 우리의 가치관과 사고가 성적 자유를 더 우선시하게 된다면 간통죄 형법조항은 폐지되는 것이 순리일 것이다. 규범이 시대의 흐름을 억지로 붙잡을 수는 없기 때문이다.[54]

---

[54] 2015년 2월 26일 헌법재판소 결정에서 형법 제241조 간통죄 조항은 7(위헌) : 2(합헌)로 위헌선언되었다.

제9장
법적 후견주의

이 장에서 필자는 '법적 후견주의(legal paternalism)'를 다룬다. '법적 도덕주의'와 마찬가지로 '법적 후견주의'는 '해악원칙(harm principle)'과의 관련성 하에서 살펴야 한다. '해악원칙'에 따르면, 타인에 대한 해악이 있는 경우에만 개인의 자유에 대한 제한이 가능하기 때문에 법적 개입은 해악이 있는 경우로 제한한다. 반면에 '법적 후견주의'는 타인에 대한 해악이 없음에도 불구하고 '자신의 최선의 이익'을 제대로 보호하지 못하는 사람을 보호하기 위해 그들의 자유를 제한할 수 있다는 입장이다. '법적 후견주의'는 '법적 보호주의'라고도 부른다.

필자는 '법적 후견주의'에 찬성하는 입장과 반대하는 입장을 간략하게 알아본 후, 이를 헌법재판소 혼인빙자간음죄 결정, 좌석안전띠 결정, 강제적 셧다운제 결정을 통해 살폈다.[1]

---

[1] 고봉진, 형법 제304조 규범심사 - 해악, 법적 후견, 자기결정권 -, 법철학연구 제16권 제1호(한국법철하고희, 2013), 171면 이하.

I. '법적 후견'의 정당성에 대한 물음

해악원칙에 따르면, 해악이 있는 경우에만 개인의 자유를 법으로 제한하는 것이 원칙적으로 정당화된다. 하지만 법적 후견주의(legal paternalism, 법적 보호주의)에 따르면, 명백한 해악이 없음에도 불구하고 일정 부분에 대해서는 개인의 자유를 법으로 제한하는 것이 가능하다. 하지만 문제는 법으로 간섭(보호)하는 범위를 명확하게 정할 수 없다는 점이다. "해악원칙의 장점은 그 범위를 명확히 할 수 있다는 점이고, 단점은 해악원칙에 의해서 규율할 수 없는 부분이 있다는 점이다. 해악원칙을 넘어 다른 원칙을 주장하는 것, 예컨대 법적 보호주의(legal paternalism)는 해악원칙이 정당화하지 못하는 부분을 정당화하는 중요한 원칙으로 작용하지만, 그 범위를 명확히 할 수 없다는 단점을 가지고 있다."[2]

보통 법적 후견의 정당성은 유아, 어린이, 정신박약자의 경우와 성인의 경우로 나누어 살피는데, 이는 해악원칙을 강력하게 주장하는 사람도 유아, 어린이, 정신박약자의 경우에 법으로 이들을 보호해야 한다는 것에 반대하지 않기 때문이다. 가부장적 간섭주의, 즉 자신들에게 좋은 것이 무엇인지를 그들보다 당신이 더 잘 안다는 이유로 사람들의 행위를 통제하는 일은 오직 어린이 또는 정신질환으로 인해 스스로 책임 있는 결정을 내릴 수 없는 사람들에 대해서는 정당화된다.[3] 밀(John Stuart Mill)에 따르면, 해악원칙은 단지 성숙한 능력을 가진 성인에게만 적용될 뿐이며, 어린아이나 법률로

---

[2] legal paternalism은 번역자에 따라 '법적 후견주의'로도 번역되고, '법적 보호주의'로도 번역된다. 법적 후견주의(legal paternalism)에 대한 논의로는 최봉철, 현대법철학(법문사, 2007), 369면 이하; Martin Golding(장영민 역), 법철학(세창출판사, 2008), 105면 이하; 오세혁, 법적 후견주의 - 개념분석적 고찰, 법철학연구 제12권 제1호(한국법철학회, 2009), 153면 이하.

[3] Martin Golding(장영민 역), 법철학(세창출판사, 2008), 111면; 법적 후견주의는 미성년자가 '자신의 최선의 이익'을 보호할 수 없다는 이유로 법적 개입을 정당화하는 반면에, 해악원칙은 해악원칙을 '자기에 대한 해악'으로 확대하여 법적 개입을 정당화한다.

정한 성년의 나이에 이르지 못한 청소년에는 적용하지 않는다.[4] 밀에 따르면, 타인의 보호를 여전히 필요로 하는 상태에 있는 사람들은 자신의 행동이나 외부의 해악으로부터 보호되어야 한다.[5]

유아, 어린이, 정신박약자의 경우와는 달리, 성인을 법적 후견의 대상으로 삼을 수 있는지에 대해서는 견해가 첨예하게 대립한다. 밀은 최선의 이익(best interest)과 관련하여 이 문제를 살피는데, 성인의 경우에는 성인 자신이 자신의 '최선의 이익'에 맞게 판단하고 결정할 수 있기 때문에 그들의 판단과 결정을 전적으로 신뢰하고 법적으로 개입하지 않는 것이 옳다고 본다.[6] 어린이, 정신박약자처럼 아직 미숙하여 자신의 최선의 이익(best interest)을 확보할 수 없는 사람들의 경우에는 그들의 의사에 반하여 법으로 보호할 필요가 있기 때문에 법적 개입을 정당화한다. 반면에 하트(H. L. A. Hart)는 성인 또한 자신의 이익에 대한 최선의 판단자가 아니라는 이유로 성인 자신의 해악에 대해 법적으로 강제하는 것을 정당화한다. 성인에 대한 법적 후견의 정당성에 대한 밀과 하트의 견해 대립은 결국 성인이 자신의 이익에 대한 최선의 판단자인지 여부에 대한 의견 차이에서 온다. 성인에 대한 법적 후견에 반대하는 견해는 성인은 자신의 이익에 대한 최선의 판단자라는 점을 근거로 드는 반면에, 성인에 대한 법적 후견을 지지하는 견해는 성인 또한 자신의 이익에 대한 최선의 판단자가 아님을 강조한다. "존 스튜어트 밀은 '타인에 대한 해악'이라는 원칙에 대한 어떤 예외가 있음을 인식하고 있

---

4) John Stuart Mill(김형철 역), 자유론(서광사, 2009), 30면.

5) John Stuart Mill(김형철 역), 자유론(서광사, 2009), 30면; 밀은 인종 전체가 미성년의 단계에 있는 후진사회에 살고 있는 사람에게도 보호되어야 한다는 입장을 취하는데[John Stuart Mill(김형철 역), 자유론(서광사, 2009), 30면], 이러한 견해는 문제의 여지가 있다.

6) 이 견해에 따르면 설사 개인이 잘못 판단할지라도 스스로 선택하는 것이 좋은 삶에 대한 다른 사람의 '정형화된' 견해를 받아들이도록 강요받는 것보다는 낫다. "나는 어떤 종류의 삶이 나에게 최선인지를 다른 사람들보다 더 잘 안다. 설령 내가 이것에 대해 잘못 판단할지라도 스스로 선택하는 것이 좋은 삶에 대한 다른 사람의 '정형화된' 견해를 받아들이도록 강요받는 것보다는 나을 것이다." Nigel Warburton(최희봉, 박수철 역), 한권으로 읽는 철학의 고전 27(지와 사랑, 2011), 201면; "밀은 사람들이 스스로의 삶을 잘못 영위하고, 저질스러운 방종으로 삶을 허비하며, 타인과는 동떨어진 삶을 살고, 완전히 계발된 자아를 성취할 수 있는 가능성을 없애버리는 자유를 옹호하기에 이른다. […] 그는 법과 여론이 도박, 마약, 술, 성매매 등을 수용해야 한다고 주장한다." George Cateb(이태영 역), 인간의 존엄(말글빛냄, 2012), 170면.

다. 즉 어린이, 정신박약자, 지진자가 그 예이다. 여기에서 그는 보호주의(paternalism)를 인정한다. 즉 이들은 타인에 대하여 해악을 야기할 가능성이 있는 경우뿐만이 아니라, 자기 자신을 위하여서도 제약을 받을 수 있다는 것이다. 그렇지만 성숙한 성인에 있어서는 그 자신을 위한다는 것은 강제의 충분한 보증이 되지 못한다." 밀이 제시하는 근본적인 이유는 각 개인은 단연코 자신의 이익에 대한 최선의 판단자라는 것이다. (하트와 같은 최근의 논자들은 이 점에서 밀보다는 덜 낙관적이다. 따라서 이들은 보다 높은 정도의 보호주의를 인정하게 된다.)"[7] "근자의 많은 논자들은 밀을 넘어서서 어떤 경우에는 그 '자신'을 위하여 성인들을 법적으로 강제하는 것을 인정하고 있다. 하트는 이것을 법적 보호주의(legal paternalism)라고 부르면서 이러한 입장을 옹호한다. 그는 법적 도덕주의(legal moralism), 즉 법은 행위가 '그 자체' 부도덕하기 때문에 금지할 수 있다는 입장을 부정한다. 보호주의를 그가 지지하는 근거는 개인이 항상 자신의 이익에 대한 최선의 판단자는 아니라는 사실에 있다. 그가 마약판매를 제한하는 법을 지지하는 것은 이와 같은 근거에 입각한 것이지, 마약 사용이 갖는 어떤 부도덕의 혐의에 입각한 것은 아니다. 오토바이 주행자가 헬멧을 써야 한다는 요구도 아마 역시 보호주의적 이유에서 받아들일 수 있는 것이 될 것이다. 또 하트는 말하기를 살인이나 폭행의 위법성조각(정당화)사유에서 피해자의 승낙을 배제하는 법은 그 자체 개인을 보호하도록 마련된 보호주의(paternalism)의 한 단편이라고 충분히 설명될 수 있을 것이라고 한다."[8]

'해악원칙'이 법적 규율의 기준으로 명확하다 하더라도, 모두에게 명확한 것은 아니다. 어떤 이는 해악으로 보는 반면에, 다른 이는 해악으로 보지 않는 것이 많기 때문이다. 이에 대한 대표적인 예가 '안전벨트 착용'이다. 혹자는 안전벨트가 사망과 상해의 가능성을 막아준다는 이유로 해악을 줄이기 때문에 '안전벨트 착용'이 법규범을 통해 강제되어야 하고, 안전벨트를 착용하지 않는 것에 대해 법적 규제를 가해야 한다고 주장한다. 이에 따르면 안전벨트 착용은 해악을 줄이는 수단이므로 자유에 대한 제약

---

7) Martin Golding(장영민 역), 법철학(세창출판사, 2008), 111~112면.
8) Martin Golding(장영민 역), 법철학(세창출판사, 2008), 119~120면.

이 되지 않는다. 반면에 다른 이는 안전벨트를 착용하지 않으면 나의 사고 위험을 증가시킬 뿐이고, 따라서 안전벨트를 착용할지 안 할지는 나의 자유라고 주장한다. 이에 따르면 안전벨트 착용을 법규범을 통해 강제하는 것은 자유를 제약하는 것이 된다. 또 다른 예로는 '타인의 감정을 해치는 행위가 해악인지 여부'를 들 수 있다. 우리는 일상생활에서 타인의 감정을 상하게 하기도 하고 타인으로부터 나의 감정이 상하는 일을 당하기도 한다. 어떻게 어느 정도로 타인의 감정을 상하게 해야 해악이라고 판단할 수 있을까? 여기에 대한 명확한 기준은 불명확해 보인다.[9] 어떤 이는 해악으로 보는 반면에, 다른 이는 해악으로 보지 않기 때문에, 어떤 사안에 대해 '해악원칙'이 법적 규율의 기준으로 모두에게 명확한 것은 아니다. 이는 혼인빙자간음죄 결정(헌재 2009.11.26. 2008헌바58, 2009헌바191 결정)과 좌석안전띠 결정(헌재 2003. 10. 30. 2002헌마518 결정)에서도 확인할 수 있다.

이하에서는 '법적 후견주의'를 다룰 수 있는 결정으로 혼인빙자간음죄 결정, 좌석안전띠 결정과 강제적 셧다운제 결정(헌재 2011헌마659·683 결정)을 간략하게 살펴보도록 하겠다.

II. 혼인빙자간음죄 결정

형법 제304조(혼인빙자간음죄)의 위헌성을 심사한 헌법재판소 2009년 결정(헌재 2009.11.26. 2008헌바58, 2009헌바191 결정)은 '해악', '법적 후견', '자기결정권'에 대한 법철학적 문제를 담고 있다. 2009년 '혼인빙자간음죄' 결정은 혼인을 빙자하여 음

---

9) 물론 형법에서 '명예훼손죄'와 '모욕죄'를 규정하고 있고, 이에 대한 수많은 판례를 통해 어느 정도 구체화하고 있기는 하다.

행의 상습 없는 부녀를 기망하여 간음하는 것이 '해악'인지 여부를 다루고 있으며, 형법 제304조를 통해 '여성의 성적 자기결정권'을 보호하는 것이 여성을 유아시하는 '잘못된' 법적 후견이 아닌지를 고찰하고 있다. 또한 '남성의 성적 자기결정권'이 형법 제304조에 의하여 제한되는 기본권인지에 대한 판단도 담고 있다.[10]

이 결정에서 다수의견과 소수의견은 혼인빙자간음행위가 부녀에게 해악을 끼치는지, 그리고 부녀의 성적 자기결정권을 침해하는지와 형법 제304조가 남성의 성적 자기결정권을 제한하는지에 대해서 첨예하게 대립하고 있다. 다수의견은 혼인을 빙자하는 것은 해악적 문제를 수반하지 않는 방법으로 여성을 유혹하는 성적 행위로서 이를 처벌한다면 남성의 성적 자기결정권이 침해된다고 본다. 다수의견은 '해악을 수반하지 않는' 혼인빙자의 경우에 여성의 성적 자기결정권을 존중하여 형법을 개입하지 말자는 주장을 펼치며, 형법 제304조를 통해 여성의 성적 자기결정권을 보호하려는 것은 '정당화되지 않는' 법적 후견이라고 비판한다. 반면에 소수의견은 혼인을 빙자하여 간음하는 것은 해악적 문제를 수반하며, 이를 통해 여성의 성적 자기결정권이 침해된다고 본다. 소수의견은 '해악을 수반하는' 혼인빙자의 경우에 여성의 성적 자기결정권을 형법을 통해 적극적으로 보호해야 한다는 주장을 펼친다.[11]

---

10) 필자는 '해악원칙'과 '법적 후견주의'에 대한 여러 법철학적 논점을 상세히 다루지는 못했다. '해악원칙'과 '법적 후견주의'를 논할 수 있는 장(場)은 매우 다양한데, 논해지는 장의 특성에 따라 '해악원칙'과 '법적 후견주의'의 의미는 사뭇 달라질 것이다.
11) 무엇보다도 형법 제304조(혼인빙자간음죄)의 위헌성 심사에서 의견 대립을 명확히 보이는 것은 (형법 제304조에 대해 위헌의견을 내는) 다수의견과 (형법 제304조에 대해 합헌의견을 내는) 송두환 재판관의 '반대의견(소수의견)에 대한 보충의견'이다. 2009년 결정과 2002년 결정과 비교해 보면, 다수의견과 소수의견이 바뀌었음을 확인할 수 있다. 2002년 결정에서 1인(주선회 재판관)의 소수의견이 2009년 결정에서 다수의견과 주장하는 바가 일치하고, 2002년 결정에서 다수의견은 2009년 결정에서 3인(이강국, 조대현, 송두환 재판관)의 소수의견과 주장하는 바가 일치한다. 또 다른 1인(권성 재판관)의 소수의견은 형법 제304조가 혼인빙자행위를 다른 위계행위와 형법적으로 동일하게 평가하여 이를 처벌하는 것은 헌법상의 과잉금지원칙을 위반함으로써 헌법 제10조가 보장하는 인간의 자존과 행복추구권을 침해하여 위헌이라는 견해를 피력한다.

1. 해악 여부 판단

　형법 제304조(혼인빙자간음죄)의 위헌여부를 심사함에 있어 가장 중요한 쟁점은 혼인을 빙자하여 음행의 상습 없는 부녀를 기망하여 간음한 행위가 부녀에게 '해악'을 초래하는지 여부이다. 여기서부터 다수의견과 소수의견(이강국, 조대현, 송두환 재판관)은 뚜렷한 입장 차를 보인다. 혼인빙자간음행위가 부녀에게 해악을 끼치는지 여부는 '여성의 성적 자기결정권 판단'(혼인빙자간음행위가 여성의 성적 자기결정권을 침해하는지 여부 판단)과 '남성의 성적 자기결정권 판단'(형법 제304조가 남성의 성적 자기결정권을 침해하는지 여부 판단)에 영향을 미친다. 해악인지 여부가 모두에게 명백하지 않고 혹자는 해악으로, 혹자는 해악이 아닌 것으로 판단하는 행위가 많은데, 다수의견과 소수의견의 대립에서 확인할 수 있듯이 혼인빙자간음행위도 이에 속한다.

(1) 혼인빙자간음행위가 부녀에게 해악을 끼치는가?

　안전벨트를 착용하지 않는 것이 해악을 초래하는지에 대한 판단처럼 혼인빙자간음행위가 부녀에게 '해악을 끼치는지' 여부를 판단하는 것도 (다수의견과 소수의견의 대립에서 확인할 수 있듯이) 한 목소리를 낼 수 있는 내용이 아니다. 혼인빙자간음행위가 부녀에게 해악이 되는지 여부는 형법 제304조의 정당성을 판단함에 있어 가장 중요한 쟁점이다. 이는 혼인빙자간음행위가 부녀에게 해악을 끼치는지에 대한 판단 여부가 혼인빙자간음에 있어 '남성의 성적 자기결정권'을 보는 시각과 '여성의 성적 자기결정권'을 보는 시각에 영향을 미치기 때문이다(혼인빙자간음행위가 부녀에게 해악을 끼치는지 여부는 형법 제304조의 보호법익인 '여성의 성적 자기결정권'의 인정 여부 및 혼인빙자간음행위가 '여성의 성적 자기결정권'을 침해하는지 여부 판단에 직접적인 영향을 미친다. 뿐만 아니라 혼인빙자간음행위가 부녀에게 해악을 끼치는지 여부는 '남성의 성적 자기결정권'이 형법 제304조가 제한하는 기본권인지 여부와 형법 제304조가 '남성의 성적 자기결정권'을 침해하는지 여부 판단에 직접적인 영향을 미친다). 혼인빙자간음이 부녀에게 해악을 끼치지 않는다고 주장하는 다수의견은 형법 제304조가 남성의 성적 자기결정권을 침해하며, 형법 제

304조를 통해 여성의 성적 자기결정권을 보호하려는 것은 잘못된 법적 후견의 예로서 오히려 여성의 성적 자기결정권을 부인하는 것이라고 주장한다. 반면에 혼인빙자간음행위가 부녀에게 해악을 끼친다고 주장하는 소수의견은 다수의견이 주장하는 남성의 성적 자기결정권을 부인할 뿐 아니라, 형법 제304조는 여성의 성적 자기결정권을 정당하게 보호하는 것이라고 항변한다.

다수의견은 혼인을 빙자하는 것 또한 혼전 성관계의 과정에서 이루어지는 통상적 유도행위로서, 남성이 해악적 문제를 수반하지 않는 방법으로 여성을 유혹하는 성적 행위이며, 남성의 내밀한 성적 자기결정권의 영역에 속하는 것이므로, 국가의 개입은 억제되어야 한다고 본다. 다수의견은 해악적 문제가 수반되지 않는 한, 이성관계 자체에 대하여 법률이 직접 개입하는 것은 성적 자유에 대한 무리한 간섭이 되기 쉽다고 판단한다.[12] 이에 반해 소수의견은 남녀간의 이성교제와 정교행위는 그들의 내밀한 사생활 영역에 속하기 때문에 이에 대한 국가의 간섭은 최대한 자제되어야 하지만, 그들 사이에서 남성의 거짓 언행으로 인하여 여성이 '피해를 입고' 고소한 경우에는 그에 대하여 수사하고 처벌하는 것은 사회의 질서유지를 위하여 필요하고 마땅한 일이라고 본다.[13] 소수의견은 혼인을 빙자하여 간음하는 것이 여성이 피해를 입는 경우이어서 해악이라고 밝히기는 하나, 상세하게 논증하고 있지는 않다. 혼인빙자간음행위가 해악

---

[12] "이성 간에 성행위를 함에 있어 미성년 또는 심신미약의 부녀를 상대로 한다거나, 폭행이나 협박 등 폭력을 수단으로 한다거나, 여성을 매매의 대상 또는 흥정의 미끼로 삼는다거나, 그 장면을 공중에게 노출시킨다거나, 또는 그로 인하여 위험한 질병이 상대방에게 전염되게 한다거나 하는 등의 해악적 문제가 수반되지 않는 한 이성관계 자체에 대하여 법률이 직접 개입하는 것은 성적 자유에 대한 무리한 간섭이 되기 쉽다. 따라서 남성이 위와 같이 해악적 문제를 수반하지 않는 방법으로 여성을 유혹하는 성적 행위에 대해서 국가가 개입하는 것은 억제되어야 한다. 그리고 남성의 여성에 대한 유혹의 방법은 남성의 내밀한 성적 자기결정권의 영역에 속하는 것이고, 또한 애정행위는 그 속성상 과장이 수반되게 마련이다. 이러한 관점에서 우리 형법이 혼전 성관계를 처벌대상으로 하지 않고 있는 이상, 혼전 성관계의 과정에서 이루어지는 통상적 유도행위 또한 처벌하여서는 아니 되는 것이다."

[13] 소수의견(이강국, 조대현, 송두환 재판관)에 따르면, 남성의 혼인빙자로 인하여 여성이 속아서 정교에 응하여 피해를 입었다고 고소하는 경우에는 사생활의 영역과 기본권의 내재적 한계를 벗어나 사회질서 침해의 문제로 표출된 것이므로, 이러한 단계에서는 사회질서 유지의 필요성이 당사자들의 사생활을 보호할 필요성보다 훨씬 크다고 봄이 상당하다.

을 가져올 수 있음을 상세하게 논증하는 것은 송두환 재판관의 '소수의견(반대의견)에 대한 보충의견'이다. 송두환 재판관은 어떤 부녀가 어떤 남성의 적극적 위계, 기망행위에 의하여 성관계를 가지게 된 후 나중에 그것이 위계, 기망에 불과한 것이었다는 것을 알고 혼인에 대한 기대와 신뢰가 깨어져서 심각한 정신적 고통 및 신체적 후유증을 감당하여야 하게 된 경우에 이를 가리켜 '해악적 문제가 수반되지 않는다'고 말할 수 없음을 지적한다.

혼인빙자간음의 경우는 여성이 자신의 성적 자기결정권을 행사한 경우이기보다는 '위계에 의한 간음죄'로 부녀에게 해악이 가해진 경우라고 생각된다. 물론 남성과 여성의 자유로운 혼전 성관계에 국가가 부당하게 개입해서는 안 될 것이다. 하지만 (뒤에서 자세히 언급하듯이) 다수의견은 혼인빙자간음의 경우에 남성의 성적 자기결정권을 인정하고, 혼인빙자간음죄를 형법 제304조를 통해 규율한다면 여성의 성적 자기결정권을 부인하는 것이라고 논증한다. 이러한 다수의견 논증의 가장 큰 논거는 혼인빙자간음행위가 부녀에게 해악을 끼치지 않는다는 점이다. 하지만 혼인빙자간음행위가 (소수의견의 주장처럼) 해악적 문제를 수반한다면 남성의 성적 자기결정권과 여성의 성적 자기결정권에 대한 논의는 달라져야 한다. 남성의 혼인빙자간음행위에 형법을 통한 국가형벌권을 개입해야 할지는 또 다른 문제이겠지만, 혼인빙자간음은 남성의 성적 자기결정권의 한계를 벗어날 뿐만 아니라, 여성의 진정한 자유의사, 즉 성적 자기결정권을 침해하는 것이다.

2. 법적 후견 여부 및 정당성 판단

형법 제304조 '혼인빙자간음죄'에서 법적 후견의 여부 및 그 정당성 판단은 '혼인빙자간음행위가 부녀에게 해악을 끼치는지 여부'와 '혼인빙자간음행위가 여성의 성적 자기결정권을 침해하는지 여부'와 관련된다. '혼인빙자간음행위의 해악 여부'와 관련하여서는, 주로 혼인빙자간음행위가 해악이 아니라고 판단되는 경우에 혼인빙자간음을 형법을 통해 국가가 개입하는 것이 법적 후견에 해당하고, 이때 그 정당성 여부가 문제된다. 물론 (송두환 재판관의 의견에서 알 수 있듯이) 혼인빙자간음행위를 부녀에게 해악을 끼친다고 판단할 경우에도 혼인빙자간음죄에서 법적 후견이 문제될 수 있고, 그 정당성이 논의될 수 있다.

'여성의 성적 자기결정권'이 형법 제304조의 보호법익이라는 점에 대해서는 다수의견과 소수의견 모두 이견(異見)이 없다. 다만 그 정당성에 대해서는 이견이 존재하는데, 다수의견은 혼인빙자간음은 해악을 수반하지 않기 때문에 형법 제304조를 통해서 여성의 성적 자기결정권을 보호하려는 것은 '정당화되지 않는' 법적 후견이라고 본다. 반면에 소수의견은 '해악을 수반하는' 혼인빙자간음은 여성의 성적 자기결정권을 침해하기 때문에 법적 후견이 문제되는 경우가 아니라고 본다.

(1) 법적 후견의 정당성 판단

혼인빙자간음의 경우에도 부녀가 '자신의 이익에 대한 최선의 판단자'인지를 먼저 물어야 하고, 그 후에 부녀의 잘못된 판단에 국가가 후견적으로 개입해도 좋은지를 물어야 한다. 다수의견은 부녀가 자신의 이익에 대한 최선의 판단자라는 입장이며, 따라서 형법 제304조는 여성을 유아시(幼兒視)함으로써 여성을 보호한다는 미명 아래 사실상 국가 스스로가 여성의 성적 자기결정권을 부인하는 것이라고 본다. 반면에 소수의견은 혼인빙자간음은 해악이 없는 경우에 적용되는 법적 후견의 예가 아니라, 부녀에게 해악을 끼치고 부녀의 성적 자기결정권을 침해하는 예라고 본다. 소수의견에 따르면, 혼인빙자간음행위가 부녀에게 피해를 끼치며, 피해자가 혼인빙자로 인하여 자신의 성적 자기결정권이 침해되었다고 고소한 경우에 국가형벌권을 행사하는 것은 정당화된다. 송두환 재판관은 '반대의견(소수의견)에 대한 보충의견'에서 혼인빙자간음은 부녀의 성적 자기결정권을 위계 또는 기만적 방법으로 침해하는 행위로서 형법 제304조에 의하여 '여성의 성적 자기결정권'을 보호하는 것은 여성을 유아시하는 것이 아니라고 본다.

(2) 형법 제304조는 여성의 성적 자기결정권을 정당하게 보호하는가?

다수의견에 따르면, 혼인빙자간음을 형법 제304조로 규율하는 것은 해악이 존재하지 않음에도 형법을 개입하는 경우로서, '정당화되지 않는' 법적 후견에 해당한다. 왜냐하면 혼인빙자간음행위가 부녀에게 해악을 끼치지 않는다면, 혼인빙자간음행위가 부녀의 성적 자기결정권을 침해하지도 않기 때문이다. 그럼에도 '부녀의 성적 자기결정권'을 형법 제304로 보호하려는 것은 잘못된 법적 후견으로서 여성을 유아시하게 되며, 이는 결국 여성의 성적 자기결정권을 부인하는 결과가 되어 정당화되지 않는다. 다수의견의 논리에서 혼인빙자간음행위가 해악을 끼치는지 여부와 혼인빙자간음행위가 부녀의 성적 자기결정권을 침해하는지 여부는 직접적으로 연결되어 있다. 또한 이는 형법 제304조로써 부녀의 성적 자기결정권을 보호하려는 것이 정당하지 않은 법적 후견임을 밝히는 주요한 근거가 된다. (해악이 존재하지 않고, 부녀의 성적 자기결정권도 침해되지 않는데 왜 혼인빙자간음을 형법 제304조로 규율하는가?) 따라서 형법 제304조가 여성의 성적 자기결정권을 보호법익으로 삼는 것은 자기모순이 된다. 다수의견은 사회적 약자인 여성의 성적 자기결정권을 보호하고자 하는 형법 제304조의 입법목적의 정당성을 인정하지 않는다.

다수의견은 형법 제304조에 의하여 '여성의 성적 자기결정권'을 보호하고자 하는 것은 여성을 유아시함으로써 여성의 존엄과 가치에 역행하는 것으로 본다. 다수의견에 따르면, 남성이 결혼을 약속했다고 하여 성관계를 맺은 여성만의 착오를 국가가 형벌로써 사후적으로 보호한다는 것은 '여성이란 남성과 달리 성적 자기결정권을 자기 책임 아래 스스로 행사할 능력이 없는 존재, 즉 자신의 인생과 운명에 관하여 스스로 결정하고 형성할 능력이 없는 열등한 존재'라는 것의 규범적 표현이며, 따라서 형법 제304조는 남녀 평등의 사회를 지향하고 실현해야 할 국가의 헌법적 의무(헌법 제36조 제1항)에 반하는 것이자, 여성을 유아시(幼兒視)함으로써 여성을 보호한다는 미명 아래 사실상 국가 스스로가 여성의 성적 자기결정권을 부인하는 것이다.[14]

---

14) 나아가 다수의견은 개인 스스로 선택한 인생관·사회관을 바탕으로 사회공동체 안에서 각자의 생활을 자신의 책임 아래 스스로 결정하고 형성하는 성숙한 민주시민이 우리 헌법이 지향하는 바

이에 반해 소수의견은 혼인빙자간음행위가 부녀에게 피해를 끼치며, 피해자가 혼인빙자간음으로 인하여 자신의 성적 자기결정권이 침해되었다고 고소한 경우에 국가 형벌권을 행사하는 것은 정당화된다고 본다. 또한 소수의견은 형법 제304조가 부녀만 보호대상으로 규정한 이유는, 여성이 약하거나 어리숙하기 때문이 아니라, 여성이 남자에 대하여 혼인을 빙자하는 경우에는 남성의 성적 자기결정권이 침해될 가능성이 적다고 보았기 때문이며, 남녀는 신체구조가 다르고 성관계에 대한 윤리적·정서적 인식에도 차이가 있는 점을 고려한다면, 이러한 입법자의 판단이 남녀를 불합리하게 차별하는 것이라고 보기 어렵다고 보았다.

특히 송두환 재판관은 (다수의견의 견해를 반박하면서) '법적 후견의 정당성' 문제를 적극적으로 다룬다. 송두환 재판관은 '반대의견에 대한 보충의견'에서 남성의 혼인빙자 간음은 부녀의 성적 자기결정권을 위계 또는 기만적 방법으로 침해하는 행위이고 혼인빙자간음행위가 해악적 문제를 수반하지 않는다고 말할 수 없기 때문에,[15] 형법 제304조에 의하여 '여성의 성적 자기결정권'을 보호하고자 하는 것은 여성을 유아시하는 것이 아니라고 주장한다. 송두환 재판관은 혼인빙자간음행위가 해악적 문제를 수반한다는 주장보다도 혼인빙자간음행위가 부녀의 성적 자기결정권을 침해한다는 주장을 먼저 앞세우는데, 이러한 논증순서도 송두환 재판관의 주장을 파악하는 데 중요한 의미가 있어 보인다. 송두환 재판관은 혼인빙자간음행위가 해악적 문제를 수반한다고 표현하지 않고, 혼인빙자간음에서 '해악적 문제가 수반되지 않는다고 말할 수는 없다'고 표현하고 있다. 해악의 존재를 강력하게 주장하는 것이 아니라 해악의 부존재를 부정하는 것이다. 이러한 이유로 송두환 재판관이 다수의견의 견해를 반박하면서 '법적 후견의 정당성' 문제를 다루고 있는 것 같다. 송두환 재판관에 따르면, 어떤 법

람직한 인간상이라는 점에 비추어 볼 때에도 형법 제304조가 보호하고자 하는 여성의 성적 자기결정권은 여성의 존엄과 가치에 역행하는 것이라고 보았다.

[15] "형법 제304조는 부녀의 성적 자기결정권을 그 보호법익으로 하고 있다. 그런데, 누군가가 다른 사람의 보호받아야만 할 법익을 침해하는 행위에는 다양한 형태가 있을 수 있고, 크게 보아 폭력적, 강압적 방법과 위계 또는 기만적 방법이 있다고 할 수 있는바, 여성의 성적 자기결정권을 침해하는 행위 중에서 강간죄, 강제추행죄는 전자에 해당하고, 이 사건 위계에 의한 간음죄는 후자에 해당하며, 위 두 가지 방법 모두 위법성과 처벌 필요성이 있다 할 것이다."

률조항이 특정한 보호의 대상을 상정하고 있다고 하여서 그 보호의 대상이 된 집단 또는 그에 포함되는 개인이 '유아시' 또는 '비하'되는 것이라고는 볼 수 없다. 만약 그렇지 않다면, 각종의 무수한 법률 조항들을 통하여 보호대상이 되고 있는 '국민 전체'가 '유아시' 또는 '비하'되는 것이다. 우리 사회의 여성들 모두가 더 이상 헌법이나 법률의 보호와 배려를 필요로 하지 않게 되었다고는 볼 수 없고, 아직도 헌법이나 법률의 보호와 배려를 필요로 하는 소수의 여성들이 존재한다고 보는 이상, 형법 제304조를 지금 시점에서 서둘러 폐기하여야 한다고 할 수는 없다. 또한 송두환 재판관에 따르면, 형법 제304조가 부녀만을 보호의 대상으로 삼고 있는 것은 남성과 여성의 신체적 차이, 사회적 인식 기타 여건의 차이로 인하여 피해의 양상이나 심각성의 정도가 다를 수 있을 것에 착안한 것으로 보아야 할 뿐만 아니라, 현시점에 이르러 시대상의 상당한 변화를 감안하여 보호의 대상을 '부녀'에 한정할 것이 아니라 '사람'으로 일반화하는 것이 타당하지 않겠는가 하고 생각할 수 있으나, 이는 입법정책적 논의 필요의 여부 문제일 뿐, 위헌 여부의 문제는 아니다.

3. 성적 자기결정권의 내용과 한계

(1) 다수의견의 '성적 자기결정권 논리'에 대한 의문

형법 제304조에 의하여 제한되는 기본권이 '남성의 성적 자기결정권'인가 여부를 두고 다수의견과 소수의견은 다투고 있다. 다수의견은 형법 제304조에 의하여 제한되는 기본권을 혼인을 빙자하여 부녀를 간음한 '남성의 성적 자기결정권'이라고 보고, 이를 헌법 제10조(개인의 인격권·행복추구권)에서 도출하고 있다.[16] 다수의견에 따르면,

---

16) 다수의견은 '남성의 성적 자기결정권'(헌법 제10조) 외에도 '사생활의 비밀과 자유'(헌법 제17조)를 형법 제304조에 의하여 제한되는 기본권으로 보고 있다.

헌법 제10조는 개인의 인격권과 행복추구권을 보장하고 있고, 개인의 인격권·행복추구권에는 개인의 자기운명결정권이 전제되는데, 이 자기운명결정권에는 성행위 여부 및 그 상대방을 결정할 수 있는 성적 자기결정권이 포함된다.

소수의견은 '남성의 성적 자기결정권'은 형법 제304조에 의하여 제한되는 기본권이 아니며, '사생활의 비밀과 자유'(헌법 제17조)만이 형법 제304조에 의하여 제한되는 기본권이라고 주장한다. 소수의견이 '남성의 성적 자기결정권'을 형법 제304조에 의하여 제한되는 기본권으로 파악하지 않는 주된 이유는 혼인빙자간음은 자신만의 영역을 벗어나 '다른 인격체의 법익을 침해하는 행위'로서 자기결정권의 내재적 한계를 벗어났다는 점이다.[17] 소수의견은 혼인빙자행위가 부녀에게 해악을 끼치고 '부녀의 성적 자기결정권'을 침해하기 때문에 '자기결정권의 내재적 한계'를 벗어난다고 판단한다. 여기서 혼인빙자간음행위가 해악을 끼치는 행위인지 여부(혼인빙자행위가 부녀의 성적 자기결정권을 침해하는지 여부)와 혼인빙자간음행위가 '남성의 성적 자기결정권의 내재적 한계'를 벗어나는지 여부는 밀접한 관련을 맺고 있다.

송두환 재판관은 '반대의견(소수의견)에 대한 보충의견'에서 형법 제304조가 남성의 성적 자기결정권을 침해하는 것이라고 한다면 이는 결과적으로 성관계에 관하여 위계, 기망, 편취의 자유를 인정하는 셈이 되며, 이는 명백히 부당하다고 주장한다. 송두환 재판관에 따르면, 혼인을 빙자하는 것은 위계의 한 예시에 불과한 것이므로 형법 제304조는 '위계에 의한 간음죄'를 규정한 것이다. 따라서 형법 제304조는 모든 혼인빙자행위를 처벌하겠다는 것이 아니라 혼인빙자행위가 위계에 해당한다고 판단되고 이러한 위계행위와 간음행위 사이에 법률상 상당인과관계에 있다고 판단되는 경우를 처벌하는 것이다.[18] 송두환 재판관은 보호법익을 침해하는 행위 유형을 폭력적, 강압적

---

[17] "다수의견은 이 사건 법률조항이 혼인을 빙자하여 부녀를 간음한 남성의 성적 자기결정권을 침해한다고 보지만, 동의하기 어렵다. 헌법상 기본권으로 보장되는 자기결정권은 인격의 주체가 자기의 인격을 형성하고 발현하기 위하여 자기 자신에 관한 사항을 자율적으로 결정할 수 있는 인격적 자율권을 말하는 것이다. 어느 남성이 어느 여성을 사랑하고 정교관계를 맺는 것은 자기결정권의 보호영역이라고 할 수 있지만, 혼인을 빙자하여 부녀를 간음하는 행위는 자신만의 영역을 벗어나 다른 인격체의 법익을 침해하는 행위이기 때문에 자기결정권의 내재적 한계를 벗어나는 것이다."

방법과 위계 또는 기만적 방법으로 구분하고, 여성의 성적 자기결정권을 침해하는 행위 중에서 강간죄, 강제추행죄는 전자에 해당하고, 혼인빙자간음죄 즉 위계에 의한 간음죄는 후자에 해당한다고 주장한다.

'남성의 성적 자기결정권'을 형법 제304조에 의하여 제한되는 주된 기본권으로 삼는 것은 문제가 있다. 왜냐하면 개인의 성적 자기결정권이 혼인을 빙자하여 간음하는 것까지 보호하는 것은 아니기 때문이다. 개인의 자기결정권은 원하는 것은 언제든, 무엇이든 할 수 있다는 의미에서의 무제한적 자유가 아니고, 타인과의 공존을 부정하는 자기결정은 사회적 존재로서 자신의 인격을 발현시키고 자아를 실현하기 위한 자기결정권의 순수한 보호영역을 벗어나며, 이는 성적 자기결정권에 있어서도 마찬가지이다. 헌법재판소의 다수의견은 본래 성범죄피해자가 향유해야 할 성적 자기결정권의 논리를 비약을 통해 혼인을 빙자하여 간음한 남성에게도 승인한 것이다.[19] 다수의견은 혼인을 빙자하여 간음한 남성에게 '성적 자기결정권'을 인정할 뿐만 아니라 더 나아가 이를 토대로 '여성의 성적 자기결정권'을 형법 제304를 통해 보호하는 것에 반대한다. '성적 자기결정권 침해'가 문제되는 경우는 범죄행위자가 아닌 범죄피해자의 경우이다. 강간·강제추행 등과 같은 성범죄에서 범죄행위자가 아닌 범죄피해자의 성적 자기결정권 침해가 직접적으로 문제되는 것이다. 이런 의미에서 송두환 재판관은 보호법익을 침해하는 행위 유형을 폭력적, 강압적 방법과 위계 또는 기만적 방법으로 구

---

18) 2002년 결정(헌재 2002.10.31. 99헌바40, 2002헌바50 결정)에서 권성 재판관은 형법 제304조가 혼인빙자행위를 다른 위계행위와 형법적으로 동일하게 평가하여 이를 처벌하는 것은 헌법상의 과잉금지원칙을 위반함으로써 헌법 제10조가 보장하는 인간의 자존과 행복추구권을 침해하여 위헌이라는 주장을 펼쳤다. '혼인을 빙자하거나' 부분과 이에 대한 형사처벌이 헌법상의 과잉금지원칙에 위배되고 헌법 제10조가 보장하는 인간의 자존과 행복추구권을 침해함을 이유로 위헌을 선고해야 한다는 의견이 있을 법도 한데 2009년 결정에서는 나오지 않았다.

19) 김일수, 간통죄 존폐논의에 비추어 본 헌재의 형법질서관, 헌법논총 제19집(헌법재판소, 2008), 291면. 김일수 교수는 형법 제241조에 대한 헌법재판소 결정의 다수의견은 결혼제도의 성격과 의미를 도외시한 채, 본래 성범죄피해자가 향유해야 할 성적 자기결정권의 논리를 비약을 통해 간통죄 행위자에게 승인한 것으로 보고 있다. 김일수 교수는 우리나라의 간통죄 위헌논의에서 성적 자기결정권이 주요 논거로 자주 떠오르는 것은 '지평의 혼동'이며, 그 혼동은 '자기결정이라는 법철학의 핵심문제에 대한 선이해의 부족'에 기인하는 것으로 보인다고 평가한다(286면).

분하고, 여성의 성적 자기결정권을 침해하는 행위 중에서 강간죄, 강제추행죄는 전자에 해당하고, 혼인빙자간음죄, 즉 위계에 의한 간음죄는 후자에 해당한다고 주장하는 것이다.

다수의견은 남성의 여성에 대한 유혹의 방법은 남성의 내밀한 성적 자기결정권의 영역에 속하는 것이고, 애정행위는 그 속성상 과장이 수반되게 마련인 이상 혼전 성관계의 과정에서 이루어지는 통상적 유도행위는 처벌되어서는 안 된다고 주장하나, 과장된 성적 유혹과 혼인빙자에 의한 위계는 구별되어야 할 것이다.

(2) 다수의견의 '심사구조'에 대한 의문

다수의견의 '성적 자기결정권 논리'에 대한 의문은 다수의견의 '심사구조'에 대한 의문으로 이어진다. 다수의견은 형법 제304조 혼인빙자간음죄의 정당성 여부를 '기본권 제한의 정당성 심사(과잉금지원칙에 의한 심사)'로 다루고 있다. 구체적으로는 '남성의 성적 자기결정권'을 형법 제304조에 의해 제한되는 기본권으로 보고(혼인빙자간음자인 남성의 성적 자기결정권에 의문을 제기하지 않고) '남성의 성적 자기결정권'을 형법 제304조를 통해 제한하는 것이 정당한가 여부를 과잉금지원칙(비례원칙)을 통해 살핀다.[20] 하지만 소수의견처럼 '남성의 성적 자기결정권'을 형법 제304조에 의하여 제한되는 기본권으로 삼는 것에 반대하는 입장에 따르면, '남성의 성적 자기결정권'을 형법 제304조에 의하여 제한되는 주된 기본권으로 삼고, 이를 전제로 과잉금지원칙 위배 여부를 심사하는 헌법재판소의 심사구조는 문제가 있어 보인다. '남성의 성적 자기결정권'이 형법 제304조에 의해 제한되는 기본권이 아니고 '사생활의 비밀과 자유'만이 형법 제304조에 의해 제한되는 기본권이라면, '남성의 사생활의 비밀과 자유'를 형법 제304조에 의하여 제한되는 주된 기본권으로 삼고, 이를 전제로 과잉금지원칙

---

20) "성적 자기결정권 등에 대한 제한이 그 한계를 넘어 헌법 제37조 제2항에서 정하고 있는 과잉금지원칙에 위배되어서는 아니되므로 동 기본권제한에 대한 위헌성을 판단함에 있어서도 엄격한 비례심사가 이루어져야 한다."

위배 여부를 심사해야 한다.[21]

4. 형사처벌의 적정성 심사

혼인빙자간음행위가 부녀에게 해악을 가하고, 부녀의 성적 자기결정권을 침해한다고 해도 과연 혼인빙자간음을 형법 제304조로 규율하는 것이 정당한지 그리고 형법 제304조가 규율하고 있는 형벌이 적정한지를 다루어야 한다.

다수의견은 혼인빙자간음행위가 부녀에게 해악을 가하지 않고, 부녀의 성적 자기결정권을 침해하지 않는다고 봄으로써(오히려 형법 제304조가 남성의 성적 자기결정권을 침해한다고 봄으로써) '비례성 심사'에서 형법 제304조의 '입법목적의 정당성'을 인정하지 않았다. 다수의견은 위헌의 근거를 최대한 제시하여 형법 제304조의 위헌성을 강하게 논증하기 위해서, 형법 제304조의 입법목적의 정당성이 인정되는 경우를 가정하면서 수단의 적절성, 피해의 최소성, 법익의 균형성 심사를 진행하였다. 반면에 다수의견이 수단의 적절성, 피해의 최소성, 법익의 균형성 심사에서 그 주장의 근거로 들고 있는 '국민 일반의 법감정의 변화', '형사처벌의 적정성', '형사처벌의 실효성', '형사처벌로 인한 부작용'에 대해 소수의견은 어느 정도 구체적으로 언급할 필요성이 있음에도, 이에 대한 언급이 없다.

---

21) 이 경우 '목적의 정당성', '수단의 적합성', '피해의 최소성', '법익의 균형성'라는 4단계로 진행되는 심사 또한 달리 진행되어야 할 것이다. '남성의 성적 자기결정권'과 '남성의 사생활의 비밀과 자유'의 '기본권으로서의 비중'이 같지 않기 때문이다. 사실 필자의 더 큰 의문은 기본권 제한에 대한 비례성심사가 '가치판단'이 "크게" 개입되는 규범심사에 적절한 방법일까 하는 점이다. '목적의 정당성', '수단의 적합성', '피해의 최소성', '법익의 균형성'라는 4단계로 진행되는 심사를 통해 '심사의 정밀성'이 보장되지만, 이 또한 헌법재판관의 '가치판단'에 따라 끼어맞추기 식의 판단이 되지 않는가 하는 의문이다. 뿐만 아니라 논증이 '목적의 정당성', '수단의 적합성', '피해의 최소성', '법익의 균형성'으로 흩어져버려 주장하는 쟁점을 정확하게 파악하기가 어려울 수 있다.

(1) 혼인빙자간음을 형법으로 규율하는 것이 적절한가?

다수의견은 형법 제304조의 '목적의 정당성'을 인정하지 않았음에도, 입법목적의 정당성이 인정되는 경우를 가정하면서까지 수단의 적절성, 피해의 최소성, 법익의 균형성 심사를 진행하였다.[22] 다수의견은 '수단의 적절성 및 피해의 최소성' 판단에서 '국민 일반의 법감정의 변화', '형사처벌의 적정성', '형사처벌의 실효성', '형사처벌로 인한 부작용' 등을 그 이유로 하여 형법 제304조가 수단의 적절성과 피해의 최소성을 갖추고 있지 못하다고 판단한다. 다수의견은 '국민 일반의 법감정의 변화' 판단에서 급속한 개인주의적·성개방적인 사고의 확산에 따라 성과 사랑은 법으로 통제할 사항이 아닌 사적인 문제라는 인식이 커가고 있음을 지적하며, 다양한 가치관이 존재하는 오늘날의 다원적 사회에서, 혼전 성관계의 동기 중 어떠한 동기가 특히 비난할 여지가 있는 것인가(예컨대, 혼인을 빙자한 간음, 직위를 빙자한 간음, 재산을 빙자한 간음 등)에 관하여도 사회적으로 이를 판단할 수 있는 객관적인 기준이 존재한다고 보기 어렵기 때문에, 혼전 성행위를 유발하는 빙자의 방법과 관련하여 혼인빙자에 의한 간음으로부터만 여성을 보호하고자 하는 것은 더 이상 국가의 과제가 아니라고 보았다. 또한 다수의견은 '형사처벌의 적정성' 판단에서 우리의 생활영역에는 법률이 직접 규율할 영역도 있지만 도덕률에 맡겨두어야 할 영역도 있는데, 성인 부녀자의 성적인 의사결정에 폭행·협박·위력의 강압적 요인이 개입되는 등 사회적 해악을 초래할 때에만 가해자를 강간죄 또는 업무상 위력 등에 의한 간음죄 등으로 처벌받게 하면 족하고, 그 외의 경우는 여성 자신의 책임에 맡겨야 하고 형법이 개입할 분야가 아니라고 보았다. '형사처벌의 실효성' 판단에서는 국가 형벌로써의 처단 기능이 약화되고 있다는 점과 혼인빙자간음죄로 인한 여성 보호의 실효성도 이제는 의문이라는 점을, '형사처벌로 인한 부작용' 판단에서는 형법 제304조가 여성의 성적 자기결정권 보호라는 목적과는 달리 혼인빙

---

22) "가사 이 사건 법률조항에 사회적 약자인 여성의 성적 자기결정권을 보호하고자 하는 입법목적의 정당성을 인정해 준다고 하더라도, 아래에서 보는 바와 같이 그 목적을 달성하기 위하여 혼인빙자간음행위를 형사처벌하는 것은 수단의 적절성과 피해최소성을 갖추지 못하였다고 할 것이다."

자간음 고소 및 그 취소가 남성을 협박하거나 그로부터 위자료를 받아내는 수단으로 악용된다는 점을 들고 있다.

소수의견은 남성의 성적 자기결정권이 형법 제304조에 의해 제한되는 기본권이 아니라고 보기 때문에(헌법 제17조 '사생활의 비밀과 자유'만을 형법 제304조에 의해 제한되는 기본권으로 보고 있다) 기본권 제한에 대한 비례성 심사의 형식을 취하지 않는다. 소수의견이 기본권 제한에 대한 비례성 심사의 형식을 취하지 않는 것은 이해되지만, 비례성 심사는 기본권 제한에 대한 심사에만 필요한 것은 아니다. 소수의견이 합헌의견을 주장하기 위해서는 형법 제304조가 혼인빙자간음의 해악과 부녀 보호라는 목적을 달성하기에 적절한 수단이라는 점을 언급해야 했다. 왜냐하면 혼인빙자간음행위가 해악이라고 하더라도 형법을 투입할 만한 해악인가를 살펴야 하기 때문이다. 소수의견은 형법 제304조가 남성의 혼인빙자행위로 인하여 부녀의 성적 자기결정권이 침해된 경우에 한정하여 최소한도로 처벌대상을 제한하고 있으며, 피해자가 혼인빙자로 인하여 자기의 성적 자기결정권이 침해되었다고 고소한 경우에만 국가형벌권을 행사하기 때문에 형법 제304조가 규정한 법정형인 '2년 이하의 징역 또는 500만 원 이하의 벌금'은 혼인을 빙자하여 부녀를 간음한 행위의 가벌성에 비해 지나치게 무겁다고 볼 수 없다고 판단하였다. '법익의 균형성' 심사에서도 남성의 혼인빙자로 인하여 여성이 속아서 정교에 응하여 피해를 입었다고 고소하는 경우에는 사생활의 영역과 기본권의 내재적 한계를 벗어나 사회질서 침해의 문제로 표출된 것이므로 이러한 단계에서는 사회질서 유지의 필요성이 당사자들의 사생활을 보호할 필요성보다 훨씬 크다고 봄이 상당하다고 판단하였다.

형법 제304조가 혼인빙자간음의 해악과 부녀 보호라는 목적을 달성하기에 적절한 수단인가를 심사함에 있어 (소수의견과 정반대의 주장을 펼치는 다수의견이 그 주장의 근거로 들고 있는) '국민 일반의 법감정의 변화', '형사처벌의 적정성', '형사처벌의 실효성', '형사처벌로 인한 부작용'에 대해 어느 정도 구체적으로 언급할 필요성이 있다. 예컨대 국가는 모든 혼인빙자를 추급해 소추권을 행사하기에는 역부족이어서 선별적이고 자의적인 처벌이 초래될 수밖에 없는데 이것은 법의 신뢰를 손상할 뿐이라는 다수의견의 주장에 대해 과연 형법 제304조가 규정한 법정형인 '2년 이하의 징역 또는 500만 원 이하의 벌금'은 혼인을 빙자하여 부녀를 간음한 행위의 가벌성에 비해 지나치게 무겁다고 볼 수 없다는 소수의견의 주장이 제대로 답을 하고 있는지는 의문이다.

이러한 2009년 결정의 소수의견의 견해는 2002년 결정의 다수의견과 비교해 보아도 문제시된다. 2009년 결정(헌재 2009.11.26. 2008헌바58, 2009헌바191 결정)과 같은 내용을 다룬 2002년 결정(헌재 2002.10.31. 99헌바40, 2002헌바50 결정)의 다수의견은 혼인빙자간음행위에 대하여 형사적 제재를 가할 것인지, 어떠한 제재방법을 선택할 것인지는 입법자의 입법형성의 자유영역 내의 것으로 헌법에 위반되지 않는다고 보나, 입법자로서는 혼인빙자간음죄의 폐지론자들이 그 논거로 드는 것에 대한 진지한 접근이 필요하다고 주장하였다.[23]

> "이 사건 법률조항은 이러한 우리의 법의식을 바탕으로 한 입법자의 입법형성의 자유영역 내의 것이므로 헌법에 위반된다고 할 수는 없다. 다만 입법자로서는 혼인빙자간음죄의 폐지론자들이 그 논거로 제시하는바, 첫째 개인의 사생활 영역에 속하는 남녀 간의 내밀한 성적 문제에 법이 지나치게 개입하는 것은 부적절하고, 둘째 세계적으로도 혼인빙자간음행위를 처벌하는 입법례가 드물며, 셋째 이 사건 법률조항이 협박을 하거나 위자료를 받아내기 위한 수단으로 악용되는 경우가 많고, 넷째 국가 형벌로서의 처단기능이 많이 약화되었으며, 다섯째 형사정책적으로도 형벌의 억지효과가 거의 없고, 여섯째 여성 보호의 실효성도 의문이라는 점 등에 대한 면밀한 관찰을 통하여 혼인빙자간음죄를 앞으로도 계속 존치할 것인지 여부에 관한 진지한 접근이 필요하다고 보여진다."

---

[23] 2009년 결정과 2002년 결정과 비교해 보면, 다수의견과 소수의견이 바뀌었음을 확인할 수 있다. 2002년 결정에서 1인(주선회 재판관)의 소수의견이 2009년 결정에서 다수의견과 주장하는 바가 일치하고, 2002년 결정에서 다수의견은 2009년 결정에서 3인(이강국, 조대현, 송두환 재판관)의 소수의견과 주장하는 바가 일치한다.

(2) 형사처벌의 적정성 판단의 기초자료인 형사처벌의 실효성과 부작용

다수의견은 '형사처벌의 적정성' 판단에서 우리의 생활영역에는 법률이 직접 규율할 영역도 있지만 도덕률에 맡겨두어야 할 영역도 있는데,[24] 성인 부녀자의 성적인 의사결정에 폭행·협박·위력의 강압적 요인이 개입되는 등 사회적 해악을 초래할 때에만 가해자를 강간죄 또는 업무상 위력 등에 의한 간음죄 등으로 처벌받게 하면 족하고, 그 외의 경우는 여성 자신의 책임에 맡겨야 하고 형법이 개입할 분야가 아니라고 보았다.

다수의견은 혼인빙자간음을 법이 개입할 문제가 아니라 도덕이 개입해야 할 문제로 보고 있다. 하지만 혼인빙자간음은 도덕적 문제가 아니라 법적 문제인 것이다. 다만 이 범죄가 형법을 투입할 만큼의 범죄인가를 판단함에 있어 '형사처벌의 적정성'을 논해야 할 것이다. 다수의견은 법적 도덕주의(legal moralism)가 정당화되는지에 대한 이론적 논의를 떠나서,[25] 법적 도덕주의의 예를 잘못 든 것이 아닌가 생각된다. 왜냐

---

[24] 헌법재판소 2008년 간통죄 결정(헌재 2008.10.30. 2007헌가17. 21, 2008헌가7. 26, 2008헌바21. 47 결정) 3인(이강국, 이공현, 조대현 재판관)의 위헌의견은 '형사처벌의 적정성 판단'에서 '법과 도덕의 관계'를 다음과 같이 밝히고 있다. "우리의 생활영역에는 법률이 직접 규율할 영역도 있지만 도덕률에 맡겨두어야 할 영역도 있다. 법률은 도덕의 최소한이라 하듯이 법률규범도 그보다 상층규범에 속하는 도덕규범에 맡겨두어야 할 영역까지 함부로 침범해서는 안 된다. 법률이 도덕의 영역을 침범하면 그 사회는 법률만능에 빠져서 품격 있는 사회발전을 기약할 수 없게 되는 것이다. […] 성도덕에 맡겨 사회 스스로 자율적으로 질서를 잡아야 할 내밀한 성생활의 영역을 형사처벌의 대상으로 삼아 국가가 간섭하는 것은, 국가가 사생활의 비밀과 자유를 침해하는 것이고, 성적 자기결정권의 내용인 성행위 여부와 상대방 결정권을 지나치게 제한하는 것이다."

[25] 법과 도덕을 엄격하게 구분하지 않고 도덕의 법적 강제에 찬성하는 입장에서는 법적 도덕주의(legal moralism), 즉 법은 행위가 '그 자체' 부도덕하기 때문에 금지할 수 있다는 입장이다. 법적 도덕주의에 따르면, 해악이 없음에도 불구하고 법으로 간섭해야 하는 경우가 있다. 하지만 법으로 간섭해야 하는 도덕의 범위를 명확히 정할 수 없다는 단점과, 많은 경우 도덕을 보호하기 위해서 개인의 자유를 침해한다는 단점이 있다. 법적 도덕주의를 반대하는 입장은 '해악원칙(harm principle)'을 주장하며, 해악이 없다면 개인의 자유를 보장되어야 하며, 만약에 해악이 없음에도 불구하고 법을 통해 도덕을 강제한다면 이는 개인의 자유를 침해하는 것이 되어 법의 정당성을 확보할 수 없다고 주장한다. 반면에 법적 도덕주의를 찬성하는 입장은 해악이 없음에도 법으로 도덕을 강제하는 것을 정당화할 수 있게 되나, 그 정당성에는 의문이 제기된다. 이는 해악원칙이 법적 도덕주의나 법적 후견주의에 비해 근대의 자유주의 이념에 부합하고, 개인주의

하면 (다수의견의 주장과는 달리, 소수의견의 주장처럼) 혼인빙자간음은 부녀에게 해악을 초래하고, 부녀의 성적 자기결정권을 침해하는 (법적 문제로 파악해야 하는) 범죄이기 때문이다. '형사처벌의 적정성' 판단에서는 혼인빙자간음을 형벌로 처벌하기보다는 민사상 손해배상이 더 나은 해결책이 아닌가 하는 판단이 전개되어야 할 것 같다. 왜냐하면 이는 '형사처벌의 실효성'과 '형사처벌의 부작용'을 '형사처벌의 적정성' 판단에서 고려해야 하기 때문이다.

다수의견은 '형사처벌의 실효성' 판단에서는 국가 형벌로써의 처단 기능이 약화되고 있다는 점을 다음과 같이 상세하게 논변하고 있다.

> "최근 5년 동안 혼인빙자간음행위 중 고소되는 사건의 수는 1년에 500건 내지 700건 남짓에 불과하고 그 중에서도 기소되는 사건은 연(年) 평균 30건 미만이며, 고소 이후에도 수사나 재판 과정에서 고소취소되어 공소권 없음 또는 공소기각으로 종결되는 사건이 상당수에 이름으로써 형벌로서의 처단 기능이 현저히 약화되었다. 또한 혼인에 대한 약속은 대부분 구두상의 약속이므로 고소인인 여성이 이를 입증하기 어렵고, 혼인을 약속한 사실이 인정되더라도 피고소인 남성은 간음한 후의 사정변경, 예를 들면 부모의 반대, 성격차이, 심경의 변화 등을 주장하므로 그 범의의 입증이 쉽지 않다. 이렇게 되고 보면 국가는 모든 혼인빙자를 추급해 소추권을 행사하기에는 역부족이어서 선별적이고 자의적인 처벌이 초래될 수밖에 없는데 이것이 법의 신뢰를 손상할 뿐이다."

다수의견의 주장처럼 선별적이고 자의적인 처벌을 초래할 수밖에 없다면 '형사처벌의 적정성'은 '형사처벌의 실효성'을 고려하지 않을 수 없는 것이다. 뿐만 아니라 '형사처벌의 부작용' 즉 친고죄로서 고소취소 여부에 따라 검사의 소추 여부 및 법원의 공소기각 여부가 결정되므로, 형법 제304조가 여성의 성적 자기결정권 보호라는 목적과는 달리 혼인빙자간음 고소 및 그 취소가 남성을 협박하거나 그로부터 위자료

사회에 보다 적합하며, 사회의 개방성에 기여하기 때문이다[이상영/김도균, 법철학 제2판, 한국방송통신대학교 출판부, 2012), 202면].

를 받아내는 수단으로 악용되는 폐해 또한 '형사처벌의 적정성' 판단에서 고려되어야 한다.

형사처벌의 적정성 판단의 기초자료는 '형사처벌의 실효성과 부작용 판단'이어야 지, '법과 도덕 판단'이 되어서는 안 된다.

(3) '책임과 형벌 간 비례원칙' 심사

다수의견은 성인이 어떤 종류의 성행위와 사랑을 하건, 그것은 원칙적으로 개인의 자유 영역에 속하고, 다만 그것이 외부에 표출되어 명백히 사회에 해악을 끼칠 때에만 법률이 이를 규제하면 충분하다는 입장이다. 따라서 혼인을 빙자하여 성관계를 맺는 행위가 부녀에게 해악을 끼치지 않고 부녀의 성적 자기결정권을 침해하지 않는다면, 이를 법으로 규제하는 것은 정당화할 수 없는 법적 후견이 된다. 따라서 다수의견에 따르면, 혼인을 빙자하여 성관계를 맺는 행위에 대해서는 법률이 직접 규율해야 하지 않고, 도덕률에 맡기는 것이 더 타당하다.[26] 반면에 소수의견의 해결책은 다수의견의 그것과 다르다. 소수의견은 혼인을 빙자하여 성관계를 맺는 행위는 부녀에게 해악을 초래하고, 부녀의 자기결정권을 침해하며, 남성의 성적 자기결정권의 한계를 벗어나는 행위이기 때문에 형법 제304조와 같은 법적 규율이 필요하다는 입장이다.

필자는 소수의견과 마찬가지로 혼인빙자간음행위는 부녀에게 해악을 끼치고, 부녀의 성적 자기결정권을 침해하며, 남성의 성적 자기결정권의 한계를 넘는 행위라고 판

---

[26] 형법 제241조(간통죄)에 대한 헌법재판소 2008년 결정(헌재 2008.10.30. 2007헌가17. 21, 2008헌가7. 26, 2008헌바21. 47 결정)에서 위헌의견 또한 다음과 같은 의견을 제시한다. "우리의 생활영역에는 법률이 직접 규율할 영역도 있지만 도덕률에 맡겨두어야 할 영역도 있다. 법률은 도덕의 최소한이라 하듯이 법률규범도 그보다 상층규범에 속하는 도덕규범에 맡겨두어야 할 영역까지 함부로 침범해서는 안 된다. 법률이 도덕의 영역을 침범하면 그 사회는 법률만능에 빠져서 품격 있는 사회발전을 기약할 수 없게 되는 것이다. [...] 성도덕에 맡겨 사회 스스로 자율적으로 질서를 잡아야 할 내밀한 성생활의 영역을 형사처벌의 대상으로 삼아 국가가 간섭하는 것은, 국가가 사생활의 비밀과 자유를 침해하는 것이고, 성적 자기결정권의 내용인 성행위 여부와 상대방 결정권을 지나치게 제한하는 것이다."

단한다. 혼인빙자간음행위를 형법으로 규율해야 하는지에 대해서는 의견을 달리한다. 왜냐하면 '형사처벌의 적정성 판단'은 '혼인빙자간음행위의 해악 정도와 부녀의 성적 자기결정권 침해 여부에 대한 판단'뿐만 아니라 '형사처벌의 실효성과 부작용 판단'도 고려해야 하기 때문이다.

뿐만 아니라 혼인빙자간음행위가 초래하는 해악이 형벌로 처벌해야 할 만큼의 해악인지를 좀 더 고찰할 필요가 있다. 이를 위해 혼인빙자간음행위가 초래하는 해악을 일률적으로 형법 제304조로 규율하는 것이 책임과 형벌 간 비례원칙에 위배되지 않는가 여부를 살펴봐야 한다. 따라서 반사회성이 약하여 형벌에까지 이르지 않아도 될 혼인빙자간음행위까지 국가형벌권 행사의 대상행위로 형사처벌의 처벌범위에 포함되도록 규정하지는 않는지를 살펴보아야 한다. 특히나 혼인빙자간음의 구체적 사안의 개별성과 특수성을 고려할 수 있는 가능성을 일체 배제한 상태에서 이를 전혀 고려하지 아니한 채, 혼인빙자간음의 모든 태양의 행위에 대하여 일률적으로 형벌로 처벌하도록 규정하는 것은 법치국가적 한계를 넘어 국가형벌권을 행사하도록 한 것이 아닌가 하는 의문이 제기되어야 할 것이다. (가능하다면) 형벌의 필요성 요건을 갖추지 못하여 형벌이 아닌 다른 수단으로도 충분히 그 제재가 가능한 사안을 가려내고, 이에 대해서는 형벌이 아닌 다른 제재를 가하는 방법도 고려하는 것이 낫지 않을까 생각된다.[27]

---

[27] (혼인빙자간음죄 결정과 직접적으로 비교할 수 없으나) 2008년 간통죄 결정(헌재 2008.10.30. 2007헌가17. 21, 2008헌가7. 26, 2008헌바21. 47 결정)은 '간통죄를 형벌로 규율하는 것이 정당한가에 대한 심사'뿐만 아니라, '형법 제241조에 징역형만을 규정한 것이 책임과 형벌 간 비례원칙에 위배되지 않는가에 대한 심사'도 함께 진행하고 있다. '1인(김희옥)의 헌법불합치의견/1인(송두환)의 위헌의견'에 따르면, 형법 제241조 간통죄 조항의 위헌성은 간통행위의 처벌을 규정한 것 자체에 있는 것이 아니라, 반사회성이 약하여 형벌에까지 이르지 않아도 될 행위까지 국가형벌권 행사의 대상행위로 형사처벌의 처벌범위에 포함되도록 규정한 점에 있다(김희옥의 헌법불합치의견). 따라서 형법 제241조 간통죄 조항이 간통 및 상간행위에 대하여 선택의 여지없이 반드시 징역형으로만 응징하도록 규정하고 있는 것은 형벌의 본질상 인정되는 응보적 성격을 지나치게 강조하여 행위자의 책임에 상응하는 형벌을 부과하기 어렵게 하는 것으로 균형감각을 잃은 것이다(송두환의 위헌의견).

III. 좌석안전띠 결정

헌법재판소 좌석안전띠 결정(헌재 2003.10.30. 2002헌마518 결정)은 자동차 운전자에게 좌석안전띠를 매도록 하고, 이를 위반했을 때 범칙금을 납부하도록 통고하는 것(도로교통법 제48조의2, 제118조)이 일반적 행동자유권을 침해하는지 여부를 다루고 있다. 청구인은 좌석안전띠를 착용하지 않는다고 하더라도 다른 사람에게 어떠한 피해도 입히지 않으므로 좌석안전띠를 착용할 것인지의 여부는 개인의 사리판단에 맡겨야 한다고 주장한다. 하지만 헌법재판관 전원의 일치된 의견에 따르면, 좌석안전띠를 매지 않는 행위는 그로 인하여 받을 위험이나 불이익을 운전자 스스로 회피하지 못하고 매우 큰 사회적 부담을 발생시키는 점, 좌석안전띠를 매지 않고 운전하는 행위에 익숙해진다고 하여 위험이 감소하지도 않는다는 점, 동승자의 피해를 증가시키는 점 등에 비추어 볼 때, 운전자 자신뿐만이 아니라 사회공동체 전체의 이익에 해를 끼치고 있으므로 국가의 개입은 정당화된다(헌법재판소는 '헌법질서가 예정하고 있는 인간상'과 '헌법 제34조 제6항'을 구체적인 근거로 들고 있다). 일반적 행동자유권에는 위험한 스포츠를 즐길 권리와 같은 위험한 생활방식으로 살아갈 권리도 포함되기 때문에 좌석안전띠를 매지 않을 자유는 헌법 제10조의 행복추구권에서 나오는 일반적 행동자유권의 보호영역에 속하나, 운전할 때 좌석안전띠를 매야 할 의무를 지우고 이에 위반했을 때 범칙금을 부과하는 것은 일반적 행동자유권에 대한 정당한 제한이다.

헌법재판소는 좌석안전띠를 매지 않을 자유를 헌법 제10조의 행복추구권에서 나오는 일반적 행동자유권으로 보았다. "일반적 행동자유권은 모든 행위를 할 자유와 행위를 하지 않을 자유로, 가치있는 행동만 그 보호영역으로 하는 것은 아닌 것으로, 그 보호영역에는 개인의 생활방식과 취미에 관한 사항도 포함되며, 여기에는 위험한 스포츠를 즐길 권리와 같은 위험한 생활방식으로 살아갈 권리도 포함된다. 따라서 좌석안전띠를 매지 않을 자유는 헌법 제10조의 행복추구권에서 나오는 일반적 행동자유권의 보호영역에 속한다."

나아가 헌법재판소는 운전할 때 좌석안전띠를 매야 할 의무를 지우고 이에 위반했을 때 범칙금을 부과하고 있는 도로교통법 제118조는 청구인의 일반적 행동의 자유에 대한 제한에 해당한다고 보고, 이러한 일반적 행동자유권의 제한이 헌법적으로 정당한지 여부를 심사한다.[28] '법익의 균형성' 판단에서 '법적 후견주의'의 문제와 연관된 사항을 확인할 수 있다. 다음의 여러 논거 중에서 '③ 해악에 대한 개입'이 '해악원칙과 법적 후견주의'와 관련해 가장 중요하다.

① 우리 헌법질서가 예정하는 인간상: 좌석안전띠를 착용하지 않는 행위가 행위자 자신의 이익에만 관련된 것인지, 다른 사람과 사회공동체 전체의 이익과도 관련된 것인지가 문제된다.

우리 헌법질서가 예정하는 인간상은 '자신이 스스로 선택한 인생관·사회관을 바탕으로 사회공동체 안에서 각자의 생활을 자신의 책임 아래 스스로 결정하고 형성하는 성숙한 민주시민'(헌재 1998. 5. 28. 96헌가5; 헌재 2000. 4. 27. 98헌가16 등)인 바, 이는 사회와 고립된 주관적 개인이나 공동체의 단순한 구성분자가 아니라, 공동체에 관련되고 공동체에 구속되어 있기는 하지만 그로 인하여 자신의 고유가치를 훼손당하지 아니하고 개인과 공동체의 상호연관 속에서 균형을 잡고 있는 인격체라 할 것이다.

헌법질서가 예정하고 있는 이러한 인간상에 비추어 볼 때, 인간으로서의 고유가치가 침해되지 않는 한 입법자는 사회적 공동생활의 보존과 육성을 위하여 주어진 상황에서 일반적으로 기대할 수 있는 범위 내에서 개인의 일반적 행동자유권을 제한할 수 있는 바, 운전자가 좌석안전띠를 착용하여야 하는 의무는 이러한

---

[28] 또한 헌법재판소는 운전 중 좌석안전띠착용이 사생활의 영역이 아니어서 청구인의 사생활의 비밀과 자유를 침해하는 것이 아니라고 보았다. "일반교통에 사용되고 있는 도로는 국가와 지방자치단체가 그 관리책임을 맡고 있는 영역이며, 수많은 다른 운전자 및 보행자 등의 법익 또는 공동체의 이익과 관련된 영역으로, 그 위에서 자동차를 운전하는 행위는 더 이상 개인적인 내밀한 영역에서의 행위가 아니다. 또한 자동차를 도로에서 운전하는 중에 좌석안전띠를 착용할 것인가의 여부의 생활관계가 개인의 전체적 인격과 생존에 관계되는 '사생활의 기본조건'이라거나 자기결정의 핵심적 영역 또는 인격적 핵심과 관련된다고 보기 어렵다." 그 외에도 헌법재판소는 심판대상조항들이 청구인의 양심의 자유, 인간의 존엄과 가치를 침해하지 않는다고 보았고, 통고처분조항이 청구인의 재판을 받을 권리 등을 침해하지 않는다고 보았다.

범위 내에 있다 할 것이다.

② 헌법 제34조 제6항에 따른 국가의 의무: 헌법 제34조 제6항은 "국가는 재해를 예방하고 그 위험으로부터 국민을 보호하기 위하여 노력하여야 한다."라고 규정하고 있다. 국민의 일상생활에 필수적인 것이 된 복잡한 교통상황과 교통사고의 현황에 비추어 볼 때, 국민의 보호를 위하여 국가가 좌석안전띠착용을 의무화하여 교통사고로 인한 국민의 생명 또는 신체에 대한 위험과 장애를 방지·제거하고 사회적 부담을 줄일 필요성이 있으며, 또한 이러한 국가의 개입은 운전자로서도 예측가능하다.

일반교통에 사용되고 있는 도로는 국가와 지방자치단체가 그 관리책임을 맡고 있는 영역으로 다른 운전자 및 보행자 등의 이익 및 공동체의 이익과 관련된 영역이므로, 도로에서 좌석안전띠를 매지 않고 운전할 자유는 다른 영역에서 이루어지는 위험한 스포츠를 즐기는 행위 등과 똑같게 평가될 수 없다.

③ 해악에 대한 개입: 좌석안전띠를 매지 않는 행위는 그로 인하여 받을 위험이나 불이익을 운전자 스스로 회피하지 못하고 매우 큰 사회적 부담을 발생시키는 점, 좌석안전띠를 매지 않고 운전하는 행위에 익숙해진다고 하여 위험이 감소하지도 않는다는 점, 동승자의 피해를 증가시키는 점 등에 비추어 볼 때, 운전자 자신뿐만이 아니라 사회공동체 전체의 이익에 해를 끼치고 있으므로 국가의 개입이 정당화된다.

④ 법적 후견주의와의 관련성: 헌법재판소는 우리 헌법질서가 예정하고 있는 인간상, 헌법 제34조 제6항에 따른 국가의 의무, 좌석안전띠를 매지 않는 행위가 운전자 자신 뿐만 아니라 사회공동체 전체의 이익에 해를 끼친다는 이유로 국가의 개입이 정당화된다고 판시하였다. 반면에 헌법재판소 결정 내용과는 달리 '안전벨트를 맺지 않을 자유'는 성인의 판단에 맡겨야 한다는 주장이 있을 수 있다. 이 견해에 따르면, 헌법재판소의 판단은 (해악에 대한 법적 개입을 주장하지만) 실은 '법적 후견주의'에 따른 법적 개입이라고 볼 여지가 있게 된다. 이 견해는 교통사고의 해악은 그리 크지 않다고 판단할 것이며, 인간상 또한 자유지상주의에 기초한 인간상을 주장할 것이다. 헌법재판소는 도로에서 좌석안전띠를 매지 않고 운전할 자유는 다른 영역에서 이루어지는 위험한 스포츠를 즐기는 행위 등과 똑

같게 평가될 수 없다고 판단하나, 자유지상주의자들은 이들을 똑같이 판단하는 것이다.[29]

이를 도표로 정리하면 다음과 같다.

〈표〉 좌석안전띠 결정에서 '법적 후견주의'

	타인에 대한 해악 여부	법적 간섭(후견) 여부	
1	O	X	좌석안전띠 결정
2	X	O	법적 후견주의 찬성 입장
3	X	X	법적 후견주의 반대 입장

IV. 강제적 셧다운제 결정

헌재 2011헌마659·683 결정은 청소년보호법 제23조의3이 규정하고 있는 '강제적 셧다운제'의 위헌성을 다루었다. '강제적 셧다운제'는 특정 시간대에 청소년에게 인터넷게임 제공을 일률적으로 금지하는 것을 말한다. 한편 게임산업법은 청소년 본인 또는 법정대리인이 인터넷게임 제공자에게 게임물 이용방법, 이용시간 등의 제한을 요

---

[29] "자유지상주의자들은 사람들을 다치지 않게 보호한다는 법에 반대한다. 안전벨트나 오토바이 헬멧 착용을 의무화하는 법이 좋은 예다. 자유지상주의자들은 헬멧을 쓰지 않고 오토바이를 타는 행위가 무모할지라도, 헬멧 착용 의무화 법이 목숨을 구하고 심각한 부상을 예방할지라도, 그러한 법은 어떤 위험을 감수할지를 결정할 개인의 권리를 침해한다고 주장한다. 제3자에게 해를 입히지 않는 한, 그리고 오토바이를 타는 사람이 치료비를 부담하는 한, 국가는 개인의 신체나 목숨과 관련해 이래라 저래라 할 권한이 없다." Michael Sandel(이창신 역), 정의란 무엇인가 (김영사, 2010), 90면.

청할 수 있도록 하는 규정을 두고 있는데, 이를 강제적 셧다운제와 비교하여 '선택적 셧다운제'라 한다.

다수의견은 이 사건 금지조항이 청소년의 일반적 행동자유권, 부모의 자녀교육권 및 인터넷게임 제공자의 직업수행의 자유를 침해하는지 여부를 과잉금지의 원칙으로 심사함에 있어 다음 사항을 고려해야 한다고 주장함으로써 '법적 후견주의'를 옹호한다.

> "청소년기는 20대 이후의 사회생활을 대비하고 전 생애에 걸쳐 필요한 지식과 소양을 습득하는 시기이고, 청소년은 미래에 국가발전을 위한 중요한 인적자원이다. 한편 청소년은 자기행동의 개인적 또는 사회적인 의미에 대한 판단능력과 그 결과에 대한 책임능력이 성인에 비하여 미숙한 존재이다. 따라서 청소년의 건전한 성장과 발달을 위하여 특별한 보호가 필요한바, 헌법도 국가에 대하여 청소년의 복지향상을 위한 정책을 실시할 의무를 부과하고 있다(헌법 제34조 제4항). 이 사건 금지조항은 청소년의 과도한 인터넷게임 이용 및 그 중독 문제가 사회적으로 심각하게 대두되고 있음에도 가정 및 학교 등의 자율적인 노력만으로는 이에 대한 적절한 대처가 어렵다는 인식 하에 도입된 제도로, 국가의 청소년 보호의무의 일환으로 마련된 제도라 할 수 있다. 따라서 이 사건에서 이 사건 금지조항이 과잉금지원칙에 위배되는지 여부를 심사함에 있어서는 이러한 사정도 함께 고려해야 한다."

다수의견은 합헌의견을 제시하면서, 특히 '피해의 최소성' 심사에서 다음과 같은 의견을 제시한다.

> "청소년 본인이나 법정대리인의 요청이 있는 경우 게임의 이용방법 및 시간을 제한할 수 있는 이른바 '선택적 셧다운제'가 게임산업법에 규정되어 있는데, 이는 청소년 자신 및 그 법정대리인이 적절한 시점에 과몰입 내지 중독의 위험을 인식하고 인터넷게임의 종류 및 시간대를 임의 선택하여 인터넷게임 제공자에게 직접 그 제한을 요청하는 제도이다. 이 제도는 청소년 자신이나 부모 등의 자율적 시정 노력을 전제로 하고 있는바, 현재까지 청소년이나 부모의 선택적

셧다운제의 이용률은 매우 미미한 수준으로 보고되고 있으므로 이러한 제도 자체만으로는 과도한 인터넷게임 이용 및 중독에 대한 적절한 대처가 되기 어렵다. 그러므로 게임산업법상 '선택적 셧다운제'가 이 사건 금지조항과 동일한 입법목적을 달성하기 위한 덜 제한적인 조치에 해당한다고 보기 어렵다. 따라서 이 사건 금지조항은 입법목적 달성을 위해 필요한 최소한의 조치라 할 것이므로 침해의 최소성 원칙에 반하지 않는다."

반면에 2인(김창종, 조용호)의 재판관은 위헌의견을 제시한다. 2인의 재판관은 강제적 셧다운제는 문화에 대한 자율성과 다양성 보장에 반하여 국가에 의한 지나친 간섭과 개입을 하는 것으로 '문화국가의 원리'에 반한다는 점에서, 다수의견에 반대한다. 2인의 재판관은 '강제적 셧다운제'가 수단의 적절성을 갖추지 않았다고 보면서, '피해의 최소성'에서도 다수의견과는 전혀 다른 판단을 한다.

"청소년 본인이나 법정대리인이 인터넷게임 제공자에게 게임물의 이용방법 및 이용시간 등의 제한조치를 요청할 수 있는 이른바 '선택적 셧다운제'가 게임산업법에 규정되어 2012. 1. 22.부터 시행되고 있는바, 이에 따르면 부모 등 법정대리인은 인터넷게임의 이용시간 조절에 관하여 자녀와 직접적인 충돌을 일으킬 필요도 없이, 부모 자신의 자율적 결정에 따라 자녀의 인터넷게임 이용방법 및 이용시간을 통제할 수 있다. 따라서 선택적 셧다운제와 같은 덜 침해적인 대체수단이 마련되어 있음에도 불구하고, 부모 및 청소년 스스로가 인터넷게임의 이용시간을 조절할 수 있는 자율적 통제능력을 상실하였다고 보고 일률적으로 특정시간대에 인터넷게임을 하지 못하도록 통제하는 이 사건 금지조항은 침해의 최소성 원칙에 위반된다."

2인의 재판관의 위헌의견에는 합헌의견의 토대와는 다른 기초가 자리잡고 있음을 확인할 수 있다.

"다수의견과 같이 청소년 보호라는 명분(입법목적의 정당성)에 치우쳐 국가가 청소년의 수면시간까지 챙기고 간섭하는 것을 허용한다면 21세기 이 문명의 시대에 새로운 전체주의의 단초(端初)를 허용하는 우(遇)를 범하지 않을까 두려울 따름이다. 강제적 셧다운제는 선진국에서는 유례를 찾아보기 힘든 제도이고, 게임정책의 국제기준은 자율규제임을 고려할 때, 이 사건 금지조항은 전근대적이고 국가주의적일 뿐만 아니라 행정편의주의적인 발상에 기대고 있는 것이다. '모든 문제에는 간단하고 멋지지만 잘못된 해결책이 있다.'라는 H.L. Mencken의 말은 이 사건 금지조항에 꼭 들어맞는다."

제10장
헌법재판에서 가치판단과 비례성 심사

헌법이 명목상의 헌법률에 불과했던 시기에 제정된 법률은 민주화 이후 그 위헌성이 명백해 보였다. 보수와 진보의 어느 가치관에 따르더라도 위헌으로 판단되었다. 하지만 민주화된 이후 제정된 법률은 지향하는 가치관에 따라 위헌성 판단이 달라지는 경우가 많아졌다. 심지어 법률의 위헌성 심사 결과에 불만을 품은 일부 사람들은 헌법재판소의 무용성까지 제기하는 실정이다. 절대적 정의가 빛을 비춘다고 믿었던 시대는 지나가고, 여러 정의관(正義觀)이 공존하는 시대가 되었다. 보수와 진보의 가치가 대립하고, 그 가치에도 여러 스펙트럼이 존재한다. 현대의 정의(正義)는 보수와 진보, 공리주의, 자유지상주의, 평등지향적 자유주의, 공동체주의 등에 따라 달리 구성된다. 이는 '위헌법률심판'을 통해 법규범의 정당성을 심사하는 헌법재판에도 직접적인 영향을 미친다. 헌법재판은 '법규범의 위헌성'을 심사하는 '규범통제'이며, 그 중요한 심사기준은 실정법인 '헌법'이다. 하지만 '가치재판인 헌법재판'의 경우는 헌법규정에 대한 해석이 가치관에 따라 상이하게 나타난다. 이 경우 헌법규정은 일의적(一義的)인 명확한 심판기준이 될 수 없으며, 헌법재판관이 취하는 가치관에 따라 법률의 위헌성 여부 판단이 달라진다.

필자는 '가치재판인 헌법재판'에서 '가치판단'과 '비례성의 원칙'이 각각 어떠한 역할을 수행하는지를 우리나라 헌법재판의 例를 통해 살피고자 한다.[1]

---

1) 고봉진, 헌법재판에서 가치판단과 비례성심사, 법철학연구 제18권 제3호(한국법철학회, 2015), 73면 이하.

I. '가치재판'인 헌법재판

모든 헌법재판이 '가치재판'인 것은 아니다. 가치판단이 중요한 역할을 담당하는 '가치재판'으로서 헌법재판은 몇몇 중요한 헌법재판에 국한된다. 요양기관 강제지정제 결정(헌재 2002.10.31. 99헌바76, 2005헌마505 결정), 준법서약서 결정(헌재 2002.4.25. 98헌마425, 99헌마170·498 결정) 등은 '가치재판인 헌법재판'의 좋은 예이다.

궁극적인 가치판단 사이의 갈등은 해결할 수 없기 때문에, 법규범의 정당성 논증도 다를 수밖에 없다. 그렇기에 가치상대주의에 따르면 가치판단은 증명될 수 없다.[2] 가치가 대립하는 사안에서 가치판단에 기초한 토론은 양 진영의 주장으로 끝난다. 양 진영의 관점에서 논증될 뿐이고 증명될 뿐이다. 사실이나 경험 자료에 대한 평가도 달라진다. 가치판단에 기초한 논증이 과연 제대로 된 논증일까라는 의문이 생긴다.

하지만 헌법재판은 가치상대주의를 지양한다. 헌법재판은 헌법재판관 6인 이상의 의견이 지지한 가치에 정당성을 부여하는 방법을 통해 가치상대주의를 극복한다. '가치재판인 헌법재판'은 가치판단이 논증되고 증명되기를 바란다(사회학과 달리 규범학인 법학에서는 가치판단에 기초한 논증은 '규범적 논증'으로 기능한다).[3] 이때 '3분의 2 이상'이라는 다수결보다 좀 더 높은 기준이 적용된다(즉 위헌의견이 5인이고 합헌의견이 4인이면, 위헌의견이 합헌의견이 많아도 합헌이 된다). 물론 결론이 나왔다고 해서 가치 충돌이 사라

---

[2] 라드브루흐(Gustav Radbruch)는 가치판단은 인식의 문제가 아니라 오직 고백의 대상이 될 뿐이라고 했고, 엠게(C.A. Emge)는 상대주의를 "가치판단은 증명될 수 없다"라는 명제로 요약했다. Martin Kriele(홍성방 역), 정의의 판단기준(유로, 2014), 30면, 55면, 133면, 246면.

[3] 잘 알려져 있듯이 막스 베버(Max Weber)는 경험 지식과 가치판단의 엄격한 구분을 주장하며, 사회과학은 규범적 가치판단을 할 수 없다는 원칙을 제시했다. 베버는 독일 역사학파 경제학이 가치판단적 사회과학을 옹호하는 것에 대해 반대하면서, 가치판단으로부터 자유로운, 가치중립적 사회과학을 추구했다. 이에 대한 상세한 설명은 김덕영, 막스 베버(도서출판 길, 2012), 74면 이하; 김덕영, 막스 베버, 이 사람을 보라(인물과사상사, 2008), 224면 이하.

지는 것은 아니다. 경우에 따라 헌법재판소의 결정을 둘러싸고 가치 충돌은 다시 일어난다. 헌법재판소의 결론에 대한 사회의 반응이 그리 호의적이지 않다면, 헌법재판소의 결정대로 '사회와 법'이 형성되지 않는다.

대법원에서 위헌법률심판을 담당하는 미국과 달리, (위헌법률심판 관할을 둘러싼 대법원과 헌법재판소의 대립과 별개로) 우리나라는 헌법재판소가 위헌법률심판을 관할한다. 미국의 대법관은 '지혜의 아홉 기둥'으로 불린다.[4] 우리나라에서는 헌법재판관에게 '지혜자'의 역할을 기대하고, 이들의 지혜에 기초해 법규범의 정당성을 판단되고 우리 사회가 인도되기를 기대한다.[5]

II. 헌법재판에서 비례성의 원칙과 가치판단

'비례성의 원칙'은 어떤 목적을 달성하기 위한 수단은 그 목적달성에 유효·적절하고 또한 가능한 한 최소침해를 가져오는 것이어야 하며 아울러 그 수단의 도입으로 인한 침해가 의도하는 공익을 능가해서는 안 된다는 원칙이다. '과잉금지의 원칙'이라고도 불리는 '비례성의 원칙'은 이처럼 적합성, 필요성(최소침해성), 상당성(협의의 비례성)

---

4) 우드워드(Bob Woodward)와 암스트롱(Scott Armstrong)은 미국의 대법관을 '지혜의 아홉 기둥'으로 호칭하였다. Bob Woodward/Scott Armstrong(안경환 역), 지혜의 아홉기둥(라이프맵, 2008).

5) 9인의 재판관이 가치재판을 통해 법규범의 정당성을 결정하는 것은 과연 정당한가? 9인의 재판관은 국회의원과는 달리 선출되지 않은 권력이어서 민주적 정당성이 부족한 것은 아닌가? 그렇다고 헌법재판이 아닌 의회에게 다시 법규범의 정당성을 논의할 것을 제안하는 것은 다시 정당투쟁의 가치판단으로 빠지는 것이 아닌가? 위헌법률심판의 관할을 누가 담당할 것인가, 대법원이 담당할 것인가, 헌법재판소가 담당할 것인가, 의회가 담당할 것인가의 문제는 또 다른 복잡한 논의를 요한다.

을 그 내용으로 한다.[6] 비례성의 원칙은 모든 법영역에 적용되나, 특히 이익형량이 문제되는 영역에 적용된다.[7]

특히 '헌법재판'에서 '비례성의 원칙'은 기본권제한입법의 정당성을 심사하는 주요한 척도로 활용된다. '비례성의 원칙'은 (기본권제한입법의) 기본권 제한에 대한 '방법상의 한계'로서,[8] 이익형량의 기초가 된다. 헌법재판소는 비례성의 원칙(과잉금지의 원칙)을 다음과 같이 정의하고 있다.

"과잉금지의 원칙이라는 것은 국가가 국민의 기본권을 제한하는 내용의 입법활동을 함에 있어서, 준수하여야 할 기본원칙 내지 입법활동의 한계를 의미하는 것으로서 국민의 기본권을 제한하려는 입법의 목적이 헌법 및 법률의 체제상 그 정당성이 인정되어야 하고(목적의 정당성), 그 목적의 달성을 위하여 그 방법이 효과적이고 적절하여야 하며(방법의 적절성), 입법권자가 선택한 기본권 제한의 조치가 입법목적달성을 위하여 설사 적절하다 할지라도 보다 완화된 형태나 방법을 모색함으로써 기본권의 제한은 필요한 최소한도에 그치도록 하여야 하며(피해의 최소성), 그 입법에 의하여 보호하려는 공익과 침해되는 사익을 비교형량할 때 보호되는 공익이 더 커야 한다(법익의 균형성)는 헌법상의 원칙이다. 위와 같은 요건이 충족될 때 국가의 입법작용에 비로소 정당성이 인정되고 그에 따라 국민의 수인(受忍)의무가 생겨나는 것으로서, 이러한 요구는 오늘날 법치

---

[6] 독일에서 1970년대에 '적합성, 필요성, 균형성'이 비례의 원칙을 구성하는 3가지 요소라는 점이 합의되었다. 이에 대해서는 Klaus Stern, 과잉금지와 형량요청, in: Georg Jellinek 外(김효전 역), 독일기본권이론의 이해(법문사, 2004), 384면.

[7] '비례성의 원칙'에 대해서는 Karl Larenz(양창수 역), 정당한 법의 원리(박영사, 2008), 131면 이하; 성낙인, 헌법학 법문사, 2014, 937면 이하; 양건, 헌법강의(법문사, 2012), 256면 이하; 이준일, 헌법학강의(홍문사, 2011), 332면 이하.

[8] 기본권제한의 목적상의 한계는 국가안전보장, 질서유지, 공공복리가, 방법상의 한계는 비례성의 원칙(과잉금지의 원칙)이, 형식상의 한계는 법률유보의 원칙이, 내용상의 한계는 본질적 내용침해 금지가 해당된다. 헌법 제37조 제2항에서 목적상의 한계('국가안전보장·질서유지 또는 공공복리를 위하여'), 방법상의 한계('필요한 경우에 한하여'), 형식상의 한계('법률로써'), 내용상의 한계('제한하는 경우에도 자유와 권리의 본질적 내용을 침해할 수 없다')를 각각 확인할 수 있다.

국가의 원리에서 당연히 추출되는 확고한 원칙으로서 부동의 위치를 점하고 있으며, 헌법 제37조 제2항에서도 이러한 취지의 규정을 두고 있는 것이다." [9]

1. 공시적(共時的) 가치판단의 대립

헌법재판에서 비례성 심사는 '목적의 정당성', '수단의 적합성', '피해의 최소성', '법익의 균형성' 심사 순으로 진행된다. 원칙적으로 전(前)단계 심사를 통과해야만 다음 단계의 심사로 나아간다. 필요성 심사는 적합성 심사의 통과를 전제로 하며, 균형성 심사는 필요성 심사의 통과를 전제로 한다. 즉 적합한 수단만이 필요성 심사를 다시 받게 되며, 필요한 수단만이 목적과 수단의 균형성 심사를 다시 받게 된다.[10] 하지만 헌법재판소의 결정문에는 (엄격한 비례성 심사임을 드러내기 위해서인지) 목적의 정당성 심사를 통과하지 않았음에도 수단의 적합성 심사를 함께 다루거나, 수단의 적합성 심사를 통과하지 않았음에도 피해의 최소성 심사와 법익의 균형성 심사를 함께 다루는 경우가 꽤 있다. 또한 피해의 최소성 심사를 통과하지 않았음에도 법익의 균형성 심사를 통과하지 않았음을 함께 보이는 경우도 적지 않다.

헌법재판소의 결정문 안에는 다수의견과 소수의견의 형태로 공시적 가치관의 대립이 드러난다. 가치대립의 정도는 비례성 심사 4단계 중 어느 단계에서 대립하고 있는지를 살펴보면 알 수 있다.

---

9) 국세기본법 제35조 제1항 제3호에 대한 헌법재판소 1990.9.3. 89헌가95 결정 내용이다. 헌재 2000.2.24. 98헌바38 결정, 헌재 2000.6.1. 99헌가11 결정, 헌재 2000.6.1. 99헌마553 결정 등에도 같은 내용이 담겨져 있다.

10) Klaus Stern, 과잉금지와 형량요청, in: Georg Jellinek 外(김효전 역), 독일기본권이론의 이해 (법문사, 2004), 401면.

(1) 목적의 정당성 부정

'목적의 정당성'은 기본권제한입법의 목적이 우리나라의 헌법과 법률 하에서 그 정당성이 인정되어야 함을 뜻한다. 구체적으로는 기본권제한의 목적상의 한계인 국가안전보장, 질서유지, 공공복리가 이에 해당된다. '비례성의 원칙'을 구성하는 3요소인 적합성, 필요성, 상당성과 '헌법재판에서의 비례성의 원칙'을 비교해 보면, '피해의 최소성'이 '필요성'에, '법익의 균형성'이 '상당성'에 해당된다. 하지만 헌법재판소는 '목적의 정당성'을 비례성의 원칙에서 일괄적으로 검토하여 '비례성 심사'는 '목적의 정당성' 심사부터 시작된다.[11]

헌법재판소가 '목적의 정당성'을 갖추지 못했다고 판단하는 경우는 매우 드물며, '목적의 정당성' 심사에서 다수의견이든 소수의견이든 위헌의견을 내는 경우는 그리 많지 않다. 이처럼 '목적의 정당성'을 부정하는 경우는 가치 대립이 제일 심한 경우라고 할 수 있다. 형법 제304조(혼인빙자간음죄)의 위헌성을 심사한 헌법재판소 2009년 결정(헌재 2009.11.26. 2008헌바58, 2009헌바191 결정)이 여기에 해당된다.

2009년 '혼인빙자간음죄 결정'에서 다수의견은 여성의 성적 자기결정권을 보호하고자 하는 형법 제304조의 입법목적의 정당성을 인정하지 않음으로 형법 제304조가 위헌이라고 선언했다. 다수의견은 혼인을 빙자하는 것은 해악적 문제를 수반하지 않는 방법으로 여성을 유혹하는 성적 행위로서 이를 처벌한다면 남성의 성적 자기결정권이 침해된다고 본다. 다수의견은 '해악을 수반하지 않는' 혼인빙자의 경우에 여성의 성적 자기결정권을 존중하여 형법을 개입하지 말자는 주장을 펼치며, 형법 제304조를 통해 여성의 성적 자기결정권을 보호하려는 것은 '정당화되지 않는' 법적 후견이라고 비판한다. 합헌을 주장하는 소수의견은 '해악을 수반하는' 혼인빙자간음은 여성의 성

---

11) 계희열, 헌법학(中)(박영사, 2004), 155면; (엄밀하게 살펴보면) 기본권 제한의 '목적상의 한계'가 '목적의 정당성'에 해당되기 때문에, 기본권 제한의 '방법상의 한계'인 '비례성의 원칙'은 '수단의 적합성', '피해의 최소성', '법익의 균형성' 3단계 심사로 이루어진다. 따라서 '목적의 정당성'은 비례성의 원칙에서 제외하고, 나머지 3가지 요소로 비례성의 원칙을 구성하는 것이 비례성의 원칙이 목적에 초점을 두는 것이 아니라, 수단에 초점이 두며, 목적과 수단의 관계에 초점이 둔다는 점에서 타당할 것이다.

적 자기결정권을 침해하기 때문에 형법 제304조를 통해 여성의 성적 자기결정권을 보호하는 것이며, 다수의견이 주장하는 법적 후견이 문제되는 경우가 아니라고 보았다. 다수의견과 소수의견은 혼인빙자간음이 해악을 수반하는지, 형법 제304조가 여성의 성적 자기결정권을 보호하는 것은 법적 후견에 해당하는지, 혼인빙자간음의 경우에도 남성의 성적 자기결정권을 인정하는 것이 타당한지 여부에까지 모든 부분에서 대립하고 있다.

(2) 수단의 적합성 부정

헌법재판소는 '수단의 적합성' 심사를 통해 기본권을 제한하는 수단(방법)이 입법목적 달성에 유효한 수단인지 여부를 살피게 된다. 헌법재판소는 입법자가 선택한 수단이 최적의 것인지 여부를 심사하지 않고, 유효한 것인지 여부를 심사하는 것으로 만족한다.[12] '적합성' 개념을 느슨하게 해석하여 완전한 적합성을 요구하지 않고 부분적 적합성으로 충분하다고 본다.

이처럼 '수단의 최적성'이 아닌 '수단의 유효성'을 심사한다는 점은 '수단의 적합성' 심사 방식에 영향을 미친다. 헌법재판소는 수단이 입법목적을 달성하는데 '완전히 비합리적이거나 근본적으로 비합리적인 경우'에 한해 '수단의 적합성'이 충족되지 않았다고 판단한다. 다른 한편으로 헌법재판소는 수단이 입법목적을 달성하는데 기여했는지를 살펴서 '수단의 적합성' 충족 여부를 판단하기도 한다. '그 수단을 사용함으로써 소망된 성과가 촉진될 수 있는가'를 묻는 것이다.[13] 또한 '수단의 적합성'은 선택된 수단이 목적달성을 위한 유일한 수단일 것을 요구하지 않는다.[14] 이는 '수단의 적합성' 이후 심사인 '피해의 최소성' 심사가 입법목적을 달성하는 여러 수단 중에서 기본권을

---

12) 헌재 2006.6.29. 2002헌바80 결정 등.

13) Klaus Stern, 과잉금지와 형량요청, in: Georg Jellinek 外(김효전 역), 독일기본권이론의 이해 (법문사, 2004), 396~397면.

14) 헌재 1989.12.22. 88헌가13 결정(국토이용관리법 제21조의2 제1항, 제31조의2 결정) 등.

가장 적게 침해하는 수단인지 여부를 심사한다는 점에서도 알 수 있다.

'피해의 최소성' 판단은 최대한 꼼꼼히 살펴야 하는 특징이 있다. 이에 반해 '수단의 적합성' 판단은 '부분적 적합성' 판단으로 충분하다. 이는 무엇보다도 '수단의 적합성' 심사가 마지막 심사가 아니며, '피해의 최소성' 심사와 '법익의 균형성' 심사를 하기 전단계의 심사라는 점에 있다. 만약 '수단의 적합성' 심사에서 '수단의 유효성'이 아닌 '수단의 최적성'을 심사한다면, '피해의 최소성' 심사와 '법익의 균형성' 심사는 더 이상 필요하지 않게 된다.[15]

'부분적 적합성'에 만족하는 '수단의 적합성'을 갖추지 못했다고 판단한 경우는 그리 많지 않다. 가치대립이 심한 경우를 제외한 대부분의 경우는 '수단의 적합성'을 갖추었음을 간략하게 언급하고 다음 심사인 '피해의 최소성' 심사로 넘어간다.

'가치재판인 헌법재판'에서 '수단의 적합성'을 부정하는 경우는 가치 대립이 '목적의 정당성'을 부정하는 경우만큼은 아니더라도 꽤나 심한 경우이다. 헌법재판에서 '수단의 적합성'을 부정한 예로는 요양기관 강제지정제 결정(헌재 2002.10.31. 99헌바76, 2000헌마505 결정)의 소수의견과 시각장애인 안마사(비맹제외기준) 결정(헌재 2008.10.30. 2006헌마1098·1116·1117 결정)의 소수의견이 대표적이다.

---

15) '수단의 적합성' 심사는 '수단의 최적성'이 아닌 '수단의 유효성'을 심사한다는 점에서 '수단(방법)의 적절성'이라는 명칭과 '수단(명칭)의 상당성'이라는 명칭은 타당하지 않은 것 같다. 이는 (엄밀하게 따져보면) '적절성'이라는 용어와 '상당성'이라는 용어는 협의의 비례성, 즉 '법익의 균형성' 심사에 사용되는 것이기 때문이다. [위에서 살펴본 '비례성의 원칙의 정의' 부분과 스테른(Klaus Stern)의 다음 설명에서 이탤릭체로 확인하면 다음과 같다.] 이하는 Klaus Stern(김효전 역), Klaus Stern, 과잉금지와 형량요청, in: Georg Jellinek 外(김효전 역), 독일기본권이론의 이해(법문사, 2004), 394면의 내용이다(이탤릭체는 필자에 의한 것임); 비례성의 원칙은 적합성의 원칙, 필요성의 원칙(최소침해의 원칙), 상당성의 원칙(협의의 비례성 원칙)을 그 내용으로 한다.
- '수단의 적합성' : 어떠한 조치 내지는 수단의 특정한 목적에 대한 '적합성'(Geeignetheit) 또는 '유효성'(Tauglichkeit)
- '피해의 최소성' : 조치 내지는 수단의 '필요성'(Erforderlichkeit) 또는 '필연성'(Notwendigkeit)
- '법익의 균형성' : 조치 내지는 수단이 관여하는 법익 내지는 이익의 (좁은 의미의) '비례성', '요구가능성'(Zumutbarkeit), '적절성'(Angemessenheit), '균형성'(Proportionalität).

2002년 '요양기관 강제지정제 결정'에서 2인(한대현, 권성)의 소수의견은 요양기관 강제지정제(당연 요양기관제)가 기본권제한입법으로서 갖추어야 할 '수단의 적정성'을 결해서 의사의 직업의 자유를 침해한다고 보았다. 2인의 재판관은 첫째, 요양기관 강제지정제가 요양기관 강제지정제가 자유와 창의를 존중하고 문화의 발전을 지향하는 우리 헌법의 이념에 맞지 않는 수단이라고 보았다. 요양기관 강제지정제가 학문과 기술의 결합체인 의료에 대한 국가의 획일적 통제시스템인 이상, 자유와 창의에 역행하고 이로써 문화의 발전에 장애가 된다. 둘째, 요양기관 강제지정제가 획일적 통제제도의 비효율성에 비추어 그 제도의 장기적 성과가 상대적으로 의심되는 수단이라고 보았다.[16)]

2008년 '시각장애인 안마사(비맹제외기준) 결정'에서 3인(이강국, 이공현, 조대현)의 소수의견은 시각장애인에 대한 안마사자격의 독점적 유보가 제거된다 하더라도 안마사 자격자들의 영업활동이 불가능해지는 것이 아니며, 단지 비시각장애인 안마사들과 경쟁하는 입장에 처하게 되는 것이라는 점 등에 비추어 직업선택의 자유의 제한을 정당화할 명백하고 확실한 위험이 있다고 보기 어렵고, 그리고 중증 시각장애인의 약 17%인 6,000~7,000명만이 안마사로 등록하여 활동하는 점 등에 비추어 의료법 제61조 제1항의 생계보장효과가 의심스러울

---

16) 중요문장을 인용하면 다음과 같다. "요양기관 강제지정제가 관료제도와 결합하게 되면 관료제도의 속성상 그 관리기구는 점점 방대하여지고 그 권한은 점점 더 커지며 그 비용은 날로 늘어나는 폐단을 일으키기 쉬워서 양질의 의료를 합리적으로 분배하는 데 기여한다는 본래의 과제는 뒷전으로 밀려나고 의료의 측면에서 보면 부수적이라고 할 인사, 조직, 처우, 노사 등의 문제 처리에 영일이 없게 된다." "모든 통제시스템은 한편으로는 통제권을 행사하는 측의 부패만연을 걱정하여야 되고 다른 한편에서는 통제를 받는 측의 안일과 나태를 걱정하여야 하며 또다른 한편에서는 수혜자측의 과잉수혜를 걱정하여야 하는 3중의 폐단을 지닌다. 요양기관 강제지정제도에 대하여도 역시 유사한 문제에 대한 고려가 필요하다." "요양기관 강제지정제는 일의 순서에서 문제가 생긴 것이다. 순서를 그릇친 문제는 다음 두가지에서 연유한다. 하나는 획일적 통제제도의 성공가능성에 대한 과신이고 다른 하나는 인간의 이기적 습성에 대한 무시(無視)이다. 이러한 과신과 무시에서 출발하는 모든 제도는 장기적으로 볼 때 모두 소기의 성과를 거두지 못하였음을 역사는 보여주고 있다. 요양기관 강제지정제도는 장기적으로 볼 때, 계획경제의 전철이 보여 주듯, 제대로 소기의 성과를 지속적으로 과연 거둘 것인지 의심스럽다."

뿐 아니라 단지 안마업의 독점기회를 제공하는 것이 자아실현과 개성신장의 도구로서의 직업을 선택할 기회를 제공한다고 볼 수도 없으므로 의료법 제61조 제1항이 실질적으로 입법목적 달성에 충분히 기여하고 있음을 인정하기도 어렵다고 보았다(더 나아가 3인의 재판관은 피해의 최소성, 법익의 균형성도 충족하지 못하고 있음을 언급하고 있다).

소수의견과 달리, 2002년 요양기관 강제지정제 결정과 2008년 시각장애인 안마사(비맹제외기준) 결정의 다수의견은 '피해의 최소성' 부분을 상세히 다루면서 합헌의견을 제시하였다. 요양기관 강제지정제 결정에서 다수의견은 계약지정제가 아니라 강제지정제를 택한 것의 최소침해성 위반 여부, 강제지정제를 택하면서 예외를 두지 않은 것의 최소침해성 위반 여부, 강제지정제를 입법목적을 저해하지 않는 범위 내에서 의료기관의 직업행사의 자유를 배려하는가의 여부를 상세하게 고찰하면서 요양기관 강제지정제를 합헌으로 결정하였다. 2008년 시각장애인 안마사 결정에서 6인의 합헌의견은 시각장애인에 대한 복지정책이 미흡한 현실에서 안마사가 시각장애인이 선택할 수 있는 거의 유일한 직업이라는 점, 안마사 직역을 비시각장애인에게 허용할 경우 시각장애인의 생계를 보장하기 위한 다른 대안이 충분하지 않다는 점, 시각장애인은 역사적으로 교육, 고용 등 일상생활에서 차별을 받아 온 소수자로서 실질적인 평등을 구현하기 위해서 이들을 우대하는 조치를 취할 필요가 있는 점 등에 비추어 최소침해성원칙에 반하지 않는다고 판시하였다.

2002년 요양기관 강제지정제 결정의 소수의견과 2008년 시각장애인 안마사(비맹제외기준) 결정의 소수의견이 '수단의 적합성' 판단에서 부분적 적합성도 갖추지 못했다고 판단한 것은 그만큼 헌법재판관의 가치판단의 강도를 말해 준다. 부분적 적합성을 갖추었다고 보면 '피해의 최소성'에서 좀더 세밀하게 '완전한 적합성' 심사를 해야 한다.

(3) 피해의 최소성 부정

'피해의 최소성'은 입법목적을 실현하기에 적합한 여러 수단 중에서 되도록 국민의 기본권을 가장 존중하고 기본권을 최소로 침해하는 수단을 선택해야 함을 뜻한다. '입법자가 선택한 수단'을 A라고 하고, '입법자가 선택한 수단 外의 수단'을 B群이라고 하면('입법자가 선택한 수단 외의 수단'이 하나 이상일 경우가 많으므로 B群이라고 표현했다), 다음과 같이 표현할 수 있다.

- '수단의 적합성' 충족: A와 B群 모두 입법목적 달성을 위한 적합한 수단일 것
- '피해의 최소성' 심사: A가 B群보다 기본권의 제한 정도가 덜할 것

'수단의 적합성' 충족은 '피해의 최소성' 심사의 전제가 된다. '수단의 적합성' 심사에서는 목적과 수단(A와 B群) 사이를 '부분적 적합성'이라는 기준으로 판단하는 반면에, '피해의 최소성' 심사에서는 '입법자가 선택한 수단'(A)과 '입법자가 선택한 수단 외의 수단'(B群)을 서로 비교하게 된다.

'피해의 최소성' 판단으로 대립하는 예로는 과외교습 결정(헌재 2000.4.27. 98헌가16, 98헌마429 결정)에서 다수의견과 1인(이영모)의 소수의견의 대립, 2011년 양심적 병역거부 결정(헌재 2011.8.30. 2008헌가22 등 결정)에서 다수의견과 소수의견의 대립, 야간옥회집회 결정(헌재 2009.9.24. 2008헌가25 결정)에서 2인(민형기, 목영준)의 헌법불합치의견과 2인(김희옥, 이동흡)의 합헌의견의 대립을 들 수 있다.[17]

2000년 '과외교습 결정'에서 다수의견은 학원의 설립·운영에 관한 법률 제3조는 원칙적으로 허용되고 기본권적으로 보장되는 행위에 대하여 원칙적으로

---

[17] 2014년 헌법재판소 야간 옥외집회 및 시위 결정(헌재 2014.4.24. 2011헌가29 결정)도 있지만, 이 결정에는 헌법불합치 의견과 전부위헌 의견만이 대립하여 가치대립을 확인하기가 어렵다. 반면에 2009년 결정에는 헌법불합치 의견과 위헌 의견 외에도 합헌의견이 함께 있어 가치 대립을 확인할 수 있다.

금지하고 예외적으로 허용하는 방식의 '원칙과 예외'가 전도된 규율형식을 취한 데다가, 그 내용상으로도 규제의 편의성만을 강조하여 입법목적달성의 측면에서 보더라도 금지범위에 포함시킬 불가피성이 없는 행위의 유형을 광범위하게 포함시키고 있다는 점에서, 입법자가 선택한 규제수단은 입법목적의 달성을 위한 최소한의 불가피한 수단이 아니라고 보았다. 이에 대해 1인(이영모)의 합헌의견은 공공성을 가진 '학교교육의 목적'이 학교교육에 종속된 보충교육인 사교육 때문에 지장을 받는다면, 국가는 학교교육의 정상화를 위한 적절한 규제를 할 의무와 책임이 있다고 보고, 법 제3조가 원칙적인 금지와 예외적인 허용이라는 규율형식을 취하고 있으나 실질적으로 이 법에서 허용하는 과외교습은 학습이 부진한 학생들로 하여금 이를 보충하는 데 모자람이 없는 한편, 사회적 폐혜의 소지가 현저하고 부작용이 보다 높은 개인의 과외교습에 한하여 금지되고 있을 뿐이라고 하면서, '피해의 최소성' 판단을 달리한다.

2011년 '양심적 병역거부 결정'에서 합헌의견인 다수의견은 '대체복무제를 허용하더라도 국가안보라는 중대한 공익의 달성에 아무런 지장이 없는지 여부'에 대한 판단의 문제로 귀결되는바, 남북이 대치하고 있는 우리나라의 특유한 안보상황, 대체복무제 도입시 발생할 병력자원의 손실 문제, 병역거부가 진정한 양심에 의한 것인지 여부에 대한 심사의 곤란성, 사회적 여론이 비판적인 상태에서 대체복무제를 도입하는 경우 사회 통합을 저해하여 국가 전체의 역량에 심각한 손상을 가할 우려가 있는 점 등을 들어 병역법 제88조가 최소침해의 원칙에 반한다고 할 수 없고 판시하였다. 반면에 2인(이강국, 송두환)의 한정위헌의견은 '규범조화적 해석'을 강조하면서, 엄격한 사전심사와 사후관리를 통하여 진정한 양심적 병역거부자와 그렇지 못한 자를 가려낼 수 있도록 대체복무제도를 설계하고 운영한다면 이들의 양심의 자유뿐 아니라 국가안보, 자유민주주의의 확립과 발전에도 도움이 되며, 병역법 제88조 본문 중 '정당한 사유'에, 양심에 따른 병역거부를 포함하지 않는 것으로 해석하는 한 헌법에 위반된다고 보았다. 다수의견과 소수의견은 모두 '피해의 최소성' 심사에서 대체복무제와 양심적 병역거부자에 대한 처벌을 비교 심사한 것이다.

2009년 '야간옥회집회 결정'에서 2인(민형기, 목영준)의 헌법불합치의견은 야간 옥외집회는 피해의 최소성을 침해한다고 보았다. 낮 시간이 짧은 동절기의 평일의 경우에는 직장인이나 학생은 사실상 집회를 주최하거나 참가할 수 없게 되고, 도시화·산업화가 진행된 현대 사회에서 해가 진 후라고 할지라도 일정한 시간 동안에는 낮 시간 동안 이루어지던 활동이 계속되는 것이 일반적이므로, 옥외집회가 금지되는 야간시간대를 집시법 제10조와 같이 광범위하게 정하지 않더라도 입법목적을 달성하는 데 큰 어려움이 없다고 보았다. 반면에 2인(김희옥, 이동흡)의 합헌의견은 야간 옥외집회는 피해의 최소성을 충족한다고 보았다. (여러 이유를 들고 있지만) 가장 중요한 논거는 야간이라는 특성상 옥외집회의 사전규제의 필요성이 증대한다는 것이다.[18]

2000년 '과외교습 결정'과 2011년 '양심적 병역거부 결정'은 '피해의 최소성' 판단을 두고 다수의견과 소수의견이 대립한 경우이지만, 2009년 '야간옥외 집회 결정'은 '피해의 최소성' 심사에서 소수의견이 서로 대립하는 경우이다. 5인의 다수의견은 집시법 제10조가 헌법상 금지된 허가에 해당한다고 보아 헌법 제21조 제2항 위반으로 보았다.

헌법재판소가 '피해의 최소성'이 침해되었다고 판단하는 전형적인 예는 다음과 같다. 첫째, '기본권 행사의 방법'을 제한하는 방법을 통해서도 입법목적을 달성할 수 있음에도 불구하고 '기본권 행사의 여부'를 제한하는 경우이다.[19] 2002년 '요양기관 강제지정제 결정'에서 다수의견이 취한 방식이다. 둘째, '임의적 규정'을 통해서도 입법목적을 달성할 수 있음에도 불구하고 구체적 사안의 개별성과 특수성을 배제하는 '필요적 규정'을 두는 경우이다.[20] 2011년 '양심적 병역거부 결정'에서 소수의견이 취한

---

18) "야간의 옥외집회는 주간의 옥외집회보다 질서유지가 어렵고 따라서 그만큼 공공의 안녕질서에 해를 끼칠 개연성이 높으며, 심리학적으로도 야간에는 주간보다 자극에 민감하고 흥분하기 쉬워서 집회 및 시위가 본래의 목적과 궤도를 이탈하여 난폭화할 우려가 있고, 또 불순세력의 개입이 용이하며 이를 단속하기가 어려운 점 등 여러 가지의 특성이 있다."
19) 헌재 1998.5.28. 96헌가5 결정(기부금품모집금지법 제3조 결정).

방식이다. 셋째, '원칙적 허용 예외적 금지'의 방법을 통해서도 입법목적을 달성할 수 있음에도 불구하고 '원칙적 금지 예외적 허용'의 방법을 취하는 경우이다.[21] 2000년 '과외교습 결정'에서 '피해의 최소성' 심사는 이에 해당한다.[22]

'피해의 최소성 심사'는 '수단의 적합성' 심사에서처럼 강력하게 수단의 적합성을 부정하는 것은 아니지만, 수단의 부적절성을 수단을 비교하는 방법을 통해 보다 섬세하게 자신의 가치판단이 옳다는 점을 증명하려 한다.

(4) 법익의 균형성 부정

'법익의 균형성'은 기본권을 제한하여 달성되는 공익과 기본권을 제한하여 침해되는 사익을 비교할 때 달성되는 공익이 침해되는 사익보다 더 크거나 적어도 균형을 이루어야 한다는 원칙을 말한다. 비례성 심사에서 가장 엄밀하게 보아야 하고 따라서 어렵다고 할 수 있는 부분은 좁은 의미의 비례성 심사인 '균형성 심사'이다. 목적과 수단 간의 비례성·균형성이 갖추어졌는지를 심사하는 것으로, 소극적으로는 "수단은 추구되는 목적과의 비례를 상실해버려서는 안 된다"고 표현되고, 적극적으로는 "추구되는 목적과 적절한 비례관계가 없으면 안 된다"고 말해진다.[23]

---

20) 헌재 1995.11.30. 94헌가3 결정; 헌재 2000.6.1. 99헌가11 결정; 헌재 2005.11.24. 2004헌가28 결정(도로교통법 제78조 제1항 단서 제3호 결정) 등.
21) 헌재 2000.4.27. 98헌가16, 98헌마429 결정(학원의 설립·운영에 관한 법률 제3조 결정).
22) 넷째, 직업의 자유에 대한 제한에서 단계이론은 '피해의 최소성'을 구체화한 것이다. 직업수행의 자유의 제한(제1단계) → 주관적 사유에 의한 직업선택의 자유의 제한(제2단계) → 객관적 사유에 의한 직업선택의 자유의 제한(제3단계). 직업수행의 자유를 제한하는 방법을 통해서도 입법목적을 달성할 수 있음에도 불구하고 직업선택의 자유를 제한하는 방법을 취하는 경우(1단계를 취할 수 있음에도 불구하고 2, 3단계를 취한 경우)와, 주관적 사유에 따라 직업선택의 자유를 제한할 수 있음에도 객관적 사유에 따라 직업선택의 자유를 제한한 경우(2단계를 취할 수 있음에도 3단계를 취한 경우)는 '피해의 최소성'이 침해되는 경우이다.
23) Klaus Stern, 과잉금지와 형량요청, in: Georg Jellinek 外(김효전 역), 독일기본권이론의 이해 (법문사, 2004), 403~404면.

가장 엄밀하게 살펴야 할 '법익의 균형성' 심사임에도 대부분의 헌법재판 결정례를 보면, 수단의 적합성, 피해의 최소성 심사에서 부정적으로 판단했다면 법익의 균형성 판단도 자연스럽게 부정적으로 나와 '법익의 균형성' 심사는 간략하게 다루어진다.[24]

2. 통시적(通時的) 가치판단의 변동

형법 제241조 '간통죄'는 4번의 합헌 결정(1990년, 1993년, 2001년, 2008년) 후에 2015년 위헌결정(헌재 2015.2.26. 2009헌바17·205 등 결정)이 났다. 4번의 합헌 결정에서 3번의 결정(1990년, 1993년, 2001년)은 합헌의견이 다수인 반면에, 2008년 결정은 위헌의견이 5인으로 다수였다. 2015년 위헌결정에는 위헌의견이 7인이었다.[25] 위헌의견이 합헌의견보다 많아지면서 합헌에서 위헌으로 넘어간 '간통죄' 결정은 시대의 가치관을 반영한 가치재판의 좋은 예이다. 이 경우 헌법재판관은 우리 사회의 가치관을 대변하는 '지혜자'로 간주된다.

하지만 헌법재판관 구성이 달라짐에 따라 매우 짧은 시간 내에 결론이 달라진 경우도 있다. 헌법재판소 2008년 시간장애인 안마사(비맹제외기준) 결정(헌재 2008.10.30. 2006헌마1098·1116·1117 결정)이 그 예이다. 헌법재판소가 2006년 결정(헌재 2006. 5.25. 2003헌마715 결정)에서 '안마사에 관한 규칙'의 '비맹제외기준'(시각장애인에 한해 안마사의 자격을 인정하는 것)을 위헌으로 선언했음에도 불구하고, 국회가 '의료법'에 위

---

24) 하지만 '법익의 균형성' 심사는 그리 쉽게 넘어갈 문제는 결코 아니다. "수단의 적합성, 피해의 최소성, 법익의 균형성 심사 중에서 법익의 균형성 심사는 협의의 비례성 심사로 가장 큰 어려움을 동반하고 통제기관의 주관이 개입될 소지도 크다." 계희열, 헌법학(中)(박영사, 2004), 158면. "헌법재판소 결정에서 공익과 사익 간의 법익형량의 결과는 제시되어 있지만, 어떤 근거에서 그런 저울질의 결과가 나왔는지에 대한 설명은 빈곤하다." 양건, 법 앞에 불평등한가? 왜? - 법철학·법사회학 산책(법문사, 2015), 255면.
25) 위헌의견은 간통행위에 대한 국민의 인식 변화, 형사처벌의 적정성 여부, 형벌의 실효성 여부, 형벌로 인한 부작용을 논거로 '수단의 적합성'을 부정하였다.

헌선언된 '비맹제외기준'을 입법화함으로써 문제가 불거졌다.

    2006년 결정은 기본권 제항에 관한 사항을 법률에 규정하지 않고 하위법규인 '안마사에 관한 규칙'으로 정한 것이 '법률유보원칙'에 위배되고, 시각장애인에 대해서만 안마사자격을 인정하는 것이 비시각장애인의 직업선택의 자유를 침해하여 '과잉금지원칙'에 반한다고 판시하였다. 2006년 결정은 '규칙'에 규정된 '비맹제외기준'이 '법률유보원칙'뿐만 아니라 '과잉금지원칙'에 반한다고 판시하였음에도, 2008년 결정은 2006년 결정에서 '비맹제외기준'이 '법률유보원칙'에 반한다고 판시하였을 뿐, '과잉금지원칙'에 반한다고 결정하지 않았다고 본다. 2008년 결정은 2006년 결정에서 5인의 헌법재판관만이 비맹제외기준이 과잉금지원칙에 위반한다고 보았다는 점을 근거로 든다.[26] 하지만 이 논거의 문제점은 이 논거의 주장을 따라 살피면 '과잉금지원칙의 위반'으로 본 재판관만 5인인 것이 아니라, '법률유보원칙의 위반'으로 본 재판관도 5인에 지나지 않아 보인다는 점에 있다(위헌의견이 7인이지만 과잉금지원칙과 법률유보원칙 모두 위반한다고 본 재판관 3인, 과잉금지원칙 위반으로 본 재판관 2인, 법률유보원칙 위반으로 본 재판관 2인이어서, 과잉금지원칙 위반으로 위헌결정한 재판관이 5인, 법률유보원칙 위반으로 위헌결정한 재판관이 5인이다). 필자는 국회가 헌법재판소가 위헌선언한 '비맹제외기준'을 폐기하지 않고 '의료법'에 다시 규정하였기 때문에 어쩔 수 없이 그렇게 보았을 것이라고 추측한다. 여기서 헌법재판소와 국회의 가치판단 대립의 일면을 엿볼 수 있다.

---

[26] '비맹제외기준'이 법률유보원칙과 과잉금지원칙 모두 위반이라고 본 3인(전효숙, 이공현, 조대현), 과잉금지원칙에 반한다고 본 2인(주선회, 송인준) 이렇게 해서 5인이다. 법률유보원칙에 반한다고 본 2인(윤영철, 권성)의 견해는 '안마사에 관한 규칙'이 모법인 의료법 규정과 더불어 법률유보원칙을 위배하고 있어서 그 자체로서 위헌임을 면키 어려우므로 기본권제한의 정도가 과도한 것인지 여부를 떠나서 헌법에 위반된다고 견해를 밝히고 있다. 법률유보원칙에 반한다고 본 2인(윤영철, 권성)의 견해는 과잉금지원칙 위반 여부를 유보한 것이지 과잉금지원칙에 반하지 않는다고는 판시하지 않았다. '안마사에 관한 규칙'이 과잉금지원칙에 위반했는지 여부에 대해 헌법재판소가 혼선을 빚어 가면서까지 2008년에 의료법의 '비맹제외기준'에 대해 새로운 결정을 내릴 수밖에 없었던 이유는 바로 시각장애인의 격렬한 투쟁에 있다고 보여진다. 고봉진, 현대 인권론에서 '정체성'의 의미 - 차이, 정체성, 인권, 법철학연구 제14권 제1호(한국법철학회, 2011), 171면.

2006년 결정과 2008년 결정을 내릴 당시 헌법재판관의 구성원이 바뀌었고, 이는 2008년 결정이 2006년 결정과 달라지는 결정적 영향을 미쳤다. 2008년 결정은 2006년 결정과 달리 6인의 합헌의견으로 '비맹제외기준'이 과잉금지원칙에 반하지 않는다고 판시하였다.

3. 비례성 심사가 필요하지 않은 경우

비례성 심사에서 가치판단이 대립되는 경우 외에도, 헌법재판에서 가치판단의 대립은 법률에 의해 제한되는 기본권을 부정 또는 긍정하거나, 법률에 의해 제한되는 기본권을 다르게 보는 방식, 심사기준인 헌법규정을 달리 보는 방식을 통해서도 이루어진다. 이 경우는 가치판단의 대립이 매우 강한 경우이며, 비례성 심사가 필요하지 않다. 비례성 심사의 논의 전제부터 흔들어 버리기 때문이다.

헌법재판소는 위헌법률심사에서 법률에 의해 제한되는 기본권이 무엇인지를 먼저 확인한 후, 그 기본권을 법률로 제한하는 것이 비례성의 원칙에 반하지 않는가를 살피는 방법을 주로 취한다. 헌법재판소의 이러한 접근방식은 형법 제241조 '간통죄' 조항의 위헌여부에 대한 2008년 결정(헌재 2008.10.30. 2007헌가17·21 결정, 2008헌가7·26 결정, 2008헌바21·47 결정)에도 그대로 적용되고 있다. 송두환 재판관을 제외한 8인의 재판관은 형법 제241조에 의하여 제한되는 기본권으로 '성적 자기결정권'과 '사생활의 비밀과 자유'를 들고, 이를 전제로 비례성의 원칙 위배 여부를 심사한다. 하지만 '개인의 성적 자기결정권'을 형법 제241조에 의하여 제한되는 주된 기본권으로 삼는 것에 반대하는 입장에 따르면, '개인의 성적 자기결정권'을 형법 제241조에 의하여 제한되는 주된 기본권으로 삼고, 이를 전제로 비례성의 원칙 위배 여부를 심사하는 헌법재판소의 심사구조에 문제가 있어 보인다. '개인의 성적 자기결정권'을 전제하지 않은 채 간통죄를 형벌로 규율하는 것이 정당한지 그리고 징역형 일원주의로 규율하는 것이 정당한지를 직접 다루어야 한다. 그렇다면 이는 비례성의 원칙 심사 자체가 필요하지 않은 경우에 해당한다. 이처럼 가치재판의 성격을 띠는 헌법재판에서 '헌법규정의 기본권'을 무리하게 심판기준으로 하는 경우는 심사구조상의 문제점이 있다.

준법서약서 결정(헌재 2002.4.25. 98헌마425, 99헌마170·498 결정)에서 다수의견은 헌법과 법률을 준수할 의무가 있는 대한민국에서, 준법서약서가 법적 강제가 아니라 단순한 혜택부여의 문제에 그칠 경우에는 수범자는 수혜를 스스로 포기하거나 권고를 포기함으로써 법질서와 충돌하지 아니한 채 자신의 양심을 유지, 보존할 수 있으므로 양심의 자유에 대한 침해가 되지 않는다고 보았다. 반면에 2인(김효종, 주선회)의 소수의견은 준법서약서가 (다수 의견과는 달리) 양심의 자유 침해로 본다. 소수의견은 다수의견이 제시하는 양심의 자유의 보호범위에 의문을 제기하면서('구체적 사안을 통한 헌법규범의 해석'이라는 헌법해석을 방법을 따라야지, 상당한 양의 판례축적도 없이 연역적으로 확정하는 것은 매우 우려할 만하다고 보았다), 준법서약서는 신체의 자유의 회복 혹은 영원한 감옥생활이라는 중대한 개인의 법적 이익이 걸린 문제이며, 국가가 개인의 내심의 신조를 사실상 강요하여 고백시킨다는 점에서 양심의 자유가 침해되었다고 주장하였다.[27]

가치판단의 상이함에 기초해 법률에 의해 제한되는 기본권을 달리 보는 예는 요양기관 강제지정제 결정에서 소수의견의 견해이다. 2인의 소수의견은 요양기관 강제지정제에 의해 침해되는 기본권은 다수의견이 주장하는 직업수행의 자유가 아니라 직업선택의 자유라고 보았다. 이에 따르면, 직업선택의 자유와 직업수행의 자유는 따로 존재하는 별개의 것이 아니라, 하나의 대상이 분석 각도의 차이에 따라 별개로 이름을 얻은 것이어서 원래 불가분의 관계에 있고 따라서 직업수행의 자유라고 하더라도 그것이 제한되는 방식과 정도에 따라서는 그 직업의 선택을 무의미하게 하여 그 직업의 본

---

[27] 2인의 소수의견은 준법서약서를 규정한 가석방규칙에 관한 규칙 제14조 제2항이 양심의 자유의 내심의 자유를 침해하며, 법률에 의하지 아니하고 국민의 기본권을 제한하고 있을 뿐만 아니라, 이를 양심실현의 자유를 제한한다고 볼 때에도 비례성의 원칙에 반하여 위헌이라고 보았다. 비례성 심사에서 2인의 소수의견은 준법서약서가 입법목적상 정당하다고 하더라도 적절하고 효과적인 방법인지에 의문을 제기하였고, 재범의 가능성에 대한 판단이 제도의 목적이라면 다른 일반 수형자의 가석방 심사 방법으로도 충분히 그 목적을 달성할 수 있다고 보았다.

질을 해치는 경우가 있게 된다.[28]

　뿐만 아니라 가치판단의 대립이 심사기준인 헌법규정을 달리 보게 하는 경우도 있다. 예컨대 2009년 야간 옥외집회 결정에서는 2인의 헌법불합치의견과 2인의 합헌의견은 '관할경찰서장의 허용'을 '옥외집회에 대한 일반적인 사전허가'로 볼 수 없어 헌법 제21조 제2항이 심판기준이 아니라, 기본권 제한의 일반적 법률유보조항인 제37조 제2항에 따른 심사를 하였다. 반면에 5인의 위헌의견은 집시법 제10조가 헌법상 금지된 허가에 해당한다고 보아 헌법 제21조 제2항을 심판기준으로 보았다. 이 경우 헌법 제37조 제2항에 따른 비례성의 원칙(과잉금지의 원칙) 위배 여부는 더 이상 살필 필요가 없게 된다. 이는 야간 옥외집회를 강력하게 반대하는 가치관의 반영이지 않을까 싶다.[29]

---

[28] 헌법재판소는 기본권이 개인연관성을 가지느냐 아니면 사회연관성을 가지느냐에 따라, 침해된 법익이 개인연관성을 가질수록 더욱 보호되어야 하며, 사회연관성을 가질수록 입법자에 의한 광범위한 규율을 받는다고 판시한다. 헌법재판소는 구체적인 '비례성 심사'에서 기본권이 개인의 핵심적 자유영역에 속하는 경우에는 엄격한 심사기준을 적용하고, 사회적 연관성이 클수록 완화된 심사기준을 적용한다. 하지만 이 또한 가치판단이 개입해서 기본권의 개인연관성과 사회연관성 판단이 달라질 수 있다.

[29] 2인(조대현, 송두환)이 위헌보충의견은 헌법 제21조 제2항에 위반된다고만 선언할 경우에, 국회가 집시법 제10조 단서를 삭제하면 행정청이 집회의 허부를 결정하는 허가제에 해당되지 않게 되어 헌법 제21조 제2항에 위반되는 점은 해소되지만, 집시법 제10조 본문이 야간옥외집회를 일반적·전면적으로 금지하고 있는 점의 위헌성은 해소되지 않기 때문에, 집시법 제10조 본문은 야간옥외집회를 일반적·전면적으로 금지하여 합리적 사유도 없이 집회의 자유를 상당 부분 박탈하는 것이므로 헌법 제37조 제2항에 위반된다고 선언할 필요가 있다고 보았다.

III. '가치판단'과 '비례성 심사'의 역할

이하에서 필자는 '가치재판인 헌법재판'에서 '가치판단'과 '비례성의 원칙'이 각각 어떠한 역할을 수행하는지를 서술해 보려 한다. '비례성의 원칙'이 4단계 심사구조를 통해 나름 섬세한 방법론적 수단을 제공하지만, '가치재판인 헌법재판'에서 비례성 심사의 어느 단계를 적용할지를 결정하는 것은 '가치판단'의 몫이다.

1. '가치재판인 헌법재판'에서 '가치판단'

'가치재판인 헌법재판'에서 헌법재판관의 가치관은 고정되어 있는 것은 아니다. 사회 변동 등의 요인에 의해 가치판단 자체가 바뀌기도 한다. 그 대표적인 예로 들 수 있는 것은 (우리나라가 아닌 미국 대법원 판례이기는 하지만) 'Roe vs. Wade 결정'이다. 미국 연방대법원에는 두 가지 종류의 사건, 즉 낙태사건과 그 외의 모든 사건이 있다고 말할 정도로 'Roe vs. Wade 결정'은 중요하게 다루어진다.[30] 'Roe vs. Wade 결정'을 바꾸기를 바라면서 보수 성향의 대통령들이 보수 성향의 대법관들을 지명했지만, 이후 보수 성향의 대법관들은 진보 성향의 'Roe vs. Wade 결정'을 유지하기로 결정하였다.[31]

---

30) Jeffrey Toobin(강건우 역), 더 나인(The NINE)(라이프맵, 2010), 70면.
31) 1992년 Planned Parenthood of Southeastern Pennsylvania vs. Casey 결정에서 레이건과 부시 대통령이 임명한 보수성향 재판관 중 3인(오코너, 케네디, 수터)는 Roe vs. Wade 결정에 대해 찬성표를 던졌다. Ronald Dworkin(박경신, 김지미 역), 생명의 지배영역 - 낙태, 안락사, 그리고 개인의 자유(이화여자대학교 생명의료법연구소, 2008), 7~9면.

하지만 (몇몇 예외를 제외하면) 한번 형성된 가치관은 쉽게 바뀌지 않는다. 보수와 진보의 가치관, 자유주의와 공동체주의의 가치관은 실재를 달리 구성하는 모델로 작용한다. 필자는 헌법재판관의 가치관이 스티븐 호킹(Stephen Hawking)이 언급한 '모델 의존적 실재론(model-dependent realism)'과 비슷한 것이 아닌지 생각되었다. 우리는 '가치'라는 스펙트럼을 통해 세계를 보는데, 세계를 바라보는 가치는 쉽게 바뀌지 않는다. 이때 세계는 지평으로서만 제공될 뿐 세계는 우리가 가치라는 스펙트럼을 통해 구성하게 된다.[32]

라드브루흐(Gustav Radbruch)는 "법철학이 한편으로 정신의 영역에 옮겨진 정치적 당파싸움이라면, 또 한편으로 정치적 당파싸움은 동시에 대규모의 법철학적 논쟁이라고 말할 수 있다"고 말했다.[33] 가치 판단에 기초한 규범 판단은 법철학의 영역이다. 이를 '非순수법학으로서 법철학'이라고 부를 수 있을지 모르겠다. 규범의 정당성 판단에 가치판단은 적극적으로 개입하며, 규범과 가치, 규범과 정치가 분리되지 않는다(규범과 정치가 분리되지 않는다는 말은 가치를 통해 규범 판단과 정치가 연결된다는 의미이지, 정치권이 헌법재판소의 판단에 직접적으로 개입·통제한다는 의미는 아니다).

헌법재판관은 사실을 실증적으로 규명하는 사회과학자가 아니고, 법규범의 정당성을 규범적인 관점에서 판단하는 법률가(법학자)이다. '가치재판인 헌법재판'의 경

---

[32] 스티븐 호킹(Stephen Hawking)은 그의 책 '위대한 설계'에서 '모델 의존적 실재론'을 주장한다. '모델 의존적 실재론'은 세계가 관찰자의 관찰과 상관없이 객관적으로 독립되어 존재하는 실재임을 부인하고, 관찰자의 관찰모형에 따라 존재하는 실재라고 주장한다. 모델에 의존하지 않고 실재를 파악할 수 있는 방법은 없으며, 관찰자의 모형이 실재를 창조하는 것이다. Stephen Hawking/Leonard Mlodinow(전대호 역), 위대한 설계(까치, 2010), 11~12면, 177면, 217면; '모형 의존적 실재론'은 루만(Niklas Luhmann)이 주장하는 '이차적 질서의 관찰'의 기초가 된다. '모형 의존적 실재론'이나 '이차적 질서의 관찰'을 주장하는 이들에 따르면, 실체존재론에 근거한 일차적 질서는 모형 의존형 실재론이나 이차적 질서의 관찰로 대체할 수 있다. "세계의 어떤 것도 직접적 인식을 통해 접근할 수 없고, 모든 것은 오로지 관찰자의 관점에서만 파악할 수 있다고 생각한다면, 그것은 엄청난 결과를 만들어낸다. 낡은 '존재론'은 교체되었다. 세계가 이러저러한 특징을 가지고 있다는 주장은 '관찰자, 즉 의식이나, 세계가 이러저러한 특징이 있다고 주장하는 어떤 것이 언제나 존재한다'는 진술로 대체된다." Margot Berghaus(이철 역), 쉽게 읽는 루만(한울아카데미, 2012), 39면.

[33] Gustav Radbruch(최종고 역), 법철학(삼영사, 1975/2007), 39면.

우, 우리는 헌법재판관에게 가치중립성을 지향하는 실증주의의 입장을 요구할 수 없다. 헌법재판관은 가치판단이라는 안경을 쓰고 심판대상인 법규범의 정당성 여부를 심사한다.

물론 헌법재판은 (필자가 '모델 의존적 실재론'과 비슷하다고 언급한) 헌법재판관의 가치관에 따른 상이한 결론을 6인 이상의 다수의견을 통해 상대주의를 피해간다. 다수의견이 대변하는 가치관은 이후 여러 결정과 우리 사회에 영향을 미치지만, 반대되는 가치관이 틀렸다고 말할 수 없다. 현재의 소수의견은 미래에 다수의견이 될 수 있고, 현재의 다수의견은 미래의 소수의견이 될 수 있다.

2. '가치재판인 헌법재판'에서 '비례성 심사'

비례성 심사의 4단계는 가치판단의 정도(scala)를 말해 주는 척도로서 중요한 역할을 담당한다. 즉 강력한 가치 대립의 경우 목적의 정당성이나 수단의 적합성에서 다툴 것이고, 그보다 비교적 덜한 가치 대립의 경우에는 피해의 최소성이나 법익의 균형성에서 다룰 것이다.

'피해의 최소성' 심사는 입법목적을 실현하기에 적합한 여러 수단 중에서 기본권을 최소로 침해하는 수단을 선택했다는 점을 밝혀야 한다. '기본권 행사의 방법'을 제한하지 않고 '기본권 행사의 여부'를 제한하지 않았는지, '임의적 규정'을 쓸 수 있음에도 '필요적 규정'을 두지 않았는지, '원칙적 허용 예외적 금지'의 방법을 통해서도 입법목적을 달성할 수 있음에도 '원칙적 금지 예외적 허용'의 방법을 취하지 않았는지를 상세하게 살핀다. 이러한 심사방법에 따른 '피해의 최소성' 심사의 경우는 비교 수단과의 비교를 통해서 자신의 가치판단이 옳다는 점을 증명하려 한다. 예컨대 2002년 요양기관 강제지정제 결정의 다수의견은 '피해의 최소성' 심사를 3가지로 섬세하게 진행하면서 헌법재판관 자신들의 가치판단이 옳음을 증명하려 하였다.

정밀한 비례성 심사를 통해 자신의 가치판단이 잘못되었음을 확인하고 수정할 수도 있다. 아니면 자신의 가치판단의 정도를 더 세게 하거나 더 약하게 조정할 수도 있다. 그럼에도 비례성 심사를 통해 가치판단을 조정할 확률보다는 가치판단이 비례성 심사를 규정할 확률이 더 높아 보인다.

필자가 제기하는 의문은 '목적의 정당성', '수단의 적합성', '피해의 최소성', '법익의 균형성' 4단계로 진행되는 심사를 통해 '심사의 정밀성'이 보장되지만, 이 또한 헌법재판관의 '가치판단'에 따른 판단이지 않은가 하는 의문이다. 비례성의 원칙은 가치판단을 논증 가능한 것으로 만들어 주는 것 같지만, 이 또한 가치판단에 종속되는 논증이다.

논증 자체가 가치판단을 전제로 하기 때문에 비례성의 원칙은 가치판단을 제대로 드러내지 못할 경우도 있다. 특히 목적의 정당성, 수단의 적합성, 피해의 최소성, 법익의 균형성의 4단계로 상세하게 구분하고 이에 맞추어 평이하게 서술하면 가치논증의 중요 논점은 흐려지게 된다. 가치판단에 따라 목적의 정당성, 수단의 적합성, 피해의 최소성, 법익의 균형성의 4단계 중에서 어느 단계에서 논증할 것인가를 정하고, 4가지 중 하나만을 집중적으로 논증하는 것이 타당해 보인다. 예컨대 '피해의 최소성' 위반이라고 하면 목적의 정당성, 수단의 적합성 심사 통과는 아예 언급하지 않는 것이 낫지 않을까 생각된다. 목적의 정당성, 수단의 적합성, 피해의 최소성, 법익의 균형성 심사를 순차적으로 진행하면서, '목적의 정당성' 심사 통과, '수단의 적합성' 심사 통과를 간략하게 서술하는 것은 그리 큰 의미가 없으며, 가치논증의 초점을 흐리게 할 여지가 있기 때문이다.

해석학의 입장에 따르면 선판단 후 해석방법이 정해지듯이, 가치재판에서도 가치판단이 먼저 선 후에 비례성 심사의 4단계 중에서 어느 단계에 해당하는지가 결정된다. 비례성 심사는 목적의 정당성 심사부터 법익의 균형성 심사까지 차례로 이루어지지만, 헌법재판관의 판단은 어느 단계에서 문제삼을 것인가를 먼저 정하고 이에 맞추어 법규범의 정당성을 문제삼는다(합헌 판단의 경우에는 가치판단에 따른 합헌 결론이 우선이고 비례성 심사 4단계가 어떻게 충족되는지를 하나하나씩 구성해 간다).

Epilogue

　필자가 생각하는 법철학 강의는 '정보의 전달'이 아니라, '의사소통'이다. 의사소통으로 파악된 법철학 강의는 (교수의 측면에서) 정보의 선택, 교수방법의 선택과, (학생의 측면에서) 이해의 선택으로 구성된다. 이 때 교수가 선택한 정보는 학생에게 100% 그대로 전달되지 않는다. 교수가 선택한 정보는 학생의 이해에 따라 다시 선택되고 재구성된다. Legal mind는 Legal mechine의 단계를 거쳐야 하는 것이지, 그 단계에 머물러서는 안 된다.

　강의는 강의실에서 시작하는 것이 아니라, 연구실에서 시작한다. 특히 법철학 분야는 다른 교과목에 비해 비교적 정형화되어 있지 않으며, 그 내용은 무궁무진하다. 따라서 연구자는 다양한 법철학 관련부분에서 강의내용을 선택해야 한다. 수많은 강의자료 중에서 강의내용이 될 만한 내용과 그렇지 않은 내용을 구분한다. 정보는 시간(연구자의 시간소모)을 함유하고 있는 개념이다. 정보의 선택은 연구자의 선이해와 무관하지 않으며, 연구자의 '의미'체계에 의해 제한된다. 또한 선택된 정보는 이에 이어지는 다른 정보의 선택 가능성을 결정한다.

Epilogue

연구자의 관심에 따른 연구와 병행해서, 수요자인 학생의 수요를 고려하는 '법철학 연구와 교육'이 진행되어야 한다. 필자가 생각하는 바람직한 방향은 구체적 생활관계에서 제기되는 (판례에 나타난) 문제를 중심으로 학생들의 법철학적 관심을 이끌어내는 것이다. 예컨대 법철학 수업에서 구체적인 사례와 관련 없이 관념적이고 추상적인 내용을 강의하는 것은 그리 바람직하지 않다. 법철학 내용을 구체화하는 판례내용을 선택하여 이를 구체적으로 제시할 필요가 있다. 총론 중심의 정보선택 보다는 각론 중심의 정보선택을 통해 총론 지식을 효과적으로 전달하는 방법이 더 낫다는 판단이다. 이 때 법철학 내용과 관련하여 선별된 판례(헌법재판소 결정, 대법원 판례 등)가 주요한 정보가 될 것이다. 현실에서 발생한 사례에 법철학의 이론적 내용을 접목시키는 시도는 법철학의 내용을 더욱 풍성하게 할 뿐 아니라, 법철학의 심도 깊은 문제제기와 해결시도를 통해 학생들의 법적 문제해결능력을 배양하는데 큰 도움을 줄 것이다. '모든' 법적 문제를 '이론' 중심이나 '학문' 중심으로 접근하는 것은 문제이지만, 법철학의 문제 사안에 대해서는 '학문'으로 접근할 것이 요구되며, 이는 구체적인 문제해결에도 기여한다.

Epilogue

    교수는 정보의 선택과 교수방법의 선택에서 주체가 될 뿐이며, 이보다 더 중요한 것은 학생들의 이해에서 발생하는 선택이다. 의사소통으로 파악되는 강의에서 의사소통이 이루어졌는가를 결정하는 것은 '교수가 전달하는 지식'이 아니라 '학생이 이해하는 지식'이다. 이처럼 학생은 강의를 받는 역할을 수행하는 것이 아니라, 강의를 자신의 관점에서 이해하는 역할을 수행한다. 강의식 수업을 통해 내용이 발신자(교수)에게서 수신자(학생)에게로 그대로 전달된다는 착각에서 벗어나, 학생들의 이해를 촉진시킬 수 있는 교수법이 필요하다. 따라서 수업에 판례를 활용한다 하더라도 판례의 내용을 무비판적으로 그대로 외우는 '정보의 전달'은 지양되어야 한다. 설사 헌법재판소 결정을 반복하더라도, 이는 헌법재판소 결정을 비판적으로 바라보는 학생의 능력이 배양될 때 그 의미가 있을 것이다. 헌법재판소 결정은 (최소한 강의실에서는) 비판받기를 바라지 우상화되기를 바라지 않을 것이다. 기존 판례와 학설에 대한 비판적 사고는 '법적 문제해결 능력의 배양'이라는 측면에서 바람직하며, 새로운 사건을 재구성할 때 필요한 '창의성의 배양'에도 도움이 될 것이다.

    헌법재판제도가 우리나라에 도입된 이래 오늘날까지 수많은 헌법재판 결정이 있었

---

1) 고봉진, 기초법의 교수방법론 - 체계로서 기초법과 의사소통으로서 기초법 강의, 법철학연구 제11권 제2호(한국법철학회, 2008), 203면 이하 참조.

Epilogue

다. 그 중에는 법철학 내용을 담고 있는 헌법재판이 적지 않다. 필자는 외국의 법철학적 소재를 대상으로 법철학을 연구하는 경향에서 벗어나, (가능하다면) 우리나라의 소재를 가지고 법철학 논의를 전개해야 하지 않을까 생각한다. 외국 법철학자의 이론이 아닌 우리나라 법철학자의 이론을 토대로 법철학의 논의를 전개하기에는 아직 너무 역부족이다. 외국의 법이론을 기초로 법철학적 논의를 전개할 수 밖에 없는 것은 어쩔 수 없는 현실이다. 하지만 우리나라 소재를 법철학의 소재로 삼는다면 우리나라 학자들의 견해를 법철학적 논의에서도 활용할 수 있다.

법철학 지식이 요구되는 판례가 다수 나오는 지금, 판례를 통해 법철학 내용을 심화하는 '방법론'의 중요성에 대해서는 많은 사람들이 공감하고 있으며, 법철학의 시각에서 판례를 분석하는 논문 또한 많이 나오고 있다. 이처럼 법철학 연구자의 중요한 과제는, 우리가 얻을 수 있는 최상의 구체적 실례를 찾고, 이를 통해 법철학의 추상적 원리를 구체화하는 작업에 있을 것이다. 물론 이는 법철학 관련 고전을 읽고, 역사 속에 나타난 여러 법이론을 탐구하며, 우리가 사는 현대 사회에 대한 민감함을 안은 채, 판례 속에서 사색할 때 이루어진다.

법철학강의 ⟨개정판⟩

2012년 11월 30일 초판 펴냄
2016년 12월 15일 개정판 펴냄

지은이 | 고봉진
펴낸이 | 허향진
펴낸곳 | 제주대학교출판부

등록 | 1984년 7월 9일 등록 제주시 제9호
주소 | 690-756 제주특별자치도 제주시 제주대학로 102
전화 | 064) 754-2275
팩스 | 064) 702-0549

제작 | 디자인도도
주소 | 제주특별자치도 제주시 선반로 91-3
전화 | 064) 757-7190

ISBN 978-89-5971-121-5 93360
ⓒ 고봉진, 2016

정가 18,000원
사전 동의 없는 무단 전재 및 복제를 금합니다.
잘못 만들어진 책은 바꾸어 드립니다.

이 도서의 국립중앙도서관 출판예정도서목록(CIP)은 서지정보유통지원시스템 홈페이지(http://seoji.nl.go.kr)와 국가자료공동목록시스템(http://www.nl.go.kr/kolisnet)에서 이용하실 수 있습니다.
(CIP제어번호: CIP2016029765)